新闻传播专业“十四五”规划教材

中外新闻传播史

刘笑盈 ◎ 著

第四版

The History of Chinese and Foreign Journalism and Communication

中国传媒大学出版社
·北京·

图书在版编目(CIP)数据

中外新闻传播史 / 刘笑盈著. -- 4 版. -- 北京：中国传媒大学出版社，2022.10（2024.5 重印）
新闻传播专业“十四五”规划教材
ISBN 978-7-5657-3298-0

Ⅰ. ①中… Ⅱ. ①刘… Ⅲ. ①新闻事业史—世界—高等学校—教材 Ⅳ. ①G219.19

中国版本图书馆 CIP 数据核字(2022)第 177302 号

中外新闻传播史(第四版)
ZHONGWAI XINWEN CHUANBOSHI(DI-SI BAN)

著　　者	刘笑盈		
策划编辑	阳金洲		
责任编辑	阳金洲　张　笛		
责任印制	李志鹏		
封面设计	拓美设计		
出版发行	中国传媒大学出版社		
社　　址	北京市朝阳区定福庄东街 1 号	**邮　　编**	100024
电　　话	86－10－65450528　65450532	**传　　真**	65779405
网　　址	http://cucp.cuc.edu.cn		
经　　销	全国新华书店		
印　　刷	北京中科印刷有限公司		
开　　本	787mm×1092mm　1/16		
印　　张	19.25		
字　　数	480 千字		
版　　次	2022 年 10 月第 4 版		
印　　次	2024 年 5 月第 3 次印刷		
书　　号	ISBN 978-7-5657-3298-0/G·3298	**定　　价**	59.80 元

本社法律顾问：北京嘉润律师事务所　郭建平

目 录

第二编　新闻传播的出现和新闻传播业的形成

(16 世纪末 17 世纪初到 19 世纪末 20 世纪初)

第三编　新闻传播的发展

(20 世纪初到 20 世纪 80 年代初)

概论:关于新闻史及其历史分期

本部分是本书的概论,涉及许多的理论问题,主要说明和解释了历史是什么,新闻是什么,新闻史又是什么,新闻史分为几个历史阶段,每个阶段的特点是什么,本书的编写体例如何,等等。

第一节　历史是什么

历史是什么?这是一个很有意思的问题。

恩格斯讲过,“有了人,我们也就有了历史”。但是,历史学产生在文字发明以后。早期的人类对自己的历史是极为重视的,在希腊神话中专门有一个称为克里奥的女神司掌历史,在具有敬天法祖文化传统的中国,从商代甲骨文中我们也看到,当时已经有了主管历史的史官。[①] 公元前5世纪,世界的东西方各出了一位响当当的历史学家,古希腊的史学之父希罗多德为后人留下了他的传世之作《历史》,中国的大圣先师孔子则编定了《春秋》(古汉语中也是历史之意)而立身扬名。这里有一个非常值得后人玩味的现象:在当时,“历史”一词具有双重含义,有时它是指历史,即人类以往的一切活动,有时它又是指历史学,即人类以往活动的文字记录整理。历史和历史学的不加区别使得历史学家们在漫长年月中,在历史哲学极端萎缩的情形下编著着汗牛充栋、难以计数的历史书。但就主要的倾向讲,在西方,历史只是为了说明宗教;在东方,历史则带上了为统治者服务的政治功能。

上述这种情况在近代以后开始发生变化,在欧洲,启蒙思想家们开始把理性和进步的观念输入了历史学。伏尔泰第一个提出了“历史哲学”这个词。在他看来,历史学不应仅仅满足于对历史事实的记录和整理,真正的历史,其任务是通过对过去的研究来说明人类的时代精神。到了被称为“历史学时代”的19世纪,马克思的历史唯物主义、强调“如实地说明历史”的兰克学派、孔德的实证主义、斯宾塞的社会进化论思想等,进一步促进历史学的重大变化,历史学开始被推上科学化和独立化的道路。在中国,“历”和“史”两个字本来一直是分开使用的,历是指天文历法,史是指记事的人。直到19世纪晚期,历史才合起来使用,与西方的History一词相对应[②],也开始走上了科学化和独立化的道路。

---

① 冯天瑜,周积明.中国古文化的奥秘[M].武汉:湖北人民出版社,1986:324.

② 葛剑雄,周筱赟.历史学是什么[M].北京:北京大学出版社,2002:9.

进入20世纪以后,历史学领域出现了多派纷杂、此消彼长的景象。如果说在19世纪历史学独立化的过程中主要开创的是科学化的方向,那么20世纪则开始了对19世纪唯科学主义倾向的批判反思。作为思辨的历史哲学家,德国的施宾格勒和英国的汤因比不仅以他们各自的著作《西方的没落》和《历史研究》,为人类世界贡献了不可多得的历史学名著,而且开始把文明、文化形态和世界整体等崭新概念引入了历史研究,并构筑了各自一时间石破天惊的宏观理论体系。德国的李尔凯特、意大利的克罗齐、英国的科林伍德等人则从"历史是什么"这个看似有些学究气的问题出发,开辟出一个广阔的融分析与批判于一体的历史哲学领域。他们利用分析哲学的方法说明,历史并不等于科学,有它自己的独特性。他们不是在人们如何创造历史而是在人们如何书写历史的问题上刻意求新,在历史学的性质、研究对象,历史思维的特点、可能与限度及史学的功能和价值等众多方面,取得了丰富的研究成果。与此同时,一批法国年轻的历史学家被团结在1929年创刊的《经济社会学年鉴》周围,创立了一个拥有极大影响的年鉴史学派。年鉴史学派从历史研究的实际出发,向实证主义和传统史学挑战,提出了"总体历史"的理论。在他们那里,历史研究的重点,不再是僵死的政治事件和个别人物,而是活生生的普通人和人类整体;历史研究的根据,不再仅仅是陈旧的档案文献资料,而是人类活动所留下的所有痕迹;历史研究的方法,不再仅仅是传统古板的整理考证叙述,而应包括心理学、社会学、人类学、经济学、地理学等所有相关学科的方法;历史研究的目的,也不再仅仅是满足人们的好奇心,检验人们的记忆力或仅仅为了政治需要,而是"了解我们自己、我们的同类,以及人类的种种问题和前景"①。这样,史学研究的范围、根据、方法和功能都得到了扩大或改变,史学与社会现实形成了新的统一。

历史是什么?英国著名历史学家爱德华·卡尔曾经写过一个同名的小册子,在他看来,一劳永逸地搞清所有事实得出正确结论的终极历史学是永远不存在的。历史既是"过去",也是"历史学家对过去的想法",更是"这两者之间的相互关系"。"历史是历史学家跟他的事实之间相互作用的连续不断的过程,是现在与过去之间的永无止境的问答交谈。"②卡尔的话表明了两层含义:其表层的意思是说人们永远需要历史不断对过去作出解释;其深层含义则是历史并不仅仅是解释,而更重要的是人们可以从对历史的提问中更清醒地理解现在,变得更加明智。这也许是历史研究的真正意义。

现在我们可以加以总结了。历史和历史学实际上是两个不同的概念,历史是指人类社会过去的一切活动,而历史学是对这一切活动的记录和总结。由于我们无法重新经历过去的历史,我们只能依靠历史学家的记录和总结去体会过去。尽管在历史学领域中一直存在着历史是科学还是艺术、是客观还是主观、是现实存在还是仅仅存在于历史学家头脑中的争论,不过我们可以肯定的是,历史只能是这两者的综合,绝对客观的历史和绝对主观的历史都是不存在的,两者的结合点实际上就是为当代的人类社会服务的。

研究历史是一件很有意思的事情,英国历史哲学家科林伍德说过一句名言:"历史的价值就在于它告诉我们人做了什么,从而告诉我们人是什么。"在对历史的考察中我们体会到了一个重要的结论,就是对于过去的重大事件和历史人物,每一代人、每一群人、每

---

① 罗宾逊. 新史学[M]. 齐思和,译. 北京:商务印书馆,1964:15. 罗宾逊被认为是年鉴学派的先驱之一。

② 卡尔. 历史是什么[M]. 吴柱存,译. 北京:商务印书馆,1981:28.

一个人可能都有自己不同的理解,要想使一个人的理解代表一群人、一代人,这是一个很艰巨的任务,几乎是不可能完成的,我们所能做的是:尽自己最大的努力去接近它。意大利历史哲学家克罗齐也说过:“一切历史都是当代史。”意思是一切历史都是当代人从当代的思维出发去研究的。我们说,只有我们的研究接近了当代人的理解时,这样的历史才是真正的历史。

真正的历史实际上还有更进一步的含义,历史不仅是站在现在看过去,也是站在未来看现在。对现在的了解蕴涵着对未来的把握,这才是历史的真谛所在。

第二节　三种新闻定义和三种新闻史

历史学是历史学家对人类过去的实践活动所做的记录和总结,由于人类社会的实践活动是丰富多彩的,所以历史的记录和总结也是多种多样的。根据研究对象的不同,我们可以把历史分为通史和各种专门史,例如研究不同国家的国别史,研究不同时代的断代史,研究不同活动的专门史(例如经济史、法律史、文化史、战争史等)。

毫无疑问,新闻史是研究人类社会关于新闻活动的历史,那么我们首先面临的一个问题就是新闻的定义:什么是新闻。

新闻的定义是新闻理论研究的基础,但是恰恰这个基础是极为模糊的。“新闻”一词的出现在中国有1300多年了,在西方也有700多年了,可什么是新闻,至今没有公认的答案。美国的学者称“认识新闻,比定义新闻要容易得多”。我国的学者说:“新闻是一张‘语意地图’,有着变色龙的面貌,它是不固定的……变幻莫测。”①“新闻是每个人的生活必需品,它和空气一样,虽然大家都每时每刻在呼吸它,但是很难说清楚。”②据统计,目前世界上关于新闻的定义已经有170余种,也有人说有数百种。就以中国而论,也不下数十种。

首先,在我们约定俗成的理解中,新闻包括不同的层次。根据浙江人民出版社1988年出版的《新闻学词典》中的解释,新闻包括三个含义:(1)公开传播新近变动的事实信息。“新闻”一词在我国唐代最早出现,诗人李咸用有“旧业久抛耕钓侣,新闻多说战争功”的诗句,将新闻与旧业对应。《新唐书》上也出现了此词,孙处玄有“恨天下无书以广新闻”之语。唐人尉迟枢的书《南楚新闻》实际上是讲南楚的逸闻旧事、风土人情。在国外,“新闻”一词的出现比中国晚得多。1423年,苏格兰的詹姆士一世用到这个词,说“我把可喜的新闻带给你”。(2)新闻传播事业。新闻要公开传播,由于媒介的发展和社会的需要,形成了专门的新闻传播部门,又称传播业。(3)新闻题材和新闻报道的总称。包括按内容分的消息、通讯、特写、调查、述评、图片、资料等,也可以分为消息、特写和评论三大类;按题材分的政治、经济、文教、体育、军事、法律新闻等,也可以分为时政、财经、娱乐三大类;按地区分的地方、国内和国际新闻等。

新闻的定义可以先分为三层含义:新闻、新闻作品和新闻事业。后两者可以加后缀或根据上下语境进行区分。定义的关键是新闻本身。

---

① 彭家发. 新闻论[M]. 台北:台湾三民书局,1992:11.

② 王中. 论新闻[J]. 新闻大学,1981(1).

尽管新闻的定义有上百种,我们还是可以举出以下最为典型、影响最大的五种类型:

(1)事实类:如“新闻者,乃多数阅者所注意之最近事实。”(徐宝璜:《新闻学》,1919年)“新闻者,读者所未知而欲知之事物。”(戈公振:《中国报学史》,1927年)“新闻是新近发生或变动的事实。”(喻权域:《对新闻学中一些基本问题的看法》,《新闻大学》1998年秋季号)

(2)信息类:如“新闻是经报道(或传播)的新近事实信息。”(宁树藩:《新闻定义新探》,《复旦学报社会科学版》1987年第5期)“新闻是公开传播新近变动事实的信息。”(《辞海》,1989年修订本)“新闻是受众所关注的新近事实的信息。”(姚福申:《新闻定义评析》,《新闻界》1998年第5期)

(3)报道类:如“新闻的定义就是新近发生的事实的报道。”(陆定一:《我们对于新闻学的基本观点》,1943年)“新闻是具有重要性或趣味性的事情的新近报道。”(钱震:《新闻论》,1978年)“新闻是报纸、通讯社、广播电台、电视台或新闻机构对当前政治事件或社会事件所作的报道。”(《辞海》,1979年版)

(4)传播类:如“新闻是最近变动的事实的传播。”(王中:《论新闻》,1981年)

(5)手段类:如“新闻是报道或评述最新的重要事实以影响舆论的特殊手段。”(甘惜分:《新闻理论基础》,1982年)

仔细观察,实际上我们还可以把这五类概括成三大类,即(1)(2)属于事实信息类,信息的概念不过是事实的进一步发展,(3)(4)属于报道传播类,传播是报道的扩大,而(5)则属于功能类定义。①

西方关于新闻五花八门的说法,概括起来,可以分为实践派和学院派两种。其中实践派比较强调新闻的事实部分,比较有代表性的定义如19世纪70年代的美国《纽约太阳报》编辑部主任约翰·博加特所说:“狗咬人不是新闻,人咬狗才是新闻。”稍后美国赫斯特报系的著名记者阿瑟·麦克尤恩也说,凡是读者看了发出“哎呀”一声惊叹的事物就是新闻。20世纪30年代《纽约先驱论坛报》的城市版主编斯坦利·沃尔克把新闻概括为三个W,Woman(女性)、Wampum(金钱)、Wrongdoing(犯罪)。还有人把新闻做了拆字的解释,认为新闻就是北(North)、东(East)、西(West)、南(South)的合写。另一种拆字的方法,认为新闻就等于新闻价值(News worthiness)+新闻重点(Emphasize on)+新闻六要素(When、Where、Who、Whom、What、Why)+新闻消息源(Source)的合称。学院派强调新闻的报道部分,例如美国明尼苏达大学教授米切尔·查莱声称:“新闻是对事实或意见的及时报道,此等报道对于相当多的人而言,具有吸引力或重要性,或者兼而有之。”德国柏林大学教授道比法特说:“新闻就是把最新的事实现象在最短的时间内连续地介绍给最广泛的公众。”一连用了三个“最”。美国密苏里新闻学院的院长弗兰克·莫特说:“新闻是新近报道的事实。”

上述文字告诉我们,对新闻的定义还应该进行本源学和逻辑学的研究。

分析哲学的重要旗手维特根斯坦曾经用一句话概括了分析哲学的核心:“全部哲学就是语言批判。”据分析哲学的观点,任何概念都必须进行语义学分析,进行清晰的界定,否则只能自说自话,讨论无法深入或南辕北辙,所以首先必须对“新闻”一词作出清晰而

---

① 彭克宏.社会科学大词典[M].北京:中国国际广播出版社,1989.

明确的分析和界定。

在现代英语中,表达新闻之意的词主要有四个:"News"(消息、新闻、新闻事件、新闻节目)、"Press"(新闻报道、新闻记者、报刊总称)、"Journal"(日记、日报、定期刊物)和"Journalism"(新闻、新闻业、报刊)。就News而言,根据《牛津英语词典》的解释,在古英语中有newes、newis、newys、niewes等多种表达方式,表示:(1)新的事物、小说;(2)消息(Tidings)、对新近事实的报告;(3)单条消息;(4)消息发送、送信者、印刷品;(5)报纸等意思。这一词语在14~16世纪开始被广泛使用。1423年,苏格兰的詹姆士一世曾用此词,说"我把可喜的新闻带给你",就是第二种含义的表达。美国著名新闻史学家埃默里声称:"直到1500年左右,消息这个词通常用来描述有关时事的报道;造出新闻(News)这个词是为了把偶然的信息传播行为与有意识地采集和加工最新消息的努力区分开来。"① 15~17世纪正是这样的努力日益明显的时期。1621年,英国出版商伯恩和艾克尔在国王特许下创办了英国第一家定期刊物《每周新闻》(*Weekly News*),英语的"News"以新闻之意第一次作为刊名开始流传开来。② 1665年,第一次采用单页两面印刷而且全是新闻的《牛津公报》问世之后,英文的报纸(Newspaper)一词开始出现了。而据《牛津英语词典》的解释,Journal原意是:(1)转移,贯通(Trans),记录;(2)机器轴颈。19世纪以后,其第一种含义才与法文的消息与消息报道的意思广泛结合,形成了表示新闻业、新闻工作者的意思。《英语词源学》还明确指出了从法语中的借用开始于1833年。③ 很显然,尽管"News"和"Journalism"都可以指新闻,但是由于来源和使用历史的不同,这两个词的含义还是有明显区别的。《英语国际词典》认为:"News"是关于最新事件的信息或报道,"Journalism"是在报纸杂志和广播电视中新闻、故事和文章的收集、写作及出版工作。④《BBC英语词典》也认为,"News"是从国内外最新事件中为报纸杂志所用的"信息"(information);"Journalism"是报纸杂志和广播电视采集、写作和出版News的工作(job)。⑤《时代英语词典》则指出"News"的5个含义是:(1)最近发生的重要或有趣的时事;(2)大众媒体中关于这类时事的信息;(3)这类信息在广播电视中的展播;(4)未被预知和认识的有趣或重要的信息;(5)在大众媒体中被广泛报道的人物和时尚。"Journalism"的4个含义是:(1)为某种大众媒介拍摄照片、编辑新闻故事的活动或职业;(2)报纸杂志的总称、出版业;(3)报纸杂志等素材的加工出版;(4)未加分析的当前事实的新报道。⑥ 由以上可知,在长期的历史演变中,英语中"News"和"Journalism"两个词各有其特定的所指,前者主要表示事实和信息,后者主要表示编辑和出版。尽管两个词之间的含义有少部分的重合(事实与事实加工、加工与新闻出版),但其区别还是非常明显的。

在汉语语言中,"News"和"Journalism"的对应词语只有"新闻"一词。这一词语最早出现在唐朝,直到明朝之前,这一词语主要还是指传闻和供人消遣的逸闻趣事。清朝之后,这一词语才融入了带有事件真实性意味的"消息"内容。近代以来,随着近代报刊业

---

① 埃默里M,埃默里E.美国新闻史:大众传播媒介解释史[M].展江,殷文,译.北京:新华出版社,2001:9.
② 郑超然,程曼丽,王泰玄.外国新闻传播史[M].北京:中国人民大学出版社,2000:54.
③ The Etymology of English Language[M]. New York:H. N. Wilson Company,1995.
④ International Dictionary of English[M]. Cambridge:Cambridge Press,1995.
⑤ BBC English Dictionary[M]. New York:Harper Collins Publishers,1992.
⑥ The Times English Dictionary[M]. New York:Harper Collins Publishers, 2002.

的出现,新闻开始与古代词意划开了界限,与真实性挂钩。1919 年徐宝璜在中国人的第一本新闻学著作中提出了“新闻者,乃多数阅者所注意之最近事实”的定义。20 世纪 40 年代,陆定一又提出了从“事实说”转到“报道说”的定义。20 世纪 80 年代以后,对新闻定义探讨的热潮开始兴起,对新闻的各种说法层出不穷。

汉语的“新闻”一词拆开了看有两个组合,一个是新,一个是闻。我们可以把前者理解成新近的事实、观念或信息;可以把后者理解为闻达、被告之或传播。我们认为,新闻的定义必须包括这两个意思并加入价值判断(种差)的成分。要准确地表达这三种意义,上述我们引用的通行定义都有道理又都不够完整和精确。

对中外新闻的语义考察使我们看到,无论是“事实说”还是“报道说”,都是有词语根据的,因为无论是英语还是汉语,“新闻”一词中都包含这两方面的内容。我们可以说“事实和信息说”是新闻的实质内容,而“报道和传播说”是新闻的存在方式,二者不能分开。就形式逻辑而言,一个定义的表述首先要确定的是被定义者的种属,也就是被定义者是什么的问题。种属应该是与被定义的词相近而外延又大于被定义者的那个概念。如果我们把新闻看作名词,那么种属就应该是事实(信息)而不是报道(传播),如果把新闻理解为动名词,那么种属就应该是报道(传播)。这也许是中外学术界对新闻的定义的最大差异所在。

从形式逻辑的角度出发,在定义的种属确定以后,确定定义的种差是区别此概念与他概念的关键。既然这二者互为存在的条件,那么无论说新闻是经报道(传播)的事实(信息),还是说新闻是对事实(信息)的报道,不作为种属的那个概念就是定义的第一个种差。接下来我们要讨论的关键概念是:什么样的事实是我们值得报道(传播)的新闻事实?而我们又用什么样的方式来进行报道(传播)?这两个概念可能更逼近新闻本身,一个是事实信息的新闻价值,一个是新闻传播的特殊方式。

新近发生的事实也好,变动的事实也罢,是不可能都作为“新”而向外传播的,因为它们太多了,简直可以说数不胜数。所以对事实的评价和选择就很重要了,我们应该而且必须把其界定放入新闻的定义内,这也是西方实践派特别注意的一个方面。由一般事实转变为新闻事实必须有一个标准,而且这个标准并不简单地以是否刊载在大众媒介上为依据,否则我们无法理解有人说“今天的报纸我看过了,没什么新闻”。尽管人们开始意识到了这个标准,有人在事实部分的“新近发生”之外又用了“变动的”“多数阅读者所注意的”“多数人注意并感兴趣的”等定语,表明作为新闻事实与一般信息相比应具有的独有特征。但是这些表述不太准确,“变动的事实”也很多,选择哪些变动?“多数人”又是一个虚拟概念,多少人算多数?实际上不如换一个更科学一点儿的词:价值。我们可以说新闻是具有“共性价值”或“社会认知价值”的事实。“价值”是一个经济学名词,经德国的尼采、美国的实用主义哲学家詹姆士和杜威,以及德国社会学家马克斯·韦伯等人广泛使用后,逐渐为人文科学和哲学界所接受。用比较学术一点的语言我们可以说,价值是社会客体对社会主体的意义,是人们活动的目的和关注追求的目标。价值又是社会主体对社会客体的评价,反映了人们对社会现象的主观情绪、感受和看法。对新闻工作者而言,“具有社会认知价值”就等于新闻价值,等于我们所理解的关于新闻特性的诸多特征。不过,我们认为事实信息的新闻价值不是存在于新闻报道中,而是存在于事实信息中,对价值的认定并非是新闻从业者或新闻受众的单方面行为,而是两种力量的综合。

因为在经济学上,价值的体现是供给方和需求方共同决定的。

再看报道和传播。根据传播学的分类,传播可以分为人内传播、人际传播、群体传播、组织传播和大众传播。显然,新闻定义中的传播应该是指大众传播。新闻是通过大众媒介所进行的公开传播,是通过报刊、书籍、广播、电视、互联网等大众媒介所进行的信息传递、交流和共享活动。从对新闻(News)这个词语的历史考察我们已经看到,它的出现本身就表明了人们从“偶然的信息交流行为”变成了“有意识地采集和加工最新消息的努力”,因此,加上这一定语是绝对必要的。

新闻与信息

所谓信息(information),是指一切事物的状态和特征的反映,它普遍存在于自然界、人类社会以及人们的认识和实践的过程中。早在人类历史发端之前,信息已经存在于物质世界。人类社会诞生以后,信息不仅来自物质世界,而且来自精神领域。

新闻与信息有许多一致性的地方:

新闻和信息一样,具有可传递性,新闻和信息无论在空间上和时间上都是可传递的。

新闻和信息一样,具有共享性,所谓共享就是指同一内容的新闻或信息,在同一时间被众多的使用者共同使用。

新闻和信息一样,具有寄载性,它们看不见摸不着,必须依附于物质载体而存在,需要有物体承担者,语言文字、图像、符号、信号等是新闻和信息的第一载体;存储第一载体的物质实体(包括纸张、磁带、胶片、电脑存储器等)则是第二载体。而人(主要是人脑)应该看作新闻和信息的特殊载体,即活载体。

新闻和信息一样,具有可塑性,新闻和信息都可以被压缩、转换、加工处理等。

新闻与信息具有诸多共性,但是也有很大的区别:

首先,新闻与信息的最大区别就是时效性,新闻是反映世界最新变动或正在变动的有一定社会价值或影响的信息。

其次,新闻与信息的区别在于其传播性,新闻是经过传播的信息。

再次,新闻与信息的区别在于其社会性,新闻是具有社会性的信息,是非个性的共性信息,无论其内容、传播对象和作用都是如此。

最后,新闻与信息的区别还在于其公开性,新闻是通过专业组织和大众媒介公开传播的信息。

可以说,信息与新闻是种与属的关系,新闻是人类庞大信息家族中的一小部分。

由此,我们可以获得以下三个更完整的新闻定义:

(1)“新闻是人们通过大众媒介而传播的具有社会认知价值的最新发生的事实信息。”这里,种属是信息,而通过大众媒介传播、具有社会认知价值和最新发生是其中的三个种差。通过种差的界定,我们区别开了新闻与一般信息。

(2)“新闻是人们通过大众媒介对具有社会认知价值的新近事实信息所做的传播。”这里,种属是传播,而同样有大众媒介、社会认知价值和新近的事实信息三个种差,也可以区别开新闻与一般传播。

从理论上说,这两个定义都是成立的,不过我们认为新闻作为一种社会现象的存在,还需要一个功能性的定义。“手段说”比较狭窄,而我们提出的定义是下面第三种。

(3)“所谓新闻,实际上是通过大众媒介传播最新信息而调整人们社会关系的一种特殊活动。”

应该说,这三种定义都是合理的,这也是许多年来对新闻定义存在争议的原因。只有通盘考虑,才能正确认识“新闻”一词。

在明确了新闻的定义之后,我们很容易就可以看出,关于新闻史的编写,实际上也存在着三种类型:

第一,以事实信息为出发点的新闻史。提出“报道说”的陆定一早在1943年就指出:“新闻的本源是事实,新闻是事实的报道,事实是第一性的,新闻是第二性的,事实在先,新闻(报道)在后。”①一些新闻史著作就是以事实信息出发来编著的。例如梁家禄在《中国新闻业史》中就坚持认为自语言产生之后就有了新闻,也有了新闻史。② 程曼丽的《外国新闻传播史导论》第一章第一节,也以“人类早期的新闻传播活动”为标题。③ 还有人明确提出,“新闻史的逻辑起点应该是新闻事实”④。不仅在新闻史的起点方面如此,我们认为以事实信息为出发点的新闻史,更重要的是关注社会事实的变动与新闻选择之间的关系,“新闻是历史的初稿”,只有把新闻史与社会发展史相结合,才能更准确地理解新闻的事实本体。

第二,以报道或传播为出发点的新闻史。因为报道或传播与媒介有关,所以这类新闻史实际上又转化成了新闻媒介史或新闻事业史。正如方汉奇所言:“所谓新闻史乃是一门考察和研究新闻事业发生发展的历史及其衍变规律的科学。”⑤这类新闻史著作数量最多,例如美国埃默里父子的《美国新闻史》的副标题就是“大众传播媒介解释史”⑥,英国詹姆斯·卡瑞与珍·辛顿所写的《英国新闻史》也是以报业史、广播电视史、新媒体的兴起为内容编写的。⑦ 我国众多的新闻事业史著作,在新闻史的起点方面还有一些不同的说法。例如戈公振的《中国报刊史》认为新闻史的起点开始于汉代的邸报,方汉奇的《中国新闻事业简史》认为开始于唐代的邸报,而台湾李瞻所编的《中国新闻史》则认为开始于宋代的邸报和小报。这类新闻史著作的主要内容就是媒介发展、新闻体制、新闻理论等,尽管对我们认识新闻和媒介有很大的帮助,但是由于强调传播,甚至过于强调传播的媒介工具,所以还是有些片面的。

第三,以新闻的功能为出发点的新闻史。毋庸讳言,这类内容的新闻史是比较少见

---

① 陆定一.我们对于新闻学的基本观点[M]//中国社会科学院新闻研究所.中国共产党新闻工作文件汇编(下卷),北京:新华出版社,1980:188.

② 梁家禄,钟紫,赵玉明,等.中国新闻业史:古代至一九四九年[M].南京:广西人民出版社,1984.

③ 程曼丽.外国新闻传播史导论[M].上海:复旦大学出版社,2004.

④ 李学寅.试论新闻理论体系的逻辑起点[J].新闻纵横,1985(3).

⑤ 方汉奇.新闻史是历史科学[J].新闻纵横,1985(3).

⑥ 埃默里 M,埃默里 E.美国新闻史:大众传播媒介解释史[M].展江,殷文,译.北京:新华出版社,2001.

⑦ 卡瑞,辛顿.英国新闻史[M].栾轶玫,译.北京:清华大学出版社,2005.

的,只是在个别新闻史著作中的部分内容中偶尔可以看到。一个主要的原因就是新闻的功能难以研究,我们说新闻是"影响舆论的特殊手段",或者说是"通过传播最新信息而调整人们的社会关系",那么新闻究竟是如何影响社会变化的,难以得出具体的结论。在这方面甚至还出现了悖论,例如我们一方面声称"地球村越来越小,新闻传播事业对世界政治经济的影响则变得越来越大","21 世纪的两大支柱一是传播技术,二是媒体产业,新闻传播学是连接二者的桥梁,将在今后的国家建设和社会发展中发挥越来越重要的作用"。① 另一方面则对此缺乏论述。不过随着传播学对受众和效果研究的引入,一些著作也开始了在新闻的功能性研究方面的探索。② 任何社会现象都有其存在的理由,一部新闻史没有新闻的功能性评价是不完整的,我们不仅要把这一部分内容加入新闻史,而且要对其作用加以客观的评价。

第三节　我们理解的新闻史和新闻史分期

上述的讨论实际上已经接近了我们对新闻史的看法。我们认为,历史就是综合,新闻史是对新闻这一社会存在和社会现象的记录和分析。一部完整的新闻通史,应该是新闻的三种定义和三种新闻史的统一。

首先,新闻史是新闻本体的发展史,也可以说是本义新闻学的发展史。所谓本义新闻学,是以新闻和新闻传播而非媒介为研究对象的新闻学,其逻辑框架包括新闻的起源、新闻的定义、新闻事实的认定、新闻的价值、新闻的传播等。新闻本体是新闻的内核,尽管不同的时代对新闻的认识有着不同的变化,但是它始终不断要回答的一直是"什么是新闻"的问题。尽管新闻与社会千丝万缕的联系一直难以割断,新闻服务于社会的功能始终存在,但是新闻的独立性发展、对"新闻是什么"的认识也始终绵延不绝,这是新闻史的重要内容。

其次,新闻史是新闻传播的发展史,也可以说是广义新闻学的发展史。所谓广义新闻学,是以媒介为研究对象的新闻学。其逻辑框架包括报刊、广播、电视、新媒体的发展以及新闻传播体制、传播理念等内容。广义新闻学与本义新闻学的连接点就在于新闻传播。新闻传播是新闻本体和最重要的体现,而传播离不开媒介。在我们的新闻定义中,新闻是通过大众媒介而公开传播的,这就形成了媒介和新闻传播业。可以毫不夸张地说,由于与新闻的发展高度契合,媒介和传播业的发展史实际上构成了新闻史最主要的内容。

最后,新闻史是新闻社会功能的演化史。我们可以说新闻工作者是社会的哨兵,新闻具有信息传递、舆论监督、舆论引导、文化传承、娱乐工具的作用,"是通过传播最新信息而调整人们社会关系的特殊手段"。那么这些作用是如何体现的？是在什么时期、什么方面发挥作用的？这些作用应该如何正确地加以评价？这些都是新闻史应该回答的

---

① 童兵. 理论新闻传播学导论[M]. 北京:中国人民大学出版社,2000:总序 2.

② 这方面西方的著作相对多一些,我们也有一些著作开始探讨新闻的政治和社会作用,例如,张国良. 新闻媒介与社会[M]. 上海:上海人民出版社,2001. 刘华蓉. 大众传媒与政治[M]. 北京:北京大学出版社,2001. 张昆. 大众媒介的政治社会化功能[M]. 武汉:武汉大学出版社,2003.

问题。

总而言之,新闻史应该是新闻传播的社会体系(包括传播者、传播体制、传播思想),新闻传播的内容(包括政治、经济、社会、娱乐新闻),新闻传播的方式(新闻文体和报道方式),新闻传播媒介和新闻传播功能发展史的统一。

新闻史主要是对新闻这一社会存在和社会现象的记录、分析和解释,那么我们首先面临的一个问题就是新闻史的分期问题。分期问题是历史研究中最重要的问题。恩格斯曾经说:“人类的历史……是人类本身的发展过程,而思维的任务就在于通过一切迂回曲折的道路,去探索这一过程的依此发展的阶段,并且透过一切表面的偶然性,揭示这一过程的内在规律性。”①历史分期,实际上是这一规律性的外在表达。

如果我们把新闻看作一个相对独立的社会现象,结合社会发展,我们可以把新闻史理解成以下四个大的发展时期,对应的历史时期分别是古代、近代、现代和当代。

一、第一个时期:新闻传播的起源

从人类社会起源一直到15~16世纪,是古代历史时期。在这个漫长的历史时期,人类社会的发展也是极为缓慢的。就人本身的发展而言,自早期智人(公元前30~40万年)形成时期的一二十万人,到新石器时代(1万多年前)地球上的人口只有1000万人。又经历了数千年,人口缓慢增长,到公元前3000年,世界上的人口有3000万人左右,到公元元年前后达到了2~3亿人。到了15~16世纪,世界上的人口有4~5亿人。据估计,从公元元年到1500年,世界人口的平均增长率只有0.063%。② 就人类所获得的生产力而言,从旧石器时代到新石器时代,原始社会的生产力提高哪怕是百分之一也是以万年为单位的,农业革命之后加快到每百年提高3%~4%。就人类社会的组织形式而言,从群居的氏族部落到早期的国家和城市,再到近代国家的出现,发展的速度也比较缓慢。不过,这一时期人类不同的文化形态开始形成了。

人在本质上是社会性的动物,人类社会的发展从一开始就提出了信息传播的要求。在这一时期,人类社会的信息传播过程也在缓慢发展之中。就信息传播的数量而言,表现出不断扩大的趋势;就信息传播的媒介而言,先后出现了图画传播、口语传播、标识与声光传播、文字传播和印刷传播,在不断突破时空限制的同时,传播开始从短距离、小范围到长距离、大范围,信息的准确性不断提高;就信息传播的组织而言,传播从无序到有组织,从分散到控制;信息传播的内容也随着社会的发展而不断增多。经过长期的积累之后,新闻传播这一现象在15~16世纪终于开始出现了。

二、第二个时期:新闻传播的出现和新闻传播业的形成

从16世纪末17世纪初到19世纪末20世纪初,是近代历史时期。这一时期是人类社会开始加速发展的时期。就人类本身的发展而言,世界人口从5亿多人增加到16亿左

---

① 恩格斯. 反杜林论[M]//中共中央马克思恩格斯列宁斯大林著作编译局. 马克思恩格斯选集 第3卷. 北京:人民出版社,1995:63.

② 潘纪一,朱国宏. 世界人口通论[M]. 北京:中国人口出版社,1991:41,47.

右,在短短的300年内增加了2倍多。随着近代科学技术的诞生和发展,人类生产力在商品经济出现和工业革命发生之后也开始飞速发展,每年提高2%～3%。与此同时,随着社会阶层的增加和分化、近代国家的出现和国家职能的不断完善,人类的社会组织形式开始丰富和发展。特别值得注意的是,西方国家在这一时期的经济和社会发展中取得了领先,通过资本的世界性扩张,世界历史开始形成。

这一时期是新闻从信息传播中开始独立和新闻传播业开始形成的时期。随着印刷技术的发展、社会对信息需求的增加和近代报刊的出现,新闻开始成为相对独立的信息品种,新闻传播开始成为相对独立的社会部分,并且逐渐在社会中发挥作用。我们在定义中所说的新闻的四个要素同时出现了。这一时期大众媒介、新闻的专业化组织、新闻传播的思想、新闻传播体制、新闻文体和新闻的社会作用等都得到了初步的发展。与经济社会的发展一样,这一时期西方国家获得了新闻传播的领先地位。

新闻传播的起点

我们之所以把15～16世纪作为新闻的起点是出于以下原因:

首先,"新闻"一词是在这一时期才开始流行的。正如前引美国学者埃默里所说:"造出'新闻'这个词是为了把偶然的信息传播行为与有意识地采集和加工最新消息的努力区分开来。"在中国,这一词语尽管出现得较早,但并没有融入现代的含义。

其次,这一时期在东西方都出现了面向社会专门刊发最新信息的特定媒体。中国明代有了面向社会的雕版印刷的定期报纸,西方有了职业新闻人和活字印刷的定期刊物。

再次,由于特定的媒体出现,新闻所具有的社会性、时效性和准确真实性特征开始有了保证。因为刊物面向社会,所以信息具有了社会性特征;因为是定期出版,所以信息有了时效性;因为登载在印刷刊物上,所以避免了口传或手抄的模糊性。

最后,专业的社会组织开始履行新闻的功能性职责。

我们在新闻的定义中谈到的新闻的四个要素:面向社会的大众媒介、具有社会性价值的事实、事实的时效性与准确性诉求、报道与传播,在这一时期开始同时具备了。

三、第三个时期:新闻传播的发展

从20世纪初到20世纪80年代初,是现代历史时期。因为世界历史开始形成,19世纪末20世纪初具有历史转折点的意义。在这一时期,因为生产力的发展和生活水平的提高,人类从16亿增加到1980年的44亿。就人类的认识水平和改造自然的能力来讲,这一时期是以电磁学、相对论和量子力学的提出以及内燃机、电力为动力的技术革命而开始的,20世纪五六十年代的新科技革命又开辟了新的前景。就社会组织而言,国家的数量从四十多个增加到一百多个;尽管经历了前所未有的战争、动乱、革命和运动,人类社会的生产力水平还是得到了极大的提高。科技革命、民族主义和现代化成了这一时期的主要潮流。

在19世纪末西方国家新闻传播发展到了一个高峰的基础上,这一时期的新闻传播又获得了巨大的发展,主要的表现是:与科学技术的发展同步,新闻传播的载体从纸质媒介发展到电子媒介,传播的时空进一步扩大;与社会的发展同步,新闻传播的功能增加,影响进一步扩大;在不同政治实体建立的同时,不同的新闻传播体制和新闻传播理论纷纷出现,人们对新闻的认识也开始深化;新闻传播在成为重要的社会部门和产业的同时,成了信息社会到来的先驱。

四、第四个时期:新闻传播的变化和调整

从20世纪80年代至今,是当代历史时期,也是整个世界历史发生变化和调整的时期。在这一时期,世界的人口又增加了近30亿;由于科技革命的推动和经济政策的调整,世界的物质力量进一步增强,世界GDP的总量增加了两倍多,世界经济的联系更加紧密,经济全球化成为90年代以后一个显著的现象;在国际政治领域,由于冷战的结束,意识形态因素开始让位于民族、国家与文化因素;也许在社会领域的变化更加明显,在大部分发展中国家向现代化社会转型的同时,一些发达国家则开始出现了所谓后现代社会的特征。

这一时期也是新闻传播的变化和调整时期,在变化与调整中,新闻传播与社会的契合达到了一个新的高度。如果我们说这一时期是一个高度信息化的社会,那么新闻传播就是信息化的先驱和主要载体。新闻开始与信息传播结合,成为人类所获得的庞大信息群中一个特点鲜明的组成部分,内容更加丰富了。如果我们说这一时期是高技术的社会,那么新闻报道的载体在信息化和数字化的过程中不断地丰富,新媒体不断涌现。如果我们说这一时期是一个经济全球化的社会,那么传播国际化是经济全球化的基础和条件。如果我们说这一时期进入了后意识形态的社会,是经济和商业化的社会,那么新闻在努力摆脱政治和宣传进而回归本义的同时,又开始遭受娱乐化和商业化的缠绕。在这一时期,新闻的政治、社会、经济和文化功能开始全面显现,从而发挥更大的作用,成为武装单个的信息人、整合复杂的社会关系、沟通不同的国家和文化的重要工具。

第四节　本书的追求和编写方法

新闻学是人文社会科学中的重要学科门类,在20世纪80年代以后成为显学。从我们对中国国家图书馆关于新闻的图书所作调查可以得知,其藏书书目中关于新闻类的书籍1985年前只有几百本,20世纪90年代初也不到1000本,20世纪90年代后开始加速增长,2002年达到了3700本,2010年则有上万本之多(包括大量的硕、博士论文),之后每年入库图书都有数千本,可见发展速度之快。

任何学科的构成都有三部分内容:理论、实践(业务)和历史,新闻学也不例外。不过在我们的调查中可以看到,这数万本图书以新闻业务类最多,占80%以上,新闻理论次之,新闻史最少。这也说明了新闻学理论和历史研究的欠缺。尽管近年来,由于传播学

的引入,新闻学向本位回归,学术界对理论和历史的研究成果日益增多,但是其不足之处依然是明显的。

虽然新闻史的著作不多,但是也已经出版了上千种。那么在上千种新闻史著作之上再增加一本,本书的特色和追求何在呢?

一、综合

历史的一个特点就是综合,作为通史更应该如此。本书是双重综合的产物。首先,是三种新闻史的综合和统一,新闻史既是新闻本体(什么是新闻)的发展史,也是新闻传播(媒介的演变)的发展史,还是新闻社会功能的发展史。其次,是新闻史与社会发展的综合,这实际上是新闻社会功能发展史的延伸。作为一个社会现象,一个社会的组成部分,新闻来源于社会,也服务于社会。英国著名学者吉登斯说过:"如果不是铺天盖地而来的由新闻所传达的共享知识的话,现代性制度的全球化扩张本来是不可能的。"①我们需要探讨的是,新闻和新闻传播在什么层面上与社会结合,又在什么层面上发挥其作用。所以,本书扩大了写作的范围。

二、依靠综合回归新闻本身

在过去的新闻史编写体例上,我们看到,尽管从"西方中心论"和"意识形态至上"发展为多元并存,但是在很大程度上还存在机械的条块分割,往往是新闻加国别或地区史构成的,或者新闻史的分期与政治史的发展机械对应。由于对新闻的认识有偏差,新闻传播史的内容研究只注重媒介的发展研究,新闻史成了单一的媒介史,构成新闻史的宏观要素——社会背景和微观要素——社会事实和新闻内容往往不见了踪影,这些不利于我们对新闻传播历史的整体认识,也不利于从新闻传播的内在逻辑中认识其发展规律。所以,本书试图用新的体例划分新闻的发展阶段,在内容上不断地追问新闻是什么的问题。

三、比较的视野

在我们以往的新闻史中,中国新闻史与外国新闻史是脱节的。中国新闻史只谈中国,而外国新闻史只讲外国,即使是一些名为世界新闻史和全球新闻史的著作中,也缺乏中国新闻史的内容。尽管近年来有一些中外新闻比较的理论著作问世,但是由于仅仅从现实的静态出发而没有历史的比较,一些研究者的结论难以令人信服,例如有人就认为西方国家与东方国家新闻事业出现的时间差是"以世纪为计算单位"的。② 可以说,没有将中外新闻传播都包括在内的历史书,就使我们丧失了比较的视野,也不利于我们认识中外新闻的发展特色和统一的发展规律。所以,本书将中外新闻史的发展放在一起讨论。

---

① 吉登斯.现代性的后果[M].田禾,译.南京:译林出版社,2000:68.

② 郝明工.无冕国度的对舞——中外新闻比较研究[M].昆明:云南人民出版社,2002:16.

四、简明性或简单性

随着信息的大爆炸,越来越多的新闻事实被发掘,新闻史也出现了越编越厚的倾向,这不利于学生的学习。简明不仅仅意味着篇幅的减少,更是信息价值的浓缩。我们认为科学研究的过程,是一个不断分化与不断综合相结合的过程,抽象和综合也是深入研究的重要组成部分。对简明性的追求,最重要的方法是运用紧抓核心的简单性原则,这在科学研究上又称为"爱因斯坦剃刀"或"奥卡姆剃刀"。① 新闻史并不仅仅是新闻事件和媒介发展的堆积,而是要用抽象和思辨的方法找出其特点和核心意义。所以,本书试图在提升信息价值含量的前提下减少篇幅。

在长期的教学实践中,作者曾经多次被学生问到,学习新闻史有什么用。在本书的开头,我们已经讨论了历史有什么用的问题,实际上也间接地回答了新闻史有什么用的问题。我们希望按照对历史的理解来编写新闻史,坚持历史性原则,不是为研究而研究,为考证而研究,而是为现代人理解新闻现实而与历史对话,从而加深对新闻现实的理解。这也是我们追求的总体目标。

作为一本教材,本书希望在吸收前人研究成果的基础上做到体例清楚、写法统一、简明实用。除了概论以外,本书根据新闻发展的历史阶段分为四编,每编前面有一个总体概括,再根据其主要内容分为若干章,每章作为一个独立的授课部分先设有关键问题,在回答了这些关键问题之后有本章的总结,还有为学生复习所用的思考讨论题,每章内容中的页下注释既是对事实和前人研究成果的认定,也是理解和扩大所学知识的路径。在本书的最后,全书作出了总结,并列出作者认为比较重要的参考书,以作为进一步研究和讨论的参考。

理论和方法是我们编写本教材特别重视的部分。恩格斯曾经说过,"一个民族想要站在科学的最高峰,就一刻也不能没有理论思维"②。而理论并不高深,本质上只是人们关于客观世界现象的抽象总结。人类主要通过两种信息了解世界:事实与理论。所谓事实,是指实际存在的事情,是被我们察觉到的不可否认的客观现象,而理论是对事实系统化的理性认识。在汉语词典中,理论是"人们由实践概括出来的关于自然界和社会的知识的有系统的结论"③。在英文词典中的解释是,"基于证据和仔细推理的一系列概念,理论提供事情如何发展或事情为什么发生的解释"④。所谓方法,是人们达到目的的手段,也可以说是人们形成理论的过程。只有找到了正确的方法,人们才可以找到正确的理论,从而准确地理解和解释世界。

---

① 中世纪奥卡姆的威廉,反对经院哲学的烦琐而主张理论简单化,形象地提出要用剃刀把烦琐哲学删繁就简,因此后人称之为"奥卡姆剃刀",而爱因斯坦是这一思想最大的现代受益者。见朱亚宗. 伟大的探索者——爱因斯坦[M]. 北京:人民出版社,1985:221.

② 中共中央马克思恩格斯列宁斯大林著作编译局. 马克思恩格斯选集　第3卷[M]. 北京:人民出版社,1972:467.

③ 中国社会科学院语言研究所词典编辑室. 现代汉语词典[M]. 7版. 北京:商务印书馆,2016:799.

④ 本书编写组. 柯林斯最新英语词典[M]. 北京:北京大学出版社,2000:812.

小　结

概论是本书中最困难的部分,是提供概念最多,也是最不好理解的部分。作者建议在学完本书后可以再回过头来阅读一次,从而进一步加深对这一部分内容乃至对本书的理解。

在概论中,我们首先讨论了历史是什么的问题。历史既是“过去”,也是“历史学家对过去的想法”,更是“这两者之间的相互关系”。人们是永远需要历史、不断对过去作出解释的;而且历史并不仅仅是解释,更重要的是人们可以从研究历史中理解现在,预测未来。对历史的认识,对我们理解新闻史具有宏观指导意义。

历史研究就是对社会现象的历史记录和评价。我们认为,认清新闻是什么,是研究新闻史的关键。在解决新闻是什么的问题上,我们采用了语义学分析和历史考证的方法,之所以用了大量的篇幅,主要是想提供一种认识事物、得到理论概括的方法。我们认为,新闻有四个关键要素:面向社会的大众媒介、具有社会性价值的事实、事实的时效性与准确性诉求、报道与传播。根据不同的排列和组合,可以得出新闻的三种不同定义。所谓定义,是通过种属和种差将此事物与他事物区别开来的手段。我们认为就新闻的意义而言,这三种定义都是可以接受的,之所以出现了差异,只是因为观察和强调的角度不同而已。

新闻并不是孤立存在的,在新闻的外延结构中,还存在新闻传播的社会体系、新闻传播的内容和方式、新闻传播媒介和新闻传播功能。其中体系和媒介属于广义新闻史,内容和方式属于狭义新闻史,而功能属于新闻社会史。

三种不同的新闻定义给我们提供了三种不同的新闻史,而完整的新闻史,应该是三种新闻史的统一。在这一观点的指导下,我们得出了新闻发展的四个历史阶段:新闻传播的起源、新闻传播的出现和新闻传播业的形成、新闻传播的发展、新闻传播的变化和调整。每个阶段都将是以后每一编的主要内容。

作为一本简明的新闻通史,综合、简单、比较和信息价值的提升是本书追求的目标,本书将把这些追求贯穿始终,也希望能达到理想的效果,使读者在学习和思考中有更多的收获。

【思考讨论题】

1. 你认为历史是什么? 其意义与价值何在?
2. 你认为应该如何为新闻下定义?
3. 三种新闻史的一般区别在哪里?
4. 新闻史的起点在什么时期? 为什么?
5. 新闻史如何分期? 其阶段性特点是什么?
6. 观察和实践:翻阅一份报纸的新闻栏目、收看一个电视的新闻节目,找出所看新闻的社会性价值。

第一编　新闻传播的起源

(人类社会起源至公元 15 ~16 世纪)

本编横跨从人类社会起源到 15 ~16 世纪报纸的产生,主要内容是从信息传播到新闻的出现。

人类社会的起源有一个漫长的发展过程,一般认为,人类的形成约在 300 万年以前。当时地球上的人类只有几十万人,人类在工具方面处于旧石器时代,在社会方面处于野居和流动中。经过了两百多万年的缓慢发展,大约在十万年以前,人类社会开始进入了新的发展期。由于地球上的冰期已过,气候逐步变暖,人类的数量逐步增加,而可食用的野生动物开始减少,人类发展史上的新石器时代开始到来,终于,大约在一万年以前,人类社会发展到约 1000 万人,开始进入了定居、耕种和饲养家畜的农业文明时代。这以后一直到 18 世纪之前,尽管人类发展到了 5 亿多人,农业文明一直是我们这个社会的基础。就社会的制度化形态看,人类社会经历了从部落社会到阶级社会的过渡,出现了私有制和早期的国家,也出现了各种形态的社会组织。就社会的文化形态而言,人类社会的各种价值观念体系也开始形成和发展起来了。

人类是如何从自然界脱离出来的?推动人类社会不断发展的机制又是什么?根据马克思和恩格斯的观点,是社会化的劳动。“人的本质并不是单个人所固有的抽象物,在其现实性上,它是一切社会关系的总和。”①劳动是从制造工具开始的。按照我们的理解,工具不仅仅是物质的,而且是一切帮助人类实现社会化劳动的东西,比如语言和其他传播媒介。因此从人类学的观点看,传播是人的社会本能,它是人类优于其他物种的突出之处。从整个历史进程来看,人类一直在设法改进对于周围事物的信息情报的接受能力和吸收能力,同时又设法提高本身传播信息情报的速度和清晰度,并使手段和方法不断创新和多样化。

在我们论述的这一时期,新闻传播并没有形成,而是表现在信息传播之中。这一时期的信息传播在媒介方面不断地发展,从体语到口语,从图像、标识和声光传播到文字,最后终于发展到了印刷传播。在传播内容方面,个性化色彩不断减弱而共性不断增强,从日常的生产、生活到反映社会化内容的政治、经济和文化信息,最后终于在更高社会化的过程中发展到专业性分类的阶段。在传播方式方面,从人际传播、群体传播、组织传播发展到大众传播,终于促成了新闻和新闻传播这一独立社会现象的出现。

---

① 中共中央马克思恩格斯列宁斯大林著作编译局. 马克思恩格斯选集　第 1 卷[M]. 北京:人民出版社,1972:18.

本编在讨论古代各国的信息传递中，主要研究了中国和西方国家。其他国家的信息传播并非不重要，主要是中国和西方国家在这一时期是更重要的国家，更有代表性，同时也是为了比较的方便。这一时期就一般的传播规律来看，无论是中国或是西方各国都经历了信息传播的一般发展轨迹。由于社会组织化程度比较高，除了民间的人际、群体传播之外，政府的组织传播也十分引人注目。尽管中国和西方都还没有成文的信息发布的法规条款，但是各国政府都需要发布信息，都建立了相应的渠道，也都需要在维护自己统治的前提下对信息发布作出一定的限制，如中国历代皇帝的诏书、唐代的“报状”和宋代的“邸报”，古罗马的“每日纪事”“每日纪闻”，中世纪教会的公报等，统治阶级都以不同的形式对公之于众的消息进行筛选和扩散。就比较的视野来看，无论在传播媒介、传播内容还是传播方式上，中国是这一时期世界上信息传播比较发达的地区。但是在我们论述时期的最后，这种领先的地位开始逐步丧失了。

本编的内容有三章，分别是信息传递的一般发展和中国与西方国家的信息传播。

第一章 新闻起源时期的人类社会发展与信息传播

• **关键问题:**

1. 人类社会发展到近代前夕的几个关键词是什么?
2. 这一时期的信息传播方式都有哪些?
3. 如何理解口语传播与文字传播的区别与联系?
4. 早期的信息传播主要体现了哪些社会功能?

本章是概述性的一章,主要研究这一时期的人类社会的起源与发展、人类信息传播媒介的变革、信息传播与人类社会发展这三个方面的问题。

第一节 人类社会的起源与发展

在新闻起源时期,对人类社会的发展我们可以用几个关键词来加以简单概括。

一、从猿到人的演变

人类进化的谱系大致如下:埃及古猿(大约在3000万年以前,人类发现的最早猿类化石),此后分化为两支,猿科和人科。人科的演变序列是腊玛古猿(1400万~800万年前)——南方古猿(500万~100万年前)——直立人(300万~30万年前)——智人(30万~1万年前)。

恩格斯认为直立"完成了从猿到人的具有决定意义的一步"①。而在直立人的晚期和早期智人阶段,人类学会了人工取火。恩格斯又说:"就世界性的解放作用而言,摩擦生火还是超过了蒸汽机。因为摩擦生火第一次使人支配了一种自然力,从而最终把人和动物分开。"②这件事不仅意味着光明驱散了黑暗和愚昧,人类告别野居进入了洞穴,可以在严酷的自然条件下生存,而且它还标志着人和动物的根本区别:制造工具。动物只会利用自然而人却会改变和支配自然。到晚期智人阶段,人类已遍布全球,从最初的几十万发展到了几百万,人种开始分化,人类创造了石器(打制石器)进行狩猎,创造了壁画文化,有了原始的社会组织血缘家庭和氏族,真正意义上的人出现了。

---

① 中共中央马克思恩格斯列宁斯大林著作编译局. 马克思恩格斯全集 第20卷[M]. 北京:人民出版社,1971:512.

② 中共中央马克思恩格斯列宁斯大林著作编译局. 马克思恩格斯选集 第3卷[M]. 北京:人民出版社,1972:154.

二、农业革命与四大文明发祥地

大约发生在一万年以前的农业革命，是人类社会历史上第一次真正的全方位革命。农业革命的标志是农业、畜牧业的出现。原始人无论是采集还是渔猎，都没有摆脱依赖天然食物链而生活的历史，这一切在农业革命中结束了，它表明人类可以在自然界中创造自己所需要的生活必需品了。耕种补充或取代了狩猎，饲养家畜、栽培植物成为生存活动的主要内容，人类开始了真正意义上的生产，并开始进入定居和新石器（磨制石器）时代，社会组织结构也开始发展。地球上的人类在缓慢地发展到了上千万人的时候，拉开了自然史过渡到文明史的序幕。

文明史的最早发展产生在几个居住在大河流域的人类群体中。水和火一样，在人类进化中具有重要意义。古希腊的哲学家赫拉克里特认为世界的本源是火，而另一个大智者泰勒斯则认为水是万物的始因，可见自然因素在人类早期文明中的重要性。英国著名科学史家丹皮尔称："在历史的黎明期，文明首先在中国及幼发拉底河、底格里斯河、印度河和尼罗河几条大河的流域中，从蒙昧中衍生出来了。"①

（一）古埃及文明

大约在公元前4000年，古埃及就出现了铜器，率先进入了金石并用时期，并且发明了图形文字，农业由刀耕火种发展到犁耕。自公元前3100年左右统一的埃及王国建立，到公元前332年被亚历山大征服，埃及王国经历了31个王朝，那时这个地区有几百万人。古希腊历史学家希罗多德称"埃及是尼罗河的赠礼"。埃及的天文学和数学发达，为了观察天象并在河水泛滥后重新测量土地，埃及人创造了世界上最早的太阳历，在公元前4000年就把一年定为365天，他们很早就知道了10进制计数法，金字塔、木乃伊至今仍是人们无法解释的惊人成就。

（二）两河流域文明

位于幼发拉底河和底格里斯河之间的平原在希腊语中被称为美索不达米亚（意为两河之间），在公元前4000年就出现了苏美尔文化，公元前十九世纪巴比伦王国建立，到汉谟拉比国王统治时期达到了繁荣。公元前1300年亚述人又开始崛起，一直到公元前330年被亚历山大征服。早在公元前4000年苏美尔人就发明了以月亮亏盈为标准的阴历历法，公元前3000年发明了楔形文字。巴比伦人的城市可以说是当时世界城市的典范，据《汉谟拉比法典》记载，当时的手工业有缝纫、木工、宝石匠、冶金、刻印工、造船等十几种，社会组织结构也十分发达。其铁器制造十分有名，强大的亚述帝国就是靠铁制武器建立的。

（三）古印度文明

古印度文明位于印度河与恒河的冲积平原上，早期有神秘的哈拉比文化，还有大约

---

① 丹皮尔.科学史及其哲学和宗教的关系[M].李布，译.北京：商务印书馆，1997：30.

在公元前3000年至公元前2000年遗留的城市遗迹,我们从中可以看到完整的排水系统和道路网,还可以看到棉花残片。公元前1500年至公元前600年,印度进入了吠陀时代和史诗时代,留传至今的四部以“吠陀”命名的神话集和两部史诗记述了那个时代的社会状况。古印度文化主要是一种宗教文化,清心寡欲、轻视今生,但这并不妨碍古印度人在天文、数学和医学上的进步。

(四)中国文明

大量考古发现证明中国是人类文明的发源地之一。早在8000多年前,中国人就发明了制陶技术,中国的长江和黄河流域进入了农耕文明,5000多年前,中国就有发达的蚕丝业。农业一直是中华文明的基础,在商朝出现的最早文字——甲骨文中就记录了麦、稻、粟、稷等农作物的名称,商周时期是中国青铜器的极盛年代,春秋战国时期冶铁业也开始出现了。

在农业文明发生和扩张的过程中,世界各地都有星星点点的文明之火,但是四大文明地区由于相对发达的文明、初步健全的社会组织结构和定型的价值观念系统而成为农业文明的领先地区,与闪烁不定随时可能熄灭的星火不同,四大文明就像四支燃烧的蜡烛一样照亮了人类的文明之路。这以后,农业文明以每年一公里的速度向世界各地推进,一直到18世纪,农业都是我们这个世界的基础。

三、精神文明的轴心时代

历史的发展是极有意味的,在农业文明初步成熟的基础上,人类曾经经历了一个精神文明的繁荣期。许多研究者对此大为惊异。德国哲学家雅斯贝斯就提出了一个“轴心时代”(Axial Period)的概念。他在1949年出版的《历史的起源与目标》一书中指出,人类在经历了史前时代和古代文明后,到公元前800至公元前200年,几个地区几乎同时、单独地进入了精神运动的繁荣期,包括古希腊、古印度和古中国,这是一个精神文明的创造期。在此期间,在地理位置迥异的地中海文化、印度文化和中国文化地区,都产生了对人类生活意义的迫切追问。从中国的孔子到希腊的苏格拉底,从印度的释迦牟尼佛到以色列的先知耶米利,各路先哲开始了在各个方面的探讨。雅斯贝斯评价道:“这一时期首次将后来称为理智与个性的人性揭示出来。”①他称之为“真正人类精神的第一次觉醒”,主要标志就是形成了对客观世界的总体认识体系。这一时期,在古希腊形成了以探讨理性和人与自然关系为方向的西方哲学,在古印度形成了以探讨人生的意义为主要内容的宗教哲学,而在中国,形成了以探讨宇宙及时空结构的道家和探讨人性及社会关系的儒家为主体的中国哲学。雅斯贝斯认为这一时期的精神成就影响人类的时间长达2000年以上,一直到15~16世纪,人类开始进入科学技术时代之后,才为这个精神的高峰增加新的内容。

---

① JASPERS. The Origin and Goal of History[M]. Abingdon:Routldege, 2010:1.

四、农业文明的繁荣

在农业文明进一步发展和精神文明的高峰产生之后，人类社会出现了农业文明的繁荣，其主要的表现就是在公元元年前后东西方两个帝国的双峰并峙。

在地中海文明的基础上，并吸收了两河流域文明与埃及文明，西方文明到希腊时期发展到一个高峰。而罗马文明直接继承了希腊文明。罗马帝国在征服了地中海周边地区、埃及、两河流域之后，建立了横跨欧、亚、非三洲，人口上亿的大帝国，进入了农业文明的繁荣期。古罗马帝国的强盛首先体现在相对发达的政治及社会组织机构方面，其强大的军事制度、元首制与政府体系、城市自治制度和完备的法律制度是帝国的四个支柱。其次，古罗马帝国尽管在科学和艺术的成就方面远逊于希腊人，但在实用技术方面则相当发达。在军事技术方面，罗马人发明了各种发射器、攻城机器与战船；在建筑方面，其引水工程、万神庙和圆形竞技场举世闻名，“条条大路通罗马”更是对其修路技术的赞叹。最后，古罗马的社会生产力也达到了相当高的水平，几万人、十几万人的城市在帝国境内星罗棋布，各省也形成了相当专业化的社会分工。公元前 37 年，罗马大法官瓦罗的《论农业》总结了罗马在农业生产上的成就。

与罗马同时存在并遥遥相望的是东方拥有 6000 万人口的汉帝国。汉代在政治上将“儒学”作为统治思想，废郡国，设州县，建立了强大的中央集权。在科学和实用技术方面，汉代的农学、天文学、医学、数学都十分发达。东汉的农业生产力水平也相当高，拥有可耕地 82,705 万亩，户均 60 多亩，铁农具和牛耕技术广泛使用，灌溉面积不断扩大，基本上形成了以后我国沿用数千年的农业生产模式。汉代工商业发达，长安、洛阳是当时世界上数一数二繁华的城市，铁业、纺织、陶瓷和造纸是汉代的四大手工业。

这两个国家是历史上第一代帝国，雄踞了数百年，当时世界上的人口只有 2 亿 ~ 3 亿人，这两大帝国就占据一半以上。

五、中世纪的停滞

3 ~ 8 世纪世界处于混乱期。这一时期，游牧民族在欧洲大陆开始崛起。公元 330 年以后，罗马帝国迁都到君士坦丁堡（现土耳其的伊斯坦布尔），罗马帝国分裂。410 年罗马城被攻陷，476 年西罗马灭亡。这一时期，日耳曼人、法兰克人、匈奴人、阿拉伯人、斯拉夫人、蒙古人等大批进入欧洲，一直到 11 世纪才稳定下来。在中国，自东汉之后也出现了少数民族的不断入侵，进入了三国两晋南北朝时期，开始了中华民族的第一次民族融合。最初的稳定还是从中国开始的，公元 6 世纪隋朝再次完成了统一，随后是强大的唐朝。在中东，阿拉伯人在 632 年建立了阿拉伯帝国，并在 8 ~ 9 世纪达到了强盛时期。在欧洲，法兰克人在西罗马帝国的废墟上建立了高卢帝国，8 世纪达到了强盛时期，尽管后来一分为三，但还是形成了法兰克、德意志和意大利等几个相对较大的权力中心。其他还有残存的东罗马帝国（到 1453 年）。印度的历史则一直处于分裂中，自 6 世纪强大的笈多王朝灭亡后　直没有统一。

美国全球史学家斯塔夫里阿诺斯对这段历史有这样一段评价：“游牧民族的入侵造成的影响因地而异。中国北部和印度虽遭蹂躏，但仍保持了各自的文明；中国南方和印度南方,因与游牧民族相距遥远而幸免于难;拜占庭帝国和波斯帝国势力强大,足以击退侵略者;而西方却因长期屡遭日耳曼人、匈奴人、穆斯林人、马扎尔人和维金人的侵略,因此,其旧秩序遭到破坏的程度,比欧亚大陆其他地区更为严重。然而,具有讽刺意味的是,正是这种破坏,成为西方在近代走在世界前列的基本原因。因为在旧文明的废墟上,能产生一种崭新的文明,一种更能适应变化中的世界需要的文明。"[①]这段话耐人寻味。

斯塔夫里阿诺斯认为是蛮族入侵导致了人类古典文明(即农业文明)的终结,而公元500~1500年欧亚大陆开始进入中世纪。我们很容易就可以看到,中世纪是人类社会停滞不前的时代,人们又称之为黑暗年代(Dark Time)。

中世纪的停滞首先表现在社会组织被破坏。在西方,罗马文明灭亡之后政权的更迭十分频繁,政治上逐渐形成了封土建邦的封建制,始终没有出现古代那样强有力的统治中心,更不要说国家和民族意识了。在中国,封建王朝周期性地倒台和重建。然后在精神文化方面,欧洲出现了一神论的造神运动,罗马时期的基督教被抬到了极端,人们放弃了世俗追求而把解释权交给了上帝,宗教开始异化成精神和世俗社会的唯一统治者。最后在经济方面,表现为生产力停滞不前。

六、停滞中的进展

中世纪的停滞只是相对而言的,所谓西方不亮东方亮,在欧洲处于黑暗年代的同时,中国成了世界文明的中心,公元7~13世纪唐宋时期的农业文明达到了当时世界最高水平。斯塔夫里阿诺斯称:"公元后的14个世纪,中国是技术革新的伟大中心,向欧亚大陆其他地区传播了许多发明。"他还引用培根的话说,中国关于印刷、火药和磁铁这三大发明,"改变了世界许多事物的面貌和状态"[②]。

11世纪,在阿拉伯人的强盛势头过去之后,中亚、南亚、西亚、中东欧和北非部分地区迎来了游牧民族不断扩张的时代。11~12世纪是突厥人的兴起,13~14世纪是蒙古人的征服,14~15世纪突厥再次复兴,奥斯曼土耳其帝国取代了早已摇摇欲坠的东罗马帝国。与此同时,相对稳定的西欧则开始了缓慢的恢复过程。在社会生产力方面,随着各种农具的改善特别是重型铁犁的使用,耕地面积不断扩大,同时人们采用轮作保护土地,农业开始缓慢进步。据著名数量经济史学家麦迪森估计,1000~1500年西欧的人均GDP几乎翻了一番,而中国的人均GDP只增加了三分之一。[③] 10~14世纪,欧洲的人口大约增加了50%。在阶级关系方面,从11~12世纪的劳役地租、13~14世纪的实物地租到14~15世纪的货币地租,农奴人身自由度在扩大,自耕农不断增加。由于自由职业者的增多和聚集,中世纪欧洲还出现了一些城市,市民阶层开始出现。在经济关系领域,欧洲的商业经济开始出现,形成了地中海和北欧两个贸易区。在政治方面,随着封建主势力的衰落和宗教世俗权力的缩小,王权在加强。在精神文化领域,宗教的势力也受到了挑战。14~15世纪以后,一系列的变动终于开始出现了:文艺复兴、地理大发现、商业革命、

---

① 斯塔夫里阿诺斯.全球通史:1500年以前的世界[M].吴象婴,梁赤民,译.上海:上海社会科学出版社,1998:299.
② 斯塔夫里阿诺斯:全球通史:1500年以前的世界[M].吴象婴,梁赤民,译.上海:上海社会科学出版社,1998:336.
③ 麦迪森.世界经济千年史[M].伍晓鹰,译.北京:北京大学出版社,2003:40.

宗教改革、工场手工业的兴起、民族意识和近代民族国家的出现,种种因素汇聚在一起,人类社会的又一次变革到来了。

第二节 人类信息传播媒介的变革

在新闻和新闻业产生之前,在几百万年的历史中,人类的信息媒介和传递方式也在不断进步。概括说来,人类社会创造的传播方式有口语传播,图像、标识与声光传播,文字传播和印刷传播等多种形式。其中图像、有声语言和文字是三种最基本的方式,而语言、文字和印刷是这一时期人类传播史上的三个里程碑。

一、口语传播

在口语传播之前,人类传播信息的方式是体语传播,即通过表情、动作、体态等传播信息。不过这种方式并非人所特有,动物也用这种方式传播,这时的人也并非真正意义上的人。体语方式延续了几百万年,到了直立人时期,随着劳动的进行,人的大脑进化、发音器官完善、思维能力提高,逐渐出现了音节语言。有学者考证说大约在 50 万年以前,人类已经停止了彼此之间的“咕噜”而开始使用语言。[①] 还有的科学家认为是 20 万年前,人类大脑的某种变化促使了语言产生。我们认为,语言的出现与火的出现有直接关系,因为火不仅改变了人类的生存状况,而且加快了大脑进化。不过,由单音节的字到多音节的词,从简单的词语到完整的句子,从具体的事物到抽象的表达,语言媒介的发展经历了漫长的岁月。这个时间大致是从早期智人(旧石器时代)到晚期智人(新石器时代)的几十万年。大约在几万年到一万年之前,原始的语言已经开始普遍使用了。语言不仅标志着人类从自然史向文明史的过渡,而且形成了种族差别的重要特征。

《圣经》上有一个通天塔的故事,古巴比伦人造通天塔,上帝为了阻止这些不速之客,派天使夺走了他们共同使用的语言,巴比伦人因为无法沟通,所以停止了通天塔的建设。这个故事解释了为什么会产生不同语言,同时也说明了语言在人类社会中沟通信息的重要性。语言的产生是传播史上的第一个里程碑,是人类产生的重要标志,其意义无论如何估计都不过分。语言是人类连接的基本纽带,从几十万年前到现在,口语传播都是人类使用的最基本的方式。在口语信息传递方面,马拉松的故事是最著名的例子。公元前 490 年 9 月,希腊人在马拉松平原抗击波斯人入侵,以少胜多,取得了胜利。士兵菲迪皮茨跑了 42 公里向在雅典的中央广场等待的人们报信,他在高喊“我们胜利了,希腊得救了”之后就倒地身亡了。中国也有一个故事,《国语·周语》中记载了召公对周厉王的谏言,“防民之口,甚于防川”。周厉王不仅制止人们对他不利的口语传播,连“腹诽者”也要受到惩罚。在古代,为了使口语传播准确、流传范围更广,人们还广泛运用谐语——民谣和诗歌进行传播。

人类创造出语言是第一次传播革命。语言使声音有了固定的意义,作为信息的载体,口语传播的内容极为丰富,方式灵活,具有直接性和互动性。语言使人类之间的沟通

---

① 周毅.传播文化的革命[M].杭州:浙江人民出版社,2001:7.

更为准确、迅速和方便,因此成了人们传递信息最重要的方式。直到现在,沙龙、酒店、咖啡店还是口传信息的重要场所,我们也可以把中国农村的饭场和城镇的茶馆看作口传聚集的原始遗迹。

二、图像、标识与声光传播

人类的语言产生在图像时代。如果在人类发展的历程中,搜寻人脑思维留下的印痕,我们发现在旧石器时代晚期出现了大量丰富多彩的壁画和雕刻作品。这些作品“可以和任何时代的伟大艺术作品媲美”①。不过这些作品并不仅仅是人类的审美需求,更担负着信息传播的功能。与其说是原始人对美的追求,不如说是传递信息的需要。这一时期也是语言开始形成的时期。

由于口语传播的时空限制,作为其补充,人类发明了使用图像、标识与声光的传播。比如,古代中国、日本、波斯、埃及、拉美的印加人都曾经使用结绳记事。其中印加人的结绳字最为发达,他们用结绳字的大小、数目、颜色、距离等表示很多意思。光的传播如中国的烽火台,周幽王为博妃子“千金一笑”烽火戏诸侯的故事十分有名。美国作家阿历克斯·哈利在《根——一个美国家庭的故事》中记载了非洲用不同的鼓声传递复杂信息的细节,是声音传播的典型。俄国作家普列汉诺夫在《论艺术——没有地址的信》中也记载了印第安人用图形表示信息的事例。关于标识传播我们可以从古希腊历史学家希罗多德的名著《历史》中找到例子。《历史》中记载了这样一个故事:波斯大流士在黑海北岸与西徐亚人交战,西徐亚人派使者送来礼物,其中有一只鸟、一只老鼠、一只青蛙和五支箭,这实际上是一封古代很流行的实物信,表达的信息是如果你们不像鸟一样飞走、鼠一样钻地、蛙一样跳到水里,我们将万箭齐发。总之,标识与声光传播的方式多种多样,是古代重要的传播方式,今天仍然在信息传播中发挥着重要作用,例如我们在高速公路上看到的交通标识,比赛时的发令枪和作战时的信号弹,等等。

三、文字传播

文字的出现是人类传播史上的又一个里程碑。如果说语言是人类脱离了动物界的标志,那么文字则是人类进入文明社会的标志。文字是文明的载体,与新石器、私有制和国家一起,把人类带入一个新的时代。

原始文字的产生,大约在新石器的晚期,农业革命开始之后。图画文字是文字的早期形式,在原始的艺术图画中就有文字的萌芽。随着图画文字的增多,开始形成了一个个单独表达抽象性内容的约定性符号。公元前四五千年,在四大文明地区出现了人类的早期文字。两河流域的苏美尔人创造了表音、表意的楔形文字,后被巴比伦、亚述人继承,传到了整个西亚,是当时国际上通用的文字,后来又经过腓尼基人、波斯人、希腊人改进,发展成了字母文字。古埃及的文字开始是象形字,后来发展成了由表意、表音、部首等符号要素组成的复合文字。中国最早的文字被称为甲骨文,也是象形文字,在大多数文字通过表音而字母化后,中国字还保留着象形特征。

---

① 刘家和.世界上古史[M].长春:吉林人民出版社,1984:32.

与口语的载体是人类本身不同,文字需要物理的载体。例如苏美尔人的楔形文字刻在半干的泥板上,古埃及的文字先写在墙上,后来写在草纸上,一直到古希腊罗马时期,广泛使用的载体还是莎草纸。中国的文字写在龟甲、兽骨、青铜器和竹简上,后来出现的载体还有羊皮纸、绢帛等,但都不方便保存和运输。公元105年,中国的蔡伦以树皮、麻头等为原料造纸,是对世界文明的重大贡献。文字传播突破了口语和其他传播的时空界限,可以流传于异时异地,保存久远,而且内容更加准确丰富。文字的出现促进了社会分工,专门的文字传播者出现了,文明的成果可以继承发展了。另外,与其他传播方式不同的是,文字传播带有更强的阶级色彩。

口语传播与文字传播

口语传播与文字传播是人类社会传播史上的两次突破。人类的传播史就是一直在设法改进其对于周围事物的信息的接受能力和吸收能力,同时又设法提高本身传播信息的速度和清晰度的历史。而口语与文字的出现,是这一历史上的重要事件,是人类在克服传播时空障碍方面的两次革命。

从发展的眼光看,口语传播和文字传播具有扩大传播效果的一致性,但两者还是有区别的。例如口语传播富有个性,具有开放性和创造性,更加倚重时间;而文字传播更加统一,具有抽象性和规范性,更加倚重空间。

媒介研究的开创者、加拿大著名传播学者伊尼斯曾经提出了传播的偏向问题,他认为媒介是文明发展的决定性因素。偏向时间的口语传播更活跃,有利于宗教和民族主义,而偏向空间的文字传播更规范,有利于组织帝国。希特勒上台就是借助口语演讲和广播,而中国总是改朝换代,是因为文字传播不能满足时间的要求。① 他非常推崇兼顾了两者平衡而又保持着口语传统的希腊文明,认为这个文明对西方历史产生了重要影响,“进步永远是在发展希腊人的构想中产生的”②。尽管伊尼斯把媒介的重要性提升到决定论的高度可能有些不妥,但还是可以给我们一些启发。

四、印刷传播

印刷传播是文字传播的进一步发展,是传播史上的又一次革命。印刷革命的关键是找到了大规模复制信息的方法。如果说在印刷传播之前,人类的传播是属于个人信息阶段,信息传播是个体对个体的方式,那么在印刷传播之后,人类社会进入了社会信息阶段,信息传播开始具有规模性。如果说语言和文字的发明是信息的第一载体,纸张的发明是信息第二载体的巨大变革,那么印刷技术就使这种变革成为革命性的突破。

从文字出现到印刷术出现的几千年间,人类以多种方式传递信息,口语是最普遍的传递方式,而主要通过手写的文字传播是最先进的传播方式。但是由于文字传播的效率低、传播范围小,人们一直在努力改进这种传播方式。中国是最早发明造纸技术的国家,

---

① 伊尼斯.传播的偏向[M].何道宽,译.北京:中国人民大学出版社,2003:译者序言11.

② 伊尼斯.传播的偏向[M].何道宽,译.北京:中国人民大学出版社,2003:译者序言33.

也是最早发明印刷技术的国家。在公元6世纪的隋唐,中国就发明了雕版印刷。据我国历史记载,印刷术开始于隋文帝开皇十三年(公元593年)。唐代的刻书业极为发达,大量的农书、医书、历书、字帖和佛经通过刻书开始流传。① 雕版印刷虽然是人工手抄的革命,但是每本书要刻一个版依然浪费人力和材料。北宋庆历年间(1041~1048年),刻字工人毕昇在实践中发明了胶泥的活字印刷术。元代著名农学家王祯不仅创造了木活字和转轮排字架,在1293年印了第一本书,而且在他的著作《王祯农书》中写了"造活字印书法"一节。后来,磁活字、锡活字、铜活字等金属活字陆续出现。

造纸和印刷都是古代中国对世界文明的贡献。造纸术经阿拉伯人传到欧洲后,12~13世纪欧洲出现了许多纸厂。13~14世纪,中国的雕版和活字印刷也开始在欧洲出现。随着欧洲文艺复兴时期社会经济、科学技术、文化及宗教的发展,人们对读物的需求量增加。1450年德国工匠古登堡改进了金属活字技术,用铜模铸出了以铅、锡、锑为原料合成的活字,并形成了由检字、排版、添空、齐行和印刷等工艺组成的印刷技术。在此后不到一百年的时间内,活字印刷传遍了欧洲。活字印刷是人类传播史上的第三个里程碑。它可以迅速、大量地复制信息,传播的速度、范围发生了革命性的变革,从物质条件上突破了文字传播的阶层限制,为新闻传播业的兴起准备了最后的条件。

五、媒介发展之间的联系

信息是指一切事物的状态和特征,而把信息反映出来的是媒介。可以说媒介是信息的物质承担者。人类信息传递方式的变化,首先是媒介的发展与变化。我们可以把媒介分为借助于人本身或原始自然存在的第一载体,例如图画、声音语言、文字、符号等,以及经过改造的存储第一载体的物质实体的第二载体,例如纸张、活字、磁带、胶片等。可以看到,信息媒介的发展,实际上是这两种载体的发展及相互联系、相互促进的结果。

在研究人类信息传递的历史中,我们看到了一个十分有意思的现象。在旧石器时代,人类留下了许多生动的壁画和雕刻作品,而到了新石器时代,这些作品不仅开始大大减少,而且"对动物的描绘反而不如旧石器时代那样生动了"②。依照传统的观点,这些壁画和雕刻作品是古代艺术的体现,但是实际上原始人并没有如此浪漫,在生存艰难的年代,这些作品的第一个功能是传递信息,传递生产和生活的经验。现在我们知道,壁画与当时人脑直觉印象思维形式相呼应,是人类语言并不发达的结果。随着人类的语言日益完善,壁画就越来越少,也越来越抽象了。

对早期人类信息传播方式的考察让我们得出了几个结论。

第一,图画是人类社会最初、最原始的信息载体,与人类的直觉直观思维有关,图画是有声语言的前身,也是文字的前身。到目前为止,我们依然可以说图画、声音语言和文字是人类第一载体媒介的三大组成部分。以后人类社会的媒介发展,实际上是对这三种第一载体媒介的不断开发,例如报纸、广播和电视等。值得注意的是,人类发明的三种载体,倒过来形成了三种媒体,最晚出现的文字成了最初的媒体——近代报刊,随后是声音变成了广播,而最早出现的图画后来成了电视,至于互联网多媒体也不过是这三种第一

---

① 吴国盛. 科学的历程(上)[M]. 长沙:湖南科学技术出版社,1995:252.

② 刘家和. 世界上古史[M]. 长春:吉林人民出版社,1984:32.

载体媒介的继续开发而已。

第二,各种不同的媒介载体拥有不同的特性。加拿大传播学者麦克卢汉有一句名言:“媒介是人的延伸。”例如声音语言是听觉的延伸,文字是视觉的延伸。“我们塑造了工具,此后工具又塑造了我们。”①人类在发展工具的同时也在发展人类自己。不同特性的媒介载体使人们对信息的认识越来越丰富,传播手段越来越多样化,传播的效果也在不断提高。

第三,人类创造出来的传播媒介不仅使传播的内容和手段更加丰富,效果不断提高,而且也在一定程度上促进了社会的发展和进步。例如语言和图画是人类脱离动物界的重要标志。文字的产生是人类进入文明社会的标志。从几万年前人类产生语言、几千年前创造文字、几百年前发明印刷技术,人类社会前进的脚步在不断加快。

需要说明的是,尽管人类的传播方式在不断地丰富和改进,但并不是相互取代,而是相互补充的。到今天为止,我们所说的早期传播方式仍在广泛使用。

第三节　信息传播与人类社会发展

人类为什么需要信息传递? 是什么力量推动人类社会的信息传递从小到大、从简单到复杂、从无组织到有组织的发展? 关于这种原因的探究,有自然本能和社会原因两种认识。

一些学者把信息传递的需求归结为人类的本能。费尔巴哈早就说过:“人的感官不多不少,恰合在世界的全体中认识世界之用。”②后来美国学者卡斯柏·约斯特在《新闻学原理》一书中也说:“人一生下来就有一个传播消息的说话器官和接收消息的听觉器官,这两个不仅是生着而已,而且永远在发挥它们自己的作用。人类同时又被赋予无尽的好奇心,它创造了一种对事物不断的兴趣,关于别人的举动行为,对于自然所发生的程序和事情,对于不论远近每一个人物的情况,都有无限的兴趣。”③但这种说法将自然本能和好奇心作为信息传递的动力,无疑是片面的。

从认识论的角度讲,人类如何认识外界事物,是主观决定的还是客观决定的,是唯物还是唯心,从古代精神轴心时代就一直是争论的问题。到 18 世纪费尔巴哈,尽管他坚持唯物主义,肯定物质第一性、思维第二性,但是他把人抽象化了。直到马克思引入了人的社会性和实践的观点之后,才给我们指出了一条科学认识人类历史发展的路线。马克思说,费尔巴哈“所分析的抽象的个人,实际上是属于一定的社会形式的”④。“人们在自己生活的社会生产中发生一定的、必然的、不以他们的意志为转移的关系,即同他们的物质生产力的阶段相适应的生产关系。”⑤为了维持这种关系,人们必须进行信息传递,换句话说,社会需要才是信息传递的根本动力。

---

① 麦克卢汉.理解媒介——论人的延伸[M].何道宽,译.北京:商务印书馆,2001:17.

② 章士嵘.西方认识论史[M].长春:吉林人民出版社,1983:162.

③ 黄旦.新闻传播学[M].杭州:浙江大学出版社,1997:12.

④ 中共中央马克思恩格斯列宁斯大林著作编译局.马克思恩格斯选集　第 1 卷[M].北京:人民出版社,1972:18.

⑤ 中共中央马克思恩格斯列宁斯大林著作编译局.马克思恩格斯选集　第 13 卷[M].北京:人民出版社,1972:8.

我们可以说,把信息传递的动力理解为本能是一种自然史的观点,而理解成社会的需要才是一种人类史的观点。就人类社会史而言,信息传递产生于人类生存、生产和生活的需求,产生于政治、经济和文化发展的需求,而其本身也的确具有这样的功能。

信息传播是生存的需要,这一点同自然界的动物一样,人类最初的信息传播是报警,为了趋利避害,是生存和进化之必需。与自然界动物不同的是,人类开始组织社会化的生产,信息传递本身就是劳动生产的组成部分,人类发明的信息传递媒介,也是人类创造的生产工具的组成部分;人类传递的信息内容,也主要与生产劳动有关。可以说,人类社会是三种生产的发展:物质财富的生产、自身生命的生产和社会关系的生产。这些生产都需要信息交流,没有交流,生产就无法进行。信息传递还是人类生活的需要,这是人类社会的独特需求,人类社会的生活是丰富的,调剂、维持和指导人们的生活,离不开信息传递。

我们在对人类历史和媒介传播方式变革的考察中,可以看出信息传播与人类社会发展的融合与互相促进。在从猿到人演变的漫长岁月中,人类通过体语、标识、声光、图画和雕塑、有声语言等传播工具,完成了从猿到人的过渡。在人类思维能力不断进步、生存能力不断提高、传播工具不断增加和传播内容不断丰富的同时,人类的物质生产能力和社会组织水平也在不断提高。农业革命是人类历史第一次全方位的革命,在生产力获得极大提高,家庭、私有制、部落联盟和国家等新的社会组织形式出现的同时,传播史上的文字传播革命也到来了。

文字的出现不仅标志着人类抽象思维能力的提高、传播的空间界限被打破,传播的准确性和规范性也开始建立起来了,人类可以更准确地记录和交流社会生产经验,以及对自然和社会的认识。与社会分工同时存在的,是传播的分工和精神生活的活跃。在经过了一个社会组织的相对宽松环境,产生了精神运动的高峰之后,掌握文字传播的特殊群体开始与政治权力相结合,人类社会逐渐进入农业文明的高峰和政治上的帝国时期。这之后是中世纪的停滞,人类社会的物质生产能力、社会组织水平和精神文化发展都非常缓慢。尽管在形式方面存在着人际传播、群体传播和组织传播等形式,在内容方面存在着经济、社会、政治和文化等内容,在社会构成方面存在着政府、知识阶层和民间的传播,但是其核心部分都被社会的政治权威系统所控制。在西方国家,是教皇和传教士及封建王公;在中国,是不断改朝换代的封建王朝和掌握统治意识形态的特殊阶层。社会的信息需求被压制和规定了。中世纪后期,社会生产力开始缓慢发展,社会的一系列变革开始出现,社会的信息需求开始增加,印刷传播革命也开始出现了。在人类社会的又一次社会分工和生产力飞跃发展的前夜,信息传播也开始准备从个体和组织传播阶段向社会信息传播阶段过渡,人们站到了新闻传播诞生的门槛上。

上述的描述让我们清楚地看到信息传播的社会性。人类社会对信息传播提出了要求,但是有需求并不意味着它能无限制地发展。正如马克思所说,"人们是自己的观念、思想等的生产者",因而"他们受自己的生产力的一定发展以及与这种发展相适应的交往的制约"。① 我们看到,信息传播也同样受到社会发展条件的制约,概括起来,其制约因素有三条:第一,生产力水平和物质发展条件的制约。这一制约是最主要的,比如就传播媒

---

① 中共中央马克思恩格斯列宁斯大林著作编译局. 马克思恩格斯选集 第1卷[M]. 北京:人民出版社,1972:30.

介而言，在文字、纸张发明之前，人类只能采取口语、形象、信号等方式传播信息。就传播内容而言，人们只能传播当时最重要、最有社会意义、最能影响人们生产和生活的信息。可以说，人类社会物质条件的进步，既是信息传播的结果，也是其发展的先决条件。第二，社会条件的制约。所谓社会条件是指社会的政治制度、经济制度、阶层或社会集团的构成等因素对信息传递和新闻传播的影响，不同的社会条件会出现不同的信息传播水平和方式。第三，精神条件与文化制度的制约。所谓精神条件与文化制度是指一定社会或国家的价值观念、民族精神、文化传统及教育等因素，这些因素也必然会给信息传播打上烙印。

信息传播产生于社会发展的客观需求，受到各种社会发展条件的制约，同时又对社会发展本身产生巨大的影响。实际上，信息传播的社会作用与社会发展及传播本身的发展是互为条件、互相促进的。其社会作用的大小归根结底还是取决于其本身的发展水平和社会的需要，不能也不可能凌驾于社会其他条件之上独立发展。

小　结

本章是本编中的概述，也是概念较多、比较难以理解的一章。

本章首先是对新闻传播产生之前的人类历史进行了一个概括。自几十万年前人类开始了从猿到人的转变，到公元15～16世纪人类开始跨入近代社会的门槛，人类社会的发展是复杂而丰富的。本章采用了从猿到人、农业革命和四大文明、精神文明的轴心时代、农业文明的繁荣、中世纪的停滞和停滞中的进展等关键词对这一时期进行了概括，从中我们可以看出人类社会历史发展的初步脉络。

与人类社会发展同时产生的是信息传播和传播媒介的发展。在这一阶段，人们在第一媒介载体方面开发了图画、声音和文字三个关键因素，在第二媒介载体方面发明了造纸和印刷技术。与此同时，人本身（主要是人的大脑）这个信息的活载体也在不断地进步。人们采集和传播信息的方式不断进步，传播内容也在不断丰富。

人类社会与信息传播的发展并不是孤立进行而是相互配合、相互促进的。信息传播的发展动力产生于人类的社会需要，同时也受社会发展条件的制约。在实际的历史发展中我们看到，媒介的变革的确为社会的发展带来了巨大的促进作用。因为人是社会劳动的产物，实践（主要是社会的生产实践）是人类社会一步步从低级向高级发展的动力。而劳动是从制造工具开始的，从根本上说，媒介也是人们制造的工具。所以，我们在承认媒介变革对社会产生推动作用的同时，并不同意把这种作用绝对化的看法。

【思考讨论题】

1. 近代之前人类社会经历了哪些发展阶段？
2. 人类社会早期的传播媒介有哪些？
3. 如何理解媒介特性？媒介特性对我们研究现代媒介有什么意义？
4. 信息传播与人类社会发展的关系是什么？

第二章　新闻起源时期中国社会的信息传播

- **关键问题:**

1. 我国最早的文字是什么?传播内容主要是什么?
2. 造纸和印刷在世界文明史的意义是什么?
3. 这一时期中国社会的信息传播可以分为几个阶段?每个阶段有什么明显的特点?
4. 如何看待宋代的印刷小报?
5. 为什么说这一时期中国是信息传播的领先地区?

中国文明的发展,是世界文明史上的一个奇特现象,自文字出现进入文明社会以后,中国的历史未曾中断。这一奇特的现象引起了许多中外历史学家长期的兴趣。对于我们来说,这一历史现象为我们提供了考察一个完整社会信息传播发展的历史轨迹。而且我们经过考察完全可以说,这一时期,中国是世界上信息传播的领先地区。

我们可以大致把这一时期中国社会的信息传播分为三个阶段:一是先秦到秦汉,时间大约是从公元前3000年~公元220年,这一时期各种媒介、传播内容和形式都已经出现了,而且在社会生活中开始发挥重要作用。就媒介形式来说,最重要的是文字和造纸技术发明。二是汉以后到唐宋,时间大约是公元220~1279年,这一时期传播内容和形式又有了进一步的发展。就传播形式而言,最重要的是印刷技术和古代媒体的出现。三是宋以后到明朝,时间大约是1279~1644年,这一时期信息传播已经发展到新闻产生的前夕。

第一节　先秦与秦汉的信息传播:从口传到文字

大量的考古发现证明,中国是人类的发源地之一,从几百万年以前的元谋人,到几十万年以前开始使用火的周口店人,基本上可以独立地构成一个较完备的人类进化谱系。公元前五六千年,中国进入农耕社会。公元前3000年,部落联盟中出现了第一个王朝——夏朝,中国开始进入有记录的五千年的文明史。以后的历史是商朝(约公元前1700~公元前1100年)、西周(公元前1100~公元前770年)、春秋战国(公元前770~公元前221年)到秦统一(公元前221年),这段历史被称为先秦史。

中国土地上的人类在传播的早期与世界各地的人类一样,也经历着从体语到口语相传的阶段,在旧石器时代北京周口店人那里出土了经过加工的海蚶壳,在新石器时代青海阳山人那里出土了陶制喇叭筒，表明人们为扩大口传效果所做的努力。除了口传之外，古代的先民还用图画、雕刻、结绳、烽火、旗鼓等手段来传播信息。

我们说口传在先秦时是人们信息交流的主要方式，证据之一就是在我国最早出现的文字——甲骨文中有许多这样的记载。甲骨文中“曰”和“告曰”等字的频繁出现，反映了当时信息传递以口传为主，而且由单传到众传。另外，与其他国家和地区相类似，我国古人为了口传的准确和方便，也发明了民谣和诗歌。梁启超曾经认为古诗就是古代的“民报”，林语堂则认为歌谣是没有“文字新闻”前的“口头新闻”，都看到了其传播价值。[①]《诗经》中也的确记载了不少当时的信息资料。

这一时期我国的传播史上的重大事件就是文字的产生。据考古资料，在公元前4000多年的山东大汶口文化中就有刻在陶器上的文字，不过我国最早出现的成熟文字还是甲骨文。甲骨文有4500多个单字，已解读的大约有三分之一，至今发掘出存世刻有文字的甲骨有15.4万片，除少量的记事外，多数是殷商时代人们为了求神问卜在龟甲和兽骨上刻下的文字，所以也称卜辞，内容涉及政治、经济、军事、气候、习俗等方面，反映了当时社会许多方面的信息。

春秋战国时代，中国的信息传播活动呈现出空前繁荣的景象。就媒介形式讲，出现了以口语和文字传播为主，其他传播形式为辅的局面；就传播内容而言，不仅包括生产、生活和社会，而且政治和文化也成了当时重要的传播内容；就传播的社会分类而言，初步形成了官方的记载与传播、知识阶层——士的记载与传播和民间传播等不同类型，并且这些传播类型之间可以互相沟通和补充。

中国古代的一大特色就是官方对信息传播的重视。先秦的史官与古代的信息传播密切相关，《汉书·艺文志》讲“左史记言，右史记事”。甲骨文中就有史官的记载。他们不仅是事件的记录者，也是发布者。这一时代的士阶层在一定程度上掌握了文字和口语传播的话语权，他们或著书立说，或游说诸侯，或聚众讲学，不但形成了百家争鸣的局面，而且促进了广泛的信息交流。春秋战国时代的历史文献，如《春秋》《左传》等不仅记录了许多新的思想观念，也记载了当时许多重大事件。当时的统治者非常重视民间的舆论，他们通过各种渠道和办法，把握民意，了解舆论。据说早在尧舜时代，统治者就设置了供人们议政论事的“进善之旌，诽谤之木”。当时的“诽谤”一词，意思是指责缺失，议论是非。“诽谤之木”设在所有交通要道，任何人都可以在“诽谤之木”上刻写及表达自己的意见。先秦的“采风”实际上也是一种民间社会信息的收集活动，形成了各诸侯国采集本地的“口头创作”献于天子的制度。这种收集民情的方式，在春秋战国时代也得到一定的发展。在这一时期的社会中，探讨道德社会的“礼”和建立统治秩序的“法”共同存在。中国历史上第一部古典的成文法《刑书》就于公元前6世纪在郑国诞生了。[②] 虽然这部法律与言论的管制没有直接关系，但“正明法，陈严刑，将以救群生之乱，去天下之祸”的以法治国的统治意识却由此萌生，并对以后历代统治者控制社会产生了深远的影响。

公元前221年，秦朝完成了统一。秦灭亡后，中国出现了强大的汉帝国[西汉（公元前206～公元8年）、东汉（公元25～220年）]。这一时期的信息传播得到了进一步的

---

① 周月亮. 中国古代文化传播史[M]. 北京：北京广播学院出版社，2000：74.

② 莫里斯. 中华帝国的法律[M]. 朱勇，译. 南京：江苏人民出版社，1995：21.

发展。

战国时期,书信往来已经十分普遍,以书面形式传播官方的新闻也出现了萌芽。例如泰山石刻就记载了秦始皇统一中国、巡游八方的事件,颇有些现代新闻公报的意思。秦统一六国后,大兴土木,修长城、修道路,同时统一货币、度量衡和车轴的距离,不过从传播的观念看,最重要的事情是统一文字和"焚书坑儒"。美国全球史学家斯塔夫里阿诺斯认为前者是中国历史上最重要的改革,"这种统一文字由于中国文字所具有的性质,证明是一种非常有效且持久的统一的黏合剂",而后者使"中国思想史上的黄金时代结束了"。[①]

汉代的四百年在西方正是罗马帝国的统治时期。作为东方帝国,汉王朝建立了强大的中央集权政府和发达的农业经济,不仅有五六千万人口,还有发达的古代工商业和几十万人口的城市,这一时期的信息传播也有了进一步的发展。

就媒介形式而言,汉代最重要的贡献就是造纸技术的出现和汉字的定型,文字传播开始成为主要形式。隶书成为官方提倡的规范字体。在使用绢帛、竹简的基础上,西汉有麻料的植物纤维纸。公元 105 年蔡伦发明了新的更简单实用的造纸方法。在政治基本稳定的前提下,汉代的文化日益发达,著书之风日盛。有人曾经统计,西汉及西汉前的 747 年中(公元前 25 年以前),总的著作是 1033 部,百年均 138 部,而东汉的 195 年中,总的著作是 1100 部,百年均 564 部,增长 309%。[②] 在传播内容方面,汉代发达的科学技术包括农学、中医药、天文、算学等学科,还有陶瓷、丝织、冶炼和建筑技术等。汉代的政治传播比较发达,政府开始在传播中发挥重要的作用。例如一些学者认为,汉代出现了最初的邸报。所谓"邸"是各地政府在中央的办事处,除了接待外,其重要的任务就是传递消息,把地方的消息传达到中央,把中央的诏令传报地方。[③] 此外汉代还出现了诏书,所谓诏书就是以书面形式大范围传播官方消息的最初形式。西汉元狩年间(公元前122 ~ 公元前 117 年),汉武帝刘彻为萧何之后萧庆封侯向全国所发的公告是我们所知的皇帝向民众发表官方公告的最早记录。除了官方的传播外,民间的信息传播也方兴未艾,我们可以从频繁的商业活动、汉代采集民歌的乐府活动乃至道教和佛教的流传中窥见一斑。

第二节 三国至唐宋:"报状"与印刷小报

东汉以后,中国与世界上的其他地方一样,也进入了游牧民族入侵的混乱时期。我们称这一时期为三国两晋南北朝。不过这一时期的历史并不长,公元 581 年,隋朝再次完成了统一,以后是各有约三百年历史的唐朝(618 ~ 907 年)和宋朝[(北宋 960 ~ 1127 年)、(南宋 1127 ~ 1279 年)]。这一时期,西欧各国一直处于封建割据和教会统治的

---

① 斯塔夫里阿诺斯. 全球通史:1500 年以前的世界[M]. 吴象婴,梁赤民,译. 上海:上海社会科学出版社,1998:286-287.

② 周月亮. 中国古代文化传播史[M]. 北京:北京广播学院出版社,2000:143.

③ 因为没有确切记录,汉代的邸报并没有得到史学界的广泛认可,见方汉奇. 中国新闻传播史[M]. 北京:中国人民大学出版社,2002:4.

时代。

“三国魏晋时代历时近两百年，是军阀割据、战乱频仍、时局纷争扰攘、居民辗转流涉，‘国’际间的政治、军事、经济上的交往错综复杂的时代，也是新闻信息的传播与交流和社会舆情十分活跃、旺盛、发达的时代。”①这一时期，信息传播的载体越来越多元化，包括用于文字传播的木简、竹简、帛、纸，还有固定张贴的布告和具有流动性的传播载体“露布”；口语传播有民谣和谣言；另外，还有传统的声光和标识传播。这一时期，人们对传播的速度提出了更高的要求，例如孙吴为了防止魏国入侵，沿长江设烽火台达数千里，据《三国志·孙权传》记载：“寇至则举以相告，一夕可行万里。”②除了发达的政治传播外，这一时期的文化与宗教传播也值得注意，魏晋文人的清谈是一种文化的口语传播，东晋时高僧法显写的《法显传》，用文字记载了印、巴等许多国家的风土人情。

隋朝是中国历史上的又一次短暂统一，随后，强大的唐王朝建立。

唐朝在中国历史上具有重要地位，唐朝的版图超过了汉朝，是当时东亚的中心，在当时世界上只有中东的阿拉伯帝国能与之匹敌。唐朝的中央政府非常强大，通过“均田制”建立了符合农业生产力的新生产关系，通过“科举制”建立了官员选拔制度，通过提倡儒学和佛教控制了思想意识。唐朝的前中期是我国封建社会发展的又一个高峰。在信息传播方面，唐朝最值得注意的就是政府传播，主要表现就是官报系统的建立和完善。

中国古代的政府传播发达是有据可依的。如果说对汉代的邸报还有争议，那么唐代邸报性质的“报状”发展之严密和发达则在当时世界上绝无仅有。唐代的邸报与藩镇设立密切相关，藩镇是政府派驻各地的军政合一的机关，藩镇在京师长安设置的办事机构称“邸”（后称进奏院），负责人称邸吏或进奏官，“经由进奏官传发给藩镇、用来介绍朝廷政事动态和各项消息的书面报告，就是最早官报的雏形”③。这类官报，有“进奏院状”“邸吏状”“留邸状报”等。另外一种是由朝廷驻各地的官员直接发回的公报，称为“观察使谍报”。上述官报都可以称为“报状”。有时“报状”还可以指某些官方文书和私人信件。我们所说的“报状”，主要指当时逐渐制度化的第一种官报。以今天的眼光看，唐代的“报状”可以被视为早期一种特殊报纸的雏形，现存英国不列颠图书馆的“敦煌邸报”就是这种中国最古老的报纸，记载了唐僖宗年间敦煌发生的事情。当时，进奏院是中央与地方之间信息沟通的枢纽，进奏官代本镇呈递章奏、请示汇报，同时也把政府公布的诏令、奏章抄录下来，报告诸藩。随着中央权力的逐渐衰落，进奏官作为藩镇派驻京城的代表权力日益增大，甚至直接干预朝政。在这种情况下，便谈不上政府对邸报实行有效管制了。

唐代的“报状”是世界上最早的报纸，但是并不能构成新闻史的起源。首先，这是一种政府的官报，其官方文书性质决定了发行渠道是固定的，传送的对象有明确的起点和终点，传播的整个环节是相对封闭而稳定的。其次，内容的范围极为狭窄，尽管也有一些进奏官们自行采集的消息，但主要还是一些朝廷文告和政事活动。最后，这类官报是不

① 方汉奇．中国新闻传播史[M]．北京：中国人民大学出版社，2002：4．
② 方汉奇．中国新闻传播史[M]．北京：中国人民大学出版社，2002：5．
③ 方汉奇．中国新闻传播史[M]．北京：中国人民大学出版社，2002：6．

定期的手写报纸,从而也就决定了其发行范围非常有限。

唐朝是我国文化融合的又一个高峰,其信息传播除了"报状"之外还表现为民间信息和中外信息的频繁传播。前者主要表现为士阶层的书信、著述和诗歌很多,现存的唐诗就有55,000首以上,有名可考的诗人超过3600个。另外,民间有歌谣谚语、街谈巷议;唐代各地的寺院是各种僧讲、俗讲的中心,还形成了说书意义的"说话"形式。后者的主要事例如日本曾19次派大规模的"遣唐使"学习中原文化,唐代玄奘的《大唐西域记》更是记载了足迹所至的上百个国家的风土人情和各类信息。

唐代后期由于藩镇势力强大,中央政府的控制逐渐解体。

宋代是我国历史上一个特殊的时代,一方面,宋代在不断加强中央集权、削弱军阀势力的同时却显得国家贫弱,而宋代从开国到灭亡,始终同辽、金、元三方面先后对峙,时战时和,总不能平安无事;另一方面,宋代在文化和科学技术的发展上出现了另一种景观。在信息传播方面,主要的表现是媒介技术的发展,官报系统的进一步完善,民间印刷小报的出现和官方、非官方及民间传播体系的混杂与博弈。

尽管东汉就出现了造纸技术,但两宋才是造纸技术的成熟期。不仅造纸业规模扩大、产地增多、品种丰富,还出现了关于造纸的专著。① 尽管隋唐时就发明了印刷技术,唐朝也出现了大量的雕版印刷作品,但是在印刷总量上无法与宋代相比。宋代还出现了铜版印刷、套色印刷,更出现了毕昇发明的活字印刷,这在信息传播史上是划时代的事件。

在加强中央集权控制的同时,宋代的官报系统更加完善了。在宋代,"邸报"这一指称封建官报的名称开始流行。与唐代的"报状"不同,首先,它不是由进奏官们自行决定,而是由中央部门统一管理和编发的;其次,它已从官文书中分离,成为传播朝政政事信息的载体,其对象也不限于少数藩镇长官,而是逐渐扩大到京朝官、地方各级行政长官和士大夫阶层;最后,它由不定期转为定期,信息量在增大,时效性在增强。②

与官报相对立的,是北宋开始出现而在南宋盛行的"小报"。所谓"小报"是一种以刊载时事政治信息为主的不定期的非官方报纸。从出版和发行的角度讲,宋代的小报实际上也分为两类,一类的发行人仍然具有官吏身份(包括邸吏、使臣、政府机关内可以接触到信息的中下级官员),另一类则是从事书籍印售工作的"书肆之家"。前者的小报依然是手抄的,而后者则开始采用雕版印刷的方式成批量地复制。前者有相对固定的传播对象,而后者则发展到"京城印行、绕街叫卖"。小报也有相对固定的消息提供者,如"内探"(内是皇室居住地)、"省探"(中央各部门)、"衙探"(省以下政府机关)和各路消息灵通人士。这些人为小报提供了许多官报还没有发布的消息或朝廷没有认可的建议,甚至发展到"肆毁时政"。小报的出现与宋代复杂的社会环境和高度的信息需求有关,从11世纪40年代起,北宋的农民起义不断,统治阶层内部矛盾激化,小报开始成为政治斗争的工具。

在小报出现的同时,"新闻"一词开始频频出现。有人认为宋代邸报和小报的出现是

---

① 公元986年成书的《文房四谱·纸谱》详细记载了造纸的工艺流程。

② 方汉奇.中国新闻传播史[M].北京:中国人民大学出版社,2002:12.

中国新闻史的开端。[①] 有人甚至认为民间的印刷小报“是近代性质的大众传播媒介”[②]。实际上这种说法比较牵强。从专业的角度说，小报没有报头和固定名称，没有固定的出版日期，发行人兼有其他身份，最多可以说是半职业的新闻人。从小报的内容看，主要是难以证实的政治消息，往往得之于“寺院之泄露”“街市之剽闻”，出现“伪撰”“妄传”，甚至一些政治人物为某种目的而制造消息。从小报的发行看，公开发行的还是少数，而且作为非法出版物一直受到各时期封建政府严厉的查禁。所以小报与近代报刊还是有根本区别的。

宋代是信息传播十分活跃的时期，也是政府对传播控制十分严厉的时期。宋代有了我国最早的新闻检察制度。为了加强对邸报内容的控制，宋代于999年开始实施“定本”制度，这是对古代报纸实施管制有据可查的最早记录。该制度规定，进奏官们采录来的各种发报材料，经进奏院的监官编好后，送枢密院或当权的宰相审查通过，产生样本，即“定本”。然后按照审查通过后的“定本”向地方发布消息。正是由于邸报的内容多受限制，“定本”审查制度又造成出版时间上的拖延，使得邸报不能满足人们对信息的需求，才出现了打破官方限禁的小报。而对于民间非法出版的小报，宋代也是屡次查禁。宋代的统治者曾经颁布过很多诏旨法令，这种情况在南宋时尤其突出。在不断加大对小报惩治力度的同时，政府还加强了对进奏官的管理和监督，禁止进奏官私下向小报提供信息，并且命令进奏官以五人为一组做连保，相互监督。此外，还加强了宫廷和政府机关的门禁，加强文书保管工作，禁止近侍人员和省、部、寺、监等官署当差人员泄露朝廷机密，以堵塞小报的新闻来源。然而从北宋末年到南宋，时局纷乱，人心惶惶，人们都急于了解局势的发展、政府的对策，然而官报上消息闭塞，人们更期待从小报上了解情况。小报的产生和流行正是政府封锁消息的结果。这一事件也表明，在宋代，原来传播体系中的政府传播、非政府（士大夫阶层）传播和民间传播三个相互独立的系统出现了博弈和混杂的状态。

第三节　元明时期：新闻传播的萌芽与传播控制

这一时期我国历史所经历的主要朝代是元（1206～1368年）、明（1368～1644年）两朝。

元代续存一共只有一百多年，其中掌握全国政权的时间不到90年（1279～1368年）。

元代的封建统治者入主中原后，中断了两宋时期确立的邸报发布制度。在元代，不存在由中枢部门统一发布的封建政府官报。[③] 官方的新闻传播活动主要集中在中书省，朝廷的政事消息和“大小机务”，都汇集于中书省，由后者“上闻”于最高统治者。

从现有的文献资料看，元代虽然没有办过中央一级的封建政府官报，但信息传播活动仍然大量存在。在口语传播的同时，印刷和手抄的文字传播依然是主要的传播手段。元代的民间信息传播活动、渠道较多。属于朝廷政事消息方面的，有民间雕印发行的“小

---

① 李瞻. 中国新闻史[M]. 台北：学生书局，1979：1. 该书以宋代传播媒介研究为开端。

② 周月亮. 中国古代文化传播史[M]. 北京：北京广播学院出版社，2000. 193.

③ 方汉奇. 中国新闻事业通史　第一卷[M]. 北京：中国人民大学出版社，1999：113.

本”;属于科举信息方面的,有印刷发卖新科进士名录和登门报录之类的活动;属于经济信息方面的,有大量印刷散发的商品广告。

元代的时间较短,政治体制不完备,对“马上得来”的天下,缺乏治理的经验,这是元代没有来得及建立中央封建官报发布制度的一个原因。但民间的新闻传播活动还是大量存在的。元代的“小本”很可能是宋代小报的延续和发展。

明朝是我国封建社会中一个存在时期较长的朝代,就信息传播而言,体现出以下几个明显的特点:明朝政府的信息传播系统更为完善;民间的信息传播系统更为发达,新闻传播的萌芽已经出现;政府对信息传播的控制更为严厉,但是最终各种社会矛盾激化导致了明朝的灭亡。

明朝政府传播的发达主要体现在邸报的发展。明朝的邸报不仅具有中央政府公报性质,而且是中国封建政府官报的总称。明朝在中央设有“通政司”,专门负责汇集各类章奏和地方上报的消息;另设置“六科”(吏、户、礼、兵、刑、工)收集和发布有关的诏旨和章奏;地方政府在京师设有“提塘”,专门从上述消息中抄传形成邸报,其办公地点就叫报房,通过辗转抄录,邸报开始在官绅中传阅。以上形成了邸报的流转过程。从消息来源看,邸报有来自六科的中央消息和来自通政司的地方消息;就内容而言,主要包括皇帝的谕旨、皇室的各类消息、官员的任免、臣僚的章奏、科举的消息、军事信息和少量的社会新闻。邸报基本上是每日发行,外观如书册,字数三千到五千不等,复制手段多元化。明初期主要是手抄,中期后手抄与刻版印刷并行,晚期出现了少量的活字印刷品,每期发行数千到上万册。

明朝的邸报是政府控制的主流舆论工具,但是由于邸报的相对开放性,也促使了民间传播活动的盛行。明中期以后,在京师和大的商业城市还出现了民间的报房和从事抄报的专门行业。民间的报房大概是从官方的原“提塘报房”中分离出来的。民间的报房是公开的行业,消息主要也来自“通政司”“六科”,部分来自提塘报房,发行的报纸也叫“邸报”,出版的方式也有手抄和印刷两种。它与官报的主要区别在于:主办者是民间报人;以抄报、送报为主要活动;以营利为目的;发行的范围比较宽;除了出版“邸报”外,还有报录、专门消息和临时急印的消息等。现存在北京国家图书馆的《急选报》(1580 年 5 月 5 日)就是一件报房雕版印刷报纸的原件,记载了官员的任免情况。[①] 这种状况表明当时社会对信息的需求较高,也体现出商品经济的萌芽。我们也可以把它看作新闻业的萌芽。与宋代的印刷小报相比,其主要的进步在于可以公开活动,专业化程度较高,信息较快、较准确,但是总的来说,这种民间传播还是封建政府传播的补充,内容单调,政治性和依附性依然较强。

与所有的封建朝代一样,明朝对新闻传播的控制也是极为严格的。明朝法典中虽然没有专门针对报纸的禁令,但关于言论之禁的某些规定已经适用于对报纸传播活动的限制。多数情况下,限制邸报稿件的抄传往往出于皇帝或当权大臣、太监们的个人考虑,目的在于维护皇帝或他们个人的权威,维护封建政体,巩固封建王朝的统治秩序。《明会典》中就有此类惩治条规:“若近侍官员露泄重事于人者,斩。常事杖一百,罢职不叙。”“若边将报军情重事而露泄者,杖一百,徙一年。”明代邸报禁传的言论主要集中在军机、

① 方汉奇.中国新闻传播史[M].北京:中国人民大学出版社,2002:29.

刑狱、朝事机密等方面，而尤以朝事机密的禁传为甚。明代皇权高度集中，永乐以后设立的东厂、西厂对臣民实行特务统治，言论出版之禁十分严苛，以诽谤、言时政、议时事、造"妖书妖言"和揭匿名书获罪的不胜枚举。

明朝的民间传播还有口语和标识等媒介，它们也是农民起义最有效的宣传工具。明末李自成起义就利用了歌谣、旗报、露布和牌报等进行宣传。实际上这些都是过去已有形式的进一步发展。宋元以后的农民起义军，就有许多人采取口头、揭帖和带鼓动性语句的旗子进行宣传。旗报是用布旗做成的，由专人骑马在敌前敌后不停地奔驰传报。露布，"捷报之别名也""不能封检而宣布欲四方速知"，实际上南北朝时就有。牌报，由木牌做成，内容和宣传形式与旗报同。这些与官方对立的传播媒介，主要传播对象是民众，内容是免赋、均田、捷报等，也是政治斗争的工具。

小　结

本章是对中国前新闻时期信息传播的一般描述。

这一时期中国的文明史发展具有相对的连续性，也为我们总结信息传播提供了一个完整的观察线索。从大的方面讲，这一时期的信息传播可以分为三个阶段：一是先秦到秦汉，主要特点是形成了以口语、文字传播为主，其他传播形式为辅的传播媒介，并逐渐形成了政府传播、非政府传播和民间传播三个层次的传播体系和丰富的传播内容。秦汉是古代信息传播的第一个高峰，主要体现在文字传播的发达、造纸技术的出现和政府传播作用的突出等方面。二是汉以后到唐宋，唐宋是古代信息传播的第二个高峰。在媒介技术方面，表现为印刷的出现和造纸技术的发达；在传播方式方面，无论是唐代的"报状"、宋代的"邸报"，还是宋代的印刷小报，都体现了当时传播的极大成就。在政府传播、非政府传播和民间传播三个层次的传播体系中，政府传播的表现日益突出，不过到了宋代晚期，也出现了三种体系的混杂化。三是宋以后到明代，明代是我国古代传播的最后一个高峰。在政府传播系统更加完善的同时，民间报房的出现几乎已站在了新闻诞生的门槛上。

这一时期中国的信息传播在世界上居领先地位，这不仅表现为传播体系的相对完整，而且表现为传播技术的不断更新和传播内容的不断丰富。作为文明的发祥地之一，中国较早地进入了口语和文字传播阶段，随后，中国在造纸、印刷和报刊出版方面一直走在世界的前列。中国不仅一直存在一个较为完善的政府信息传播系统，士大夫及民间的信息传播也比较发达。

就传播的内容看，中国的信息传播可以分为政治内容和非政治的经济、社会、文化、科学技术等内容。在中国的传播体系中，在中央集权建立之后，政治内容一直占据着主导地位，无论是政府传播还是民间传播都是如此，而士阶层表现出了极大的政治依附性，政府的传播体系从汉代的邸报、唐代的"报状"、宋代的"邸报"到明代的官报，有一脉相承的发展历史，这一点与西方国家的发展有所不同。

【思考讨论题】

1. 为什么说春秋战国时期是中国古代信息传播活跃的时期?
2. 宋代“小报”产生的原因是什么? 如何理解?
3. 中国古代的政府传播体系的发展线索是什么?
4. 为什么说古代中国是世界信息传播的先进地区?
5. 如何理解中国古代的传播政治化?

第三章　新闻起源时期西方国家的信息传递

- **关键问题：**

1. 古希腊、古罗马时期信息传递的特点是什么？
2. 什么是新闻信？什么是手抄新闻？
3. 中世纪教会对信息的控制是如何被瓦解的？
4. 欧洲后期新闻萌芽出现的基础和表现是什么？
5. 从罗马帝国到15～16世纪欧洲的社会传播体系是如何变化的？

在中国延续着农业社会不断发展，经历着改朝换代的历史循环的同时，西方国家经历了一个“之”字形的历史变迁过程。

一般认为，西方文明的起源可以追溯到古希腊和古罗马时期。比四大文明的产生稍晚一点儿，在部分地吸收了两河与埃及文明的基础上，古希腊、古罗马文明形成了世界文明史上的西方高峰。西罗马帝国灭亡后，西方经历了中世纪的黑暗时期，在与教会和封建割据势力的不断斗争中，12世纪以后西方国家的经济缓慢恢复，中世纪的城市开始出现，文化趋于活跃，到了14～15世纪以后，西方国家的一系列变化开始出现，西方国家终于站到了发生重大变革的门槛上。作为变化的一部分，新闻的萌芽也出现了。

从古希腊、古罗马到15～16世纪，这一时期的信息传播是本章的主要内容。

第一节　古希腊、古罗马时期的信息传递：从口传到文字

古希腊时期之前的文明可以分为克里特文明（公元前3000～公元前1400年）、迈锡尼文明（公元前1600～公元前1125年）和荷马时期文明（公元前1200～公元前800年），统称地中海文明。公元前600～公元前30年的古希腊又可以分为三个时期：爱奥尼亚时期（公元前600～公元前300年）、雅典时期（公元前480～公元前330年）和马其顿亚历山大时期（公元前336～公元前30年）。古罗马时期大致为公元前9世纪～公元476年，公元前1世纪，古罗马形成了把地中海囊括其中的、统治人口一亿的帝国。

古希腊是人类社会精神文化轴心时代的重要地区。古希腊时期出现了许多伟大的哲学家、科学家，例如自然哲学的开创者泰勒斯、数学家毕达哥拉斯、辩证法的创始人赫拉克利特、百科全书式的学者亚里士多德、医学之父希波克拉底、史学之父希罗多德等。古希腊还留下了城邦文化的灿烂历史。最后的亚历山大时期更是被称为“希腊化”时期，

建立了横跨欧、亚、非三洲的大帝国,亚里山大城人口达到 100 万,有世界上最大的图书馆和博物馆,是当时世界文化的中心。

就传播的形式看,古希腊是文字与口传并存,而且口传更为重要的时期。尽管希腊人从爱奥尼亚人那里接受了字母表,从埃及人那里接受了莎草纸,但是以荷马史诗为传统的希腊人显然更偏爱口语传播。公元前 5 世纪以后,古希腊进入了雅典民主政治的高峰,在言论自由、思想活跃的时代,大批政治家、思想家投身于以演说和辩论为主的口头宣传活动,产生了专门的技巧——"雄辩术"。① 加拿大著名的传播学者伊尼斯称:"口语传统的重大意义,表现在集会的立场、民主的兴起、戏剧的出现之中,表现在柏拉图的对话中,表现在众多的演说词中。"②古希腊时期传播的内容也异常丰富,包括政治、文学、思想、科学、社会生活等各个方面。我们说古希腊时期的传播媒介主要是口传,从那个著名的"马拉松"故事中也可以找到这种说法的佐证。

"口头传统的丰富造成了灵活的文明,但是这个文明不可能纪律严明,达到有效的政治统一。"③罗马时期的帝国尽管在文化和科学理论方面可能不如希腊,但是在政治权力集中及社会组织的结构方面、在实用和军事科学以及传播组织方面,罗马更胜一筹。

如果说古希腊的口传是一个特点,那么罗马人的文字传播则形成了新的特征。早在公元前 490 年,罗马的护民官就开始用木板记载大事并对外公布。公元前 450 年,罗马制定了世界上最早的成文法典之一《十二铜表法》(*Twelve Tables*)。在希腊后期的亚里士多德时期,开始了"从口头传统到看书习惯的转变"。随着莎草纸和羊皮纸的普遍使用,罗马的文字传播传统开始与希腊的变化相结合。拉丁语和拉丁文成为当时的通用传播手段。

公元前 59 年,恺撒被选为罗马共和国末期的执政官,为限制元老院对他的约束,他发布命令,要求元老院的会议记录和决议案要逐日公布在罗马议事厅外的一块特制木板上。这可以算作西方古代最早的对信息传播活动作出的规定,即要求元老院对每日的工作报告进行公布,于是便产生了置于公共场所的"每日记事"公告栏。公元前 43 年,罗马的著名政治家和学者西塞罗在给恺撒的一封信中说,"我清楚地知道,我们的事情就是定期向你报告每日的公报(Gazette)"④。后来"每日记事"的内容越来越多,屋大维掌权之后又创立了"每日记闻",由书记员抄写内容,分送各地要人和军政首长,实际上是手写公报,时断时续地刊布会议纪要、帝国政事、政府政令、远征军战绩、司法消息、税收情况、宗教祭祀以及一些社会新闻,如贵族出生与婚丧嫁娶等。"每日记闻"起着传达政令、沟通情况的作用。它成为罗马帝国奴隶主政权的一种统治工具,也成为近代报纸的远古宗亲。

"如果说'每日记闻'是历史上第一份官方的报纸(科瓦略夫),那么新闻信就是最早的民间'报纸'。"⑤文字传播的渠道除了记事栏和公报外,还有一个有效的渠道就是所谓的"新闻信"。据考证,早在公元前 500 年新闻信就开始出现了。它是指传递、交流信息

---

① 支庭荣,邱一江.外国新闻传播史[M].广州:暨南大学出版社,2004:9.
② 伊尼斯.传播的偏向[M].何道宽,译.北京:中国人民大学出版社,2003:6.
③ 伊尼斯.传播的偏向[M].何道宽,译.北京:中国人民大学出版社,2003:7.
④ STEPHENS. A History of News[M]. New York:Oxford University Press,1997:50.
⑤ 李彬.全球新闻传播史(公元 1500 ~ 2000 年)[M].北京:清华大学出版社,2005:53.

的公私信件,到罗马时期日益盛行。如公元前 47 年,恺撒由埃及远征小亚细亚,战争结束后写了一封"我到、我见、我胜"的信件回罗马报捷。罗马统治者为了建立统治体系,修建了境内 18 万英里的道路,故有"条条大路通罗马"之说。罗马人还借鉴波斯人的做法,建立了古代的邮政系统,信件每天平均可以送达 50 ~ 80 公里,快的达 150 公里,[①]新闻信更为发达。公元 2 世纪的时候,罗马城伴随着帝国疆土的开拓,逐渐变为整个欧洲政治、经济、文化的中心,当然也成了新闻传播的中心。欧洲各地的王公贵族、商人平民都想早点探听到来自罗马的最新消息。于是,民间有人抄录政府的公报,分送各处订户以获取酬金。新闻信的发信人通常还有固定的奴隶,他们成为最早的半职业新闻人。在传播史上,新闻信的出现是一个重要的发展阶段。

罗马帝国的传播范围随着帝国的扩张而不断扩大,有人认为,罗马帝国之所以能统治辽阔的疆域,部分原因是它有一个发达的、包括"每日记闻"和新闻信在内的信息传播系统,但是其灭亡也与扩张太快、信息传播跟不上有关。美国历史学家 H. 威尔士就认为罗马帝国原始的组织系统不能支持其统治,其灭亡的重要原因之一就是"没有新闻机构辅助公众活动"[②]。可见,信息传播对社会的整合作用是不可缺少的。

公元 395 年,皇帝狄奥多西将罗马帝国一分为二,东边为东罗马帝国,西边为西罗马帝国。公元 476 年,西罗马帝国灭亡,欧洲进入了中世纪。

第二节　中世纪欧洲的信息传递:从教会统治到多元化

西罗马帝国灭亡后,欧洲陷入了几百年的分裂时期。由于罗马帝国后期基督教开始成为国教,而入侵的游牧民族建立的大小政权也陆续皈依基督教,教会拥有了空前绝后的从精神文化到政治和世俗生活的统治权。正如美国中世纪史学家汤普逊所说,中世纪的教会"到处行使的不仅限于宗教的统治,而且行使政治、行政、经济和社会的权力……它不仅是每一个国家中的国家,而且是一个超国家"[③]。中世纪的信息传播可以以 12 世纪为界,简单地分为修道院时期和世俗时期。

在修道院时期,教会占据绝对的统治地位。尽管在公元 8 世纪出现了强大的法兰克王国,但这一国家最终还是在罗马教皇的干预下被一分为三(法兰克、意大利和德意志),以后国王的废存也要得到教皇的认可。在信息传播方面,"从西罗马帝国灭亡到 12 世纪,在这 700 多年的时间里,修道院和其他宗教组织垄断了几乎所有书籍的制作、复制以及和书籍相关的文化。抄写是修道院里僧侣们每日必修的功课"[④]。传播的内容以宗教典籍、宗教历史为主,而传播的对象则主要是包括国王、封建主在内的信教的上层人士,传播的速度十分缓慢。教堂和修道院成了控制口语传播的重要场所。

在世俗时期,教会的势力受到了挑战,传播趋于多元化。1096 ~ 1291 年的 9 次十字军东征,既是教会势力达到顶点的标志,也是其开始衰落的标志。在政治方面,教会的权

---

① 弗雷德里克. 全球传播与国际关系[M]. 陈建安,译. 台北:台北杨智文化事业公司,1999:32.
② 威尔士. 文明的溪流[M]. 袁杜,译. 南京:江苏人民出版社,1998:220.
③ 汤普逊. 中世纪经济社会史(下)[M]. 耿淡如,译. 北京:商务印书馆,1961:911.
④ 项翔. 近代西欧印刷媒介研究[M]. 上海:华东师范大学出版社,2001:25.

力出现了分化,封建主、王权的力量开始不断加强。随着中世纪欧洲城市的不断兴起,又出现了一个新的阶层——市民阶层,即使教会内部也在酝酿着改革的冲动。在经济方面,随着农业、手工业的发展,劳务地租开始向实物地租和货币地租过渡,商品经济出现萌芽,教会的"什一税"经济受到了越来越大的冲击。在文化方面的主要表现是从阿拉伯人那里传来了东方的先进科学与古希腊的哲学与文化,世俗的力量不断强大。在信息传播方面的主要表现是传播方式从手抄到印刷的变革,传播内容从宗教向科学和社会的转变,传播体系由单一的教会控制向教会、知识阶层和民间多种体系并存的过渡。

从手抄向印刷传播过渡的重要因素是来自东方的造纸和印刷技术的传入。历史记载表明,中国的造纸术是通过751年唐朝与大食(波斯)的一次战争传到中亚的,随后传到中东,到了10世纪,纸在阿拉伯世界普遍取代了原来的纸草。① 长期以来被阿拉伯人统治的西班牙成了中世纪东西文化的桥梁。同时由于十字军东征的直接文化碰撞,到了13~14世纪,造纸开始在信仰基督教的法国和意大利发展起来了。印刷技术的传播渠道比较复杂,阿拉伯人、蒙古人、欧洲早期的使节、传教士和旅行家、商人都有可能是传播的中介。1370~1380年,欧洲出现了雕版印刷的书籍。与此同时,欧洲也在探索活字印刷的技术,到15世纪前期,出现了两种技术体系并存的局面。

传播内容的变革首先来源于教会内部的世俗化。十字军东征带来了西欧人重新发现希腊文化的契机。12世纪以后,教会曾对新发现的亚里士多德学说进行了一个多世纪的封杀,直到13世纪中期,神学家托马斯才将其融入基督教神学体系中。这一事件动摇了人们对传统神学的盲目迷信。传播内容开始向世俗化过渡,例如1150年亚里士多德的著作开始由阿拉伯文和希腊文译成拉丁文,到1270年左右几乎全部译完。② 与此同时,以探讨神学学理和希腊文化为目的的行业——大学(如法国的巴黎,意大利的萨勒诺、那不勒斯,德国的海德堡,英国的牛津、剑桥大学等)于12~14世纪开始在各地广泛出现。大学的图书工场成为与教会并行的另一个抄写中心,形成了各种教材、专业书籍、旅行见闻和文学作品的出版热潮,民族语言也开始逐步形成。在不断发展的城市中,行业章程、市场规定、城市盟约、市场信息也都成了传播的内容。最重要的传播内容变化还在于从14世纪的意大利开始的、向欧洲各国不断蔓延的文艺复兴潮流,从科学技术、文学艺术、绘画雕塑等各方面传播着反教会的人文主义新观念。

传播内容的变化是社会传播体系多元化的表现。在世俗时期,尽管教会依然是信息传播的主要控制者,但是教会面临的挑战也越来越大。在民间的口语传播方面,早在13世纪就到处流行这样的说法:教士没有好人,不是夺取财富就是占有遗产。在基督教世界,百姓对神职人员的嫉妒和憎恨日益增长。③ 动摇传统教会权威的多元传播力量在14世纪以后进一步发展,其中包括正在形成的封建王权及民族意识,日趋活跃的知识分子阶层及其倡导的人文精神和民族语言,逐渐发展的市民阶层和商人及其对新的信息的追

---

① 项翔. 近代西欧印刷媒介研究[M]. 上海:华东师范大学出版社,2001:22.

② 钱时惕. 科学与宗教的关系及其历史演变[M]. 北京:人民出版社,2002:58.

③ 威尔士. 文明的溪流[M]. 袁杜,译. 南京:江苏人民出版社,1998:254-256.

求。① 甚至教会内部的改革派也在探讨教会的世俗化。在教会之外的三大传播力量中，最终是最后一种力量促使了新闻的产生。

第三节　新闻传播的萌芽：印刷机和手抄新闻

15～16世纪，欧洲的一系列重大变动开始了，因此一些学者把1500年作为世界历史上的重要分界线。在一系列的变动中，从传播的角度讲，欧洲也已经站在了新闻产生的门口。

从历史发展的角度说，欧洲的变动首先是从文化的变革开始的，而文化变革的主要表现就是文艺复兴运动向纵深发展。15～16世纪，从但丁（1265～1321年）开始的这场运动在范围上已经跃出了意大利，发展到其他欧洲国家，在内容上也开始从诗歌扩展到小说、戏剧、绘画、雕塑，甚至扩展到科学、政治和宗教领域。恩格斯说："这是一次人类从来没有经历过的最伟大进步的变革，是一个需要巨人而且产生了巨人……的时代。"②文艺复兴与科学的结合产生了达·芬奇（1452～1519年）和哥白尼（1473～1543年），人们把1543年《天体运行论》的问世视为近代科学的开始；文艺复兴与政治的结合产生了马基雅维利（1469～1527年），他提出了摆脱神学和道德约束的现实政治理论。文艺复兴甚至还影响到宗教，德国的马丁·路德（1483～1546年）反对罗马教会，提倡直接回归和重新塑造上帝的宗教改革，从而导致后来卡尔文教（新教）的产生。

文化变革的深层基础是经济的变化，欧洲后期经济的主要表现是商业经济的发展。在生产关系上，从劳役地租到货币地租，农民的人身依附关系日渐松弛。在经济地理方面，欧洲的城市在14～15世纪发展到一个新的阶段，无论是在德国、意大利还是法国，都出现了许多著名的城市。商业贸易的繁荣在14～15世纪形成了地中海、北海和波罗的海、德国的城市联盟和不列颠等几个大的贸易区。③ 这一时期的重大事件是所谓的"地理大发现"，葡萄牙与西班牙的航海家在15世纪中期以后开始了竞争。1492年哥伦布到达美洲，1499年达伽马绕过非洲到达印度，1522年麦哲伦的船队完成了环球航行。与稍早一些"显示国威"的郑和下西洋不同，"地理大发现"首先是经济利益的驱动，也带来了欧洲的商业革命、价格革命、工场手工业的繁荣、经济地理格局的变化和海外殖民扩张等一系列经济变化。1500～1600年，欧洲的人均GDP增长率为0.14%，远远超过世界其他地区，同期欧洲的人口从7600万增加到9500万，也是增长最快的地区。④

文化与经济的变革和政治的变革一致，中世纪后期的欧洲形成了传统的教会、骑士、封建主和新兴的王权、商人、市民阶层对政治权力的博弈，其中封建王权的兴起成为这一时期的突出现象。可以说，14～16世纪是欧洲封建王权的建立时期。英国的封建王权开始于1066年法国诺曼底公爵威廉的入侵。后来在1455～1485年的红白玫瑰战争（约克

---

① 意大利著名旅行家马可·波罗1271年到东方旅行，1295年回到威尼斯，后来口述的《世界见闻录》"使西方人对世界的了解范围突然扩大了一倍"。见斯塔夫里阿诺斯．全球通史：1500年以前的世界［M］．上海：上海社会科学出版社，1998：347.

② 恩格斯．自然辩证法［M］．中共中央马克思恩格斯列宁斯大林著作编译局，译．北京：人民出版社，1984：6.

③ 宋则行，樊亢．世界经济史　上［M］．北京：经济科学出版社，1994：32-35.

④ 麦迪森．世界经济千年史［M］．伍晓鹰，译．北京：北京大学出版社，2003：32.

家族与兰开斯特家族为统治权的争夺战)中,大批的贵族死伤殆尽,英国出现了强大的封建王朝——都铎王朝。在法国,1337 ~ 1453 年的英法百年战争不仅唤醒了法国的民族意识,而且成就了法国的王权。一直处于封建分裂割据状态的德国和意大利也在走向权力集中。封建王权的出现适应了当时民族意识的觉醒、民族国家的要求、反对教会的思潮和商业资本对统一市场的呼唤等各种趋势,也成为这一时期政治上的新力量。

我们认为,如果说文化的核心是价值观念,经济的核心是资源配置体系,政治的核心是权力的形成和使用,那么在这一时期,欧洲的三个基本面已经开始形成一个相互作用的体系,从而出现了结构的方向性改变。在信息需求的土壤已经形成、传播出现多元化的基础上,新闻传播的出现只是其中的一个组成部分。在这一时期,新闻传播的萌芽主要表现在印刷机和"手抄新闻"的出现方面。

金属活字印刷术的发明是人类传播史上最重要的发明,也是近代报刊诞生的必要技术条件。当时在欧洲,信息传播方式主要是手抄,14 世纪晚期开始出现少量雕版印刷的书籍。另外,德国的金属制作工艺十分发达。金属活字印刷并非是从雕版印刷而是从金属凹凸版的工艺中发展而来的。15 世纪中期,德国工匠古登堡(1398 ~ 1468 年)开始探讨金属活字印刷术,经过近 20 年的研究,1456 年成功地印出了 300 部《圣经》。[①] 印刷术的发明是中国对人类的贡献,但是在将其实用化方面,欧洲走在了前面。金属活字印刷术从根本上提高了印刷的质量和效率,此后不到 100 年间传遍了欧洲。意大利(1464 年)、瑞典(1468 年)、法国(1470 年)、尼德兰(1471 年)、西班牙(1476 年)、英国(1476 年)等相继引进了这项技术,1539 年北美洲的墨西哥城也有了欧式印刷机。铸字和印刷工场在各地纷纷出现。印刷技术的出现在欧洲的变革中产生了巨大的影响。在此之前,欧洲只有几万册手抄图书,但在 15 世纪最后的几十年中,欧洲的 260 多个城市建立了印刷厂,印版书已有 3 万多种,数量增至 1000 余万册。[②] 印刷传播支持了当时开展得如火如荼的文艺复兴运动,也在宗教改革中发挥了重要作用。印刷传播是当时欧洲文化革命的重要组成部分,促使了第一种大众传播媒体——图书的产生,不仅将文化传递到普通的市民阶层,促进了拉丁文向民族语言的过渡,并且为新闻传播的出现准备了技术条件。

在印刷技术出现的同时,欧洲的信息传播也发展到一个新的阶段,其主要的标志就是"手抄新闻"(Handwriting News)的出现。

"最迟从 14 世纪开始,新闻就已经真正商品化了。""新闻传播者(意大利人称为 menanti)组织起来,为王公贵族或者商人定期提供手抄新闻稿,人们把这种手抄新闻称为'威尼斯札'。"[③]因为当时意大利的威尼斯既是主要的商业中心,也是这些新闻稿的主要集散地。15 世纪,由于欧洲的激烈变动导致信息需求的激增,"新闻"一词开始普遍使用,[④]手抄新闻开始盛行,到 16 世纪流传到整个欧洲。手抄新闻类似于罗马时期的新闻信。当时手抄新闻的传播者可以分为两类:一类是从威尼斯发展起来的,后来在各欧洲城市出现的职业信息传播者。编制手抄新闻逐渐成了一种固定的职业,新闻传播成了一种谋利活动,对新闻产品的消费也从社会上层变成了普通民众的生活必需。一类是教

---

① 项翔. 近代西欧印刷媒介研究[M]. 上海:华东师范大学出版社,2001:38,41.

② 吴廷俊. 科技发展与传播革命[M]. 武汉:华中科技大学出版社,2001:87.

③ 阿尔贝,泰鲁. 世界新闻简史[M]. 许崇山,果永毅,李峰,译. 北京:中国新闻出版社,1985:5.

④ The Oxford English Dictionary[M]. Oxford:Oxford University Press,1989:374.

会、王公贵族和政府。例如1563年在土耳其进攻地中海地区期间,威尼斯政府就发行过手写的小报。就传播的内容来看,前者主要是商情、船期和交通信息,间或报道政局变化、战争和灾祸,后者则以政治信息为主。1566年威尼斯出现了定期的手抄小报,被称为"威尼斯公报"。"手抄新闻"是新闻史上的重大事件,有人认为手抄新闻把当时口语传播中往往像雾(vaporous)一样的事实变成了相对准确的确定知识(certain knowledge)。①手抄新闻是当时欧洲传播新闻的主要手段,民间的手抄新闻者成了世界上最早的职业新闻人,而当时在威尼斯沿街兜售的小报每份要价一个铜币格塞塔(Gazette),后来Gazette甚至成了欧洲早期报纸的通用名称。②

中国的《急选报》和德国的《福格尔新闻信》

二者一个是中国的民间报房报刊,一个是德国的民间手抄新闻,出现的时间相差不多。我们从中可以看出内容的重大区别。

《急选报》是现存的唯一一件明代报房雕版印刷报刊的原件,1580年5月5日出版,共六页,内有《急选报》的报头,主要记载了吏部要急选的官员,后面则刊载了被选中的162名官员的名单,包括姓名、籍贯、职位等。该报现存中国国家图书馆。

《福格尔新闻信》是当时奥格斯堡的富商福格尔编制的手抄新闻。从事金融行业的福格尔家族生意遍及欧洲许多大城市,消息灵通,于是他雇人专门抄写收集到的消息,不定期出版,分送各处。维也纳图书馆现存有1568～1605年的《福格尔新闻信》27册,共36,000页。《福格尔新闻信》每期有数页,重要的新闻有标题,其中包括商情、各地价格、破产者等表格,还有战争、灾祸、王室的生死嫁娶和奇异现象等新闻。《福格尔新闻信》曾详细报道了1588年西班牙无敌舰队与英国海军的战争。③

值得注意的是,进入15世纪后,随着印刷技术的发展与传播,欧洲大陆也出现了一些早期的印刷新闻作品,这种以小册子形式出版的作品一般篇幅不长,不定期出版,报道新近发生的重大事件,在城市中公开出售。比较有名的如1482年发行于德国奥格斯堡的《土耳其侵犯欧洲新闻》、1485年发行于巴黎的《喀尔五世侵犯卢昂记》、1493年发行于西班牙的《哥伦布发现新大陆记》、1513年发行于英国的《福洛登的遭遇战》(英格兰与苏格兰的战争)等,这些都是欧洲较早的新闻印刷品。法国的新闻史家彼・阿尔贝和费・泰鲁曾经把早期的不定期活页印刷品分为专门报道重大事件(如战争、节日庆典、葬礼等)的不定期小册子、描写奇闻轶事和天灾人祸的小报,以及积极参与宗教改革和政治活动的抨击性小报三类,并且指出,"这三类活页印刷品显示,报刊业从它诞生之日起,就具备三种职能:报道重大时事新闻、描述各种日常社会新闻、表达舆论"④。

事实表明,到15～16世纪,欧洲已经站在了新闻出现的门口。我们所说的新闻的几

---

① STEPHENS. A History of News[M]. New York:Oxford University Press,1997:62.
② 张允若,高宁远.外国新闻事业史新编[M].成都:四川人民出版社,2002:11.
③ STEPHENS. A History of News[M]. New York:Oxford University Press,1997:67.
④ 阿尔贝,泰鲁.世界新闻简史[M].许崇山,果永毅,李峰,译.北京:中国新闻出版社,1985:6.

个基本要素:面向社会的大众媒介、具有社会性价值的事实、事实的时效性与准确性诉求、报道与传播,在这一时期已经初步具备了。

第四节 封建王权与信息传播:利用与控制

信息传播在中世纪的修道院时期受到了教会的逐步严密掌控;在世俗时期,随着传播的多元化,教会开始采取具体的控制措施。1215 年,教皇英诺森三世制定了与异教斗争的“第三条教规”,为宗教裁判所的成立提供了根据。15 ~ 16 世纪,教会开始把限制传播的重点对准印刷图书和手抄新闻,屡屡下令查禁图书和手抄新闻,砍掉采访者的手脚甚至施以处死的刑法。不过教会作为一个日渐衰落的政治势力,对于民间兴起的这种传播的控制力越来越弱。真正对新闻传播实施利用和控制的是日益强大的另一种势力——封建王权。

客观地说,封建王权对新闻传播的出现有推进作用。例如,随着新型国家的形成,各地经济文化联系逐渐加强,15 世纪,欧洲大陆主要国家诞生了近代邮政业务。法国邮政形成于路易十一时期的 1464 年,英国邮政形成于爱德华四世时期的 1478 年,德、奥等国的邮政形成于神圣罗马帝国马克西米连一世执政时期的 1502 年。这种邮政与古代主要用于官方通信的系统不同,它是公私通用的带有商业性的信息传递中心。因为邮局的消息灵通,所以多兼售手抄新闻。再如,各国政府也出版各类小报和印刷新闻书。“在 15 世纪,欧洲的领袖们开始利用手写新闻传播关于他们胜利的确定消息。”[①]1488 ~ 1529 年,巴黎出现了两种官方支持的手抄新闻:一种叫《偶然》,刊登官方消息;一种叫《小报》,刊登新闻信息和政治文章。欧洲的国王们还特别重视传播技术的引进。例如 1476 年英国有了第一架欧式印刷机后,国王查理三世于 1484 年发布了一项鼓励外国人在英国经营印刷业的诏令。但是在随后的宗教革命以及政治斗争中,印刷书籍、新闻作品和小报成为威胁王权统治的危险的舆论武器,引起了欧洲君主们的注意,他们开始对新闻出版和信息传播实施强力控制。

概括说来,欧洲封建王权对信息传播控制的主要手段有以下几种:

一、特许出版制度

特许出版制度是欧洲各国封建王权控制新闻信息传播的一个重要手段。从现有的资料看,英国是最早完善这一方式的国家。1530 年,都铎王朝的亨利八世特许海顿神父一人发售神学家坦特尔翻译的《圣经》,建立了第一个在政府控制下颁发许可证的制度。1538 年,亨利八世正式建立了皇家特许出版制度,规定所有出版物均需事先得到特许才能出版。1577 年,玛丽女王将亨利八世时期建立的出版同业工会改造为皇家特许出版公司,同时规定:在英国,除公司会员以及女王特许者外,其他人的印刷出版行为一律禁止。1586 年,伊丽莎白女王颁布了皇家出版法庭命令,规定一切印刷品均需送皇家出版公司登记;除教会外,不再允许出版商申请登记;印刷任何刊物需事先请求许可;皇家出版公

---

① STEPHENS. A History of News[M]. New York:Oxford University Press,1997:62.

司对秘密出版物有搜索、扣压、没收及逮捕犯罪嫌疑人的权力。英国还把这一特许出版制度运用到北美地区。1620年12月和1621年7月，詹姆斯一世两次颁布公告，禁止任意谈论国事。1621年8月，为了有效地控制舆论，皇家特许印刷商尼古拉斯·鲍尔尼和托马斯·艾克尔通过国王准许，发行了英国人自办的第一张印有"准许出版"字样的《科兰特》报纸。该报只刊印外国有利于王室的新闻，并尊重国王的旨意不报道国内任何新闻。在法国，早在1474年，封建王权便已经开始管制出版印刷事业。最初的管制活动是由巴黎大学负责的，后来政府设立了一个出版事业组合机构，正式建立了出版特许制度，直接管制出版印刷事业。16世纪末法国也建立了特许出版制度。在德国，1628年皇帝斐迪南二世实行出版特许制度，获得出版特许的大多是各城市的邮政局长和较大的印刷商。在意大利，撒丁王国于1645年建立了特许出版制度。

二、新闻检查制度

新闻检查制度是各国专制王权控制信息传播的又一重要手段。新闻检查是指新闻报道在出版之前，必须经有关部门审阅，以预防出现危险的或反政府的内容。早在15世纪，威尼斯共和国就出现了最早的对印刷出版物的检查制度。欧洲新闻检查制度大约形成于16世纪初。英国的新闻检查比较完善。亨利八世1529年曾开出一张禁书单，正式开始对出版印刷业的控制，并任命专职皇家出版人员监督出版事业。在玛丽女王执政时期，皇家特许出版公司的会员们为了报答皇家特许的新闻报道和出版独占权利，保护自己的利益，在完全同意只刊登"有益于国家利益的消息"、自我检查的同时，还卖力地帮助当局查处非法出版者，对违反这一戒条的会员和非法出版者予以严厉的惩处。皇家特许出版公司成了王室的政治利益同出版商经济利益的结合体，也是英国专制王权对新闻印刷出版事业进行控制的有力工具。1537年法国开始建立出版检查制度，严格控制思想的传播，新闻检查的内容名目繁多，有关国家政治时事的内容是严格禁止报道的。从1524年起，德国各邦国政权陆续建立书报检查制度。1608年德意志神圣罗马帝国皇帝鲁道夫二世发出命令，要求各邦国的教会或地方官对印刷出版物进行预审。与欧洲其他封建王国一样，意大利各地方封建政权也出现了针对出版物的检查制度。俄国的新闻检查制度尽管建立得较晚，但是比许多国家都严厉。

三、出版法庭和严峻刑法

欧洲封建王权通过设立法庭和制定严密苛刻的法律，限制报道，控制言论，对所谓的违法者处以罚款、徒刑乃至绞刑，起到杀一儆百的效果。比较典型的是英国在1570年建立的皇家出版法庭——它是由原枢密院中的司法委员会专门独立出来组成的。这就是英国历史上最著名的"星法院"。该法院专门审理两种案件：一种是普通的民事或刑事案件，另一种是非常规类的政治案件，审判包括叛国煽动罪、诽谤宫廷罪等重大案件。这种审判不经过一般的司法审判辩护程序，而是秘密进行的，为使罪犯招供，可以运用各种酷刑。英国历史上的许多新闻出版印刷人士曾饱受其苦，"星法院"完全是压迫自由的丑恶象征。意大利、法国和德国也有类似的法律。俄国的法律更为严酷，对政府赋予了更大的权限，政府对任何书刊都有停刊、罚没的权力，政府针对出版发布了无数的命令，违犯者或流放、驱逐,或处以死刑。

在封建王权兴起的集权主义时期,也是手抄新闻向印刷新闻过渡的时期。一方面,封建王权试图从出版中获得利益;另一方面,又担心出版自由会危及王权统治。这一时期,欧洲封建王权形成了对传播通信的所谓"集权主义"理论,认为传播通信是担负特殊任务的社会统治工具,传播业在社会系统中传播的任何内容都必须对君王的统治有利,因此,必须对传播业实行严格的控制。但是,这种反社会潮流的控制难以持久,正是在反对专制、争取新闻自由的斗争中,真正意义上的新闻传播业开始兴起了。

中西古代信息传播的比较

自公元前中国的春秋战国和西欧的古希腊时期起,中国和西欧就开始成了信息传播的发达地区,一直到15~16世纪中国的明代和西欧都出现了新闻传播的萌芽。在这2000年的历史中,中外的信息传播呈现出不同的历史发展轨迹。

这一时期,中国的历史呈现出连续性特征,而欧洲则走出了一个"之"字形的历史轨迹。就信息传播而言,中国也表现出了连续性,我们从政府的官报中可以明显地看出汉代的"官报"、唐代的"报状"、宋代的"邸报"和明代"邸报"完整的发展线索,而欧洲则出现了古罗马发达的信息传播到中世纪的停滞和教会控制,再到15~16世纪社会变革和多元化信息传播格局的曲折特征。

这一时期,中国在媒介发展方面曾经是世界领先的地区,例如在造纸和印刷技术方面。直到中世纪后期,西欧在金属活字印刷技术方面才开始突破。在传播方面,有人认为,宋代的小报是最早的新闻媒介。

这一时期,中外在传播社会系统和传播内容方面发展也不尽相同。中国在春秋战国时期形成了政府、非政府的士文化阶层和民间传播三种体系,秦汉以后很快形成了以政府控制为主的社会传播体系,士文化阶层在大部分时间是政府的依附者,而民间传播只有在王朝解体和社会动乱时期才开始活跃进而形成舆论力量,传播内容也是以政治为主。西方国家在传播社会系统中三种体系没有形成统一,古罗马时期就是官方传播与民间传播并存,尽管中世纪早期曾形成了教会暂时控制的局面,但是很快就形成了教会、文化阶层、封建王权和商人市民民间传播的多元化传播体系,传播内容包括政治、科学、文化、经济、社会的各个方面。

尽管在这一时期的最后,中国民间报和西方"手抄新闻"的出现表明中西方都站在了新闻出现的门槛上,但其社会背景是完全不同的。在西方开始向近代政治国家和商业社会过渡的同时,新闻传播也开始成为独立的行业发展起来了。

小　结

本章是对西方国家前新闻时期信息传播的一般描述。

这一时期介绍的历史，从古希腊、古罗马时期到15～16世纪，总共大约两千年。在这一时期，西方国家的历史经历了一个曲折的发展阶段。在经历了古希腊、古罗马时期的发展高峰之后，从公元5世纪开始，西方进入了中世纪的停滞。到12世纪之后，随着经济的恢复、城市的出现、文化的发展和世俗政治权力的不断加强，欧洲出现了缓慢的发展。14～15世纪之后，一系列事件导致欧洲的变化加快和社会结构的根本变动，终于欧洲站到了近代的门槛上。

在信息传播方面，古希腊时期是各种传播形式、各种社会传播系统并存的时期，口语传播是其明显的特点，传播内容也极为丰富。到古罗马时期，文字传播开始突出，拉丁文占据了统治地位，形成了包括"每日记事""每日记闻""新闻信"和古代邮政在内的发达的传播系统，但是与中国相比，古罗马信息传播中的政府控制显然没有那么严格。欧洲中世纪的传播可以以12世纪为界，分为修道院时期和世俗时期两个阶段。前一个时期信息传播完全被教会所控制；后一个时期出现了传播多元化：在媒介方面，随着造纸和雕版印刷的引进、活字印刷技术的完善，出现了手抄、雕版和活字等多种传播媒介并存的局面，特别是金属活字印刷，成为改革传播媒介的重要因素；在社会传播体系中，出现了教会、王权、知识分子、市民和商人等不同的传播阶层；在传播内容方面更是越来越多样化。有人统计，1500年，拉丁语著作占77%，其他为少量的意大利语、德语和法语著作，内容上，宗教著作占45%，文学占30%，法律占10%，科学占10%，其他占5%。① 16世纪以后，随着印刷技术的发展，民族语言的著作开始盛行，在内容方面，文学、历史、科学和法律开始大量增长。在强烈的社会需求推动下，新闻信息成为重要的传播内容，随着手抄新闻、不定期的新闻印刷品的出现，新闻传播的萌芽出现了。

从政治的角度说，教会势力的衰落和封建王权的崛起是一个值得注意的现象。在当时，封建王权在一定程度上代表了社会历史进步的趋势，而所有的新生事物也开始与封建王权的发展暂时趋于一致，包括刚刚出现的印刷机。麦克卢汉称，印刷是"民族主义的建筑师"，因为"它的作用就是结束狭隘的地域观念和部落观念"②。作为民族主义代表的王权，一方面促进和利用新闻传播；另一方面又对新闻传播进行限制和压迫。这种管制在一定程度上影响了新闻传播的发展。

【思考讨论题】

1. 古希腊、古罗马信息传播的特点各是什么？
2. 为什么说中世纪教会是信息传播的控制者，这种控制是如何被瓦解的？
3. 手抄新闻是一种什么样的新闻，是在什么时间、什么背景下开始流行的？
4. 封建王权对新闻传播的控制都有哪些手段？
5. 中西古代新闻传播的发展有什么相同和不同？

---

① 项翔. 近代西欧印刷媒介研究[M]. 上海：华东师范大学出版社，2001：80.

② 麦克卢汉. 理解媒介——论人的延伸[M]. 何道宽，译. 北京：商务印书馆，2001：217.

第二编　新闻传播的出现和新闻传播业的形成

(16 世纪末 17 世纪初到 19 世纪末 20 世纪初)

本编横跨的年代是 1600 年前后到 1900 年前后,大约有 300 年的历史,主要内容是论述新闻传播的出现和新闻传播业的形成。

这段历史一般被称为世界近代史时期,这是人类社会开始加速发展的时期,世界人口增加到 16 亿,农业生产力开始向工业生产力过渡,生产力水平得到了极大提高。这一时期,世界发展的不平衡开始加剧,随着科学技术发展和商业社会的出现,经过资产阶级政治革命和工业革命,世界资本主义体系开始形成,少数西方国家在成为世界先进地区的同时,开始把包括中国在内的广大亚、非、拉国家拖入世界资本主义体系,世界历史也开始了从分散到整体历史的转变,到 19 世纪末 20 世纪初,马克思预言的"全世界的历史"①终于形成了。

这一时期也是新闻传播出现和新闻传播业的形成时期。在 15 ~ 16 世纪新闻传播萌芽出现的基础上,1600 年前后,西方国家的定期新闻报刊开始大量涌现,出现了新闻的专业化,随后在西方的三大革命(英国资产阶级革命、美国独立战争和法国大革命)中得到了发展。工业革命开始之后,随着信息传播技术进一步发展、政治和社会结构的不断改变,新闻传播作为一个社会的独立行业开始形成,其政治、社会和商业功能不断完善,并在 19 世纪末达到了发展历程中的第一个高峰。

这一时期的媒介主要是印刷传播带来的第一种新闻媒介——报刊。在前新闻时期,古代报刊已经显示出来的政治功能经历了以下的演变:政府的统治工具→政治多元化中的舆论工具→社会信息传递工具,而古代报刊中偶然表现出来的商业特征则日趋明显,最后变成了"市场的媒介"。报纸也从"每天发行的编年史"变成了"为期一天的畅销书"。②

这一时期中外新闻传播的发展也呈现出不同的特征。尽管在这一时期开始的时候,中国和西方都站在了新闻出现的门槛上,出现了半专业化的民间新闻信息传播,但是两者的基础是不同的。中国的民间传播对政府传播有很强的依附关系,同时依然以政治传播为主,而西方国家则出现了社会结构的变化和传播多元化。与以后的历史发展相一致,中国在失掉了经济、社会领先地位的同时,也失去了传播的领先地位。只是在西方国家殖民主义的刺激之下,19 世纪中国的近代新闻传播才开始出现,不过依然表现出强烈

---

① 中共中央马克思恩格斯列宁斯大林著作编译局.马克思恩格斯选集　第 1 卷[M].北京:人民出版社,1972:51.

② 佐藤卓己.现代传媒史[M].诸葛蔚东,译.北京:北京大学出版社,2004:65.

的政治性特征，在发挥巨大的政治作用的同时，其社会和商业功能并不显著。

与中国新闻传播的发展类似，其他后发展国家的新闻传播也表现出同样的特点：发展中的外部移入性和政治性特点非常明显，虽出现了新闻传播但并没有形成独立的社会系统，不过新闻传播在这些国家的独立和政治发展中同样发挥了重要作用。

本编的内容包括四章，前两章介绍西方国家新闻报刊的生存和发展，后两章介绍中国和其他非西方国家的新闻传播。

第四章　西方国家新闻传播的出现与初步发展

• **关键问题：**

1. 近代报刊出现的原因是什么?
2. 应该如何评价早期的报刊?
3. 争取新闻自由的表现有哪些?
4. 在资产阶级革命中,新闻传播发挥了哪些作用?
5. 各国新闻传播体系建立中的异同。

美国新闻史学家埃默里说:“报纸是印刷机制造的最新奇的产品。随着报纸开始发展出提供新闻和娱乐的功能,它就成了印刷机影响社会和政治变革的主要催化剂。”[①]在新闻的萌芽出现之后,公元1600年以后的一百多年中,新闻终于在西方国家出现并获得了初步发展。

我们称新闻的出现主要是指近代报刊的出现,而近代报刊出现的标准有以下四个:一是定期出版并具有稳定性;二是机器印刷,能大量复制;三是面向一切社会阶层,或者用埃默里的话说“必须诉求读者的普遍兴趣,而不是某种特殊的兴趣”[②];四是能够及时提供准确的内容,并不断更新。从这个标准看,近代报刊是在16世纪末17世纪初开始出现的。经过民间报刊与政府报刊的博弈,到近代西方社会革命时期,报刊有了初步的发展。

我们曾经介绍了新闻的四个要素:面向社会的大众媒介、具有社会性价值的事实、事实的时效性与准确性诉求、报道与传播。在新闻的四要素之外,我们也探讨了构成新闻的四种层次结构:新闻传播体系、新闻传播内容和方式、新闻传播媒介、新闻传播功能。可以说,在这一时期,新闻的四要素和四结构都基本上齐全了。

新闻的发展与社会发展相一致,这一时期,德国是新闻最早产生的地区,英国随后成为新闻发展的先进地区,不过在这一时期的最后,美国成为最早建立新闻体制的国家。

---

① 埃默里 M,埃默里 E. 美国新闻史:大众传播媒介解释史[M]. 展江,殷文,译. 北京:新华出版社,2001:4.

② 埃默里 M,埃默里 E. 美国新闻史:大众传播媒介解释史[M]. 展江,殷文,译. 北京:新华出版社,2001:9.

第一节　新闻产生的土壤和近代报刊的出现

一、新闻产生的土壤

恩格斯说过："根据唯物史观，历史过程中决定性的因素归根到底是现实生活的生产和再生产。"①讨论新闻产生的土壤，必须从这一时期欧洲的社会经济、政治和文化中去寻找。对欧洲历史的考察我们看到，在15～16世纪结构性的变革开始之后，这一变革的速度开始加快，从而形成了新闻产生的土壤。我们可以概括为社会对新闻传播的需求空前提高、政府对新闻传播的控制日趋松弛和新闻传播媒介的日益成熟三个方面。

首先，正如我们在前文所说，"社会需要才是推动信息传递的根本动力"。这一时期，欧洲正在经历前所未有的激烈变动，对信息传播需求也空前提高。在经济方面，欧洲的社会生产力在转入商业化的轨道后开始有了显著的发展。在人口不断增长的基础上，欧洲开始了初期的城市化，包括巴黎、伦敦、阿姆斯特丹等拥有数十万人口的城市陆续出现。在各国重商主义的政策支持下，欧洲传统的毛纺织、采矿、冶炼、造船以及新出现的造纸、印刷、玻璃、钟表、煤炭等工场手工业都得到了迅速发展，特别是在贸易的发展中出现了商业革命，表现为贸易品种的增加、贸易范围的扩大、价格革命、专业化贸易公司的出现和近代金融信用体系的建立。在政治方面，教会势力的瓦解和近代国家体系的建立成为这一时期的主要表现，正如美国政治学家亨廷顿所言："1600年欧洲还是中世纪的一环，到1700年就成为民族国家的近代世界了。"②发生在欧洲的激烈政治变动包括接近尾声的王权与教权的冲突，民族国家之间的冲突（如发生在德国而大多数欧洲国家都卷入其中的1618～1648年的"30年战争"），欧洲与世界其他地区的政治冲突（如1453年奥斯曼土耳其攻占君士坦丁堡后，所谓"东方新闻"在以后很长时间内是欧洲关注的重点），以及刚刚出现的国内王权、封建主与商人、市民阶层的冲突。在社会和文化方面，这一时期的宗教改革进行得如火如荼，近代科学正在出现（一般认为其过程是从1543年哥白尼出版《天体运行论》到1687年牛顿出版《自然哲学的数学原理》）。在政治思想方面，理性主义启蒙也开始出现。上述经济、政治、社会和文化的所有变化，构成了欧洲对新闻传播的社会需求。

其次，欧洲传统的信息控制体系处于瓦解之中，而新的传播体系正在形成。这一时期，在中世纪后期欧洲传播多元化的基础上，封建王权、民间的知识分子和商人阶层成为社会传播体系中的主要力量。封建王权对新闻传播表现出两面性：为了集中权力控制舆论，封建王权一方面积极推进新闻传播的发展，通过特许出版制度创办近代报刊；另一方面，又采取严厉的手段压制新闻自由。民间信息传播只能在夹缝中生存，"报纸首先是在那些中央权力薄弱或统治者比较宽容的地方兴盛起来的"③。这一时期出现了推动近代报刊出现的两种力量：政府力量和非政府的社会与商业力量。不过随着政府控制的日渐

---

① 中共中央马克思恩格斯列宁斯大林著作编译局.马克思恩格斯选集　第4卷[M].北京：人民出版社，1972：477.

② 亨廷顿.变化社会中的政治秩序[M].王冠华，刘为，译.北京：生活·读书·新知三联书店，1989：89.

③ 埃默里M，埃默里E.美国新闻史：大众传播媒介解释史[M].展江，殷文，译.北京：新华出版社，2001：9.

松弛,后者的力量逐步增长,最终成为新闻传播体系中的主角。

最后,在这一时期,新闻的传播媒介也日益成熟了。“15～16世纪相较以前的世纪来说是一个‘信息爆炸’的年代。”①这一时期所带来的,是造纸业的发展和印刷媒介大量涌现,是居民识字率的提高、阅读习惯的培养和文化水平的提高。17世纪之后,造纸和印刷进一步成为欧洲国家的重要行业,印刷传播已经成为普遍现象,各种宣传新知识的书籍、年历、地图、小册子纷纷出现,作者、印刷商、出版商角色开始确立,文字传播到这一时期真正成为传播中的主流。新闻传播也开始成为文字传播中的一个组成部分。

正是在上述社会土壤中,近代新闻媒介——定期报刊在手抄新闻和新闻印刷品的基础上出现了。

二、各国定期报刊的产生

从时间上看,世界上最早的定期出版物诞生于德国,其中的直接原因可能与德国最早采用印刷术、拥有发达的工商业城市和封建王权不够强大有关。德国最早的定期出版物是年历。1588年,法兰克福开始举办博览会,德国的米夏埃尔·冯·艾特里因就着手编撰《博览会编年表》,每半年或一年再版一次,以适应一年两次的博览会需要。这实际上直接表现出新闻一直存在的重要功能:为社会经济的发展提供信息服务。1597年萨穆埃尔·迪尔鲍姆在奥格斯堡创办了一份类似编年表的新闻月刊,每期6～12页,全名为《1597年某月全欧洲各地发生的最重要的和值得注意的行为与事件的真实故事或叙述》,尽管名称很长,但是表明了人们对新闻的直观认识:重要和真实的消息。1609年,奥格斯堡出现了第一份周报《通告——报道与新闻报》,尽管每期只有一页、一条新闻,却是世界上现存的、最早的定期周报。1615年,爱格诺尔佛·莫尔创办了著名的《法兰克福新闻》,该报每周一期,每期刊登数条新闻,被人们认为是世界新闻史上第一家真正的报纸,莫尔本人也被尊称为德国报业之父。②

荷兰在这一时期被称为“海上马车夫”,与西班牙和英国的海上竞争非常激烈,商业气候浓厚,所以一度成为世界新闻史上报刊出现最早、发展最快的国家。1605年,荷兰安特卫普就出现了一份半月刊《新闻报》,主要报道战争新闻。到1620年,荷兰的报纸达到20多种,出版周期基本上是双周或单周,主要报道商业和政治新闻,其中比较有名的如1618年出版的《荷兰报》、1619年出版的《季度新闻报》。到1626年,荷兰的报纸达到140种。这一时期荷兰的报纸影响非常大,以至于其统一的报名科兰特(Corantos)与当年威尼斯的手抄报纸格塞塔(Gazette)一样,成为欧洲许多早期报纸的名称。

英国的新闻需求也很强烈,1590～1610年就有大约450种新闻书在英国出版,保留至今的还有250种,③其书名中常常带有真实的新闻(True News)、真实的报道(True Report)等词。英国报纸的产生直接受到荷兰的影响。1620年,英国开始出现在荷兰印刷的英文报纸。为了有效地控制舆论并抵御外来报纸的影响,1621年8月13日,英国出版商尼古拉斯·鲍尔尼和托马斯·艾克尔在国王的特许下,创办了英国第一家定期刊物《每

① 项翔.近代西欧印刷媒介研究[M].上海:华东师范大学出版社,2001:117.
② 郭亚夫,殷俊.外国新闻传播史纲[M].成都:四川大学出版社,2004:19.
③ 项翔.近代西欧印刷媒介研究[M].上海:华东师范大学出版社,2001:67.

周新闻》(*Weekly News*),英文 News 作为新闻之义,第一次用于刊名,从此开始流行。该刊的形式以荷兰的新闻报刊为标准,每期 20 页,从 8 ~ 10 月一共出版了 6 期,内容以刊载国外消息为主。1622 年 5 月 23 日,英国出版商伯恩和阿切尔又创办了另一种同名的新闻周刊,该刊仍然以国外新闻为主,根据内容的不同分别命名为《每周意大利新闻》《每周德国新闻》《每周匈牙利新闻》《每周波希米亚新闻》《每周法国新闻》和《每周低地国家(现荷、比、卢)新闻》等。该刊大量报道了欧洲 30 年战争的各种消息,特别是与英国有关的新闻,表明了新闻的贴近性特征。与此同时,英国还出现了《报纸》(1622 ~ 1632 年)、《不列颠信使》(1625 ~ 1627 年)等报刊。1628 年,英国的报纸开始冲破禁令刊登国内消息。[①]1665 年,《牛津公报》创刊,后改为《伦敦公报》,作为政府公报,一直发行到 20 世纪。该报影响很大,英文 Newspaper 一词就是该报 1670 年首次使用后流传开来的。

如果说德国与荷兰的早期报刊是民间主导,英国的报刊是政府主导与民间主导兼而有之,那么法国的早期报刊则是明显的政府主导了。法国王权强大,所以其定期报刊一开始就处于王权高度集权的控制之下。波旁王朝路易十三的著名首相黎塞留,深知利用出版印刷控制舆论的重要意义,因而最早在法国建立专制王权控制下的新闻出版业。1611 年,在黎塞留的极大关注和操纵下,法国出版了第一本年鉴——《弗朗索瓦信使》,它带有明显的官方宣传色彩。法国的第一份近代周刊《各地见闻》,由一位叫路易·旺多姆的书商于 1631 年 1 月创刊于巴黎,但是它仅仅存在了几个月,就被泰·勒诺多同年 5 月 30 日创办的《法国公报》兼并了。泰·勒诺多是当时法国非常有名的信息提供者,他与王室的关系密切,1618 年在考察了荷兰的新闻出版之后开始在法国从事信息传播。他创办《法国公报》时得到了国王路易十三的特许和黎塞留的支持,报头上印有王室徽章,公报一份四页,当时发行 300 ~ 800 份,只刊登新闻和评论,新闻主要是国外的,而政治评论大多出自黎塞留之笔。由于公报新闻性、时效性较强,在当时的欧洲有较大影响。除了《法国公报》之外,1665 年由德尼·德·萨洛创办的《学者报》、1672 年由多诺·德维泽创办的《信使报》也有很大影响。前者主要是介绍一些新出版的书籍,由法国科学院赞助;后者刊登一些文学作品,由法国外交部支持。上述三种半官方色彩的报纸是法国 17 世纪下半期到法国大革命前的主要报纸。

1645 年,意大利最大的一个王国——萨丁王国的国王萨服,授予教士沙西尼发行周报的特权,这是意大利最早有关定期报刊的记录。1646 年,路萨斯·阿萨林诺在热那亚开始出版《诚实报》。由于他交际面广,善于采访,文笔优美,报纸办得很成功,人们称他为"意大利报纸第一人"。[②]

美国新闻史上第一份定期报刊出现在 1690 年,是由英国移民本杰明·哈里斯创办的《国内外公共事件报》。当时的报纸为四版,第四版为空白,由读者在传阅前写上自己知道的新闻。虽然他准备长期办下去,但由于第一期就评论英国对北美法属殖民地的战争,所以被查封了。1704 年,波士顿邮政局长约翰·坎贝尔创办了《波士顿新闻信》,刊登欧洲与本地新闻。1728 年,本杰明·富兰克林创办了《宾夕法尼亚公报》。这家报纸观点鲜明,可读性强,广告收入丰厚,被认为是美国殖民地时期办得最好的报纸。

---

① 埃默里 M,埃默里 E. 美国新闻史:大众传播媒介解释史[M]. 展江,殷文,译. 北京:新华出版社,2001:12.

② 张昆. 简明世界新闻通史[M]. 武汉:武汉大学出版社,1994:26.

俄国的近代报业出现较晚。1703 年,彼得大帝创办《莫斯科王国和邻国发生的值得知道和记载的军事和其他事件新闻》,简称《新闻报》,是俄国第一张近代报纸,在莫斯科和圣彼得堡两地出版。1728 年,该报改名为《圣彼得堡新闻报》,到 1917 年才停刊。

三、各国期刊的产生

作为一种独立的出版形式,期刊是在 17 世纪中期以后产生的。最早的期刊是一些学术性和文学性的杂志,例如 1663 年德国诗人里斯特创办了《每月评论启示》,同时在法国出现了《博学家报》,1665 年英国皇家学会创立了《哲学学报》,1668 年意大利学者纳扎里创办了《文学志》,法国学者贝勒创立了《文学界新闻》。17 世纪晚期还出现了一些专业的消遣性杂志,例如法国有主要刊登宫廷轶闻和流行信息的《殷勤信使》,英国有专对女性读者的《妇女信使》。18 世纪上半期,政论性杂志开始出现,最有名的是 1704 年英国著名作家丹尼尔・笛福创办的《评论》,该刊作为政论杂志的鼻祖,在当时产生了重大影响,所以笛福获得了"英国报刊之父"的殊荣。1731 年,英国印刷商凯夫创办了著名的《绅士杂志》(*The Gentleman's Magazine*),Magazine 一词成了杂志的通俗性名称。

四、各国日报的诞生

世界历史上第一张日报也是由德国人创办的。1650 年,出版商蒂莫台斯・里慈赫在莱比锡创办了《新到新闻》(*Einkommende Zeitung*),这是世界上第一张日报。1660 年,莱比锡印刷局长创办了《莱比锡新闻》,开始是周刊,三年后改为日报,是德国也是世界上的第二张日报。此后,德国的报纸刊物发展得很快,其中一些有名的报纸,如《法兰克福日报》1680 年的发行量就达到了 1500 份。1740 年出版的《柏林新闻》、1763 年创刊的《科隆日报》,都是这一时期德国日报的代表。1670～1790 年,德语地区先后出版了 3494 种报刊,是世界其他地区出版报刊的总和。[①] 但是德国报刊并没有产生较大的社会影响,而且由于哈布斯堡王朝对报刊采取了越来越严的控制,起步最早的德国报刊最终并没有发展起来。

17 世纪末英国与欧洲建立了每日直通的邮政服务,直接促使了日报的产生。英国第一张日报是爱德华・马莱特 1702 年 3 月 11 日创办的《每日新闻》(*Daily Courant*),每日单张印刷出版,创刊时没有什么特色,后来塞缪尔・巴克利接手,"坚持报道事实性新闻,而不是报道见解",使它成了一份出色的报纸,[②]一直出版到 1735 年。1709 年,艾迪生创办了一份具有创新精神的日报《旁观者》,用文学写法,售价 1 便士,大受人们的欢迎,但是由于印花税法的重压,该报在 1712 年就夭折了。在创办了《评论》之后,1719 年,笛福在《每日邮报》上发表小说《鲁滨孙漂流记》,"这是世界上第一部在报纸上发表的连载小说"[③]。英国第一张新型日报是真诺在 1730 年创办的《每日广告报》,该报广告与消息并重,售价 1 便士,逐渐成为伦敦的第一大报。以后英国又出版了几家具有权威性的报纸,

---

① 陈力丹. 世界新闻传播史[M]. 上海:上海交通大学出版社,2002:95.

② 埃默里 M,埃默里 E. 美国新闻史:大众传播媒介解释史[M]. 展江,殷文,译. 北京:新华出版社,2001:17.

③ 阿尔贝,泰鲁. 世界新闻简史[M]. 许崇山,果永毅,李峰,译. 北京:中国新闻出版社,1985:16.

如1758年创刊的《记事晨报》、1772年创刊的《晨邮报》、1785年元旦在伦敦出版的《泰晤士报》等，这些报纸奠定了英国在世界新闻出版界独特的地位。

法国的日报出现较晚，1777年1月1日，《法国新闻》创刊于巴黎，是法国的第一家日报，其创办人雅克·布里索是后来法国大革命中吉伦特派的领袖。他年轻时曾在英、美学习过报业，该报仿照英、美模式，以报道新闻为主。1778年，著名记者阿贝特将他主持的《小广告报》由周刊改成了日报，被称为《广告日报》，这是法国的第二家日报。但是法国日报的内容、发行量和读者等各方面都落后于英国。

美国的第一家日报出现在独立战争之后。1783年，费城的《宾夕法尼亚晚邮报》由一周三刊改成日报，不过这张报纸只存在了17个月。1785年，纽约也出现了两家日报，其中《纽约每日广告报》办得非常成功。到1800年，美国大多数重要城市都有了日报。

五、对早期报刊的评价

从17世纪初到18世纪中后期，西方近代报业经历了一个从无到有、从幼稚到逐步成熟的发展过程，形成了一定的规模和规范。首先，报刊从一般的印刷出版物中分离出来，特别是与书籍区分开来了，形成了一个以报道新闻、评论时事为主要业务的新的行业。其次，在报刊中又分出了报纸和期刊两个分支。报纸与期刊的主要区别在出版时间、装订和内容三个方面：报纸的出版周期是一周以内，而期刊是一周以上；报纸有日报、周三和周刊等形式，而期刊则有双周、月刊、双月刊、季刊和年刊等形式；报纸有散页、两面印刷和分栏排版等形式，期刊则仍保留成册装订的书本形式；在内容上，报纸有新闻、评论、广告三个部分，以新闻为主，期刊内容则以时事政治、科学、文艺等类别为主。书籍、期刊、报纸的分类细化，表明近代报刊进入了一个比较成熟的时期。这种分类一直影响到今天。最后，西方近代报刊的发展轨迹是比较清晰的，17世纪上半期出现了有固定名称的定期报纸，内容从简单到复杂，页数不断增加，17世纪下半期出现了杂志，随后出现了日报，不过日报的发展是在18世纪以后。就发展水平而言，一开始，荷兰和德国是报刊发展的领先国家，对世界传播业作出了贡献，18世纪以后，完成了资产阶级革命并开始工业革命的英国成为报刊发展的领先国家，而后美国的报刊开始崛起，英美在新闻传播中的领先地位一直持续到今天。

应该看到，在整个17～18世纪，报刊的影响并不大，定期与不定期的新闻出版物是同时存在的，印刷的新闻出版物与手抄新闻也同时存在。法国的新闻史家彼·阿尔贝和费·泰鲁指出："不定期的新闻纸并没有因为印刷期刊的问世而销声匿迹。相反，在整个17世纪和18世纪，手抄新闻日益盛行。它们的编写者也与早期小报的编辑并驾齐驱，是当时最主要的新闻提供者。"他们认为，直到法国大革命前，手抄新闻编写者所构成的新闻网，一直在有效地弥补着印刷报业的空白，发挥着不容忽视的重要作用。而包括小报、歌谣、年历、宗教小册子和各种学术刊物在内的各种活页印刷品，一直到19世纪中叶还在滋养着大众的"传播文学"，对社会产生的影响直到廉价报刊出现以后才逐渐消散。①

需要说明的是，除了严格政治控制之外，报刊本身也受时代的制约，就西方国家的报

---

① 阿尔贝，泰鲁. 世界新闻简史[M]. 许崇山，果永毅，李峰，译. 北京：中国新闻出版社，1985：16.

刊而言,其面临的主要问题有:

(一)内容不够丰富,新闻性不强

17 世纪初期,报刊只刊登一些干巴巴的国外消息,到了 17 世纪中叶,才开始登载一些评论性的文章,17 世纪晚期到 18 世纪,才开始把报道面扩大到社会生活的各个方面,但国内新闻的报道一直受到各种限制。尽管一些新闻人开始了对新闻客观性和准确性的追求,但是就总体而言,当时的报刊实际上是轶闻趣事、自由言论和文学作品的杂糅。例如英国 18 世纪初的报纸《旁观者》,就开创了一种自由发表随想的报纸模式;美国的《公共事件报》可以由读者自己写新闻而不要把关。尽管个别的报纸,例如英国的《每日新闻》开始尝试注明消息的来源,但是新闻并没有独立的文体。1719 年,英国作家笛福在《每日邮报》上发表长篇小说《鲁滨孙漂流记》,开创了在报纸上发表连载小说的先河。法国的报纸也是文学性大于新闻性。

(二)报刊的发行量比较小,报社不稳定

许多报刊的发行量只有几百份,上千份的报刊比较少见。18 世纪初英国的《旁观者》曾发行 20,000 份,18 世纪末法国的《信使报》曾发行 15,000 份,可以说是当时报刊发行少有的奇迹。除了官方的报刊外,许多报刊的寿命都很短,不要说不定期的报刊,就连许多定期的报刊也是各领风骚三五年,有的甚至只存在几期就停办了。

(三)没有固定的消息源和信息网

除了自由来稿以外,各报多是在转载和翻译。例如一位西方学者研究了英国 18 世纪晚期六家报刊的新闻源后发现,报刊的主要新闻源就是对国外报刊的翻译,其次是所谓的船舰消息(shipping news),此外还有私人信件、外交官和商人等非专业个人消息源,剽窃抄袭盛行。专业记者队伍和新闻消息网并没有建立起来。

(四)社会对报刊的轻蔑和忽视

一直到 18 世纪末,报刊作为反映社会的工具依然是消极被动和影响很小的,人们依赖的仍然以书籍和小册子为主。在法国启蒙思想家伏尔泰看来,报刊无非是"一些鸡毛蒜皮的琐事的记叙"。而卢梭也认为报刊是"周期性出版的书","既无价值又无益处"。[①]

上述现象既是由社会原因造成的,表明新闻业尚处于不成熟的初创时期,同时又有政治原因,各国的新闻传播还处于封建王权的控制或压制之下。只有在随后的政治变革中,新闻业才开始在参与政治活动的同时不断扩大自己的影响,逐渐成为社会结构中一支不可忽视的重要力量。

从报刊的产生中我们看到了两种路线:政府的政治传播和民间的商业性行为。新闻也表现出政治性和商业性两种特征,这实际上是古代传播历史的继续。但是新闻还有第三种本质特性:社会公共性。正是在以后争取新闻自由和参与社会革命的活动中,新闻的这一特性才逐渐表现出来并开始走向独立的道路。

---

① 阿尔贝,泰鲁. 世界新闻简史[M]. 许崇山,果永毅,李峰,译. 北京:中国新闻出版社,1985:13.

第二节　专制与反专制:争取新闻自由

如前所述,在封建王权兴起的时期,封建王权与刚刚登上历史舞台的资产阶级、市民阶层一起反对教会和割据势力,将新闻传播作为工具。然而,在其政治势力不断上升的同时,为了政治统治的需要,各国王权对新闻传播业同样实行了封建专制。打破封建文化专制,就成了刚刚出现的新闻传播业要想发展所面临的第一个任务。

在西方资产阶级革命到来之前,各国争取新闻自由的斗争就开始了,其中以英国较为突出。

在英国斯图亚特王朝建立伊始(1603 年),以往出版自由、宗教自主的微弱呼声开始逐渐强大起来,封建王朝潜在的所有危机日益显露。随着国王与国会的激烈斗争,双方都没有更多的精力对新闻出版实施控制,因而在 1640 年英国资产阶级革命爆发前夕,报道国内消息的非法报刊迅速盛行起来。为了寻求公众的支持,国会修改了以往大部分限制新闻出版的规定,而革命的爆发,标志着斯图亚特王朝出版控制手段的失败。随着内战的进行,国王的权力逐渐转到国会手中,特许出版公司的权力也大受影响。不过,国会很快成了新闻传播的另一种控制力量。1643 年,代表大资产阶级和新贵族的长老派在国会中占据多数席位,操纵国会在 1643 年通过了法案,规定成立出版检查委员会,未经检察官审阅批准,不许出版任何书籍、小册子。此举导致了一篇新闻史上著名的文章《论出版自由》的产生。

《论出版自由》是英国著名的资产阶级思想家弥尔顿(JohnMilton 1608 ~ 1674)1644 年写的一篇文章。弥尔顿出生于伦敦一个富裕的清教徒家庭,剑桥大学毕业,1638 年在意大利旅行时,见过被天主教会囚禁的伽利略。1639 年在革命前返回国内。1641 年后,他不断出版抨击教会、主张按民主原则改革国教的政论文章,引起了公众注意。除了《论出版自由》外,晚年,双目失明的他还以口述的方式留下了《失乐园》(1667 年)、《复乐园》(1671 年)和《力士参孙》(1671 年)三部光辉的诗篇。人们认为其在英国的文学地位仅次于莎士比亚。

《论出版自由》实际上是弥尔顿对国会咨询的答辩词。因弥尔顿无视国会法案,未经许可出版了一本小册子引起了国会愤怒,为此他在接受国会的咨询时做了这一答辩。他强烈反对集权专制的书报检查制度,认为人们运用自己的理性来进行自由的信息传播与讨论是非常重要的。因为出版自由是人类与生俱来的权利,是宗教自由和公民自由的前提,是“一切自由中最重要的自由”①。他认为用检查制度来压制出版自由,实际上就是摧毁人类的理性与生存尊严。“杀人只是杀死了一个理性的动物”,“而禁止好书则是扼杀了理性本身”。② 出版自由的实质有两个:一是开明地听取人民的冤诉;二是容忍不同意见的争论。因为通过这些不同的意见,能启发思路、开阔视野,“即便是无用处的尘土,也能成为擦亮真理的武器”。基于人是理性的动物,运用理性可以辨明是非的假设,弥尔顿提出了“观点的公开市场”和“自我修正过程”两个概念,政府只需要保证言论自由而不

---

① 弥尔顿. 论出版自由[M]. 吴之椿,译. 北京:商务印书馆,1958:45.

② 弥尔顿. 论出版自由[M]. 吴之椿,译. 北京:商务印书馆,1958:5.

应压制自由或偏袒争论的任何一方。帮助人们认识真理、掌握真理的最好办法就是给予人们言论出版自由,使人们在理性的指导下,通过真理的反复修正过程,战胜谬误,最终把握真理。弥尔顿的《论出版自由》是自由主义报业理论上里程碑式的文献,在新闻出版史上占有重要地位,但当时印数不多,影响不大,直到18世纪才逐渐在欧美发挥影响,特别是法国大革命时期,法国革命家米拉波把它译成了法文,开始广为流传。

除了弥尔顿的《论出版自由》外,英国资产阶级革命期间平均派的领袖约翰·利尔本在呼吁出版自由方面也作出了自己的贡献。他在1646年和1647年出版的小册子《贵族暴政的剖析》和《约翰的呼声》中,提出了法律的源泉来自人民、法律面前人人平等和出版自由的重要主张。1648年与1649年,平均派两次公布了《人民公约》,主张建立分权制度,实现出版自由。因为反对克伦威尔的独裁,利尔本以叛国罪遭到了国会起诉。在法庭上,他的激昂答辩和后来的无罪释放,在英国首开了一条原则:在出版物上发表批评政府的文章不算犯罪。但后来平均派运动还是被克伦威尔所镇压。

如果说弥尔顿的《论出版自由》是从理论上阐述了报业自由主义的必然性,那么发生在英属北美殖民地的曾格案件则是在实践中争取新闻自由的重要事件,同样具有重要意义。

18世纪30年代,在北美办报已经不再需要政府的特许了,但是办报人头上还有一项严重的桎梏,即一旦政府认定报纸的言论对政府不利,就会采用所谓的诽谤法对其作出处罚。1733年,德国移民曾格在纽约创办了《纽约周刊》,因为是批评当时纽约州殖民总督威廉·科比的平民派报纸,所以受到了大众的欢迎。但创刊仅仅一年之后,科比就以诽谤及煽动闹事罪将曾格逮捕。在开庭前,平民派到费城请求著名律师安德鲁·汉密尔顿为曾格辩护。汉密尔顿辩护词的中心思想就是新闻自由。他声称:"发表控诉是每一个生来自由的人所享有的权利。"①他对法庭宣称,他的当事人的确发表了法庭指控的文章,但问题的关键是这些文章说的都是事实。所谓诽谤,应该是指虚假的、恶毒的和煽动性的,所以曾格并不构成诽谤罪。他又对陪审团宣称:"你们在此审理的,并不是那位可怜的印刷商的事业,也不是纽约的事业……它是自由的事业。"②他呼吁陪审团作出公正的裁决。汉密尔顿的答辩最终胜诉,陪审团判决曾格无罪。汉密尔顿与曾格一样,成了美国新闻史上的英雄。汉密尔顿在辩护中提出的新闻自由思想,以及只要事实真实就不构成诽谤、陪审团对事实是否真实和是否构成诽谤有独立裁判权等原则,写下了新闻自由史上重要的一页。

除了英国和北美,其他一些国家如法国、德国、俄国在资产阶级革命前也都有反对文化专制、争取新闻自由的斗争。

17世纪末到18世纪末,是法国专制制度不断强化的时期。三家官方报纸垄断了法国的新闻传播,同时专制政权对国内的报刊实行限制和取缔,许多政治上的反对派报纸被迫停刊。但是这一时期也是法国的思想启蒙时期,启蒙思想家们通过书籍、小册子和报刊宣传自己的思想。法国的杂志在1745~1785年从15种增加到82种。③ 特别是一

---

① 埃默里M,埃默里E.美国新闻史:大众传播媒介解释史[M].展江,殷文,译.北京:新华出版社,2001:44.
② 埃默里M,埃默里E.美国新闻史:大众传播媒介解释史[M].展江,殷文,译.北京:新华出版社,2001:45.
③ 项翔.近代西欧印刷媒介研究[M].上海:华东师范大学出版社,2001:141.

些新闻人离开法国,在国外出版一些批评君主制的法文报纸。由于这些报纸在荷兰出版得最多,所以被称为“荷兰的报纸”,比较著名的报纸有《莱顿新闻》《共和国文学新闻报》等。这些报纸被运回法国出售,对法国政治生活产生了重大影响。在革命前的 1774 ~ 1789 年,宣传启蒙思想的小册子的数量激增十倍,达到 3000 多种。1788 年,米拉波将弥尔顿的《论出版自由》译为法文广为传播,对法国争取新闻自由起了很大作用。

在德国,“争取新闻出版自由的斗争长期以来是争取摆脱书报检查的斗争”。尽管德国是近代报纸的故乡,却未能在新闻出版自由上为自己赢得更多的荣誉。德国有大量的对出版物的检查制度和特许制度。1701 年以后,一个新的邦国——普鲁士王国开始崛起。普鲁士的新闻出版政策对德国的影响甚大。国王威廉一世(1713 ~ 1740 年)当政期间,除了官报外,禁止一切民间报刊出版,并在经济上实行广告垄断制度,由各城市的官方出版附带部分商业新闻的广告报,其他出版物一律不得刊登广告。国王弗里德里希二世(1740 ~ 1786 年)以“开明专制”自居,1740 年 6 月宣布给报刊以“无限制的自由”。但是很快又在 1742 年 7 月颁布书报检查令,以后又多次颁布命令予以强化。直到法国革命及拿破仑战争以后,德国争取新闻自由的斗争才逐渐形成。例如 1798 年出现的《总汇报》,创刊之初就开始大量报道法国革命的消息。1802 年出现的《科伦日报》、1807 年出现的《知识界晨报》也都带有自由主义的色彩。特别是到 19 世纪三四十年代,德国的民主思潮不断高涨,带有民主倾向的报纸纷纷出现。其中最有名的报纸是马克思担任撰稿人、编辑的《莱茵报》。《莱茵报》反对普鲁士的官僚制度和专制,但仅仅存在了一年多就遭到了查封。恩格斯称这份报纸是德国现代报刊的先声。

沙皇俄国也是严格实行新闻检查的国家,最早的报刊也由政府所控制。18 世纪中后期,俄国出现了一些民间刊物,但是随着 1796 年叶卡捷琳娜二世正式建立书报检查制度,民间报刊的生存极为困难。19 世纪上半期,俄国的一些政府部门和各省政府开始出版自己的机关报,形成了俄国的官报体系,而反对派报纸也开始在地下出版。俄国争取出版自由的著名斗士是激进资产阶级民主主义者普希金、别林斯基、赫尔岑等人。普希金于 1836 年创办著名的文学和社会政治杂志《同时代人》;别林斯基是 1839 年创办的著名文学和社会政治月刊《祖国记事》的主要撰稿人;赫尔岑则因反对沙皇政府多次被逮捕、流放,1847 年被驱逐国外,1857 年他在国外创办了《钟声报》。这些报刊及办报人在宣传革命思想、反对沙皇的封建农奴制度及争取言论自由方面做了许多工作,在俄国产生了巨大影响。

总之,从 17 世纪上半期到 19 世纪上半期差不多 200 年的时间里,西方国家都有争取新闻自由的活动。其表现在英、美主要是提出明确的理论和口号,在法、德、俄主要是出版带有自由主义色彩、反对封建制度的公开和地下刊物,宣传进步思想,与官方报刊相抗衡。报刊是资产阶级进行政治斗争的重要工具,而作为工具,资产阶级首先要求的就是出版和言论自由,但言论和新闻自由真正实现并作为一种制度固定下来,还是在资产阶级成功地完成了革命任务并登上政治舞台之后。

第三节　政治工具:西方社会革命时期的报刊

从 17 世纪中期到 19 世纪中期,是西方国家资产阶级革命和改革时期,这些革命和改革从根本上改变了西方国家的政治结构,使工业革命的发生、生产力的巨大变革获得了有力的政治发射架。英国著名思想家霍布斯说:"如果时间也像在地理上有高低不同的话,那么我相信最高的是 1640 ~ 1660 年的一段时间。"而这正是英国革命的时间。在资产阶级革命期间,西方的新闻传播在激烈的政治斗争中得到了发展,其社会作用第一次得到了强有力的发挥。

这一时期西方国家的革命与改革有:英国的资产阶级革命(1640 ~ 1688 年)、美国的独立战争(1775 ~ 1783 年)、法国大革命(1789 ~ 1804 年)、1848 年欧洲革命、1861 年俄国废除农奴制的改革、1868 年日本开始的明治维新等,人们把这一系列的革命与改革分为两个阶段:英、美、法革命是早期资产阶级的三大革命,1848 年欧洲革命及后来的德国、意大利统一,俄国废除农奴制改革和日本明治维新是第二阶段。下面我们分别论述西方国家革命与改革时期的新闻传播。

一、英国革命时期

在英国革命开始的时候,近代报刊业也只是刚刚开始发展。革命的到来和管理的松动推动了刚刚出现的报刊业。有人估计,1620 ~ 1642 年在英国出版的各种新闻书、报刊有一千多种,发行四万多份,不过平均每种只有几十份。① 尽管英国国王采取多种形式限制言论自由,但是这些新闻书、报刊和各种小册子依然在宣传清教教义和社会契约论的思想。英国革命期间,比较著名的革命派报刊是塞缪尔 · 派克于 1642 年 1 月创办的《国会议程每日记闻》。该报名为日报,实为周报,逐日记载国会议程。派克曾任下院印刷所所长,在发行《国会议程每日记闻》的同时,还出版多种小册子,被称为"英国第一大记者"。此外,革命派阵营中的重要报刊还有《公民信使报》《不列颠信使报》等。保皇派也不甘示弱,同样出版了《神圣帝国信使报》《学院信使报》等。两种信使报的出版反映了革命派与保守派在新闻传播方面的激烈斗争。1640 ~ 1660 年,英国共有 300 多种报刊问世,显示了报刊的初步繁荣。

英国革命的过程十分曲折。1640 ~ 1646 年是国会与国王军队的斗争,1646 ~ 1649 年是革命派内部保守的独立派和激进的平均派的斗争。在镇压了平均派的起义之后,1649 ~ 1658 年是克伦威尔的独裁统治时期。他为了巩固统治,采取严厉的手段管制出版,皇家特许出版公司再次恢复,许多报刊遭到封杀,而只有忠于克伦威尔的两种官方报纸《政治信使报》和《公众情报者》可以合法存在。这两种报纸的主编是同一个人,名叫奈德海姆,他是英国的报界名人。1657 年,他还在伦敦创办了一家以刊登广告为主的周刊《公共广告》,被认为是广告报的始祖。1660 年,查理二世复辟,封建王朝的出版管制又取代了克伦威尔的军事独裁,支持克伦威尔的报纸遭到查禁,保皇派的《国会情报员》和《大众信使》又成为官方报纸。国会还通过决议,规定未经许可不许刊登国会消息,1662 年又恢复了"星法院"的一系列规定。1665 年,英国政府请著名报人麦迪曼出版政府官报《牛津公报》,麦迪曼改变了过去的出版形式,用单页两面印刷,"全是新闻,没有评论",每周两期。这一报纸后来又改名为《伦敦公报》,是世界上最古老的报纸之一。1688

---

① 张昆. 简明世界新闻通史[M]. 武汉:武汉大学出版社,1994:46.

年在英国的"光荣革命"中，詹姆士二世出逃，威廉三世即位。1689 年英国国会通过了《权利法案》，建立了资产阶级的君主立宪政体。政府对报刊的控制再次放松。1693 年国会取消了过去的出版法案和皇家出版公司，报界终于从专制的体制中挣脱出来，英国的报刊业也进入了新的缓慢发展时期。

二、美国革命时期

与英国革命不同，由于美国革命进行得较晚，所以相对而言报刊业比较成熟，在革命中发挥的作用也更大。除曾格事件外，在革命的启蒙时期，还必须提到美国早期著名的报人兼革命家本杰明·富兰克林和塞缪尔·亚当斯。富兰克林（1706～1790 年）是独立革命的著名领袖和《独立宣言》的起草人之一。他 13 岁就在印刷所当学徒，23 岁办了报纸《宾夕法尼亚公报》，这家报纸曾是殖民地最成功的报纸之一。1754 年，他以宾州代表的身份出席北美各殖民地代表会议，会前，他在报纸上发表了一幅政治漫画，一条蛇被断为 8 段，题为"不联合，即死亡"，立即为多家报纸所转载。亚当斯是英国思想家洛克的信徒，早在 1719 年创办的《波士顿公报》后来成了亚当斯发表文章的主要阵地，这张报纸也因他而扬名。由于他的思想激进、言辞激烈，英国殖民总督称他为"名誉的刺客"。

1774 年 9 月，在反英运动如火如荼的形势下，第一次大陆会议在费城召开。1775 年 4 月，民兵在列克星敦与英军交火。7 月，第二次大陆会议召开，成立了以华盛顿为总司令的大陆军。1776 年 3 月起，各殖民地纷纷宣布独立。7 月 4 日，大陆会议通过了《独立宣言》。在这一系列事件和斗争中，美国的报刊发挥了积极的反英作用。据估计，在 1775 年独立战争开始前夕，北美有 37 种报纸，其中三分之二以上的报刊属于反英爱国派。[①] 有名的如由亚当斯撰稿的《波士顿公报》，发行量曾达 2000 份；有政治煽动性极强、发行量高达 3500 份的《马萨诸塞侦察报》；还有被称为费城三大革命报纸的《宾夕法尼亚新闻报》《宾夕法尼亚邮报》和《宾夕法尼亚公报》。这些报纸完全压倒了站在殖民当局立场上的保皇派报纸。《独立宣言》通过的当天，《宾夕法尼亚邮报》就发布了消息并很快发表了该文件，到 7 月底，至少有 29 家报纸刊登了这一新闻。除了报刊之外，平民宣传家潘恩的小册子《常识》也值得注意。他在 1776 年 1 月出版的这本小册子中宣称"殖民统治是不能容忍的罪恶"。他充满激情地呼喊："只有公开地和断然地宣布独立，才能很快地解决我们的问题。"这本小册子在短短 3 个月内就销售了 12 万册，以后又几次再版印刷，总销量达 50 万册。据说当时殖民地所有识字的人都读过这本书，影响之大可以想象。大陆军在独立战争爆发之初处境困难，爱国派报纸大多随军队撤出了波士顿、纽约、费城等地，有的暂停了发行，只有极少数倒向保皇立场。1776 年年底，潘恩又开始在报纸上发表名为《危机》的系列文章，在各个爱国派报纸转载，极大地鼓舞了士气。随着大陆军的不断胜利，每收复一个城市，爱国派就在那里恢复旧报或创建新报。1781 年，独立战争胜利。1783 年英国在《巴黎和约》中承认美国独立。美国的报刊业进入了政党报纸的新时期。

---

① 张昆. 简明世界新闻通史[M]. 武汉：武汉大学出版社，1994：52.

三、法国革命时期

在早期的资产阶级革命中,法国革命是准备得最充分、过程最激烈曲折、进行得最彻底的革命,因而影响也最大。法国革命的过程很独特,自 1789 年三级会议召开通过《人权宣言》,革命开始,到 1792 年共和派、1794 年雅各宾派、1795 年热月党、1799 年拿破仑轮流上台;从 1804 年拿破仑帝国的建立和征服欧洲,到 1815 年拿破仑兵败滑铁卢,过程曲折激烈。法国革命不仅改变了法国的政治结构,而且震动了整个欧洲,其思想影响之大以至于列宁说:"整个 19 世纪,我们都是在法国革命的旗帜下度过的。"

法国革命前报刊业的发展状况很低迷,尽管在反专制的斗争中,来自"荷兰的报纸"发挥了很大作用,但在 18 世纪,启蒙思想家们表达思想的阵地主要还是书籍和小册子。法国王权通过出版官方报刊和实行书报检查来控制新闻出版。作家博马舍就曾在《费加罗的婚礼》中对书报检察制度进行了激烈的抨击。资产阶级革命的到来为法国民间报刊的发展带来了巨大的机遇。据记载,1788 年,法国的报刊约有 60 种,1789 年有 250 种,而在 1789 ~ 1800 年整个革命时期出现的新报刊就达 1350 种,是前 150 年间创办报刊的一倍。[①] 报刊终于从受压制和封闭的状态下走出来,成为人们政治生活中的重要组成部分。

从 1788 年法国革命前夕到 1792 年共和国的建立是法国报刊最活跃的时期。在革命前,法国资产阶级革命派掀起了猛烈的反封建宣传运动。在空前的革命热情压力下,旧的书报控制体系迅速土崩瓦解。1789 年 8 月,法国国民会议通过《人权宣言》,其中第十一条明确规定:"自由传达思想和意见是人类最宝贵的权利之一,因而,每个公民都有言论、著作和出版的自由,但在法律规定的情况下,应对滥用此项自由承担责任。"这是人类历史上第一个明确规定出版自由的正式文件。这一时期,各派的报纸空前活跃。如自由派贵族米拉波创办的《普罗旺斯邮报》、布里索创办的《法兰西爱国者报》,激进革命派马拉创办的《人民之友报》、阿贝尔创办的《杜歇老爹报》,资产阶级右派弗雷隆创办的《革命之友报》、德穆兰创办的《老科尔得利报》,等等。布里索在《法兰西爱国者报》的出版说明中说出了这一时期法国政治人物积极办报的原因,"在当前的形势下……应该找到有别于小册子的另一种宣传方式来教育全法国人,这种方式就是创办一份连续出版、价格低廉、形式轻松的政治性报纸。对于一个人口众多、不习惯读书但又设法摆脱无知和被奴役状态的民族来说,创办这样一份报纸是对国民进行宣传教育的理想方式"[②]。在上述报纸中,马拉所办的《人民之友报》言论最为激进,在中下层群众中有广泛影响,恩格斯对马拉的评价很高。《杜歇老爹报》则办得诙谐幽默,文字通俗辛辣,是"长裤汉们"的报纸。与此同时,保皇派也办了一些报纸与革命派对抗,例如罗儒教士的《国王之友》、迪罗瓦祖的《巴黎公报》,此外还有《政治及国家报》《信徒行传报》等。在报刊空前繁荣的这一时期,开始出现了一些专业报人集体编撰、开辟不同栏目的新闻日报。这些报纸大量刊登关于议会辩论的报道,增强了报纸的新闻性。不过这一时期的主要出版物还是周报和一些不定期的小册子,某些周报的发行量甚至超过了 15,000 份。

1792 年主张共和的吉伦特派上台,在取缔保皇派报刊的同时,也取消了新闻自由的

---

① 阿尔贝,泰鲁. 世界新闻简史[M]. 许崇山,果永毅,李峰,译. 北京:中国新闻出版社,1985:25.

② 阿尔贝,泰鲁. 世界新闻简史[M]. 许崇山,果永毅,李峰,译. 北京:中国新闻出版社,1985:26.

政策。许多报刊被取缔或被迫停刊，只剩下一些半官方的报刊。1793 年雅各宾派上台，1794 年，罗伯斯庇尔执行了更为严峻的"红色恐怖"政策，不仅吉伦特派的布里索、温和派的德穆兰，甚至意见不一致的激进派阿贝尔都遭到了镇压。在 1794 年 6～8 月的 40 多天里，罗伯斯庇尔就根据所谓的"惩治人民之敌"令处死了 1350 人，"恐怖成了保护自己的一种手段，从而变成了一种荒谬的东西"①。许多报刊又被迫停办。

雅各宾派的极端措施导致了 1794 年 7 月热月党人的上台。1795 年，热月党建立了督政府。热月党是一个反对罗伯斯庇尔的各派联合组织，其中大资产阶级占多数。督政府一面扶植政府派的报纸，给予大量的津贴支持；一面取缔反对派的报纸。1797 年 9 月，督政府重新恢复了新闻检察制度，设立了出版物印花税。但是督政府的控制力并不强，不仅一些保皇派报纸死灰复燃，一些雅各宾派报纸得以幸存，甚至一些更激进的报纸也始终存在，1799 年在巴黎出版的政治性报纸还有 73 家。督政府后期统治的软弱导致了 1799 年拿破仑的执政。拿破仑深知新闻舆论的重要性，他认为"一张报纸抵得上三千毛瑟枪"。他采取了两项措施，开始对报刊业进行更严格的控制。一是重建出版检察制度，取缔所有反对派言论。他在 1800 年 1 月颁布的一项法令中明文规定巴黎只能保留 13 家报纸，并规定重新建立出版许可证制度。他在一封给朋友的信中声称："在法国，只能存在独一无二的党派，我决不容忍报纸说出或做出有损于朕利益的事情来。"②例如，对于坚持保皇派立场的《论争报》，拿破仑政府就流放了其主编，没收了报社的资产。二是发行和资助官方或半官方报纸，以操纵国内舆论。例如 1799 年创刊的《箴言报》就是拿破仑政府扶持的重要的官方报纸，拿破仑甚至称该报是"政府的灵魂"，是他与"国内外公众舆论之间的调解人"。在拿破仑的严密控制下，1800 年巴黎的报刊由 72 家减少为 13 家。1804 年，拿破仑建立了法兰西帝国，1811 年，巴黎只剩下包括《箴言报》在内的 4 家报纸，而且全是由政府控制的官方报纸。在外省虽然还存在上百家报纸，但内容也主要是《箴言报》的文章转载，其他文章一律不得涉及政治问题。此后，法国的新闻出版业一片沉寂。

四、1848 年欧洲革命时期

1848 年欧洲发生了一场遍及欧洲主要国家的革命，其中包括法国的二月革命，涉及普鲁士和奥地利的德意志革命，遍及东南欧意大利、捷克、匈牙利、波兰、罗马尼亚的革命。这些革命总的说来都属于资产阶级民族民主革命范畴。在这些革命中，新闻传播同样发挥了重要的作用。

拿破仑横扫欧洲曾经给整个欧洲特别是德意志各邦的封建势力很大的打击。法军在所到之处，创办了许多带有自由主义色彩的报纸。1815 年拿破仑失败后，根据维也纳会议，神圣罗马帝国被德意志联邦取代，但仍被划分为 35 个君主国和 4 个自由市，继续维持封建割据。1819 年德意志联邦议会制定了书报检查令，1822 年各邦开始征收高额印花税，德国报业进入了长达十几年的黑暗时期。直到 30 年代后，在法国七月革命的影响下，德国的自由主义思潮重新抬头，在一些君权统治较为薄弱的邦国，出现了一些带有民

---

① 中共中央马克思恩格斯列宁斯大林著作编译局. 马克思恩格斯选集　第 4 卷[M]. 北京：人民出版社，1972：455.

② 阿尔贝，泰鲁. 世界新闻简史[M]. 许崇山，果永毅，李峰，译. 北京：中国新闻出版社，1985：32.

主倾向的报纸,如在萨克森王国出版的《莱比锡总汇报》、在自由市汉堡出版的《德意志电讯》等。在德国民主运动不断高涨的情况下,普鲁士国王威廉六世于 1841 年公布了一个比以前条款更宽松的书报检查令,引起了一个新的反封建高潮,1842 年创办的《莱茵报》成为这一高潮的中心。尽管这一报纸出版一年多就遭到了查封,但影响深远。

1848 年 3 月,奥地利的首都维也纳爆发了反封建政府的革命,革命很快蔓延到德意志各邦。这次革命给德国的报业带来了新的转机。在短短的几个月内,德意志各邦就涌现出几百种新办报刊。比较有名的民主派报纸如马克思、恩格斯创办的《新莱茵报》、在东普鲁士出版的《新奥德报》、在奥地利出版的《新闻报》,自由派报纸如沃尔夫创办的《国家日报》,原有的一些报纸如《总汇报》《科伦日报》也开始大量刊载革命消息以争取读者。这些报纸与当时的一些保皇派报纸如《新普鲁士报》展开了激烈论争。但随着德国革命的失败,一些民主派报纸纷纷消失,德国的报业又进入了相对消沉的时期。

19 世纪前期,政治分裂的意大利各邦还处于奥地利的统治之下。1820 年意大利北部爆发了反对奥地利封建统治和争取独立的"烧炭党"起义。"烧炭党"创办了机关报《意大利周报》。1831 年,资产阶级民主派组织了青年意大利运动,又创办了《青年意大利报》。在 1848 年欧洲革命中,青年意大利运动的领袖人物马志尼领导了意大利的第一次独立战争。意大利境内的最大邦国萨丁王国也开始了民主改革,在 1848 年公布的宪法中明确规定了新闻自由的原则。在意大利革命中,各种不同类型的报刊开始活跃。比较有名的民主派报纸除了马志尼创办的《青年意大利报》《热那亚消息报》外,还有在佛罗伦萨出版的《黎明报》、在罗马出版的《现代人报》;自由派报纸有在都灵出版的《协和报》和《复兴运动》杂志;反动派报纸则有在北部出版的《米兰报》和罗马教会的《罗马新闻》。第一次独立战争的失败并没有扼杀民主派的办报热情。在短暂的消沉之后,19 世纪 50 年代后,马志尼又在国外领导了共和派运动,在国内外创办了许多家报刊。与此同时,意大利国内的自由派报纸也大多保存下来。

在 1848 年的欧洲革命中,法国也是革命的重点国家。在法国历史上,1814 ~ 1830 年是法国波旁王朝复辟时期,1830 ~ 1848 年是"七月王朝"统治时期。事实上,在 1830 年 7 月的革命中,法国新闻界就为革命的爆发起了推波助澜的作用。作为金融资产阶级的政权,"七月王朝"在上台之后也曾经给了法国的报刊业比较宽松的环境。这一时期,法国的报刊业有了较快的发展,1836 ~ 1847 年,巴黎各报的总发行量从 8 万份增加到 18 万份。1848 年法国二月革命开始后,"在几个月的时间里,巴黎及外省的具有各种倾向和风格的报纸,像雨后春笋一样蓬勃地发展起来"①。尽管路易·波拿巴上台后又开始像他的叔叔一样对新闻传播进行限制和镇压,但是报业的发展趋势和社会作用已经难以阻挡了。

五、俄国废除农奴制改革和日本明治维新时期

这两个国家的改革是西方资本主义革命与改革中的重要事件。严格地说,这两个国家并不是西方国家,从其历史发展来看,俄国算是半西方国家,日本则是通过改革走上了

---

① 阿尔贝,泰鲁. 世界新闻简史[M]. 许崇山,果永毅,李峰,译. 北京:中国新闻出版社,1985:47.

西方化道路的东方国家。通过19世纪中期的改革,俄国和日本也艰难而缓慢地开始了向资本主义生产方式的转变。在这一过程中,新闻传播同样发挥了积极作用。

俄国西方化的改革开始于彼得大帝时代(1682～1725年)。18世纪俄国的经济有了缓慢的发展。法国革命同样对俄国社会造成了巨大的冲击,在保持欧洲最后的封建堡垒地位的同时,俄国也在酝酿着变革。1825年"十二月党人"起义开始了俄国的民族民主运动,希望废除俄国落后的农奴制度和专制制度。在俄国废除农奴制之前,俄国的革命民主主义者普希金、别林斯基、赫尔岑等人创办的《同时代人》《祖国记事》《钟声报》等,就在俄国的思想解放运动中产生了很大的影响。19世纪50年代以后加入《同时代人》的车尔尼雪夫斯基使这个刊物有了更强的战斗性。这些报刊不断地发表文章揭露和抨击农奴制与沙皇专制制度。1861年沙皇亚历山大二世颁布了废除农奴制的法律,"这是俄国历史上的一个重大转折点,甚至比美国历史上1862年颁布的《解放宣言》意义更重大"①。俄国开始向近代资本主义过渡,尽管这一过渡是通过自上而下不彻底的改革所完成的。70年代以后,主张推翻沙皇专制制度,甚至反对在俄国发展资本主义的"民粹派"运动在俄国兴起。他们也创办了许多自己的刊物,如《俄国财富》《欧洲通报》《俄国劳动》等,作为宣传自己思想的阵地。尽管"民粹派"后来走向了分化,列宁还是肯定了其对俄国思想解放所起的作用。

日本是唯一一个通过改革而逃脱了殖民主义命运的近代东方国家。尽管日本的近代新闻传播带有强烈的外部移植色彩,但同样在日本的改革运动中发挥了作用。从17世纪起,日本的幕府开始了长达200年的闭关锁国政策,日本对外界的了解是靠所谓的"兰学"。② 19世纪中期,日本被迫开关之后,出现了许多外国报纸的日译本,供日本的官员了解外部的情况。直到1865年,一个叫滨田彦藏的日裔美籍人办了一份叫《海外新闻》的日文报纸,这是"日本最早的民间报纸"③。1867～1868年,日本进入了一个动荡时期,"幕府派"与"尊王派"开始激烈争斗,两派也创办了日本最早的政论报纸。幕府派的根据地在江户(东京)和横滨,支持幕府派的报纸有《江户新闻》《远近新闻》等;尊王派的根据地在京都和大阪,支持尊王派的报纸有《太政官日志》《内外新闻》等。1868年4月,明治新政府的军队进入江户,立即取缔了幕府派的所有报刊,许多发行人和编辑被捕。1869年,新政府参照外国报纸法,颁布了《报纸印行条例》。随后,日本人自己办的报刊大量问世,特别是一些在地方政府支持下的报刊,如1870年出版的《横滨每日新闻》、1871年出版的《京都新闻》、1872年出版的《大阪新闻》和《东京日日新闻》等。日本的报刊很快就进入了一个新时期。70年代以后,日本出现了所谓的"自由民权运动",这是日本历史上的思想启蒙运动,而这一运动首先就是从民间报刊中发起的。在运动中,许多报刊都开辟专栏,发表社论,为运动推波助澜,进一步显示了报刊的政治功能。"让人意料不到的是,大部分报纸竟然都倾向民权派,对政府展开攻击。政府没有认识到,报纸一旦站在反政府的立场上,其社会影响力就会变得更大。"④

---

① 斯塔夫里阿诺斯. 全球通史:1500年以后的世界[M]. 吴象婴,梁赤民,译. 上海:上海社会科学出版社,1998:384.

② 在锁国时代,日本只允许荷兰人在日本经商,同时通过荷兰了解西方文化,所以西方文化后被称为"兰学",见冯玮. 对日本"锁国时代"吸收西方文化状况的历史分析[J]. 史学月刊,1994(1).

③ 佐藤卓己. 现代传媒史[M]. 诸葛蔚东,译. 北京:北京大学出版社,2004:87.

④ 内川芳美,新井直之. 日本新闻事业史[M]. 张国良,译. 北京:新华出版社,1986:6.

以上情况表明,在各国革命和改革历程中,刚刚产生的新闻传播在发挥自己作用的同时,媒介本身也在不断地发展壮大之中。在政府、商业新闻传播体系之外,又出现了新闻的社会传播体系;在新闻的政治与商业功能之外,新闻独立的社会功能也开始显现。或者准确地说,这一时期,新闻的社会功能是通过与违反历史潮流的政府进行博弈而表现出来的,其本身也带有强烈的政治性。由于特定的历史条件,尽管新闻的及时性和重要性诉求得到了发展,但是其准确性和客观性诉求开始湮没在政治要求之中了,相比之下,新闻作为舆论工具的作用更加突出。新闻传播的进一步独立发展,只能在新闻传播体制建立后才能展开了。

第四节　西方国家新闻传播体制的建立

在资产阶级的革命与改革之后,西方国家进入了一个新闻传播体制的初步建立时期,新闻作为一个独立的社会现象和部门开始得到承认,也为新闻传播的进一步发展打开了空间。不过,由于各国所处的历史条件不同,各国新闻传播体制建立的时间、方式和特点也大不相同。

一、英国新闻传播体系的建立

英国是最早进行资产阶级革命的国家,但是英国自上而下的革命并不彻底,以后又通过漫长的改良道路,才逐步确立了资产阶级自由化的新闻传播体制,“一般认为,英国报业是在 19 世纪中叶取得自由权的”①。

尽管英国的君主立宪政府在 1693 年取消了出版许可制度,英国的报刊出版有了较大的发展,但是资产阶级报业所受的多种桎梏并没有完全解除。统治当局仍然用多种手段控制舆论,主要表现就是征收知识税、实行秘密津贴制度、指控煽动诽谤罪。此外,英国国会还多次通过法律,禁止报道国会新闻。所谓知识税是印花税、广告税和纸张税的合称。英国政府实行知识税是为了加重自由报刊的负担,使一般民众无法接受报刊,同时增加政府税收。英国从 1712 年开始征收知识税,不到半年,报刊就停了一半。秘密津贴制度与知识税是相辅执行的。由于知识税同样不利于官方和半官方的政党报纸,英国政府就对这类报刊实行秘密津贴制度。这项制度在 18 世纪上半期瓦尔波任首相时(1714 ~ 1717 年,1721 ~ 1724 年)达到高峰,据记载,每年高达数万英镑。煽动诽谤罪是用司法手段钳制传播出版,这是从 16 世纪遗留下来的一种封建制度,国王和政府可以任意利用这一制度对批评者施以逮捕、审判的惩罚。这三种制度的存在使整个 18 世纪英国只有官方和政党报刊居于统治地位,而民间独立报刊发展缓慢。禁止报道国会新闻也限制了英国新闻传播的发展。

英国自由化的新闻传播制度是从反煽动诽谤罪开始的。有三个著名的案件使这个罪名逐步被废除。其一是 1752 年的“威廉・奥文案”。威廉・奥文是一位伦敦的书商,因出售责难国会的书刊而受审。由于北美曾格案件的影响和《论出版自由》的再版发行,

① 卡瑞,辛顿. 英国新闻史[M]. 栾轶玫,译. 北京:清华大学出版社,2005:3.

这次陪审团拒绝了法官的有罪训令而裁定其无罪。其二是1762年的“约翰·威克斯案”。约翰·威克斯创办了《北不列颠人》杂志，在创刊号中主张“批评政府是每个报人的神圣天职”，因直接攻击国王而被捕，后因议员身份而获释。与他同时被捕的48人控诉政府非法捕人，法院认定成立，政府赔偿10万英镑，16世纪以来的总逮捕状从此被废止。其三是1770年的“朱尼斯匿名信案”。朱尼斯是一位报刊作者，1769～1772年在9家报纸连续发表批评政府与国王的文章，1770年1月司法大臣曼斯菲尔德对其中《大众广告报》的发行人伍德富德等6人提出了指控，但在著名律师格林的有力辩护下，陪审团裁定无罪，法庭当场释放了这6人。这些案件对于煽动诽谤罪是什么，报人是否可以批评政府与国王，政府是否可以以此罪名捕人，以及陪审团是否对此罪有裁定权，进行了一系列司法实践。在英国新闻自由日益宽松的环境下，1792年英国国会通过了一个《法克斯诽谤法案》，尽管坚持了诽谤罪名，但认为法官有司法建议权，认定此罪也应按严格的法律条款和程序进行，承认陪审团有总体裁判权，诽谤罪名存实亡了。

冲破国会报道限制也是争取新闻自由的重要方面。1703年，鲍伊尔创办《英国人政治月刊》就开始报道国会活动。为了避免违犯禁令，他不得不采取推迟报道时间和报道人名用省略字母的方法，新闻成了历史，但他还是受到了国会的处罚。1731年，印刷商凯夫创办了著名的《绅士杂志》，以化名、延迟报道和寓言式的方法隐晦地报道国会活动，成为新闻报道的一大奇观。“在自由报道国会新闻的斗争中，贡献最大的当推约翰·威克斯。”①他不仅在其创办的《北不列颠人》杂志中直接冲破新闻封锁，而且后来他在直接审理案件时宣布报道国会新闻无罪。在舆论的压力下，国会最终解除了报道禁令。1803年国会允许记者在后排旁听，1831年国会在开会时正式设立记者席。

整个18世纪也是英国政党报刊与独立报刊并存的时期。英国革命后在国会内形成了托利党（代表土地贵族）和辉格党（代表金融贵族）争斗的局面。托利党先后创办了刊物《考察家》（1710年）、报纸《每日新闻报》（1720年）等，辉格党则创办了《辉格党考察家》（1710年）、《自由英国人》（1729年）等。两党还利用资助和收买的手段拉拢社会报刊，相互进行攻击和谩骂。18世纪下半期，辉格党的报刊开始占据统治地位。与此同时，以《大众广告报》（1752年）、《晨邮报》（1772年）和《泰晤士报》（1785年）为代表的独立报刊也开始发展起来了。到18世纪末，英国的日报有数十家，发行量高达数百万份。

从18世纪中期起，英国的工业革命开始了，社会经济的发展促使英国的上层建筑不断改革。19世纪上半期，英国新兴工业资产阶级要求政治改革，在新闻出版方面主要是废除秘密津贴制度和知识税。在秘密津贴不断减少的基础上，1842年秘密津贴制度被废止。在知识税方面，从19世纪30年代起就有许多不贴印花税的报刊出现，议员米尔纳·吉布森等人还成立了“废除知识税联合促进会”的组织。在强大的压力面前，英国政府不断降低知识税税率，最后被迫在1853年取消了广告税，1855年取消了印花税，1861年取消了纸张税。

知识税的取消，表明英国新闻传播打破了最后的桎梏，英国相对自由的新闻传播体系最终建立。此后，英国的新闻业开始迅速发展起来了。

---

① 张昆．简明世界新闻通史［M］．武汉：武汉大学出版社，1994：58．

二、美国新闻传播体系的建立

与英国相比,美国新闻传播体系的建立要顺利得多,时间也短得多。

独立战争结束后,根据1781年的《联邦条例》和1787年的宪法,美国建立了三权分立、共和政体的资产阶级政权。从独立战争结束到19世纪30年代,在美国的传播史上是政党报刊大行其道的时期。当时美国的政治人士因为对国家的发展路线有不同的认识而分为两个派别:联邦党和反联邦党。前者所办的报纸有《合众国报》(1789年)、《商业广告报》(1797年)等,后者所办的报纸有《国民报》(1791年)、《曙光女神报》(1794年)等。19世纪初,美国有反联邦党的报纸158种、联邦党的报纸157种。[①] 政党报刊是报刊政治化功能的体现,在表现出对民族、国家、社会强烈使命感的同时,还有以下特点:(1)报刊公开标榜为政治服务,接受政党津贴资助;(2)报刊论战时以我划线,以宣传本党的政治主张为主,常常夸大其词,甚至无中生有、捏造罪名、诽谤对方;(3)报刊内容主要为政治哲学文章,长篇大论、内容深奥、文字干涩,读者仅仅为党派成员、政客、知识阶层。美国的政党报刊为联邦党与反联邦党的斗争起到推波助澜的作用。从宏观上讲,这场斗争并没有最终的胜利者,而是以互相妥协、吸收对方观点而结束。

美国两个党派激烈论战的时期,也是美国近代新闻出版制度建立的时期。由于1787年的宪法没有提到人民的各种自由权利,所以1789年美国又制定了宪法的第一批修正案,共十条,1791年获得通过。这批修正案又被称为《人权法案》,其中第一条就规定:"国会不得通过限制宗教、言论、出版、集会、请愿、告诉自由的法律。"这一条款具有伟大的历史意义。尽管法国的《人权宣言》要早两年,但这是第一次以宪法的形式规定了言论和出版自由。1797年华盛顿卸任之后,联邦党人控制政府,美国历史上出现了一段政府利用《外侨法》和《煽动法》控制新闻自由的短暂时期,有人称之为美国新闻史上的"黑暗时期"。1801年,反联邦党的民主共和派杰斐逊上台,连任两届总统。杰斐逊是坚定的民主斗士和新闻自由的拥护者,他声称:"政府的立法只能干涉行动,而不能干涉意见。"[②]他关于新闻自由的名言至今仍为人称道:"如果由我来决定选择一个没有报纸的政府,还是要没有政府的报纸,我会毫不犹豫地选择后者。"[③]"没有检察官就没有政府,但是,哪里有新闻出版自由,哪里就可以不要检察官。"[④]在杰斐逊之后,新闻自由与民主思想一直受到鼓励,特别是平民出身的杰克逊总统上台(1829~1837年)后,在政治方面又进行了大刀阔斧的改革,在两党政治不断完善的基础上,美国开始从国会政治进入平民政治。与此同时,随着独立媒体的出现,美国政党报刊的倾向性也逐渐减弱。在美国报刊获得巨大发展的基础上,1833年,美国第一家成功的大众报刊《太阳报》出版。19世纪30年代,美国的近代新闻传播体系建立起来了。

---

① 张允若,高宁远.外国新闻事业史新编[M].成都:四川人民出版社,2002:44.
② 帕特森.杰斐逊的宪法原则[M].圣马科斯:得克萨斯大学出版社,1953:183.
③ 帕特森.杰斐逊的宪法原则[M].圣马科斯:得克萨斯大学出版社,1953:185.
④ 徐耀魁.西方新闻理论评析[M].北京:新华出版社,2004:181.

三、法国新闻传播体系的建立

由于历史原因和文化传统，法国资产阶级上层建筑的变革充满了曲折，法国近代的新闻传播体系也是在这个曲折的过程中慢慢建立起来的。

在拿破仑统治时期，尽管他主持制定了法律面前人人平等和保护私有制的《拿破仑法典》，以保护法国革命的成果，但他对秩序和权力的渴望使他走上了专制之路，对报刊实行了严格控制。1814～1830 年是法国波旁王朝复辟时期，但在资产阶级的压力下，1819 年波旁王朝通过了一个塞尔（当时的司法部部长）新闻法，废除了出版预审制、保证金制和印花税制。这是法国历史上制定新闻法规的第一次尝试，不过这一法令仅仅实行了不到一年就被废除了。1824 年查理十世即位后，开始更疯狂地向大革命反攻倒算，制定了更严格的书报检查，对出版界课以重税。1830 年 7 月革命后，奥尔良家族的路易·菲利普上台，建立了代表工商和金融资产阶级利益的七月王朝。七月王朝在上台之后很快颁布法令，取消对新闻界的检查，减少印花税和出版保证金，给予陪审团裁决新闻案件的权力。法国报业又一次获得了相对宽松的发展环境，政党报刊开始增多。当时有代表保守势力的报纸《法兰西公报》和《每日新闻》，有代表自由主义立场的反对派报纸《立宪党人》，还有中立的报纸《论争报》，其中《论争报》的发行量曾高达 20,000 份（大仲马 1844 年在该报上发表连载小说《基度山伯爵》）。但七月王朝在保皇派和激进派的双重打击下很快就对新闻自由感到厌倦了。1835 年议会通过法令，规定要加强管制报纸的政治言论，将出版保证金提高一倍。尽管如此，在法国巴黎，各报的总发行量依然从 8 万份扩大到 18 万份。①

1848 年以后，法国的历史经历了几次转折：1848～1852 年是第二共和国时期，1852～1870 年是第二帝国时期，1870 年以后是第三共和国时期。1848 年 2 月革命后，法国曾经有一段报刊的繁荣期，但巴黎 6 月起义后新闻出版又开始受到限制。路易·拿破仑上台后仿照其叔叔的做法限制巴黎的报刊数量，恢复了对报刊的预审制度，增加了出版保证金。但到第二帝国后期，对新闻出版的管制日益松弛。第二帝国时期也是法国报刊获得巨大发展的时期，巴黎各报的发行量自 1852 年的 15 万份增加到 1870 年的 100 万份，外省的报纸发行量也从 1853 年的 45 万份增加到 1870 年的 90 万份。② 1868 年由于废除了新闻预审制和允许出版新报，巴黎一地一年内就出现了 140 多家报刊，而且大部分是共和派的报刊。1870 年普法战争中，法国的失败导致了第二帝国的瓦解。1871 年法国的巴黎公社运动中出现了第一批革命派的报纸。在巴黎公社被镇压而经历了一个短暂的反动时期后，1875 年法国国会通过宪法，确定了共和制。1878 年国会开始组织一个专门委员会制定新闻法，1881 年新闻法获得国会通过。1881 年的新闻法是一部涉及印刷业、报刊业、发行和广告业等新闻传播事业，内容全面而详细的新闻法，取代了过去不同年代颁布的 42 项相关法令和 300 多个条款，最终落实了 1789 年《人权宣言》中关于新闻自由的思想。1881 年的新闻法取消了新闻检查、许可证制、保证金制、印花税等一系列限制性措施，1889 年又补充政府不得未经法院裁决就查封报社的条款。这一法案标志着法国新

---

① 阿尔贝，泰鲁. 世界新闻简史[M]. 许崇山，果永毅，李峰，译. 北京：中国新闻出版社，1985：46.

② 阿尔贝，泰鲁. 世界新闻简史[M]. 许崇山，果永毅，李峰，译. 北京：中国新闻出版社，1985：48.

闻自由制度的确立。

四、德国、意大利、俄国、日本的近代新闻传播体系

与早期的英、美、法三国资产阶级革命不同,德、意、俄、日的革命和改革是极不彻底的,因此,这些国家建立的近代新闻传播体系与英、美、法三国也有极大的不同。大体说来,这些国家的近代新闻传播体系政治性、专制性更强,同时体现了现代化中后起国家常有的二元结构体系特征。①

德国曾经是印刷业较为发达、最早出现报刊的国家,但是近代以来,由于分裂和封建势力强大,德国的新闻传播业大大地落后了。到 19 世纪上半期,德国仍然没有一份能够影响全欧洲的大报。在 1848 年革命中,德国的报刊业也曾经获得过短期的繁荣,但革命失败后,德国政治转向反动,大部分民主派、自由派报刊随之消失或向封建贵族妥协。50 年代,随着资本主义经济的发展,德国也出现了一些商业性报纸,如《法兰克福报和商报》。1862 年,俾斯麦出任普鲁士王国宰相,德国进入长达 28 年的"铁血"统治时期。他声称解决德国问题只能靠铁和血,并发动了对丹麦、奥地利和法国的三次统一战争。为了配合武力统一,他对报刊舆论加强了控制,除了办一些官方和半官方的报纸如《普鲁士王国国家通报》《北德总汇报》外,也开始打击非官方报纸。统一完成后,1874 年帝国国会通过了帝国新闻法,声称要废除书报检查和其他防范性措施,但国会仍然可以用简单的多数同意通过对新闻出版自由的限制性措施。为了对付反对派报纸,俾斯麦公开设立"收买基金"(又称为"爬虫基金")。1872 ~ 1878 年他还发动了"文化斗争",审讯和打击不利于政府的自由言论。1884 年又通过《非常法》,采取高压政策,查禁各类出版物 1000 多种。一直到 1890 年俾斯麦下台后,威廉二世为了对外扩张而稍稍对内宽容,德国的新闻出版业才获得了一个相对宽松的发展环境。不过,尽管德国一直采取严格的出版控制措施,但由于经济和社会政治的发展,德国的大众报刊、商业报刊和一些党派报刊在 19 世纪下半期也一直在发展,形成了一种典型的二元结构。

意大利的新闻出版业发展较晚。在 19 世纪上半期拿破仑战争后,意大利出现了一些带民主倾向的报纸。1848 年欧洲革命催生了意大利的近代报业。1860 年,领导意大利统一的萨丁王国首相加富尔创办了意大利立宪派的报纸《人民公报》。与此同时,革命派的马志尼等也在国内外创办了一些共和派报刊,如《思想与行动》《火花报》等。意大利的统一是上层的王朝战争和下层人民起义结合的产物。1870 年,王国政府军和加里波第的志愿军同时进入罗马,1871 年统一的意大利王国建立,意大利开始了向资本主义时代的缓慢过渡。同时,意大利的报刊业也开始由政党报刊向企业化报刊缓慢转变。在很长一段时间内,意大利是多种报刊形式和内容并存的。

俄国的近代报刊是在彼得大帝学习西方的过程中产生的,也可以说,俄国近代报业的发展,是沙皇封建专制政权一手扶持起来的。从彼得大帝到尼古拉一世(1682 ~ 1855

---

① 二元结构理论是现代化理论中的一个重要概念。所谓现代化,"是指人类社会从传统的农业社会向现代工业社会转变的历史过程"(罗荣渠. 现代化新论[M]. 北京:商务印书馆,2004:12.)。而在现代化的转型时期,后现代化国家往往出现传统与现代的二元对立。最初,二元结构主要指经济上的,如城乡对立、"已经解体的传统部门与尚未整合的现代部门的并存",后来二元结构又演变使用到政治和文化结构方面。

年）俄国新闻出版事业在集权主义严格控制下缓慢发展。1796 年，女皇叶卡捷琳娜二世正式建立了出版检查制度。在建立官方传播体系的同时，1804 年和 1826 年，亚历山大一世和尼古拉一世又先后公布了新的检查方法。亚历山大二世在 1861 年实施废除农奴制的改革后，对书报的检查和控制稍有放松，1865 年制定了一个报业法。但是 1872 年新的报业法又恢复了对新闻的严格控制。特别是亚历山大三世在其父被民粹派暗杀后上台，更加严厉地推行专制主义，1882 年颁布了“暂时出版条例”，设立了严格的新闻出版检查。在这种极为严酷的条件下，俄国的革命民主派、自由派报刊生存非常困难。但是他们没有放弃斗争。19 世纪下半期，民粹派以《俄国财富》《祖国记事》《欧洲通报》等为阵地进行革命宣传。19 世纪 70～80 年代俄国工人运动兴起后，普列汉诺夫、列宁等又创办了《土地与自由》《工人报》《火星报》等秘密出版的刊物。在革命与反革命的夹缝中，中间派报刊、独立的商业报刊根本没有发展的空间。从总体上看，沙皇的反动统治使俄国的报刊业非常落后。

日本的近代报刊是从外部移植的产物，是在政府的扶持下发展起来的。明治维新后，日本曾经在 1869 年颁布了一个《报纸印行条例》，这是日本历史上的第一个新闻法，规定办报采取登记许可制，同时规定了“不许妄加批评政府”的条款。尽管政府牢牢地掌握了传播媒介的控制权，但毕竟有法可依为办报开辟了道路，政治化报刊陆续出现。但很快在 1873 年、1875 年，日本政府又修改了条例，颁布了新闻纸条例和谗谤律，新闻传播业遭到了可怕的打击，几百人受到了罚款、拘捕、监禁等严厉惩处，这段时期被称为日本新闻史上的“黑暗恐怖”时代。“自由民权运动”兴起后，天皇在 1881 年许诺 1890 年召开国会、实行宪政，日本的各个党派开始活跃，日本新闻出版业进入了一个短暂的政党报刊时期，其中主要有自由党的《朝野新闻》、立宪改进党的《大阪日报》、立宪帝政党的《东京日日新闻》、中立派的《时事新报》等。但这些报刊相互攻击，指黑道白，沦为政治小团体的工具，引起了政府的不满和民众的反感，随着自由民权运动的衰落而消沉。在日本激烈的社会变动时期，除了党派报刊、地方政府报刊外，日本也开始出现一些商业性报刊和大众报刊，但是这些报刊由于先天不足，后天又缺乏营养，不得不在很大程度上依靠政府的力量而生存。1889 年的日本帝国宪法是仿照德国的立宪君主政体而制定的，因而与德国一样，日本的近代新闻传播体系也牢牢地被国家政治系统的力量所控制，在日本的新闻出版中也存在着政治与商业并存的二元结构。

五、对各国新闻传播体系的总结

各国新闻传播体系建立的过程，实际上是新闻媒体争取独立生存地位的过程。在经历了争取新闻自由、参与社会革命和改革之后，新闻报刊已经有了初步的发展，也在社会变革中发挥了一定的作用。显然，在近代国家形成的社会结构为新闻传播留下一席之地，这也是社会变革应有的题中之义。从理论上说，各国的新闻传播体系就是新闻业在其社会结构中处于何种地位的问题，是自由或不自由、独立或不独立的问题。依据以上新闻传播体系的建立过程，我们大致可以总结出以下几点内容：

首先，近代西方国家的新闻传播体系大致可以分为两种类型：一类是相对自由的新闻传播体系，如英国、美国和法国的新闻传播体系。它们有严格的法律制度和思想基础来保证这种自由体系,新闻传播开始表现出某种独立性。一类是相对集权、带有很强政治控制性的新闻传播体系,如德国、意大利、俄国和日本的新闻传播体系。它们的法律制度很不完善,封建势力仍很强大。这些国家的新闻传播表现出比较典型的二元化特征,传统的政治控制与商业报刊同时存在。

其次,从法律系统看,处于大陆法系和处于海洋法系的国家新闻传播体制的表现也不相同。海洋法系的英美国家主要是用判例法来确定新闻传播体制,而大陆法系的德法日等国主要是通过制定法律条款来规定其内容。

再次,同一类的国家具体的历史表现也不尽相同,比如英国新闻传播体制就经历了一个漫长的改良过程,法国则经历了一个激烈曲折的革命性变革过程,而美国的进程就顺利得多,时间也短。再如,同样是相对集权的新闻传播体制,在德国和日本就有许多不同。德国的新闻传播源于自身内部的社会发展因素,而日本则纯粹是从外部移植而来的。政治因素在德国是阻碍新闻出版的障碍,而在日本则是推动性力量。俄国的政治因素在新闻传播体制中表现得更为明显,直接表现为政治性的控制与反抗、革命与反革命的斗争。

最后,尽管各国的近代新闻传播体制大不相同,但还是有一些相同的历史轨迹。一是社会的需要促使近代新闻传播业的产生,二是新闻传播业在政治斗争中得到了迅速发展。新闻传播在作为政治工具进入历史舞台的同时,也在争取自身的发展空间,从封建专制制度那里争取新闻出版自由、争取新闻出版立法。登上历史舞台的各种政治力量把新闻传播当作工具,因而出现了政党报刊。随后报刊业随着社会的需要和发展开始了向独立化、商业化和大众化演变的过程。虽然这个过程在不同的国家开始的时间和完成的顺序是不一样的,但总的来说,到 19 世纪下半期,大多数西方国家都开始了这一过程。

小　结

本章主要论述了新闻传播从出现到获得初步发展的过程,从时间上说,是从 17 世纪初到 19 世纪中后期;从内容上说,主要是对报刊媒体外在社会表现形式进行探讨。在这一时期,报刊初步获得了生存和发展的空间,并且在激烈的社会政治变革中发挥了自己的作用。

近代新闻媒体——报刊的产生,来自社会对信息的强烈需求、社会新的传播力量的推动和印刷传播技术的成熟。从 17 世纪初到 18 世纪末是报刊出现和初步发展的时期,从定期的周报、杂志到日报,报刊的形式开始形成,在图书作为一种大众媒介出现以后,另一种大众媒介也开始出现了。随着新闻媒体的出现,新闻也就产生了。

恩格斯在《自然辩证法》中说过,科学产生后的第一个任务就是从教会那里争取生存权。① 新闻媒体也一样,不过其争取生存权的对象从教会转为封建王权。封建王权一方面利用新出现的报刊媒介建立政府传播体系;另一方面以各种形式控制民间报刊的新闻传播。争取新闻自由成为新闻媒体面临的第一个任务。如果说英国的弥尔顿的《论出版

---

① 恩格斯. 自然辩证法[M]. 于光远,等译. 北京:人民出版社,1984:8.

自由》是从理论上发出了传播自由的第一声呐喊,那么美国的曾格案件就是在实践中争取新闻自由的具体行动。在其他西方国家,争取新闻自由的活动一直持续了很长时间。

这一时期,西方国家在经济基础变革的推动下发生了政治的革命与改革,刚刚出现的新闻媒体立刻投入了这场运动,在继续争取新闻自由的同时开始在社会上层建筑变革中发挥作用(从拿破仑和杰斐逊论新闻的对比中我们可以清楚地看到这种作用)。而且我们看到,在越是发生较晚的革命中,新闻的社会作用就越明显。在发挥这种作用的同时,新闻媒体自身也得到了发展。

在革命和改革之后的社会结构重建中,各国的新闻传播体系开始建立了。尽管各国的传播体系出现了各自不同的特点,但是毕竟为新闻传播的进一步发展打开了空间。19世纪以后,报刊新闻作为一种社会存在,在西方国家开始走入了成熟期。

【思考讨论题】

1. 近代报刊出现的原因是什么?
2. 列出西方各国最早的报刊的名称和出版时间。
3.《论出版自由》和曾格事件的意义是什么?
4. 在美国独立战争中,新闻传播发挥了什么样的作用?
5. 从拿破仑和杰斐逊关于新闻的言论中我们可以看到什么?
6. 如何看待西方各国近代新闻传播体制的异同?

第五章　从独立报刊到大众报刊:西方报刊新闻的成熟

- 关键问题:

1. 西方从独立报刊到大众报刊发展的历史轨迹如何?
2. 什么是通讯社? 如何理解通讯社在新闻传播中的作用?
3. 这一时期西方新闻报道的内容与方式有哪些变化?
4. 为什么说19世纪末20世纪初西方报刊媒体发展到了成熟阶段?

在西方国家的政治革命完成之后或进行的同时,一些国家又开始了人类历史上最重要的一次经济革命——工业革命。工业革命带来的社会影响是全方位的,也是空前深远的。在工业革命的影响下,西方的新闻传播体制在初步建立之后,也开始了一次巨大的变革——通讯社和大众报刊出现了。

大众报纸是从独立报刊发展而来的,是与传统报刊不同的新型传播形式,它构成了报刊从言论纸到新闻纸、从事业经营到企业化经营的两个根本转变。通讯社的出现是工业化分工的产物,它进一步促进了新闻传播的发展,并初步在世界一体化的进程中发挥了作用。

这一时期,是西方报刊新闻传播走向成熟的时期,其成熟的表现不仅体现为对新闻的认识不断深化、记者队伍的建立和编辑的专业化,而且体现为新闻报道内容的不断丰富和报道方式的变革,体现为媒介的发展和新闻传播及时性、准确性的提高,新闻传播开始在社会发展中显示出越来越大的作用。

这一时期,大众媒介在相对自由和独立的环境中发展成为一个重要的社会产业,其生产的产品就是社会的注意力和社会舆论。过去非组织化、非常态化的社会舆论,在新闻媒体的推动下开始成为社会不可缺少的组成部分。不过,在新闻的社会公共性得到实现的同时,与过去的政治因素一样,新闻的商品性特征开始成为困扰新闻传播发展的新因素。

第一节　工业革命:社会变迁与新闻需求的扩大

1844 年,恩格斯在对比欧洲大陆的激烈变革和英国社会的风平浪静后写道:“初看起来,革命的世纪并没有在英国发生多大变化便过去了。”“但是英国自上一世纪中叶以来所发生的变革却比其他所有国家所发生的变革都具有更重大的意义，这种变革越是无声无息进行，它的影响也就越大。”①恩格斯所指的，正是英国的工业革命。

《不列颠百科全书》为工业革命下的定义为：“工业革命是一个现代历史变迁过程，是工业和机器制造业开始取代农业、手工业经济而占统治地位的过程。”《科利尔百科全书》的定义更简单，认为工业革命的关键是机器制造取代手工，“由工具的时代进入机器的时代。”②而工业化的概念比工业革命更宽一些，是指机器大工业在国民经济中取得优势地位的过程。一般认为，工业革命是1760年从英国开始的，英国是西方国家中最早开始和完成工业革命的国家。早在19世纪40年代，英国就初步完成了工业革命，这使英国成为19世纪中期的世界工厂。法国的工业革命比英国晚40年左右，在大革命以后开始，到19世纪70年代完成。美国在建国之后就开始了工业化的进程，南北战争后开始加速，到19世纪末成为世界上经济实力第一的国家。德国的工业革命开始较晚，19世纪30年代才开始，但是一开始就呈现出加速进行的态势，与德国的统一进程相伴随，到19世纪80年代，德国初步完成了工业化。俄国和日本19世纪晚期才开始工业化进程，在国家力量的扶植下也有很大进展，但直到20世纪初，这两个国家的工业化并没有完成。

工业革命带来了巨大的社会变迁，其影响遍及政治、经济、社会结构、科技进步、人口、社会文化和观念等各个方面。这些变化对新闻传播产生了巨大影响。

在政治方面，工业资产阶级开始作为新生力量登上西方国家的政治舞台，对内制度化的改革和对外扩张的冲动更为强烈。这是建立各国新闻传播体系的政治基础。同时，激烈的国内外政治、军事冲突也提供了丰富的信息源。而工业化的经济、社会后果和技术变革，直接促进了西方的独立报刊向大众媒体的转变。

在经济方面，工业革命的直接结果就是前所未有的经济增长和经济结构的变迁。据统计，英国工业革命前的国民生产总值不到1亿英镑，1850年则达到5亿多英镑。1850～1870年，法国的工业产值增加了2倍，对外贸易增加了3倍。美国1810～1860年工业产值增加了约10倍。到19世纪下半期，德国和美国成为两个经济发展最快的国家。1870～1880年，德国的工业产值平均年增长率为4.1%，是所有资本主义国家中最高的。而美国工业产值在1860～1894年又增加了4倍，加之农业的迅速增长，美国成了世界经济第一的国家。

工业革命还带来了经济（产业）结构的变化。人们习惯上把历史上先后出现的产业部门称为第一产业（广义的农业，包括种植业、畜牧业、林业和水产业等）、第二产业（广义的工业，包括采掘业、制造业、建筑业等）和第三产业（广义的服务业，包括商业、服务业、电信业及科教文卫和公共行政部门等）。③ 英国是第一个完成工业化的国家，也是最早开始经济结构变迁的国家。1841年，农业、工业和服务业占英国国民生产总值的比重分别是22%、34%和44%。法国工业化的速度相对缓慢，1911年工业取代农业成为国民收入的主要来源。同一时期，德国国民收入中来自工业的占将近40%，来自服务业的超过40%，而来自农业的不到20%。美国的情况也许更有代表性，1850年美国三大产业占总

---

① 恩格斯.英国状况，18世纪[M]//中共中央马克思恩格斯列宁斯大林著作编译局.马克思恩格斯全集　第1卷.北京：人民出版社，1972：656.

② 刘笑盈.推动历史进程的工业革命[M].北京：中国青年出版社，1999：3.

③ 20世纪七八十年代以后，还有人把信息产业列为第四产业。

就业的百分比分别是64.5%、17.7%和17.8%,到1910年,这三个数字变成了32.1%、32.1%和35.9%,而早在19世纪80年代,美国的工业总产值就超过了农业总产值。[①] 产业结构的变化直接导致了报刊需求对象的变化,一般说来,越是后发展的产业,对信息的需求就越高。

在社会领域,工业革命直接引爆了人口革命,带来了城市化和文化教育方面的巨大变革。1750年英国人口大约为740万,工业革命完成后的1850年为2060万,100年增加了近2倍。法国1800年人口为2730万,1900年达到了3900万,增加近1200万。德国同期更是从2460万增加到5040万,意大利从1810万增加到3200万。俄国和日本在19世纪下半期也出现了人口的迅速增长。美国更是人口发展史上的奇迹,1800年人口不过530万,1850年达到2320万,1900年更是达到7600万,100年增加了13倍。人口的快速增长有许多原因,其中引起物质财富增加和社会条件改善的工业革命无疑是最重要的原因。大量的新增人口除了部分移居海外,大部分随着第二、第三产业的兴起聚集到城市,城市化成了工业革命带来的又一新景观。

英国是世界上第一个完成城市化的国家,19世纪上半期,英国出现了城市化高潮。1851年,英国的城市人口首次超过农村人口,伦敦由工业革命前的十几万人暴涨到230万人,成为世界上第一大城市。1890年,英国城市人口占全国人口的72%。法国1851年城市人口为全国人口的25.2%,1901年上升为40.9%。美国1810年,城市人口占全国人口的比重只有7.3%,1910年则增加到45.7%,纽约人口在19世纪100年中暴涨了40倍。德国的城市化起步晚,但发展很快,1816年普鲁士的城市化率不过26.5%,1900年达到54.4%,柏林在100年间从17万增加到188万。俄国和日本在19世纪下半期也经历了城市人口爆炸,1863~1914年,俄国的城市人口增加了3倍。[②] 工业革命带来的另一个重大的社会变化就是文化教育的发展。工业革命要求生产者具有一定的文化素质,新增人口和城市化提供了教育的市场,各国开始了前所未有的教育规范化和普及运动,教育成为一个最大的社会部门,各国都建立了完善的教育体系。比如德国在19世纪中期就实现了义务初等教育;英国在1880年规定初等教育是强制教育。1881年法国也提出了初等教育是世俗的、免费的和普及的三项原则。美国则建立了国家和民间的双轨制教育体制。19世纪末,西方国家(除了俄国)以及日本的初等教育率基本上达到100%。从理论上说,人口爆炸使媒介的对象增加,城市化使媒介的对象集中,而普及教育则直接为报刊媒体提供了受众。

工业革命是由技术革命引起的。传播技术的发展也是工业革命的组成部分之一。在古登堡发明了印刷机后的300多年中,印刷技术没有大的改革,但是这种状况在18世纪后期发生了变化。印刷机的改进包括两个方面:一方面是将旧的古登堡式的木制印刷机加以改良,以金属代替木质并增加其运转能力。1795年,法国人发明了金属印刷机,很快在英、美等国得到了推广。另一个方面更为彻底,是以蒸汽为动力,以转轮机代替过去的平板机。以英国《泰晤士报》为例,1804年用传统的平板机每小时印刷报纸300份,采用了蒸汽动力后,1814年每小时印刷报纸1100份,而采用了蒸汽转轮机后,1848年每小

① 刘笑盈.推动历史进程的工业革命[M].北京:中国青年出版社,1999:

② 刘笑盈.推动历史进程的工业革命[M].北京:中国青年出版社,1999:

时出报8000份(每份报纸32页)。[①] 与此同时,其他方面的创新也在进行中。1822年,英国人丘奇发明了铸字机;1839年,法国人达盖尔发明了摄影技术。1842年德国人照出了世界上第一张新闻照片《汉堡大火遗迹》。[②] 日新月异的传播技术革命为媒体的发展提供了技术物质基础。

工业革命给人类社会带来的影响是巨大的,可以说促进了人类社会的现代化变迁,即由传统社会向现代社会的过渡,同样也促进了新闻传播业的巨大变化,可以说新闻业的变化本身就是现代化变迁的组成部分。由于经济增长、技术进步、人口增长、新的社会阶层出现和文化教育的普及,在新闻需求增长的推动下,新闻传播业的巨大变革也随之而来。其主要表现就是从独立报刊到大众报刊的发展、通讯社的出现以及新闻传播业的产业化。

第二节 从独立报刊到大众报刊

一、独立报刊的出现

独立报刊,就是表现出新闻独立性的报刊。在政党报刊盛行的时候,一些国家的独立报刊就开始出现了。

18世纪是英国独立报刊与政党报刊同时存在与发展的时期。研究者发现,1731年创刊的《绅士杂志》,就是“凭借着不偏不倚和与当事者拉开距离的报道”,“建立了一套新闻评价标准,确立了批判、公开报道的原则”。[③] 18世纪下半期,英国出现了创办报刊的高潮,特别是1785年出现的《泰晤士报》成为英国独立报刊的典型代表。在随后的法国革命和拿破仑战争中,英国民众对新闻的需求空前强烈,人们纷纷创办的各种杂志、周报、日报,出版的流行性小册子,构成了满足公众知情需求的新闻信息网。在冲破英国国会对国会报道的限制和迎合公众信息需求的同时,英国的独立报刊在19世纪上半期得到了发展。1855年以后,“大部分报纸都能够逐渐放弃那些支持某个党派的狂热文章了”[④]。

《泰晤士报》(*The Times*)

《泰晤士报》是1785年由约翰·沃尔特(John Walter,1739～1812年)创办的报纸,原名为《每日环球记录报》,1788年改名为《泰晤士报》。因为他认为报纸应是时代的记录,泰晤士即时代的音译(Times)。其办报方针就是尽量公正、翔实地报道国会辩论、各国动态、商业行情等消息。由于采用了新式印刷机,并接受广告,所以该报一开始就比其他报纸便宜,同时由于态度公正、消息翔实,

---

① 周毅.传播文化的革命[M].杭州:浙江人民出版社,2001:37.

② 周家群.图像时代:新闻摄影传播学[M].合肥:安徽大学出版社,2001:34.

③ 伊尼斯.传播的偏向[M].何道宽,译.北京:中国人民大学出版社,2003:126.

④ 卡瑞,辛顿.英国新闻史[M].栾轶玫,译.北京:清华大学出版社,2005:5.

吸引了大批读者,特别是对欧洲发生的法国革命和拿破仑战争的报道使该报声名大震,很快成为英国报纸中的翘楚。1793 年发行量达到 4000 份,这是当时所有报纸中最高的。不过,由于英国当时的特殊情况,《泰晤士报》也接受政府补贴,沃尔特本人因敢于直言也受到过政府的处罚。1812 年,沃尔特二世接任后,《泰晤士报》进入黄金时代,沃尔特二世一面坚持自由、公正的独立办报政策,一面重用优秀的报业人才,其主编巴恩斯(1785 ~1841 年)和德莱恩(1817 ~1879 年)都是著名报人。《泰晤士报》是最先采用新的传播技术的媒体,也是最先聘用专业记者的媒体。他们在各地建立新闻网,广泛传播各种新闻信息。与此同时,《泰晤士报》的商业经营也相当成功。1800 年,该报每天登 100 条广告,1840 年达到了每天 400 条。[①] 1850 年,该报发行量高达 5 万份,领先于当时所有的报纸,同时售价 5 便士也是较低的。借助英国在国际上的地位,该报在当时世界上产生了巨大影响。美国总统林肯在南北战争前接受采访时说:《泰晤士报》是世界上影响最大的报纸,事实上,据我所知,除了密西西比河外,再没有比它更有力量的东西了。"[②]英国著名首相迪斯雷利也说,英国在各国的首都有两名大使,一名是英国女王派遣的,另一名是《泰晤士报》派遣的。

美国独立报刊的发展是在第二次美国独立战争以后。在政党报刊时期,报纸充满了政治宣传和虚假消息,以至于杰斐逊愤怒地说:"如今报纸上的东西,没有一样是可以相信的。""从来不看报纸的人,比看报纸的人更加消息灵通。"[③]1812 年与英国的第二次战争以后,美国进入了国家的稳步发展阶段,报刊发展也进入了一个新的时期。有人估计 1810 ~1828 年,美国报纸的数量从 359 种上升到 852 种,年印数大约从 2200 万增加到 6800 万,到 1830 年全国有 1000 多家报纸。[④] 大量新出版的报纸都显示出独立报刊的倾向,开始站在大众的立场上独立报道政府活动和各种真实消息,也冲垮了政党报纸的基础。

报纸对美国的发展产生了巨大的作用,一名曾经在 1831 年考察过美国的欧洲知识分子这样描写新闻史上的一个奇特景象:

> 在欧洲,人们认为美国能如此迅速地在全国范围内提高启蒙水平是有魔法相助,在美国生效的这种魔法其实就是印行报纸。例如,公共马车定期运送报纸,在荒野地区有报纸投递令我惊喜交加。任何一个拓荒者都阅读报纸,无论他与文明多么遥远,也不管他多么贫穷。公共马车驶近荒野新开辟的定居点时,便会吹响喇叭。接着,马车夫从座位底下的箱子里取出报纸,扔到路边。这种景象一天到晚不断重复:向路边的定居点扔报纸。[⑤]

"从世界报业演进的历程来看,独立报纸的产生与'第四等级'(与教士、贵族、平民

---

① 陈培爱. 中外广告史[M]. 北京:中国物价出版社,2001:207.

② 王泰玄. 外国著名报纸概略[M]. 北京:新华出版社,1985:107.

③ 伊尼斯. 传播的偏向[M]. 何道宽,译. 北京:中国人民大学出版社,2003:135.

④ 特贝里. 从华盛顿到里根——美国历届总统与新闻界[M]. 余赤平,杨瑞平,等译. 长春:吉林人民出版社,1989:109.

⑤ 埃默里 M,埃默里 E. 美国新闻史:大众传播媒介解释史[M]. 展江,殷文,译. 北京:新华出版社,2001:106.

并列，英国哲学家和政治家爱德蒙特·贝克在1837年评论法国大革命的书中称编辑记者为议会中的第四等级，言其地位之重要）、‘第四权力’（与行政、司法、立法平行）等观念的出现是密切相关的。”[①]独立报刊是新闻发展的内在要求，是新闻社会公共性功能的体现。只有在相对自由和独立的传播体系中，独立报刊才可以得到发展，才可以发挥其特有的社会功能——“通过大众媒介传播最新信息从而调整人们的社会关系”。独立报刊进一步的发展就是大众报刊的出现，新闻的多种社会功能到这个阶段才真正开始体现出来。

二、大众报刊的特点

所谓大众报刊，顾名思义是面向大众的报刊，与传统的政治化报刊、党派报刊相比，大众报刊拥有以下明显的四个特点：

第一，大众报刊开始了对新闻真实性和新闻价值的探索。几乎所有的大众报刊都无一例外标榜自己是超党派的独立报刊，这与政党报刊公开表明党性原则截然不同。因为政党报刊的目的是宣传，是讨论政治问题，读者是社会上层、政客和知识分子，而大众报刊的目的是扩大发行量，是讨论各种公众关心的问题，读者是超越了各种党派的普通大众，所以客观报道、追求新闻真实和独立的公众立场成了大众报刊的主要价值取向。

第二，大众报刊都维持了经济上的独立，开始了产业化经营。与以前的官方、半官方和政党报刊不同，大众报刊不接受也不需要接受来自政府、政党或某些利益集团的资助。工业革命提供了大量有阅读需要、阅读能力的读者。同时，为开拓市场，各工商企业大大增加了广告开支，发行与广告成了大众报刊收入的两大支柱，报刊从赔钱的政治事业成了赚钱的经济企业，成了产业化经营的实体。可以说，现代广告业是与大众报刊一起成长的。

第三，在报纸的内容和形式上，大众报刊开始迎合大众的需要，从以政治报道、评论为主转变为以各种新闻为主，除了政治新闻，还大量报道经济、社会、文体、教育、地方新闻及其他人们感兴趣的消息，甚至还刊载一些知识小品、文学作品等。在文风上，大众报刊抛弃了说教性的政治语言、深奥难懂的书面语言，取而代之的是通俗易懂的现代语言及生活口语。在排版方面，大众报刊摆脱了过去严肃、呆板的版式，使用多行标题、图片、花边等使版面生动，富于变化和活力。

第四，最重要的是，大众报刊定价低廉，所以又称为“廉价报刊”。与以前的报刊相比，大众报刊的售价一般低了三至五倍。这一方面是由于面向大众的需要；另一方面是由于发行和广告收入的支撑。两个因素相辅相成，从而使报刊的发行量剧增，比政党报刊高出几倍、几十倍以上。[②]

在新闻传播史上，我们可以说，大众报刊完成了从舆论观点纸（view paper）向新闻纸（news paper）的转变、从事业运作向市场运营的转变。所以，大众报刊的出现是新闻传播史的重要转折，翻开了这一页，报刊才开始成为真正意义上的大众传播媒介。

---

① 支庭荣，邱一江.外国新闻传播史[M].广州：暨南大学出版社，2004：43-44.

② 上述部分观点采用了张昆的《简明世界新闻通史》第75页的说法。

三、各国的大众报刊

由于国情特殊:新闻体制建立较早、没有传统束缚、工业革命发生较早及创新意识强烈等,美国成了大众报刊首先出现的国家。世界上第一张大众报刊是1833年由本杰明·戴(Benjamin Day,1810~1889年)创办的《太阳报》(*The Sun*)。他曾经开办了一个印刷厂,他声称办报的目的"是办一份人人都能买得起的报纸,为公众报道当天的新闻,同时提供有利的广告媒介"[①]。《太阳报》的售价只有一美分,三分之一的版面刊登广告,内容包含了大量的地方新闻和社会新闻,写法充满了人情味,同时《太阳报》还采取了发行回扣和街头售报等新的销售方式,所以大获成功,创刊时发行1000份,6个月时达到8000份,3年后达到3万份,以后该报数易其主,1876年最高时发行13万份。

在《太阳报》成功之后,美国又出现了许多廉价报纸,因为多数只售一美分或一便士,所以又称为一便士报,其中最成功的有《纽约先驱报》和《纽约论坛报》。前者由闯荡美国多年的苏格兰移民詹姆士·贝内特(James Bennet,1795~1872年)在1835年创办。他以赶超《太阳报》为目标,提出了"人道主义""改革社会""真实公正"等口号,报纸以新闻报道为主,采写的新闻及时、迅速、面广。从1839年起,《纽约先驱报》就开始向欧洲派驻记者,在南北战争中曾有40多位报社记者活跃在前线。60年代《纽约先驱报》超过了当时《太阳报》的发行量,达到了6万份。贝内特也因为使报纸干预了社会生活而被称为"美国第一记者"。

如果说《纽约先驱报》以消息及时、准确为特点,那么《纽约论坛报》则以评论和分析取胜。正因为不满贝内特过分注重消息而忽视政治观点,原《纽约先驱报》的编辑、著名的报人霍勒斯·格里利(Horace Greeley,1811~1872年)才脱离该报,在1841年创办了《纽约论坛报》。这份报纸不同于其他廉价报纸之处在于它摈弃了煽情的新闻、虚假的广告和虚伪的中立,其言论严肃公正、切中要害。它经常发表长篇社论,鼓吹开发西部和废除黑人奴隶制,给美国社会带来了很大影响。它的发行量尽管赶不上前两份报纸,但在舆论界的影响也许更大,特别是在中西部,读者们把这份报纸作为自己的《圣经》。马克思作为该报的英国通讯记者曾为这张报纸写了数百篇文章。

另一份更为严肃的大众报纸,是格里利的原合作者亨利·雷蒙德在1851年创办的《纽约时报》,其办报方针为"刊登应该刊登的消息"(All the news that's fit to print)。《纽约时报》的新闻翔实、言论平和、立场公正。1857年,雷蒙德写了《新闻事业的理论》一文,论述公众报纸与政党报纸的区别,认为公众报纸必须超党派且独立,具有更高尚的职能。[②] 南北战争时期,《纽约时报》就成了美国最著名的报纸。19世纪末,《纽约时报》更是以庄重的新闻风格和较少商业气氛再次崛起,被视为大众报刊的另一类、独立报刊的典范。1901年,其发行量超过10万份,成为面向社会上层的严肃性报刊的先驱和旗帜。

---

① 张昆.简明世界新闻通史[M].武汉:武汉大学出版社,1994:67.

② 郑超然.外国新闻传播史[M].北京:中国人民大学出版社,2000:327.

《纽约时报》(*New York Times*)

《纽约时报》是继《泰晤士报》之后产生的又一具有世界影响的著名报纸媒体。

根据曾经在《纽约时报》工作多年的新闻人李子坚在《纽约时报的风格》一书中的介绍,它在1851年创刊的时候,只是当时纽约十多家报纸中的一家。雷蒙德的继任者琼斯开始把言论和新闻截然分开,新闻报道注重事实而不加渲染,坚持一派大报风范。奥茨时期又确立了时报的新闻独立政策,他称"应公正地报道新闻,无畏无惧,不偏不倚,并无分党派、地域或其他特殊利益"(To give the news impartially, without fear and favor, regardless of any party, sect or interest involved)。所谓的"适宜刊载"的新闻标准,就是真实,凡是不真实的,就是不适宜刊载的。

美国著名新闻学者约翰·麦礼尔在《世界报纸精华》一书中这样评价《纽约时报》:"论编排,它不像《真理报》那样精益求精;论文辞,它不及《泰晤士报》那样自然优美;论报道,它不如《费加罗报》那么丰富详尽;论风格,它不似瑞士《新苏黎世报》或德国《法兰克福汇报》那样严肃庄重。但是,《纽约时报》在兼具这些优点方面,远远超过世上任何一家报纸。"由于《纽约时报》坚持报道国内外一切重大新闻,所以有"档案记录报"之称。

可以说,在《纽约时报》身上,最大限度地体现着西方主流传媒的职业精神和专业主义理想。新闻工作者的职业精神就在于深刻地关注和记录社会上正在发生和形成的历史,在理性客观的同时,坚持建设性报道。1900年,当美国所有报纸都在投入美西战争的狂热宣传时,只有《纽约时报》坚持了独立和冷静的立场,十分难能可贵。

在报纸经营方面,《纽约时报》坚持编辑与发行分开,且编辑的地位至高无上。广告也不是来者不拒,1929年《纽约时报》就因编辑方针拒登了35万美元的各种广告,这在当时是很难得的。当然,常在商业社会河边走,难免不湿鞋。2003年4月《纽约时报》记者布来尔炮制假新闻的事件东窗事发,据调查,他在几年内写的76篇报道多数不真实。假新闻事件导致美国这家最重要的报纸总编辑和执行主任辞职。不过这一事件也显示了《纽约时报》有错必纠的态度。

法国是紧跟美国之后第二个出现大众报刊的国家。1836年,法国著名报业改革家埃米尔·德·吉拉丹(Emile de Giradin, 1806～1881年)创办了《新闻报》,一年的订阅费为40法郎,相当于当时报纸成本的一半,同时大量刊登社会新闻、生活知识类文章、连载小说及广告,结果一问世就大受欢迎,不到3个月,发行量就超过了1万份。报纸的利润也与日俱增。在吉拉丹的带动下,法国报纸开始主动地、大规模地经营广告。有人认为,他不仅是法国廉价报纸的创始人,还是报纸企业化的先驱。

就在《新闻报》出版的同一天,1836年7月1日,曾与吉拉丹合作过的杜塔克(Dutacq)创办了另一份廉价报纸《世纪报》。与《新闻报》一样,这份报纸也大量刊载社会新闻、著名作家的文学作品(例如1838年巴尔扎克在该报上发表小说《保尔船长》,1844年大仲马在该报上发表小说《三剑客》)以及广告等。两者不同的是,这张报纸的政治性更强一些,一直表现为共和派的立场。《世纪报》的销量后来超过了《新闻报》。在获得成功后,杜塔克又收购了一些报纸,有名的如《费加罗报》《权力报》等。

《新闻报》和《世纪报》的出现对法国报业带来了巨大的影响,许多报纸不得不步其后尘降低售价。法国出现了报纸大众化、发行量剧增的状况。1836~1847 年,巴黎各报的总发行量从 8 万份增加到 18 万份。19 世纪下半期,法国进一步出现了一些发行量达到几十万甚至上百万份的小报,如 1863 年问世的《小日报》,1869 年就达到了 35 万份,1900 年更是达到了 100 万份。1876 年诞生的《小巴黎人报》,1890 年发行量达到了 69 万份,1914 年达到了创纪录的 150 万份,成为"世界上最大的报纸"。

不过,由于法国在整个 19 世纪都处于政治震荡之中,其政党报纸一直很盛行。有名的如中间派的《费加罗报》《时报》、激进派的《震旦报》、右派的《巴黎回声报》等。法国报业形成了消息报(廉价报纸)和言论报(政党报纸)并存的局面。

英国尽管是最早进行资产阶级革命的国家,也是最早进行工业革命的国家,但是由于知识税的阻碍,英国廉价报纸的出现晚于美国和法国。1855 年,就在印花税取消的同一年,英国第一家成功的廉价报纸《每日电讯报》问世了,办报人利维·劳森(Levy Lawson,1833~1916 年)采取售价一便士、扩大消息来源、广招人才、增加报纸的趣味性、开设专栏文章等措施使报纸的销量迅速上升。1858 年该报的发行量超过了伦敦所有早报的总和。1870 年报纸的销量达到 20 万份,一直到 19 世纪末,它都是英国发行量最大的报纸。除了《每日电讯报》外,英国还出现了其他上百种廉价报纸,其中著名的有 1865 年创刊、80 年代在斯蒂德主办时得到巨大发展的《帕尔马公报》,1881 年由纽恩斯创办的《点滴杂志》和 1887 年由奥康纳创办的《明星晚报》等。《明星晚报》创刊号的发行量高达 14 万份,达到了发行史上的高峰,而文摘类的《点滴杂志》的发行量曾高达 100 万份,这在当时所有大众报刊中的发行量是最高的。

与美、法、英相比,德国和意大利的大众报刊出现得更晚,而且规模也较小。德国的第一份廉价报纸是 1871 年由报业主莫斯创办的《柏林日报》。1883 年,奥古斯特·舍尔创办了一张成功的廉价报纸《柏林地方新闻》。后来他以该报为核心,创建了一个报业集团。德国最成功的廉价报纸还数莱奥波特·乌尔斯坦创办的一系列报纸,如《柏林晨邮报》《柏林晚邮报》及收购的《柏林日报》等,形成了德国一个重要的报业集团。其中《柏林晨邮报》的发行量最高时达 40 万份。意大利最早的商业性报纸是 1876 年由托雷利-维奥利尔在米兰创办的《晚邮报》,1889 年该报的发行量达 10 万份。他去世后,该报继任总编辑阿尔伯蒂尼又利用报社资金创办了《邮报周刊》和《小邮报》等。这些报刊都采取了价格低廉、形式活泼、以社会新闻娱乐消息和广告为主、面向大众的办报方针,实行商业化经营,是德国和意大利近代报业向现代报业转变的开始。但无论是在德国还是意大利,商业化报刊的影响都还很小,充斥报坛的还是官方、半官方及政党报刊。

日本也在这一时期赶上了廉价报纸的浪潮。在日本,这种报纸一开始叫小报,版面较小、价格低廉,以新闻报道、娱乐消息、连载小说为主,一般不刊登政论文章。小报实际上是一种大众报纸,也是日本现代报纸的前身。日本第一个有代表性的小报是 1874 年由子安峻等人在东京创办的《读卖新闻》。1879 年,木村腾又在大阪创办了《朝日新闻》。《读卖新闻》大量刊登文学作品,以文学报著称,《朝日新闻》则奉行"企业本位""报道第一主义”,追求新闻的时效性,在19世纪80年代是日本发行量最大的报纸。80年代后期,日本更多的报纸开始走向商业化经营,如1886年创办的《邮便报知新闻》就采取了欧美模式,在内容、版面、发行等方面进行改革,1888年发行量达到22,000份。《朝日新闻》更是在东京开分部,用电传发新闻,采用新的印刷技术,调低报价并采用各种促销手段,使其发行量不断上升。不过,由于日本的历史情况,其报刊的独立性远不如英美报纸。

从甲午战争之后到第一次世界大战,是日本政论新闻日趋没落,报业开始企业化,营利性新闻逐渐增多的时期。在这个时期,报纸的版面内容、组织机构和记者意识等各方面都发生了变化。例如日本各报都开始了争取一般民众的转向。1892年创立的独立报纸《万朝报》在发刊词中表明该报的宗旨:“无非是让普通的多数百姓得到一眼获知时势的便利。”该报在发行上采取低价原则;在编辑方针中,要求“一简单、二明了、三痛快”;[①]在内容方面,开始从日常报道和言论转向对某个问题的报道,特别是开始进行揭丑报道,取得了很好的效果。而这一切的主要动机,是在取得社会影响的同时,获得经济利益。这一时期,日本报纸的发行量获得显著增长,其中《万朝报》1899年在东京一地的日销售量就接近10万份。

四、对大众报刊的评价

大众报刊是独立报刊的进一步发展。所谓独立报刊、大众报刊和廉价报纸尽管称谓有所不同,但主要还是相对于传统的官方、半官方报纸和政党报纸而言的。独立报刊是指办报的立场,大众报刊是指面向大众的价值取向,廉价报纸是指售价低廉。我们可以说,与传统报刊相比,大众报刊实现了从“言论纸”向“新闻纸”、从事业运作向企业运营的两个转变。这道分水岭是非常明显的,它体现在办报方针、办报主体与受众、报纸内容、报刊发行方式、报刊内部运行机制及结果等各个方面。大众报刊的出现适应了社会大众对信息的需求,也体现了市场机制的成熟。从新闻史的角度看,大众报刊开创了新闻本位原则、时效性原则和客观报道原则。在大众报刊阶段,新闻的准确性、时效性和客观性才得到了真正的重视。美国的一项研究表明,1820～1860年各家日报刊登的一周内的新闻报道,平均数量从45%增加到76%,而需要一个月才能见报的报道从28%下降到了8%。[②] 19世纪末新增的报纸大多是“当天消息当天看”的晚报。从社会结果来看,大众报刊体现了文字传播的成熟。动辄几十万甚至上百万份发行量的廉价报纸,其影响力是过去仅仅几千份发行量的政党报纸不可相提并论的。据统计,1900年美国的日报总发行量为1510万份,达到了每户一份的水平。到这时,传统媒介才真正成了大众媒介。大众报刊不仅开始取代文字传播中的各种图书和小册子成为专业的新闻提供者,而且开始“以眼睛取代耳朵”,传播也跨越了人际传播、组织传播而进入了大众传播。法国社会学者加伯瑞·塔尔德1901年出版《舆论与群众》一书,称报纸的发展把原来狭窄意义的“群众”变成了广泛的精神集合体——“公众”。加拿大传播学家马歇尔·麦克卢汉也提出了“媒介即信息”的著名观点。他认为,媒介的发展促进了人类的发展,媒介改变了人与人之间的联系和人类社会的行为模式。按此观点,报刊的大众化对人类社会发展的作用是

① 内川芳美,新井直之.日本新闻事业史[M].张国良,译.北京:新华出版社,1986:20.

② 埃默里M,埃默里E.美国新闻史:大众传播媒介解释史[M].展江,殷文,译.北京:新华出版社,2001:129.

难以估量的。

不过,大众报刊在体现正面作用的同时,也隐藏着负面因素。严格说来,大众报刊与独立报刊还是有所不同的。如果说独立报刊的对象是公众,生产的产品是舆论,那么大众报刊的对象则变成了受众,开始把受众的"注意力"作为产品了。这种商业化趋势的进一步发展,有可能损害新闻的社会公共性,我们在后面的黄色新闻逆流中,就将看到这一现象。

第三节　通讯社的出现:原因和影响

一、通讯社出现的前提和性质

通讯社的出现有三大前提:首先,由于工业革命和现代化的变迁带来了巨大的社会变动,这种变动一方面导致新闻的本源——各种足以影响人类生活的社会变动日益增多;另一方面又导致人们对新闻的需求——了解这种变动的愿望日益强烈。在工业革命和资本世界性扩张的推动下,不仅各国内部的变化是人民关注的目标,而且世界正在联成一体,其他国家和地区的变化也成了人们关注的对象,因为这些变化直接影响到人们的现实生活。

其次,工业革命中交通与通信技术的变革为人们的相互沟通和信息传递带来了极大的便利。过去人们陆上远距离传递信息的手段是马,在海上是帆船,工业革命之后,汽船取代了帆船,火车取代了马车。特别是19世纪中期有线电报的发明及其实用化,19世纪晚期电话、无线电报的发明及实用化,在速度和范围两方面彻底改变了人们传统的信息传递方式,人们可以在一定程度上实现全球性的信息即时共享。1838年,美国人塞缪尔·莫尔斯的电报机装置试验成功,同年,德国架设了欧洲第一条电报线。1844年,美国华盛顿与巴尔的摩之间开通了北美第一条民用电报线。1845年,法国巴黎与里昂之间也开设了第一条电报线。1851年,英国与法国之间的海底电缆铺设成功。1852~1864年,全球性的铺设海底电缆活动开始了,从欧洲到非洲、中东,从波斯湾到印度,都可以通过海底电缆发报。1866年,美洲与欧洲之间又铺设了两条横跨大西洋的海底电缆,全球电报通信网络大致形成。通信技术的改变是通讯社出现和发展的直接物质前提。所以,最初的通讯社甚至被称为电讯社。

最后,各种报刊特别是大众报刊的涌现直接推动了通讯社的产生。实际上,大众报刊是工业革命后社会需求的产物,同时也是技术进步的产物。印刷业中蒸汽机取代手摇机,轮转机取代平版印刷,使报纸的大规模出版成为可能。众多的大众报刊要求廉价、迅速和丰富的国内外的信息资源,在工业革命专业性分工原则下,专业化的消息工厂——通讯社就应运而生了。

通讯社并不是直接面对广大新闻受众,而是通过大众媒介传递新闻——通过报刊、广播、电视与网络媒体间接与受众发生联系。换句话说,通讯社实际上是一个消息批发商,或者说是一个消息工厂。在专业化分工负责的原则下,通讯社为各种新闻发布机构提供采访和写作的原料,以专业化的服务扩大报刊等新闻媒介的新闻收集手段。它打破了新闻媒介的个性结构，实现了新闻媒介传播内容的标准化，甚至有人称它是“一种标准化了的新闻公分母”。它的出现，是工业革命专业化分工在新闻传播领域的具体体现，也是新闻传播业的一场变革。

二、近代四大通讯社的出现

一般认为，世界上最早建立的通讯社，是夏尔·哈瓦斯（Charles Havas，1783～1858年）在1835年建立的哈瓦斯通讯社。哈瓦斯是一个有匈牙利血统的移民。法国革命时移居法国，在拿破仑时代曾开办过银行，与人合办过《法兰西公报》。1832年他成立了翻译事务所，专门经营外报翻译的业务，1835年在此基础上成立了哈瓦斯通讯社，每日出一份新闻稿供给报刊、使馆、政府机关、银行等。他自称这是“报纸的报纸”。他的新闻供稿原则是“迅速和优质”。最初通讯社以快马、信鸽传递消息，供应巴黎几十家报纸和机构。巴尔扎克1840年在他主编的《巴黎杂志》上写道：“一般人都认为巴黎有好多家报纸，但是严格地说全巴黎只有一家报纸，那就是曾在卢索大街开过银行的哈瓦斯先生经营的哈瓦斯通讯社编发的新闻稿。”[①]1845年，该社开始在国内使用电报传递新闻，并在布鲁塞尔、罗马、维也纳、马德里甚至美国开设分社。随着19世纪50年代电报业务的不断发展，哈瓦斯社的业务范围也在不断扩展。1857年，该社与通用广告社合作，与200家地方报纸订立了以新闻换广告版面的合同；1859年与当时的英国路透社、德国沃尔夫社订立了新闻互换合同；60年代又利用新通的海底电缆把业务发展到美洲，从而形成了世界性的新闻网。

德国新闻通讯社的创始人是伯恩纳德·沃尔夫。他曾在哈瓦斯社做译员，1848年担任德国柏林《民族国家报》的社长。为了降低办报的费用，同时实践他在哈瓦斯社学到的经验，1849年他创办了以他的名字命名的通讯社。一开始，沃尔夫社仅用电报来收集、发布股票信息和经济信息。1856年，沃尔夫社与路透社交换经济信息。1859年又与哈瓦斯社、路透社和美联社共同签约，交换政治及经济新闻。60年代，随着德国电讯事业的发展，沃尔夫社开始向德国的报纸和商业公司提供各种经常性的信息服务。沃尔夫社与德国政府关系密切。1865年，俾斯麦政府将沃尔夫社改组为股份公司，并置于政府的控制之下，沃尔夫社开始带上一定的官方色彩，成了欧洲的三大通讯社之一。

英国的路透新闻社（简称路透社）也是世界上最早、最有名的通讯社之一。其创始人保罗·朱利叶斯·路透（Reuters，1816～1899年）是一个通过奋斗而成功的新闻人。他的父亲在他13岁时就去世了。他当过银行职员，开过书店，1848年到巴黎在哈瓦斯社当译员。第二年他开始在德国独立做新闻业务。1851年，当听说英国在英吉利海峡底铺设电缆后，他又前往伦敦正式成立了路透社。最初，路透社只将一些商业消息编成手抄的快讯出售给银行、公司、交易所，后来逐渐在欧洲各地建立了通讯网，报道一些军事、政治、外交消息。当时伦敦的报纸并不接受路透社的新闻。经过不懈的努力，1858年，路透社通过免费使用的方法终于使《广告晨报》成了自己的第一个用户。后来，连最保守的《泰晤士报》等报纸都成了路透社的用户。路透社的新闻记者以“迅速、准确、客观、公正”为

① 张昆.简明世界新闻通史[M].武汉：武汉大学出版社，1994：84.

原则,在欧洲的法奥战争报道中赢得了好评。1865 年,林肯被刺,当时大西洋海底电缆没有开通,人们都是用邮船传递消息。路透社记者在得知消息后,用快艇追上已起航的邮船,把新闻稿扔到船上,就这样,路透社在英国最先发布了消息,甚至当时连美国驻英使馆都还不知情。从 1865 年开始,路透社组建电报公司,开始兴建从德国、俄国、伊朗到印度的电报专线,与沃尔夫社竞争。1870 ~ 1872 年,电缆线铺设到了新加坡、上海、长崎、横滨,路透社在沿途建立了分社。1873 ~ 1874 年电缆线又延伸到澳洲和南美。1871 年,路透被封为男爵。路透的成功,"提供了一种新闻力量的社会事业性质证明"①。

美国的报刊稿件大多也来自通讯社。美国最早成立、最有名的通讯社是美联社。与欧洲三大社由个人创立不同,美联社是由几家报社共同建立的。美联社的历史要追溯到 1848 年,当时为了防止不正当竞争,保护各报的共同利益,纽约六大报《纽约先驱报》《纽约论坛报》《纽约太阳报》《纽约快报》《信使问讯者报》《商业新闻报》成立了一个"港口新闻联合社"(The Associated Press),六家共同采访海外轮船带来的欧洲消息。这个港口新闻联合社就是美联社的雏形。后来,港口新闻联合社在加拿大设立了第一个办事处。1851 年《纽约时报》也加入其中,1856 年"港口新闻联合社"改组为"纽约新闻联合社"。1858 年,联合社从海外发回了第一条带有"AP"字样的欧洲消息。1859 年,联合社与欧洲三大社签订了互换信息协议。在南北战争中,联合社的记者用共同匿名的方式发布消息(from the Associated Press agent,缩写为 AP),报道了葛底斯堡演说、南军投降等重要事件,此后,美联社(AP)开始闻名于世。

三、通讯社的功能、发展和影响

有人认为,作为专业新闻提供者的通讯社,其发展受到三大规律的制约:社会传播功能的间接性、通信技术手段的超前性和新闻信息资源的广泛性。② 通讯社是"媒体的媒体",是根据专业性分工建立起来的,其服务的对象是媒体,这就要求通讯社具有超强的新闻收集能力,能提供异常丰富的新闻产品。事实上,西方通讯社的发展正是这三大规律的体现。

四大通讯社最初的主要任务是提供国际新闻服务。法国哈瓦斯通讯社成立之初就是从英、德、西等国的报纸中剪裁新闻,选择有用信息译成法文再转卖国内,随后又用法国报纸的新闻来交换外国报纸的新闻。路透社的发展也是如此,只不过路透社在采用新式工具(电报)和派出驻外记者方面更进了一步,使路透社声名远播的主要原因是它对美国南北战争的消息提供。美联社成立的直接原因是纽约的六家报纸希望共同采访海外轮船带来的外国消息。德国沃尔夫社的主要活动也是交换国际新闻信息。这些国际新闻通讯社的出现取代了以前杂乱无章的消息源。随着大众报刊的出现,19 世纪下半期以后除了路透社以外,新闻通讯社也开始提供国内新闻了。事实上,大众报刊的发展为通讯社的进一步发展提供了动力,通信技术革命又提供了技术基础,19 世纪晚期,通讯社进入了发展的兴盛时期。英国出现了专门提供国内新闻的报联社(1868 年)和交换电讯社(1872 年),路透社的事业也发展到一个新的高峰。在美国,1892 年美联社实行重新整

---

① 里德. 新闻的力量:路透社史[M]. 牛津:牛津大学出版社,1999:1.

② 要力石. 试论通讯社的三个基本规律[M]//新华社新闻研究所. 世界性通讯社规律探索. 北京:新华出版社,1999:

合，确立了其全国通讯社的地位。欧洲其他国家的通讯社也开始纷纷成立，例如意大利斯蒂法尼通讯社（1853 年）、奥地利的国家电信局（1860 年）、丹麦通讯社（1866 年）、西班牙法布拉通讯社（1867 年）、挪威通讯社（1867 年）、瑞典电讯社（1867 年）、匈牙利通讯社（1881 年）、芬兰通讯社（1887 年）、日本帝国通讯社（1892 年）、瑞士通讯社（1894 年）、俄国通讯社（1894 年），等等。这些通讯社一般都以报道国内新闻为主，并与四大通讯社签订协议，交换国际新闻。20 世纪初，西方新闻业发达的国家已经形成了稳定的新闻报道体系。例如 1900 年美联社就有 2300 家报社用户，每天发稿量为 5 万字。[①]

通讯社的出现和发展直接带来了两个影响。首先，通讯社进一步促进了新闻的专业化。以媒体为服务对象的通讯社是在独立报刊和大众报刊出现时产生和发展的，通讯社与媒体形成了相互促进的关系，通讯社通过采用新的通信技术、建立记者队伍和报道网络、提供各类新闻信息和报道，在新闻专业化的过程中发挥了重要作用。其次，通讯社促进了新闻资源的整合，特别是新闻报道的国家化。新闻通讯社为新闻事业之母，没有现代化的通讯社，就不可能有现代化的新闻事业。各种通讯社尽管在体制上有民营、公营、半政府和政府控制等类型，但在国际政治中，通讯社往往是国家利益的代言人。不仅国家通讯社是如此，一般的世界性通讯社也都具有国家性，"世界性通讯社兼具'世界性'与'国家性'的双重角色，可以说是无可逃避的"[②]。不过，国家通讯社维护国家利益最重要的前提，就是它发布的新闻必须为外国新闻媒介所采用，这除了对新闻源的独占之外，还取决于它发布的新闻是否具有客观性、公正性与独立性。

四、世界传播体系的建立

在近代四大通讯社初步成熟又激烈竞争的基础上，为了稳定和垄断消息来源，1870 年，四家通讯社签订了一个著名的"三边四社"协定，又叫联环同盟。当时主要的新闻市场的争夺是在欧洲三边进行的。这个协定把世界的新闻资源划分为四个势力范围，在每一个势力范围内，只有一家新闻社负责新闻的采访和发布。例如哈瓦斯社负责：法国、瑞士、意大利、西班牙、葡萄牙、埃及（与路透社共享）与中美洲、南美洲；路透社负责：英国、埃及、土耳其及远东；沃尔夫社负责：德国、奥地利、荷兰、斯堪的纳维亚、俄国和巴尔干各国；美联社负责：美国。尽管这个体系对世界舆论的出现产生了重要影响，为 19 世纪末 20 世纪初世界历史的形成提供了信息支持，但是正如美国学者库伯所说：

> 当路透社、哈瓦斯社和沃尔夫社集中了它们的信息资源，建立了一个完全控制国际新闻的机构，并在世界各地设立分支机构的时候，它们实际上掌握了各国人民相互了解的决定权，同时也控制了解释新闻意义的权力。[③]

19 世纪的最后 30 年是资本主义国家开始向世界疯狂扩张的时期，也是世界市场最终形成的时期。[④] 世界传播体系先于这个市场形成了。不过，与资本主义国家在其他领

---

① 福特纳. 国际传播：全球都市的历史、冲突及控制[M]. 刘利群，译. 北京：华夏出版社，2000：88.

② 李瞻. 国际传播[M]. 台北：台湾三民书局，1984：11.

③ 福特纳. 国际传播：全球都市的历史、冲突及控制[M]. 刘利群，译. 北京：华夏出版社，2000：89.

④ 李吟枫. 世界市场的形成及历史作用[J]. 世界历史，1986(2).

域的竞争一样,在这个体系的框架内,各通讯社之间的竞争也是非常激烈的,特别是美国对这种势力范围的划分非常不满。1907 年,美国新成立的合众国际社开始向联环同盟挑战,向南美和欧洲扩展。1914 年,美联社退出了联环同盟。1934 年,世界各通讯社的代表在拉脱维亚的里加开会,接受了美国关于世界各地任何人都可以自由发布新闻的原则,世界新闻资源市场又进入了新的竞争时代。

第四节　记者、报道内容和新闻文体

一、记者的出现和消息网

近代报刊在产生之初,并没有专门的新闻记者。新闻稿件的来源主要是政府公报,报刊转载,外交官、商人的自由来稿和所谓的船舰消息(Ship News)。尽管有人把 18 世纪初的英国文人和评论家笛福称为世界第一记者,不过严格地说,笛福也只能算是一个文学家,他并没有把新闻报道作为专门的职业。世界上最早的记者是专业的驻外记者,最早产生于报道法国革命的过程中。1792 年 8 月 27 日,伦敦《泰晤士报》刊登了世界上第一条招聘记者的广告:“急需一位能翻译法文的先生。为避免困难,他必须通晓英语,对欧洲政局有一定的了解,并且完全能够胜任他的工作。他的工作将是长期的,要占去他相当多的精力,为此(我们)将付给他一笔优厚的薪金。”[①]《泰晤士报》用这种办法招聘其国际部的工作人员完全是出于无奈,因为其独立立场受到了政府歧视,而政府垄断了当时的消息源。在整个 18 世纪,包括美国革命时期,英国报界的消息源一直是政府的国外公文。这些公文先由官方翻译,在伦敦《新闻报》刊登,然后各报在第二天转载,即使是外国报刊,也必须由官方控制的邮局来分发。得不到消息的《泰晤士报》只好组建自己的记者队伍。

19 世纪上半期,《泰晤士报》的做法开始为许多报纸所仿效。许多报纸都派出了自己的记者或在当地聘请特约撰稿人,包括一些著名人物。例如海涅曾经为法国的《总汇报》做通讯员,报道了巴黎 1832 年的霍乱;马克思曾担任《纽约论坛报》驻伦敦的通讯员;法国总理乔治·克里蒙梭在美国内战时曾任巴黎《时报》的记者在美国采访;英国总理温斯顿·丘吉尔也曾作为记者采访过在南非发生的英布战争。1867 年,《纽约论坛报》派斯莫利到欧洲担任所谓的“国外特派员”。由于斯莫利在普法战争的报道中及时、丰富,他本人开始声名大震。他曾在 4 天里用电报发出了价值16,000美元的稿件,总字数为16,000字。[②] 这成为新闻史上的奇观。

记者队伍的建立与新闻信息网的建立是同步进行的。早在 1795 年,美国就允许记者采访国会活动。1822 年,美国的《纽约政治家》首先在华盛顿建立了记者站。随后各报开始在华盛顿各政府部门派驻记者。19 世纪上半期,美国初步形成了国内新闻报道网。英国的国会报道解禁之后,1803 年允许记者旁听,1831 年设立了记者席。英国国内

---

① 霍恩伯格. 西方新闻界的竞争[M]. 魏国强,陈进军,周力非,等译. 北京:新华出版社,1985:1.

② 霍恩伯格. 西方新闻界的竞争[M]. 魏国强,陈进军,周力非,等译. 北京:新华出版社,1985:116.

报道体系开始出现。19 世纪中期以后,世界通讯社的建立使新闻信息网更加健全,记者成了专门的职业。19 世纪中后期,随着各国国内报道网和地方报道网的建立,记者的队伍迅速扩大。在不断获得职业荣耀的同时,记者的职业化和专业化也在加强。当然,专门的记者、编辑培养是在 20 世纪初新闻学院建立以后。

二、报道内容和层次的多样化

新闻报道从内容上可以分为时政新闻、经济新闻、社会新闻和其他新闻,在报道层次上可以分为国际新闻、国内新闻和地方新闻。这些新闻的内容和层次在 19 世纪大众报刊出现之后,已经基本上形成了。

时政新闻就是报道时事政治的新闻。如果说政治的核心是权力,那么时政新闻就是主要报道政治的主体政府活动、制度变革和国际关系变动的新闻。由于在一个政治化的时代,政治与每一个人的生活密切相关,所以在新闻报道中,时政新闻一直都占据着非常重要的地位。一般而言,时政新闻都可以归为硬新闻的范畴。① 从报刊产生开始,时政新闻就是新闻报道最主要的内容。最初,国际政治是时政新闻的主要内容。19 世纪以后,随着国内报道的不断丰富,时政新闻中关于本国政府活动的报道开始逐渐增多。

关于经济新闻的定义学术界有不同的说法。有人认为"经济新闻就是新近发生的经济事实的报道";有人认为"经济新闻是报道人类一切经济活动的新闻,或者以经济活动为主要内容的新闻";还有人注意到经济新闻的价值问题,提出"所谓经济新闻,应该是关于人们如何进行经济选择和经济决策的报道"。② 可以说,在所有的新闻信息种类中,经济信息是产生最早的新闻信息,劳动中的信息传递就是最原始的经济新闻形态。文字新闻出现后,在"新闻信"中,特别是欧洲中世纪后期手抄报纸的繁荣中,经济新闻信息日益增多。不过在 17 ~ 19 世纪中很长一段时间,经济新闻不如政治新闻发达。到了 19 世纪后期,随着工业革命的展开,经济新闻才开始蓬勃发展起来,由原来的经济信息为主发展成了通讯、专访、调查和评论等多种形式,出现了一些专门的经济类报刊,如英国 1843 年的《经济学家》、1888 年的《金融时报》,美国 1889 年的《华尔街日报》等。经济新闻在报刊中的比重也日益上升。据 1924 年美国的《独立》杂志统计,当时的美、英、德、法四国主要报纸上,经济新闻已占据第一位。③

社会新闻是一个并不确切的概念,从广义上说,所有的新闻都具有社会性。不过我们所谈的社会新闻是就其狭义而言的。有人认为,社会新闻一般是反映当前社会生活、社会事件、社会问题的新闻,反映社会意识和道德观念发生变化的新闻。也有人认为:

---

① 所谓硬新闻(hard news)和软新闻(soft news)是根据新闻与读者的关系(硬、软)来划分的。所谓硬新闻,是指关系到国计民生和人们切身利益的新闻,包括重大的方针政策的制定与改变、政局变化、市场行情、疾病流行、重大灾害等,是为人们的政治经济活动和工作生活提供依据的新闻。硬新闻强调时效性、重大性和准确性(时间、地点、数量、人物等)。所谓软新闻,是指与人们的切身利益并无利害关系,向人们提供娱乐、开阔眼界、增长知识的新闻,是富有人情味和知识趣味的新闻,是对时效性、重大性和准确性要求不那么高的新闻(李良荣. 新闻学概论[M]. 上海:复旦大学出版社,2011:33-34.)。还有人认为,硬、软新闻在早期是不好区分的,所谓硬新闻是正在发生的可以有效加以分析和解释的新闻,是正在发生的真实事件的描述,与事实(fact)有关。而软新闻是特写和人们感兴趣的故事(story)。前者强调的是一系列的信息,后者是更娱乐化、私人化和情感化的事件。

② 樊凡. 经济新闻范文评析[M]. 北京:新华出版社,2001:7.

③ 徐人仲. 经济新闻学初探[M]. 北京:新华出版社,1993:19.

“凡报道社会生活中具有新闻价值的个人或人与人之间关系变化的事实,及报道奇异社会现象的新闻,叫社会新闻。”①更有人指出:“社会新闻是反映当前社会生活、社会事件、社会风貌、社会动态、社会问题的新闻。”②显然,社会新闻强调的是新闻的社会性。尽管社会新闻也传递信息、监控社会,但是与政治和经济新闻相比,社会新闻更具有新鲜性、趣味性和贴近性等特征,即具有更多软新闻色彩。社会新闻的出现时间很早,古代报刊中就有一些社会上发生的逸闻趣事。18 世纪晚期报刊中社会新闻开始增多,而其崛起是 19 世纪后期大众报刊出现之后的事情。在所谓黄色新闻时期,社会新闻是新闻报道的主要内容。

其他新闻包括科技新闻、体育新闻、文化娱乐新闻等。科技新闻也是新闻种类中较早产生的,例如美国著名报人本杰明 · 富兰克林就经常在他创办的《宾夕法尼亚公报》上刊登科技报道,他对避雷针的发明就是 1752 年最早在这份报纸上披露的。③ 不过科技报道较大规模地展开是在工业革命之后。19 世纪 20 年代,一位在美国的欧洲人写道,“在这里,一切新事物很快被引进,对旧方式无所留恋。美国人一听到‘发明’这个词,马上就会竖起他的耳朵”④。19 世纪以后,对科技新闻的报道开始成为新闻的一个重要门类。体育新闻是在大众报刊出现的时期发展起来的一个新闻品种。有人认为,近代体育新闻的开创者是美国著名新闻人普利策,他首先在《世界报》上大量刊载体育新闻的做法为世界各国的报纸所仿效。⑤ 现在,体育报道成了新闻报道中的一个重要门类。在近代报刊出现的早期,报纸与文学之间并没有明显的界限,新闻与消息及轶闻趣事之间的界限也模糊不清。18 世纪以后,随着报刊新闻性的增加,文化娱乐新闻开始作为独立的新闻种类出现,特别是在 19 世纪中期以后,随着西方国家的社会变迁、大众报刊的崛起,以及社会的进步和人们闲暇时间的增加,文化娱乐新闻与社会和体育新闻一起出现了。

什么是国际新闻?在学术界这一直是一个见仁见智的问题。在中外各类新闻学或传播学的词典中并没有国际新闻的条目,各类百科全书中也没有国际新闻的解释。我们认为,“所谓国际新闻,是跨越了国家界限并具有跨文化性的新闻,或者说是新闻在国际间的流动”⑥。国际新闻最常见的形态是国际报道或者说是外国消息(Foreign News),也是最早出现的新闻形态之一。我们甚至可以说,从 15 世纪中期到 17 世纪中期近代报刊的萌芽时期,报道中最主要的内容就是国际新闻。英国的第一家日报《每日新闻》就以翻译荷文、法文消息为主,该报创始人马利特在创刊号上声明:“该报创办之目的,在迅速、正确而公正地报道国外新闻,不加评论。”⑦美国新闻学者埃默里指出,在整个 18 世纪,美国见报的地方新闻寥寥无几,国内新闻也是简明扼要,相比之下,外国新闻的选择余地更大一些。他还统计,在 18 世纪 60 年代,外国新闻版面中有 2/3 登的是政府和军事新闻,

---

① 赵相如. 论社会新闻及其功能与特点[J]. 新华文摘,1983(2).

② 叶世涛. 谈对外社会新闻[J]. 对外宣传参考,1985(14).

③ 本田一二. 美日科技报道史话[M]. 刘明华,译. 北京:新华出版社,2004:13.

④ 布卢姆,摩根,罗斯,等. 美国的历程(上)[M]. 杨国标,张儒林,译. 北京:商务印书馆,1988:340.

⑤ 郝勤. 体育新闻学[M]. 北京:高等教育出版社,2004:17.

⑥ 刘笑盈. 国际新闻史研究论纲[M]//蔡帼芬,徐琴媛. 国际新闻与跨文化传播. 北京:北京广播学院出版社,2003. 另见关世杰. 国际传播学[M]. 北京:北京大学出版社,2004:262.

⑦ 郑超然,程曼丽,王泰玄. 外国新闻传播史[M]. 北京:中国人民大学出版社,2000:63.

只有15%登的是人情味故事，有3/4的外国新闻来自英国。① 另外，一位瑞士学者对英国《泰晤士报》《曼彻斯特卫报》《晨邮报》《问讯者报》四家报纸两百年（1785～1985年）中1639条国际新闻进行研究发现，报刊一开始是以地点划分栏目的，例如伦敦消息、巴黎消息、美国消息等，19世纪中期以后才开始设立专门国际新闻栏目以区别日益增加的国内新闻（Domestic News）。② 国内新闻是报道本国的重大活动、涉及国计民生的新闻。尽管在各国的革命与改革中出现了一些关于国内政治的报道，但是严格说来，国内新闻是随着新闻自由的不断实现而出现的。地方新闻是新闻中最具有贴近性的新闻种类，在18世纪晚期开始出现，19世纪中期以后随着大众报刊的发展而迅速发展。

三、新闻文体和报道方式

就在记者出现的同时，报纸的文体也在发生着变化。最初的新闻没有独立文体，与文学或评论难以分开。直到18世纪末19世纪初，新闻初步摆脱了与文学纠缠不清的状态，形成了一个独立的社会文化品种。根据英国学者吉登斯的研究，新闻与文学和评论划清界限是在1800年前后。③ 新闻报道取代了过去的长篇大论，新闻的文体也趋向于清晰、准确、简单的风格。19世纪中期电报兴起之后，因为发电报要求简单明确，同时为了防止出现传递故障，也方便编辑的修改，新闻报道中出现了一种著名的“倒金字塔结构”，即把重要的事实放在最前面。散漫杂芜的渲染式报道开始被压缩式报道所取代。新闻报道中的一些标准，例如消息与特稿的分类，标题、导语、正文的结构等开始日趋完善。随着大众报刊的发展，通栏或多行标题，多种形式的导语，各种图画、照片开始广泛运用，新闻报道的文体和风格也日益多样化了。

有人认为，“西方报界在报道方式上发生了多次明显的变革。这种变革大致可以分为六个阶段：（1）杂报时期；（2）朴素记录时期；（3）以趣味性为主时期；（4）煽情时期；（5）客观报道时期；（6）深度报道——新的摸索时期”④。当然，这个顺序不一定准确，但19世纪中期以后，客观性报道的出现的确是一个值得注意的现象。我们前面所引的《纽约时报》的办报方针就是客观报道的典型。客观报道既是大众报刊区别于政党报刊而立足的基础，也是对新闻自由的一种修正，还是新闻自我约束取得社会公信力的表现。所谓公信力，就是因公众的信任所产生的一种权力。在客观报道的基础之上，19世纪末在新闻界的揭黑活动中出现了调查性报道，深度报道开始流行。此外，系列报道、连续报道、组合式报道等形式也都出现了，报道方式日益多样化。

第五节　19世纪末西方经济的发展与媒介产业化

如果我们把工业革命中以蒸汽机为核心的机器发明以及纺织、采煤、运输、冶金、机械等各行业的崛起称为第一次技术革命，它形成了近代工业体系；那么，19世纪末20世

---

① 埃默里M，埃默里E. 美国新闻史：大众传播媒介解释史[M]. 展江，殷文，译. 北京：新华出版社，2001：69.

② 谢凯莱基斯. 穿越时代的报纸：18～20世纪的国际报道[M]. 苏黎世：[出版者不详]，1999：31-36.

③ 吉登斯. 民族—国家与暴力[M]. 胡宗泽，赵力涛，译. 北京：生活·读书·新知三联书店，1998：255.

④ 刘明华. 西方新闻采访与写作[M]. 北京：中国人民大学出版社，1993：42.

纪初,以电力技术、内燃机技术、通信及电子技术和现代材料技术为核心的发明以及电力、化工、通信、汽车与飞机制造、现代建筑等行业的崛起可以称为第二次技术革命,它形成了现代工业体系。我们很大程度上还生活在这个文明体系带来的物质成果中。

电力技术是第二次技术革命带给人类社会最重要的技术成果,在蒸汽之后,人类又获得了一种前所未有的新能源。与蒸汽相比,电能不仅是一种易于传输的工业动力,而且是极为有效可靠的信息载体。电力革命发生在动力传输和信息传输两个方面,包括动力传输系统的大型发电机、高压输电网、各种电动机及照明电灯,信息传输系统的电报、电话、无线电通信等一系列伟大的发明。此外,石油、汽车、建筑、化工等新兴产业开始出现,传统的纺织、造船、运输、钢铁等行业也得到了新的动力。技术革命不仅带来了新兴产业,而且企业的所有制形式也发生了变化。最主要的表现就是股份公司的出现。美国是股份公司出现最早、发展最充分的国家,1899 年,制造业的全部产品由股份公司生产的占 66%,1909 年占 79%。1862 年英国的股份公司只有 165 家,1897 年一年就成立了 5187 家。伦敦和纽约的证券交易所在 19 世纪末得到了巨大发展。股份制完成了私人资本向社会资本、私人企业向社会企业的转变。

在高度竞争的基础上,由于资本的特性——最大程度地无限扩张,在西方国家出现了生产与资本迅速集中的过程,过去从未出现过的大型和巨型企业开始出现在许多生产和生活领域,垄断产生了。美国在 19 世纪末迅速展开了集中浪潮,各个行业都有所谓的"大王",如钢铁行业的卡内基、铁路行业的范德比尔特、化学工业的杜邦、石油工业的洛克菲勒、汽车业的福特、肉类加工业的阿穆尔等。据 1905 年的美国公司调查报告,全国大约有 21.6 万家企业,其中近 11% 的企业控制了资本总额的 81%、雇用工人的 72% 和产值的 79%。① 英国、俄国、日本的生产集中与垄断现象同样明显。西方经济和西方企业制度已经发展到一个新的阶段。

这一时期,与西方经济表现出来的特征一样,西方国家的报业迎来了巨大的发展,报刊的数量及竞争程度都达到了前所未有的水平。在产业化的同时,报业也开始进入集中与垄断时期,出现了许多大的报业集团,越来越强大的新闻舆论工具开始掌握在少数人手中。

如果说亚当·斯密在 1776 年出版的《国富论》奠定了西方自由市场经济的理论基础,那么新闻自由的思想则更早地阐明了媒介市场化的方向;如果说西方的产业生产的是一些具体的产品,那么媒介生产的则是舆论和受众的注意力;如果说在 18 世纪媒介还受政治、经济条件的困扰,没有显示出多大的经济利益,那么在 19 世纪以后,特别是 19 世纪中期大众报刊出现以后,媒介的经济效益日益显现,媒介产业化成为一种潮流。

19 世纪的最后 30 年是报刊大发展时期,也是竞争最激烈的时期。以美国为例,从 19 世纪中期大众报刊发展开始,1880 年全国有报纸 7000 家,90 年代增加到12,000家。1872 年只有 2 家报纸的发行量超过 10 万,1892 年有 8 家,其中《纽约世界报》37 万、《妇女家庭》70 万。1870~1900 年,报纸的数量增加了 3 倍,销售量增加了 6 倍,周刊数量增加了 2 倍,报刊的竞争空前激烈。② 报业的激烈竞争是因为存在着巨大的利益。自报业发现

---

① 刘笑盈.推动历史进程的工业革命[M].北京:中国青年出版社,1999:213.

② 郑超然,程曼丽,王泰玄.外国新闻传播史[M].北京:中国人民大学出版社,2000:332.

赢利的秘密不在于发行定价本身,而在于扩大发行量和版面,把读者的注意力卖给广告商之后,廉价报纸应运而生。19 世纪下半期是西方国家广告发展的第一高峰期,广告公司与各种广告理论纷纷出现,而广告的繁荣建立在廉价报纸兴起的基础之上。在报纸开始采取低于成本的发行策略之后,1893 年美国出版商麦克卢尔创办的《麦克卢尔杂志》也开始采取低价策略,每份只售 15 美分,又掀起了期刊经营的革命。① 与此同时,报刊的广告内容不断增多,一般达到了报纸版面的一半甚至四分之三。例如,这一时期《纽约时报》的广告就占总篇幅的 62% 左右。② 报刊的经营管理成为一种专业化的活动。19 世纪 90 年代中期,《纽约世界报》价值为 1000 万美元,年利润为 100 万美元。③ 这一时期出现的媒体巨头,例如美国的斯克里普斯、芒西、普利策、赫斯特等,都获得了数千万美元的巨额财产。

在西方国家的经济从自由竞争走向垄断的阶段,已经企业化的报业也不例外地融入了这一潮流。自由竞争导致垄断,这是由资本追求无限的扩张和无限的利益这种本质所决定的,企业对内要不断地集约经营、降低成本,对外要不断地扩大占领市场,这种趋势必然导致企业集团化和垄断的出现。从报业的情况看,由于办报成本的提高,人才、设备、发行、广告及经营管理各方面的竞争,导致报业的集中化和报业集团的出现,报业垄断化的进程开始了。

美国是西方国家报业竞争最激烈的国家,也是最早出现报业垄断的国家。1900 年,美国有 8 个报团,控制日报 27 家,占全国日报总数的 1.3% 和总发行量的 10%。1930 年,报团总数为 55 家,控制报纸 311 家,占全国日报总数的 16% 和总发行量的 43%。其中有名的报团有斯克里普斯报团、芒西报团和赫斯特报团。斯克里普斯是一个农场主的儿子,1878 年创办了该报团的第一家报纸《克里夫兰新闻报》,19 世纪 80 年代开始向其他城市扩展,接连创办了五六家报纸。1889 年他与另一个报人密尔敦·麦克雷合作组建报团,到 1914 年,拥有了 23 家报纸。他的报纸大多是廉价的大众化晚报,他采取的方式是自办而不是收购,通常是选择一个几万人的城市,派人带少量资金前去办报,成功后他拥有报纸 51% 的股份,其余为办报人所得,失败由公司承担。这样一来,随着城市的发展,他的报业就发展起来了。芒西也是一个出身贫寒而又自命不凡的报人,他以办杂志起家,通过办青年杂志《金色船队》打入纽约出版界,1889 年又成功地创办了《芒西周刊》。1900 年该刊发行量为 65 万份,年利润达到 50 万美元。1901 年他开始进军报界,首先买下《纽约每日新闻》和《华盛顿时报》作为报团的核心。与斯克里普斯不同,芒西的扩张主要靠收购。他不停地一家家买报,因残酷而被人称为"报业绞肉机"。1925 年他正在谈判收购《芝加哥每日新闻》时去世。赫斯特靠办黄色新闻报纸《纽约新闻报》起家,1900 年他有 3 家报纸,之后他开始向芝加哥、波士顿、底特律等城市发展。1922 年他在美国 13 个大城市拥有 20 家日报、11 家星期刊、6 家杂志,1909 年还创办了国际新闻社。

英国的报业垄断是由著名报人北岩勋爵揭开序幕的。北岩是英国新式新闻的集大成者,在创办《回答》杂志和《每日邮报》成功的基础上,他于 1900 年收购《星期快报》,

---

① 刘家林. 新编中外广告通史[M]. 广州:暨南大学出版社,2000:374.

② 陈培爱. 中外广告史[M]. 北京:中国物价出版社,2001:211.

③ 埃默里 M,埃默里 E. 美国新闻史:大众传播媒介解释史[M]. 展江,殷文,译. 北京:新华出版社,2001:215.

1903 年创办《每日镜报》,1905 年收购《观察家报》,1908 年还取得了对《泰晤士报》的控制权,加上其他众多报纸杂志,北岩建立了英国有史以来最大的报业集团。“一战”期间,他还被任命为英国驻美大使及战时对敌宣传总监。英国另一个较大的报团是比维布鲁克报团,其老板本名为威廉·艾特肯,1910 年由加拿大移居伦敦,曾当选为保守党下院议员,“一战”中作为战地军事记者赴前线采访,1917 年被封为勋爵。同年他进军报业,购入《每日快报》,1918 年创办《星期日快报》,1923 年购入《标准晚报》和其他几家报纸,形成了报业集团。他的报纸追求黄色刺激,他本人有“英国的赫斯特”之称。《每日快报》和《星期日快报》是英国发行量最大的大众报刊,1932 年《每日快报》的发行量还一度超过了《每日邮报》。

德国在“一战”之前也形成了报业集团,比较大的有三个:莫斯报团、乌尔斯泰因报团和谢尔报团。鲁道夫·莫斯是大众报刊的先行者,1865 年就创办了《广告电讯报》,1871 年又创办大众报刊《柏林日报》。到 19 世纪末 20 世纪初,他拥有 5 家报纸、9 家周刊、一个广告公司和一个通讯社。乌尔斯泰因是一个造纸、印刷商人,1889 年创办《柏林画报》周刊开始进入报刊业,1898 年创办大众报刊《柏林全德新闻》《柏林晨邮报》,之后陆续创办了一些其他报刊。该报团拥有 5 家重要的日报、10 家周刊、10 家月刊以及广告社、书店和印刷厂,其中《柏林晨邮报》1913 年销量高达 40 万,是当时德国销量最大的报纸。奥古斯特·谢尔原来也是一个出版商,1883 年创办了《柏林地方新闻》,很受市民欢迎,销量很快达到 10 万份以上,之后谢尔又创办了多家报刊,形成了报团。“一战”期间,由于经营困难,谢尔报团被克虏伯康采恩的董事长休根堡收购,又成了休根堡报团。前两家报团的所有者因为是犹太人,所以在希特勒上台后被接收或摧毁,后者也成了纳粹党控制的宣传工具。

法国的报业集团出现较晚,因为法国报刊的政治性强,所以“一战”后法国才有一些报业集团出现,比如普罗奥斯特报团、温特家族报团、科蒂报团等。但这些报团的规模和垄断程度都不是太高。

对于报业垄断化,新闻史研究者的评价褒贬不一。有人认为应该加以肯定,因为垄断有利于消除由于恶意竞争引起的报业弊端,报纸可以不用耸人听闻的煽情主义手法兜售新闻,有利于新闻报道水平的提高和报道的真实公正性,同时,垄断程度的提高还有利于集中人才、设备优势,从而提高报业的现代化水平。报业力量的加强也有利于报业在政治和经济上进一步独立,从而成为一种社会独立力量,以便更好地承担作为公众与政府之间舆论监督者的责任。有人认为应加以否定,因为垄断是自由竞争的大敌,报业垄断的最大危害就是威胁到新闻自由,新闻自由要求新闻的来源多样化,而垄断使新闻出自一家,读者没有选择权,其后果不仅削弱了报业的民主性,而且使报业本身由于缺乏竞争而丧失创新精神,降低办报水平。从表面上看,这两种说法都有道理,但我们应该跳出这种非此即彼的思维而另做思考。从经济学上讲,市场竞争的结构有四种形式:完全竞争市场(多数厂商、均质产品)、完全垄断市场(一个厂商独占一个行业)、垄断竞争市场(多数厂商、非均质产品)和寡头垄断市场(少数厂商、均质与非均质产品),实际上除非在极端的情况下,前两种市场是不存在的,大多数情况下存在后两种市场。我们说的报业垄断,是从垄断竞争向寡头垄断的过渡,这也是历史的必然现象,只要不发展到完全垄断,其危害性就不会大到社会不能接受的程度。换句话说,社会可以接受的报业发展程度,是在垄断竞争市场和寡头垄断市场的范围内,可以用报业竞争的市场规律去调节;超过此范围,就必须用行政或制度力量加以调节了。

第六节　新闻传播中的逆流:黄色新闻的泛滥

19 世纪末 20 世纪初在报刊激烈竞争的基础上,新闻传播中曾经出现了一股黄色新闻的逆流。美国是黄色新闻的发源地,其他国家也紧随其后,媒介的商业化发展到顶峰。

一、美国的黄色新闻

美国是报业竞争最为激烈的国家,也是黄色新闻最早出现的国家,“黄色新闻”一词是从美国开始叫响的。

“黄色新闻”一词最早出现在 1897 年。当时,纽约的两大报纸——普利策的《纽约世界报》(简称《世界报》)与赫斯特的《纽约新闻报》(简称《新闻报》)竞争到达白热化的阶段。赫斯特为了战胜普利策,不仅以创纪录的高薪挖走了《世界报》星期刊的全班人马,而且把该报赖以成名的滑稽连环画《霍根小巷》中的主人公“黄衣少年”也换到了自己的刊物上。普利策一面以侵犯版权为由把赫斯特告上了法庭,一面另请人为《世界报》星期刊画连环画。一时间,两个报纸的推销用的都是那个兴高采烈、东游西逛、面带微笑的“黄衣少年”,从商店的橱窗到戏院的广告,整个纽约都被黄衣少年搅乱了。人们一看到黄衣少年,就想到了《世界报》和《新闻报》,想到了那种流行的耸人听闻的新闻,“黄色新闻”(Yellow Journalism)一词就此流传开来。

黄色新闻实际上是原来廉价报纸中煽情主义新闻暗流的进一步发展。可以说,普利策办的《世界报》是最早的“黄色报纸”,而赫斯特办的《新闻报》使之达到了登峰造极的程度,并产生了世界性的影响。

拉瑟夫·普利策(J. Pulitzer,1847 ~ 1911 年)出生于匈牙利,1864 年到美国,当过军人、工人、记者、议员,1878 年开始办报。1883 年,普利策购买了《世界报》,西方新闻学家把这看作美国新闻史上的重大转折点,标志着廉价报纸取代了政党报纸而成为报刊的主体。1883 年 5 月 10 日他在买下《世界报》后写的第一篇文章中就称:“这家报纸将揭露一切骗局和耻辱,将与一切公开的邪恶和陋习作战。它将诚心诚意地服务于人民,为人民而战。”①普利策在几个方面开始加强报纸的影响力:其一,他大大发展了廉价报纸时期的煽情主义手法,用耸人听闻的“黄色新闻”来满足广大社会中下层读者的阅读情趣。在《世界报》上,人们常常可以看到两性、殴打、犯罪等“血腥的头版头条”。《世界报》还把妇女、体育、社会活动等消息作为报道重点,以吸引更多的读者。其二,他经常发动社会运动,讨伐社会不公,以提高报纸的知名度和美誉度,从而贴近社会、贴近读者。如 1884 年发起募捐运动,为法国赠送的自由女神像建造台座,有 12 万人慷慨解囊;发起反对美孚石油公司、贝尔电话公司的专利垄断、彩票舞弊、纽约州州长贪污、议员受贿等讨伐运动;还举办为贫民提供免费圣诞节晚餐、义诊等社会公益活动。该报的社论版严肃、公

① 霍恩伯格. 西方新闻界的竞争[M]. 魏国强,陈进军,周力非,等译. 北京:新华出版社,1985:159.

正,同情和支持社会中下层人民,因而深受欢迎。其三,首开新闻策划之先河,自己制造轰动新闻,实际上是为自己做广告宣传。典型的例子是其著名记者伊丽莎白·科克兰(笔名内利·布莱)1889年只身环游世界,以模仿凡尔纳的小说《八十天环游世界》。《世界报》天天追踪报道,搞有奖竞猜,获胜者可以免费到欧洲旅行,有100万人参加了这一活动,产生了极大的轰动效应。其四,就报纸本身看,《世界报》内容丰富、印刷精良、可读性强、售价低廉。《世界报》最初的版面是8版,后来扩大到12版、14版、16版,星期刊出20版、40版,其10周年纪念号为100版,这在当时绝无仅有。在版面设计方面,《世界报》广泛采用套色、多行标题、插图、漫画等技巧,特别是运用了各种各样的照片、素描和漫画。为了保证印刷质量,《世界报》采用了先进的印刷技术,1895年还率先使用了彩色印刷机。《世界报》非常重视报纸的可读性和娱乐性,除了语言生动,刊登连续报道、连载小说、连环画外,还在1884年首次开办了星期刊这种特别强调可读性和娱乐性的报刊形式,除焦点新闻外就是各种娱乐性专栏,深受欢迎。这么一份有分量的报纸却一直坚持低价原则,一直卖两美分,最低时卖一美分。其五,《世界报》的成功还在于网罗了一批办报人才,打造了自己的明星记者。其总编辑柯克里尔就是一个办报的行家,而著名女记者布莱经常搞一些深入疯人院、黑人区、红灯区乃至环球旅行等惊人之举,宣传记者的同时也宣传了报纸。

普利策的精心策划使报纸的发行量节节上升,1883年他刚接手时发行量是15,000份,1884年达到6万份,星期刊达到10万份,1887年为25万份,1897年达到70万份。办报的成功也使普利策成了毁誉参半的人物,1911年他去世时是一个拥有2000多万美元的大资本家,他在遗嘱中提出拿250万美元创办新闻学院,用50万美元设立普利策奖,奖励优秀的新闻、文学、历史、音乐和摄影作品,产生了巨大影响。

就在普利策取得巨大成功的时候,另一个后来把黄色新闻推向极端的年轻著名报人威廉·伦道夫·赫斯特(William Randolph Hearst,1863~1951年)开始向他挑战了。赫斯特出生于美国旧金山一个富豪家庭,19岁考上哈佛大学,担任过哈佛大学学生刊物《讽刺文刊》的事务经理,第二年因违反校规被学校开除。后来他在东部地区广泛考察了各种报纸,还在当时刚刚兴起的《世界报》担任过实习记者。1887年24岁时,赫斯特开始主持其父的《旧金山考察者报》,运用在东部学习的办报经验广泛网罗人才,把这份报纸办成了当地最畅销的报纸,一年内报纸的销量由2万份达到4万份,1893年达到6万份。在这一时期,他也开始了新式新闻的实验。他聘请的著名记者、编辑阿瑟·麦克尤恩曾在报纸上对新闻下过一个定义:"我们追求的是'哎呀式'的激动,我们办报,就是要使读者打开报纸后惊呼'哎呀'!"所以,黄色新闻又被人称为"哎呀新闻"。

带着在旧金山的成功,踌躇满志的赫斯特在1895年返回纽约,购买了一份陷于困境的报纸《新闻晨报》,改名为《纽约新闻报》,开始了与普利策的新闻大战。其一,赫斯特发动了人才争夺战,他除了从旧金山调来过去手下的精兵强将外,还在1896年1月与《世界报》星期刊的编辑人员暗中达成协议,一夜之间用高薪把他们全部挖走,后来又挖走了《世界报》的晚刊编辑主任,他采取的手段就是许诺加高薪。其二,他发动了更猛烈的煽情新闻大战。普利策为防止报纸煽情过头而编造新闻曾在其城市版的编辑部墙上贴了一条标语:"精确、精确、再精确。"赫斯特的办报方针则是,"获得新闻,第一个获得新闻,不惜一切代价获得新闻"。这种方针走到极端就可能出现煽情过头的新闻甚至是假新闻。赫斯特的报纸上充斥着犯罪、丑闻、流言、离婚、性,一些灾害、体育报道也充满了煽情主义手法,在技术上使用大号煽动性标题、滥用图片,甚至发展到偷拍、伪造照片,捏造访问和新闻报道的程度,以喧嚣、刺激来吸引读者。其三,在发动社会运动方面,《新闻报》更是不遗余力,比《世界报》有过之而无不及,如《新闻报》先后发起反对煤气公司、电车公司特权的抗议运动,以“人民的斗士”自居。《新闻报》还专门开设了自我吹捧的专栏,自称“别的报纸空谈,而《新闻报》实干”①。不论是美国内政还是外交,《新闻报》都极力滥用自己的话语权加以干预。在美国 1896 年的总统选举中,《新闻报》一直攻击麦金莱而支持另一候选人白里安。1898 年的美西战争更成了赫斯特大显身手的舞台。在战前,《新闻报》就大造战争舆论,刊登西班牙在古巴的负面新闻。1896 年他派画家雷明顿到哈瓦那挖掘新闻材料,雷明顿到那里后致电赫斯特:“这里很平静,不会有战争。”赫斯特回电:“请留古巴,你提供图片,我将提供战争。”②1898 年 2 月 15 日美国战舰“缅因号”在哈瓦那被炸沉,这一事件立刻被赫斯特抓住,以特大通栏标题和图片报道了这一消息,断言这是美国的敌人——西班牙所为,《新闻报》悬赏 5 万美元征求查明罪犯的证据,三天后又用通栏标题报道和煽动“全国战争狂热”。在舆论的压力下,4 月 18 日美国国会通过了对西班牙宣战的决议。赫斯特先是表示自己愿意出资装备一个团赴古巴参战,遭到拒绝后又组织了数只汽艇、拖船及 20 多名记者、画家、摄影家进行战地采访,船上装有印刷机可以随时印发《新闻报》。当美国战胜西班牙海军时,赫斯特还亲自头戴草帽、挥舞手枪押解了 20 多名俘虏,在《新闻报》上大肆宣扬。由于《新闻报》在美西战争的舆论宣传中起了不同凡响的巨大作用,美国新闻史上有人把这场战争称为“赫斯特的战争”,黄色新闻也在这场战争中被推到登峰造极的地步。

在《新闻报》与《世界报》的竞争中,黄色新闻成了美国新闻出版界的一股潮流,引发了美国许多报纸的效仿。当时在美国 21 个报纸集中的城市里,有三分之一以上的报纸是纯粹的黄色报纸,其他报纸也有不同程度的黄色新闻倾向,而这两家始作俑者更是从中大获其利。1896 年,这两家报纸的发行量都达到 60 万份以上,美西战争中更是超过百万份,《新闻报》最高达到 150 万份。但盛极而衰是一条规律,1901 年麦金莱总统被刺成了赫斯特的滑铁卢。1900 年,麦金莱在与白里安的总统竞选中再次胜出,《新闻报》不仅对其进行人身攻击,而且鼓吹采用暗杀手段,1901 年 9 月麦金莱果然被一个狂热的民族主义者所暗杀。在凶手的口袋里,人们发现了放有攻击总统文章的《新闻报》。这一事件引起了读者、新闻界乃至社会各界对不负责任却以社会权威自居的黄色新闻的反感,《新闻报》的销量开始一落千丈,赫斯特也不得不把遭到各界抵制的《新闻报》改成了《美国人报》。

二、其他国家的黄色新闻

黄色新闻并不是美国独有的现象,19 世纪末 20 世纪初,在其他一些国家,如法国、英国、俄国、日本也出现了一些类似美国黄色新闻的报纸。

法国最有名的黄色新闻报纸是《小新闻报》《小巴黎报》和《晨报》。《小新闻报》是

---

① 埃默里 M,埃默里 E. 美国新闻史:大众传播媒介解释史[M]. 展江,殷文,译. 北京:新华出版社,2001:230.

② 埃默里 M,埃默里 E. 美国新闻史:大众传播媒介解释史[M]. 展江,殷文,译. 北京:新华出版社,2001:233.

1863 年由穆瓦兹·米洛创办的一家廉价报纸,1880 年销量就达到 60 万份。19 世纪末,该报受美国黄色新闻的影响,进一步转向充分迎合大众的猎奇心理和阅读口味,刊登一些杀人越货、法庭纠纷、天灾人祸、两性爱情等社会新闻,1890 年销量达到 100 万份。《小巴黎报》是 1876 年创刊的一份报纸,1888 年由出色的报人让·迪普接手,开始了与《小新闻报》的竞争。迪普对报纸的改造是:(1)在政治和社会立场上保持独立与中立,做"公众舆论的调节者";(2)增加新闻量和刺激性报道,减少言论,增加娱乐性;(3)降低售价,注重设备更新,降低办报成本,采取多种形式推销。该报是法国第一家使用轮转印刷机的报纸。这些措施使报纸的销量稳步增长,1891 年达到 85 万份。在 1894 ~ 1898 年法国的德雷福斯案件[①]中,《小新闻报》卷入太深,偏向右派,而《小巴黎报》则保持中立,在销量上开始超过前者。1903 年《小巴黎报》发行量超过 100 万,1914 年超过 150 万,成了"全世界最大的报纸"。[②]《晨报》则是法国黄色新闻报纸中最为美国化的一份。它于 1883 年由美国人在巴黎创办,后被法国人收购,1896 年由莫里斯·比诺·瓦利亚所有,一直经营到 1944 年。该报在版面编排、标题设计、内容写作等方面全面仿照纽约报界,同时也不断发起社会运动,1914 年发行量达到 90 万份。当时巴黎报纸的总销量是 600 万份,这三家报纸就达到 300 多万份,黄色新闻的影响之大可见一斑。

英国黄色新闻的代表人物是著名的报人艾尔夫雷德·查里士·哈姆斯沃斯[Alfred Charles William Harmsworth,即北岩勋爵(Lord Northcliffe),1865 ~ 1922 年,他因对报业的贡献于 1905 年受封],代表性的报纸是他于 1896 年创办的《每日邮报》和《每日镜报》。北岩有"舰队街的拿破仑"之称,与创办了《每日电讯报》的劳森一起,被称为"英国现代报业的创始人"。他出生于爱尔兰一个律师家庭,幼年与父母一起移居伦敦,中学时就编过校刊,17 岁任《青年》杂志助理编辑,以后一直在报刊业工作。当时英国有一份著名的杂志《点滴》,1888 年他创办了一份杂志《回答》,与《点滴》竞争。《回答》是一份以通俗知识为主的综合性周刊,一年后销量就达到 5 万份。1894 年,他开始进军报业,购买了一份濒临倒闭的报纸《新闻晚报》,并获得了成功。1896 年,他创办了一份全国性的报纸《每日邮报》。在报纸出版前,北岩就在《新闻晚报》上大做广告,宣称他即将出版的报纸是"忙人的报纸、穷人的报纸"[③],售价只不过半便士,内容却极为丰富,"它是一座金矿",结果创刊号就发行了近 40 万份,这是英国报纸从未有过的纪录。该报的办报特点是精编、易读,新闻快速、准确、面宽、信息量大,版面设计丰富、编辑技巧纯熟,娱乐性强。该报依靠新式新闻特点,发行量稳步增长,1898 年达到 50 万份,并首创了英国报纸的副刊。在英布战争中,该报进一步赢得了声誉,发行量超过百万份。《每日镜报》是 1903 年创办的,最初是一份妇女类报纸,1904 年以后成了一份售价半便士的廉价小报,更多地采用图片,大力报道色情、暴力、犯罪等刺激性新闻,完全仿照美国的黄色新闻的处理手法,成为英国黄色新闻中影响最大的报纸,发行量由最初的几万份迅速发展到 1909 年的 100 万份。1950 年该报曾日销 500 万份,为当时世界上发行量最大的报纸。

除了美国、英国、法国外,世界其他地方也出现了一些黄色报刊。例如俄国 19 世纪

---

① 德雷福斯案件:法国当局无端指责犹太人军官德雷福斯窃取军政部文件,将情报出卖给德国,引起社会右翼的军国主义、反犹主义、沙文主义、教权派与社会左翼的民主进步力量的大争论。

② 郑超然,程曼丽,王泰玄.外国新闻传播史[M].北京:中国人民大学出版社,2000:127.

③ 郑超然,程曼丽,王泰玄.外国新闻传播史[M].北京:中国人民大学出版社,2000:84.

末出版的《蜻蜓》《花絮》《闹钟》《消遣》《观众》等,日本19世纪末20世纪初出版的《万朝报》《二六新闻》等,都是这种以煽情手法报道猎奇、揭黑、休闲、两性为主的黄色新闻报刊,以满足读者需求。

三、对黄色新闻的认识

黄色新闻是新闻史上约定俗成的叫法,并不是说这类报纸仅刊登两性新闻,当然性的报道在这类报纸中多一些,也构成了这类报纸追求刺激性、娱乐性的重要组成部分,但是这类报纸也有许多可取之处,为了正名,有些新闻史学家放弃了黄色新闻的称谓,而以新式新闻称之。

黄色新闻的出现有其历史必然性。从社会背景来看,大量的移民涌进城市,剧烈的社会变动使他们有些无所适从,紧张工作之后需要一些刺激性、娱乐性很强的新闻报道来填充他们相对空虚的精神生活,因此黄色新闻拥有大量的受众。从文化观念背景来看,社会下层读者的文化水平普遍不高,而且在社会激烈变动时期,整个社会的价值观念也处于混乱状态,报刊业也不例外,行业自律并没有真正建立,少数办报者试图通过调动大众舆论来充当社会价值观的评判者甚至领导者。从行业背景来看,资本主义国家的经济在工业革命之后进入了自由竞争最激烈的时期,报刊业也置身其中,办报的目的就是赚钱,打垮对方以获得最大利益,竞争甚至到了不择手段的地步。从技术背景来看,通信网络已经把全国甚至全世界连成一体,电灯、电话、新型新闻纸、油墨、高速印刷机、电气化的动力改变了办报环境,报纸的改版和大规模印刷从技术上讲不存在任何问题,于是有了黄色新闻的出现。

黄色新闻是大众报刊在大众化方面进一步的发展,甚至可以说发展得过了头。我们可以称之为"煽情主义新闻",其特点既表现在报纸之内,也表现在报纸之外。就报纸本身来看,报纸对刺激性、新奇性、娱乐性的追求达到极致,不论是版面设计、报道内容、报道手法、推销手段都体现了这种追求,有时甚至不惜用制造新闻、伪造新闻的手段来迎合、调动大众的阅读胃口。在这方面,黄色新闻开辟了许多报刊的先例。在报纸之外,它们在充分表示自己独立立场的同时试图成为社会的评判者甚至领导者,发动了各种各样的社会运动,利用自己掌握的社会舆论工具来干预社会,从而成为所谓的"第四种力量"。媒体的社会作用被推到了极致。

对于黄色新闻的评价,过去是一边倒的批评,人们认为这是新闻史上的"灾难"。对普利策,人们认为他一面是温文尔雅的学者,另一面是肌肉抽搐的魔鬼;对赫斯特的批评则更多,认为"赫斯特降低了新闻事业水平,他出版了美国最坏的报纸"。黄色新闻对下层群众的同情是"虚伪的同情",特别是其不负责任的煽情报道是贩卖"正当毒品",迎合或培养人们对一些邪恶的癖好,同时却把金钱装入自己的腰包。黄色新闻造成的恶劣影响表现在两个方面:从报刊业也就是新闻的传者角度讲,黄色新闻大大降低了新闻事业的水准,在无限制地追求利益的同时,践踏了新闻界长期以来一直奉行的最高原则——真实性原则,这是新闻业赖以生存的根基;从社会影响或受众的角度看,黄色新闻的煽情报道、犯罪新闻毒害了大众的心灵。正如美国新闻史学家埃默里所言:"它阻塞了普通人赖以获得周围乃至世界环境的重要信息渠道,把人生重大问题变成了廉价的闹剧,把新闻变成了最适合报童大声叫卖的东西。”①

不过,黄色新闻能发展成一种世界性的现象,其本身也并非一无是处。仔细观察,我们至少能找到三条可以借鉴和利用的经验:其一,黄色新闻进一步发展了报刊的大众化倾向,扩大了报刊的读者群,使报刊真正成为大众化事业。其二,黄色新闻对报刊面向大众的观念做了进一步的诠释和说明,报刊进一步摆脱了高高在上的高贵面孔,开始了真正面向下层的转变。其三,黄色新闻报刊的一些办报手段也值得我们借鉴,如图片、漫画的使用,灵活多样的编排手法,星期刊的出现,人情味的报道,全方位的社会新闻,对报刊品牌意识的追求,介入社会的各种活动等,这些对报刊的发展作出了贡献。有人甚至认为,20 世纪美国的新闻就产生于黄色新闻,它不仅对美国的新闻形式产生了重要影响,而且开创了美国 20 世纪的情感新闻路线。②

站在历史的角度看,从政党报刊、独立报刊、大众报刊到黄色新闻实际上表现出一条清晰的新闻发展线索。如果说政党报刊的产品是观念,独立报刊的产品是舆论,大众报刊的产品是受众的“注意力”,黄色新闻就是把“注意力”变成了商品。如果说政党报刊的读者是政客,独立报刊的读者是公众,大众报刊的读者是受众,黄色新闻的读者就成了消费者。在政治控制和商业控制的两极,新闻的独立性、客观性、社会公共性始终面临着考验。

黄色新闻实际上提出了一个如何控制新闻负效应的问题。如果报刊缺乏自律和法律控制,仅仅由资本控制,任其商业化,就可能产生严重的负效应,这是需要我们加以重视的。

小　结

本章的内容十分丰富,不过有一条基本的线索:从独立报刊到大众报刊,我们看到了西方报刊新闻的成熟。

我们曾经谈到新闻定义本身有四个关键要素:面向社会的大众媒介、具有社会性价值的事实、事实的时效性与准确性诉求、报道与传播。在新闻的外延框架中,也存在新闻传播的社会体系、新闻传播的内容和方式、新闻传播媒介和新闻传播功能四种结构,可以说,在这一时期,这四个要素和四种结构都已经形成了。

在这一时期的新闻发展中,面向社会的大众媒介出现了。1900 年美国的日报总发行量为 1510 万份,达到了每户一份的水平,这是报业史上前所未有的高峰。这一时期,从一般事实中挖掘出具有社会价值的新闻事实,并加以客观、准确和及时的报道,已经成为媒体的普遍追求。人类社会不仅有了报道和传播的平台,而且形成了报道和传播的一般规则。新闻产生了。在新闻的外延结构中,新闻传播的社会体系也已经形成,在新闻相对独立和自由的传播体系建立的基础上,不仅出现了新闻行业的专业化(通讯社和专业的记者编辑队伍),建立了世界、国家和地方的信息传播网,而且出现了专业的新闻传播

---

① 埃默里 M,埃默里 E. 美国新闻史:大众传播媒介解释史[M]. 展江,殷文,译. 北京:新华出版社,2001:223.

② CAMPBELL. Yellow Journalism:Puncturing the Myth,Defining the Legacies[M]. San Francisco:Praeger Publisher, Inc. , 2001:2.

理念,我们从《纽约时报》"刊登应该刊登的消息"和"公正地报道新闻"的宣言中,可以看到这样的理念。新闻传播的内容和方式也基本成熟了,无论是内容上的时政新闻、财经新闻、社会新闻和其他新闻,层次上的国际新闻、国内新闻和地方新闻,还是报道中的消息和特写、硬新闻和软新闻,都为今天的新闻打下了基础。在独立报刊向大众报刊过渡的过程中,新闻传播媒介不仅开始取代文字传播中的各种图书和小册子而成为专业的新闻提供者,而且开始"以眼睛取代耳朵",达到了文字传播的大众传播阶段。新闻传播的社会功能更为突出,先有"公众",才有"公众舆论",过去非组织化、非常态化的社会舆论,在新闻媒体的推动下开始成了社会不可缺少的组成部分。利用这种社会舆论,媒介开始干预国际和国内政治,调节人们的经济和社会生活,甚至其本身也开始成了赚钱的商业机器。

19世纪下半期,是西方新闻发展史上的黄金时代,那是一种"令人得意的自由行动时代"①。在国际政治中,记者可以充当"外交部长",干预战争与和平;②在国内政治中,记者也可以发挥重要作用,就像我们在"赫斯特的战争"中看到的那样。黄色新闻代表新闻发展的极端,新闻已经超越自己本身应该扮演的角色,留下了靠猎奇和煽动来迎合读者的恶劣传统。不过,这种黄色时期只是历史发展中的特殊阶段,在20世纪以后的发展中,在体制的约束下,新闻的作用和社会功能开始回归正常的轨道。

【思考讨论题】

1. 工业革命在哪些方面影响了新闻传播业?
2. 廉价报纸出现的条件是什么?廉价报纸有什么特点?
3. 简述《纽约时报》的办报特点。
4. 通讯社出现的前提是什么?性质是什么?
5. 新闻报道的分类有哪些?
6. 如何看待媒介产业化?
7. 黄色新闻是一种什么样的新闻?应该如何评价?
8. 为什么说19世纪末西方的报刊新闻进入了成熟时期?

---

① 霍恩伯格.西方新闻界的竞争[M].魏国强,陈进军,周力非,等译.北京:新华出版社,1985:165.

② 1875年被任命为《泰晤士报》驻巴黎记者的布洛威茨,就曾被称为《泰晤士报》的"外交部长",他写的文章曾经影响了法德战争。霍恩伯格.西方新闻界的竞争[M].魏国强,陈进军,周力非,等译.北京:新华出版社,1985:133.

第六章　中国近代的新闻传播:从萌芽到产生

- **关键问题:**

1. 中国近代社会变迁的特点是什么?
2. 清代的民间报业为什么没有发展起来?
3. 中国近代报业产生的标志是什么? 特点是什么?
4. 中国近代报业的初步发展体现在哪些方面?

15~16世纪,中国同西方国家一样,也出现了新闻的萌芽,但是以后的历史发展出现了偏差。中国的发展开始放慢,新闻传播也开始落后了。

中国长期以来是在一个相对封闭的体系中自我发展的,但在近代这种体系被外力打破了。西方国家自15~16世纪以后就开始了向外殖民主义的扩张。从18世纪开始,西方国家的扩张进一步加剧,在工业革命的推动下,19世纪达到了疯狂的程度,世界上几乎所有的国家和地区都被卷入西方资本主义的殖民体系之中。与此相关,这一时期中国的社会发展也可以分为两个阶段:一是从17世纪中期到19世纪中期,也就是自1644年清朝建立到1840年的鸦片战争,中国依然在华夷体系中自我发展着,全然不知世界形势的变化;二是自19世纪中期到20世纪初,也就是从1840年的鸦片战争到1911年的辛亥革命,中国开始被拖入世界资本主义的体系之中,开始了艰难的近代化变革。

新闻传播的发展也与这一时期的历史发展相一致,在清代政府传播与民间传播继续缓慢发展的基础上,19世纪以后中国的新闻传播开始了从萌芽到产生的过渡。不过,中国近代新闻传播的发展表现出外力推动与内部变革相结合的特征,表现出强烈的政治化和民族化倾向,这一点,与其他非西方国家没有什么区别。到19世纪末20世纪初,随着中国报刊新闻的初步发展,新闻传播业也开始形成了。

第一节　中国近代的社会变迁及特点

这一时期的中国社会可以以鸦片战争为界分为两个阶段。

作为世界上最古老的文明国家之一,在15~16世纪欧洲处于中世纪的黑暗之时,以及在17~18世纪欧洲开始政治变革和工业革命之时,中国一直维持着文明大国的地位。明代中期以后,除了拥有当时世界上最发达的农业之外,中国也出现了相对发达的工商业和城市。到18世纪,清帝国的领土比明代扩大了一倍,人口从一亿多增加到三亿多,这是包括俄国在内的欧洲人口的两倍。① 不仅农业在世界上占据领先地位，手工业也毫不逊色，据统计，1800 年中国的产品产量还占当时世界总产值的 33.3%，而当时整个欧洲只占 28.1%，英国只占 4.3%，美国几乎可以忽略不计（见表 6-1）。

中国有一套完整的封建统治制度和丰富的传统文化。不过，清朝前中期的中国依然停留在农业文明的体系中，发展速度相对缓慢，当时许多人认为这个世界级巨人一直在沉睡。1776 年，亚当·斯密在他的巨著中多次谈到中国："中国一向是世界上最富的国家，就是说，它是土地最肥沃、耕作最精细、人民最多而且最勤勉的国家。然而许久以来，它似乎就停滞于静止状态了。今日旅行家关于中国耕作、勤劳及人口稠密状况的报告，与 500 年前视察该国的马可·波罗的记述比较，几乎没有什么区别。"②拿破仑也曾经把中国比作"沉睡的东方雄狮"。

表 6-1　1750～1900 年世界产品产量份额比较表③

单位：%

	1750	1800	1830	1860	1880	1900
全欧洲	**23.2**	**28.1**	**34.2**	**53.2**	**61.3**	**62.0**
英国	1.9	4.3	9.5	19.9	22.9	18.5
哈布斯堡	2.9	3.2	3.2	4.2	4.4	4.7
法兰西	4.0	4.2	5.2	7.9	7.8	6.8
德意志	2.9	3.5	3.5	4.9	8.5	13.2
意大利	2.4	2.5	2.3	2.5	2.5	2.5
俄国	5.0	5.6	5.6	7.0	7.6	8.8
美国	0.1	0.8	2.4	7.2	14.7	23.6
日本	3.8	3.5	2.8	2.6	2.4	2.4
第三世界	**73.0**	**67.7**	**60.5**	**36.6**	**20.9**	**11.0**
中国	32.8	33.3	29.8	19.7	12.5	6.2
印度/巴基斯坦	24.5	19.7	17.6	8.6	2.8	1.7

就在中国处于停滞之时，西欧开始发生变化。资本主义生产方式出现以后，特别是工业革命到来之后，西方国家开始了向世界的扩张。自 1557 年葡萄牙人在澳门建立了贸易据点起，西方国家就开始向中国一次次地挑战和渗透。明朝末期荷兰人进攻台湾，俄国人入侵东北，1792 年英国公使马葛尔尼来华。不过这些活动并没有动摇中华帝国的基础。马葛尔尼来华时因为不愿行跪拜礼，清廷竟然将其挡在了天津，最后达成了单膝下跪的妥协才准其入京。我们从中可以看到，中国对维持华夷体制的重视和实力。中国始终维持着自给自足、闭关自守的农业大国地位，然而这一切，被鸦片战争打破了。

---

① 中国清代人口的突然增长是学术界讨论的一个问题，普遍的看法有三个原因：一是领土的扩张；二是清前期与民休养生息的政策；三是"摊丁入亩"的赋税政策导致人口在统计学上的变化，以前瞒报、少报的人口数变成了实数。

② 斯密．国民财富的性质和原因的研究（上）[M]．郭大力，王亚南，译．北京：商务印书馆，1972：65．

③ 肯尼迪．大国的兴衰[M]．天津编译中心，译．成都：四川人民出版社，1988：179-180．

1840 年和 1856 年的两次鸦片战争,是古老的东方文明与西方文明的第一次正面较量。在这次事件发生之时,中外的历史条件已经发生了根本性的变化。在西方,英国已经完成了工业革命,美国、法国、德国的工业革命也已开始,生产力的发展突飞猛进。中国却处于停滞状态,而且在表面的繁荣背后隐藏着深刻的危机,吏治腐败、边民起义、海盗盛行、人口压力过大,民众的生活水平急剧下降。19 世纪中期出现了南部的太平天国起义和北部各省的捻军起义,集中反映了清王朝统治的危机。但这时中国与西方国家的差别并不太大,在世界产品产量份额比较表中,1860 年中国还占 19.7%,欧洲占53.2%,其中最多的英国也不过占 19.9%(见表 6-1)。但这是一个上升一个下降的差别,先进的工业文明与落后的农业文明迎头相撞,结果是古老的中国被迫卷入了资本主义的世界体系。

鸦片战争之后,中国迅速开始了半殖民地化过程。据不完全统计,在 1842 ~ 1872 年 30 年间,清政府与外国签订了 76 个不平等条约,1873 ~ 1894 年 22 年间,清政府又签订了 95 个不平等条约。西方国家从中国取得了 20 余项特权,如制外法权、租借权、军队驻扎权、内河航运权,商品自由通行及低关税,等等。领土方面,中国割让香港给英国,承认葡萄牙对澳门的治理,沙俄还在东北掠夺了大约 100 多万平方公里的土地。面对民族危机,封建统治阶层内部一些改革派自 19 世纪 60 年代发动了一场自强运动,又称洋务运动,以兴办新式工业为重点,同时开办军工、矿业、交通运输等,30 多年的洋务运动共开办了 100 多家企业,但其在指导思想上是完全防御性的,规模太小,加之封建统治内部顽固派的干扰,随着 1895 年中国在甲午战争中的惨败,洋务运动宣告破产。这是中国近代史上的转折点,中国失去了发展工业化的最后时机,开始加速陷入半殖民地的泥潭,中国与西方国家的差距被进一步拉大,在世界产品产量份额比较表中,1900 年中国只占 6.2%,欧洲达到了 62%,英国为 18.5%,分别是中国的 10 倍和 3 倍了(见表 6-1)。

19 世纪末到 20 世纪初是中国社会激烈变动的时期。从经济上看,一方面,外国资本的渗透不断加深,中国半殖民地化的程度不断加深,甲午战争前,外国对华投资不过 2.3 亿美元,1914 年增加到 22 亿美元,1841 ~ 1894 年 50 余年间,外国企业在华设厂不过 142 家,1894 ~ 1914 年 20 年间就达到 322 家。另一方面,在外国资本的刺激下,中国的民族工业也有了缓慢的起步,1893 ~ 1913 年中国开办的小工矿企业有 549 家,但这一切与外国资本相比是微不足道的,中国民族工业存在着起点低、技术差、资本少、依附性强的弱点。从政治和文化方面看,中国各种各样的运动、革命与战争始终没有停止过,甲午战争、戊戌变法、义和团运动、八国联军入侵、清廷立宪运动、辛亥革命、护国战争、护法战争、新文化运动……一场场斗争接踵而至,在中国历史上前所未有。这一时期,中国的社会变化非常大,自 1905 年废除科举制举办新式学堂以来,受教育人口不断增加,各类学生到“一战”前发展到 300 万人。城市人口在 1893 年就达到 2350 万,①以后一直在缓慢地增长。这一切剧烈的变动,是中国近代报业从无到有变化、发展的基础。

中国近代社会的变迁史,是一个最古老、最强大的农业文明与工业文明碰撞的历史,是一段被动开放争取民族自强的历史。在中国原有的经济基础和社会结构遭到无情破坏、民族文化的生存受到威胁的同时,新的生产方式、新的思想、新的文明也逐渐在这块古老的土地上展现出来了。

---

① 刘笑盈. 推动历史进程的工业革命[M]. 北京:中国青年出版社,1999:

第二节　清朝前中期的新闻传播与信息控制

中国明代在官方新闻传播方面已经出现了发达的中央政府传播系统——邸报,也出现了民间新闻传播的萌芽——报房和民间“邸报”。明王朝对信息传播一直实行着严格的控制,这些现象到清朝都被继承下来,在清朝的前中期依然按着原有的历史逻辑缓慢发展着。

清朝的传播系统根据传播者、内容及开放程度可以分为四级:中央政府的传播活动、地方政府驻京机构的传播活动、地方政府传播活动和民间传播活动。

清朝在建立之初就参照明代的官报发行体制,在全国范围内发行“邸报”,建立了中央控制的信息传播体系。与明朝类似,清朝官报的发行方式和渠道依然是通过通政使司、六科和提塘三个环节。[①] 通政使司是收受臣僚章奏的机关,负责整理邸报中大量的章奏内容和地方上报的消息。六科发抄皇帝的谕旨,也整理臣僚的章奏。而提塘作为各地的驻京机构,主要负责官报的抄传、印刷和发行工作。清朝的官报内容,主要包括宫门抄(朝廷发布的各种宫廷动态、官员任免升降、祭祀或外交活动等消息)、皇帝谕旨和臣僚章奏等。官报的重要内容由皇帝亲自批阅,逐日由提塘发行。因发行者为邸(各地政府在中央的办事处),所以清朝的官报一般称为“邸报”,有时也称为邸抄、科抄、京抄、朝报、京报等。其复制的方式与明朝一样,有手抄和印刷两种,其读者依然是政府官员。

由于提塘的主要工作是传递消息、抄发邸报,与明朝一样,清朝的提塘也设立了自己的报房。报房的设立得到了朝廷的批准,但是业务相对独立,其工作人员也并非公职人员,基本上属于半官方机构。与明朝不同的是,清朝的提塘官除了发行邸报外,还自行进行传播活动,发行一种小报,一般称为“提塘小报”。其刊载的内容主要是提塘官和报方的工作人员自行采集的消息,主要目的是为派出自己的地方官员提供更多的朝廷消息。与官方的邸报相比,这种“提塘小报”的内容更加丰富。

清朝的民间传播活动主要体现为京城的民间报房和“京报”的出现。尽管清朝初年,京城内就开始有以私人名义从事抄报赢利活动的人,但民间报房的出现是在清朝中期(乾隆时期)以后。一般认为,民间报房是从提塘报房中脱离出来的。[②] 18 世纪下半期到 19 世纪上半期,民间报房开始发展起来了,最多的时候达到了十余家。民间报房出的报纸由雕版印刷、木或泥活字印刷,发展到铅印。最初的报纸没有报头和封面,每天一期,每期 4 ~ 10 页,第一页和最后一页印有报房的名称。到了清朝后期(同治时期),民间报房的报纸开始普遍采用统一的报头——“京报”。尽管民间报房基本上没有自己采写的新闻,而是刊登官报的宫门抄、皇帝谕旨和臣僚章奏等内容,可以说是官报的翻版,但是由于其私人性和商品性,发行面比较广,速度也比较快,所以成了朝野官绅、士大夫、商人及少数普通市井小民重要的消息来源。

清朝地方的传播系统与中央大同小异。清朝驻北京的提塘称京塘,在各省的称省塘,就是州县在省城的办事机构,负责抄印、传送官方语言文书和官报。一些大的地方城

---

① 方汉奇. 中国新闻传播史[M]. 北京:中国人民大学出版社,2002:33.

② 方汉奇. 中国新闻传播史[M]. 北京:中国人民大学出版社,2002:40.

市(如广州、杭州等)也出现了民间报房,出版以报道地方官场信息为主的非官方报纸——“辕门抄”。“辕门抄”采用活字印刷,三五天一期。此外,清中期一些城市还出现了个别不定期的单页小报,刊登有关政治、军事、灾害等突发事件的消息。

与中国历史上的其他封建王朝一样,清朝也实行了严格的信息管制。清朝的言禁极严,在清初的康、雍、乾三朝就曾经有大量的“文字狱”,据统计有上百起,斩数百人。到清中期,清廷开始对文字信息传播加以控制。雍正、乾隆两朝多次查处“提塘小报”。清代乾隆五年(1740 年)颁布的《大清律例》,是在对古代邸报实施监管的漫长演进过程中,以明确的法律语言对邸报活动予以规制的第一部法律。该律例的刑律“盗贼类”的“造妖言妖膺书”条主要内容称:“凡造谶纬妖书妖言,及传用惑众者,皆斩。”“各省抄房,在京探听事件,捏造言语,录报各处者,系官革职,军民杖一百,流三千里。”[①]除律例的刑律“盗贼类”外,一些禁令还散见于官方的会录之类的史料中,相当于现行的解释性条款或地方性法规。禁止性的律令主要集中在未经批发的章奏、擅自采写的内容和伪造题奏御批及不实报道等方面。不过,19 世纪以后,清朝的控制就逐渐放松,这也是民间报房能够存在和发展的原因。

清朝对信息的严格控制限制了中国新闻信息传播的发展,在很长的时间内,中国的信息传播依然以口传为主,一些传统的传播方式如歌谣、街谈巷议、旗报、露布等仍然在普遍使用。清中期以后,社会矛盾激化,许多农民起义如 18 世纪末 19 世纪初的白莲教起义、捻军起义及后来的太平天国运动,依然是靠传统的传播方式动员舆论的。

第三节　中国近代报业的产生

就在清朝的统治出现危机的时候,中国近代的新闻传播在外力的推动下开始出现了。

1840 年以前,清朝执行的是对内封建专制、对外闭关锁国的政策。这一政策在 19 世纪初开始动摇,随着西方国家殖民主义扩张的加快,中国东南沿海的中外商业交往活动开始增多。以美国为例,1784 年刚刚独立的美国就派了“中国皇后号”到中国做生意,在对华贸易的巨额利润中产生了美国第一代百万富翁。1791 ~ 1841 年的 50 年间,美国对华贸易增加了 6 倍。[②] 其他除了较早到来的葡萄牙、西班牙、荷兰外,法国、德国,特别是完成了工业革命的英国,成了打开对华贸易大门的另一主力军。西方殖民者在带来商品的同时,也带来了刚刚发展起来的新闻出版事业。与许多其他殖民地半殖民地国家一样,中国最早的近代报刊也是由外国传教士、商人率先创办的。

1815 年,英国传教士威廉 · 米怜(William Milne)在马六甲创办了一份中文杂志《察世俗每月统记传》(*Chinese Monthly Magazine*),这是中国历史上第一份近代报刊。该刊每月一期,内容以宗教宣传为主,也有一些介绍西方科技知识的文章和少量的新闻与评论,最高发行量达到 2000 份。1822 年,葡萄牙人在澳门创办了葡文报纸《蜜蜂华报》(*A Abelha da China*),这是在中国境内创办最早的外文报纸,为周报,仅仅存在了一年多。1824

---

① 戈公振. 中国报学史[M]. 北京:中国新闻出版社,1985:126.

② 刘笑盈. 眺望珍珠港:美日从合作走向战争的历史透视[M]. 北京:北京广播学院出版社,2002:12.

年,第二份葡文报纸《澳门报》(*Gazeta de Macao*)又问世了。随后,1827 年,第一份英文报纸《广州记录报》(*Canton Register*,又译作《广东记事报》)在广州创刊。该报由英国商人马地臣(Matheson)出资,美国商人伍德(Wood)任编辑。1835 年,另一个美国传教士毕治文(Bridgman)创办的英文报纸《中国丛报》(*Chineses Repository*)在广州出版。19 世纪 30 年代,外文报纸纷纷出现,截止到 1839 年,外国人在中国境内出版的各种外文报纸有 17 种左右。[①] 1833 年,外国传教士在中国境内创办了第一份中文报刊,这就是在广州问世、由德国传教士郭士立(Gutzlaff)创办并担任主编的《东西洋考每月统记传》。该报刊为木刻印刷,每期 8 ~12 页,书册状,封面为孔子语录,内容主要是介绍一些宗教和科技文化知识,但是也专门设立新闻栏,刊登国际新闻、从"京报"摘抄的国内新闻和广州、澳门的地方新闻,同时设言论栏和文学作品栏。1838 年由英国传教士麦都思在广州创办的《各国消息》,是中国境内第二份中文报刊,以传播各国的新闻、历史、文化为主,还有一些经济信息,基本上没有宗教内容。鸦片战争以前,西方人在南洋及中国境内一共办了 20 多种中外文报刊。郭士立在创办《东西洋考每月统记传》时宣称:"这个月刊是为维护广州和澳门的外国公众的利益而开办的。它的出版意图,就是要使中国人认识我们的工艺、科学和道义,从而清除他们那些高傲和排外观念。"[②]可以说,这也是这些外国人创办报刊的基本出发点。尽管清朝对国内的新闻传播活动采取诸多限制,但因为官员的腐败,也因为这些报刊尚不足以危及清朝的统治,所以清朝对外国传教士在南洋和东南沿海办的一些报纸并没有给予特别的重视和限制。这些为改变中国人观念、为外国商人服务的外人报刊,在以后的发展中宗教色彩不断淡化,政治经济色彩日益浓厚,新闻的表征趋于突出,对中国近代新闻传播的出现产生了推动作用。

鸦片战争之后到 19 世纪末,是中国近代报业的产生时期。这一时期的传播展现出多元化特征:在政府传统的官报系统依然存在、民间的"京报"日趋繁荣的同时,出现了西方人在华办报和国人创办近代报纸的热潮。

鸦片战争以后,中国开始了半殖民地化的过程,其重要的表现之一就是西方人开始了在中国的办报高潮。从 1842 年到 19 世纪末,外国人先后在中国办了 170 多种报刊,其中比较有名的如《万国公报》《申报》《新闻报》《字林西报》等。

《万国公报》是美国传教士林乐知 1868 年在上海创办的一家中文报纸,是传教士所办报纸中影响较大的一家,原名为《中国教会新报》。该报在出版了 300 期之后,到 1874 年改为《万国公报》。该报是以时事政治为主的周报,主要内容有:政事(主要摘录"京报"上的内容)、教事(宗教消息)、中外新闻、杂事、格致(科学知识)五类。1876 年,每期的发行量达到1800 份。该报参与了 19 世纪下半期的中国思想变革,在思想启蒙、甲午战争、维新运动中比较活跃。康有为就在 1883 年自费订阅过该报,"是其长期而热心的读者"。1896 年该报发表英国传教士李提摩太的《新政策》一文,试图引导清政府的改良,其中建议重要的"应办之事"就是设"国家日报"。马克思的中文名字 1899 年首先出现在该报的一篇文章中,文章称其为"百工领袖",其《资本论》及学说为"安民新学"。1907 年林乐知突然病逝,《万国公报》停办,40 年间共出版了 1000 期。林乐知本人曾受清政府

---

① 方汉奇. 中国新闻传播史[M]. 北京:中国人民大学出版社,2002:49.

② 方汉奇. 中国新闻传播史[M]. 北京:中国人民大学出版社,2002:48.

"钦赐四品"的虚衔,1906年还受到了罗斯福的接见。如果说《万国公报》是政论报纸的代表,那么《申报》则是商业化报纸的代表。《申报》是外商所办报纸中存在时间较长的报纸(77年),在旧中国被称为"中国的《泰晤士报》",其影响之大以至于旧上海中许多人把所有报纸都称为"申报纸"。《申报》是由英国商人安纳斯特·美查(Eynest Majer)1872年在上海创办的,为日报,主编一直是中国文人。《申报》将新闻报道放在第一位,其新闻内容极为丰富,报道了许多重大事件(如1874年日本侵台、1883年中法战争等)和大量的社会新闻,同时《申报》每天刊登一篇或多篇言论,首开报纸政论之先河。它于1874年首次采用了电讯消息,1875年首次使用了新闻插图。《申报》实行企业化经营,1876年日销售量达2000份,一年后达到一万份。美查也成了在中国因办报起家的第一个资本家。他1899年衣锦还乡,1908年病逝。1912年,《申报》被卖给了中国报人史量才。《新闻报》创办较晚,属于中外合资的报纸。1893年由英国商人丹福士与华商张叔和等创办,1899年丹福士把股份转给了美国商人福开森。《新闻报》从一开始就与《申报》展开了激烈竞争,特别是到福开森手里之后,《新闻报》开始采取新式新闻的办报方法,使发行量逐步从1900年的1200份上升到1919年的45,782份,成了与《申报》齐名的报纸。《字林西报》是1850年在上海创刊的一份英文报纸,到1951年被取缔,出版了101年,是在我国出版时间最长的一家外文报纸。这一时期外报的出现尽管带有殖民主义文化侵略的性质,但客观上促进了中西文化交流和中国民族报业的发展。①

在外国人办报活动的强烈刺激下,中国人自办的中文报刊也开始陆续出现。实际上,在鸦片战争前后,就有一些先进的中国人开始"开眼看世界",了解西方文化并提出了一些近代的新闻观念。其中比较典型的代表早期有林则徐、魏源、洪仁玕等。林则徐1838年到广州禁烟,为"探夷情"曾经成立翻译馆,开始翻译和印刷不向社会发行、仅供官方参考的《澳门新闻纸》,为官报中"讲求外国情况者之始"。魏源在鸦片战争失败后,认识到"欲制外夷者,必先悉夷情",而欲"知夷情必(先)知夷形"。1843年魏源编写成世界史地巨著《海国图志》,提出了"师夷长技以制夷"的主张。洪仁玕是太平天国的著名将领,1859年在其进呈给洪秀全的《资政新编》中高度评价了报纸的作用,提出报纸可以维系中央政权,实现民主政治,教育群众,监督政府。② 19世纪60年代,清政府开始实行洋务运动,试图以渐进式的改革实现自救。王韬、郑观应成为这一时期接受西方文化,全面阐述近代新闻理念的代表。王韬曾经游历欧洲和日本,是我国最早的办报人。他的办报思想十分丰富,包括"办报立言"的新闻理念,对报纸"达上下、通内外"功能的认识,宣传新闻自由的思想,主张"直抒胸臆"的文风和对编辑人员"通才""公正"的要求等。郑观应在1880年出版了表达改良主义思想的《易言》一书,1894年又出版了著名的《盛世危言》一书,全面论述了"富强救国"的维新体系。洋务派主将张之洞曾点评:"论时务之书虽多,究不及此书之统筹全局择精语详。"《盛世危言》一书中有"日报"一文,其中提出,报纸是"通民隐,达民情"的有力工具,是西方国家实行民主政治的枢纽,也是中国变法自强的重要手段,因此政府应该允许并支持国人办报,并制定法律保护出版自由。

就在上述先进的中国人宣传近代新闻理念的同时,国人的办报高潮开始初步显现。

---

① 方汉奇.中国新闻传播史[M].北京:中国人民大学出版社,2002:75-76.

② 方汉奇.中国新闻传播史[M].北京:中国人民大学出版社,2002:79.

自鸦片战争之后到甲午战争,国人所办的近代报纸有二三十种,其中比较有名的有《中外新报》《华字日报》《循环日报》《昭文新报》《述报》《汇报》《广报》等。

《中外新报》是国人创办的最早的近代报纸,其前身是1857年创刊的《香港船头货价纸》,1865年改名为《中外新报》,一般认为由伍廷芳(1842~1922年,广东新会人,清与民国政府的著名外交家)所创办。① 该报最初有三分之二的篇幅刊登广告,新闻报道多来自外报和京报,19世纪80年代开辟了"京报全录""羊城新闻""中外新闻"等栏目。该报首先从书本形式分离而采用西方报纸形式进行编排,民国初年,该报销售数万,1919年停刊。1872年由原香港英文报纸的译员、被称为西学巨擘的陈蔼亭创办的《华字日报》,是国人自办的第二张中文报纸,主要刊登新闻与广告,逐渐成为香港的重要报纸,1941年太平洋战争爆发后停办。《循环日报》是近代著名思想家王韬1874年在香港所办的报纸,也是其新闻思想的体现。该报以"强中以攘外,谦远以师长,变法以自强"为办报宗旨,取名"循环"意为强弱并非一成不变。该报分三栏,首栏选录京报,次栏为羊城新闻,三栏为中外新闻。该报极力鼓吹变法自强,第一个在报纸上提出君主立宪,抨击清政府的黑暗吏制和取士制度,主张学习西方先进的科技。王韬在报纸上发表了大量的政论文章,通过报纸"立言",开创了报刊政论文体。《循环日报》是维新运动的启蒙报刊。在中国内地,这一时期也出现了许多近代报纸,例如1873年在汉口出版的《昭文新报》,1874年和1876年在上海出版的《汇报》和《新报》,1884年和1886年在广州出版的《述报》和《广报》等。这些报纸有的偏重政治,有的偏重经济,有的偏重社会,但都在清政府和殖民者的政治压制、传统政府报刊和外人报刊夹缝中艰难地进行着近代新闻的实践,这些报刊的出现,标志着我国近代新闻的产生。

这一时期中国报业的特点是:(1)在宏观层面,在传统的政府官报和民间京报外,出现了一些具有新特征的中外近代报刊,其中外国人所办报刊占绝大多数,报刊的出版发行地集中在香港、澳门、上海、广州、汉口等沿海通商地区。(2)在微观层面,这些报刊有了近代报刊的雏形,例如报刊的印刷开始采用新技术,由手摇印刷机过渡到煤气印刷机。报刊上也有了栏目、报头、大字标题等。报刊的内容大大地扩展了,除了传统的政治内容外,国际新闻、社会新闻、商业新闻开始成为报道的对象,一些重大的新闻事件开始成为报道的重点,新闻的及时性和准确性开始得到重视,有了新闻采访、电讯稿、通讯、新闻画、文艺娱乐版、副刊等近代报刊要素。(3)在经营方面,这些报刊开始了企业化运作,正如《申报》1875年10月11日头版社论所言,"开馆卖报,大抵以行业营生为计"②,商业广告的比重也在不断上升。(4)就报刊的社会作用来说,因为这时报刊的规模和发行量还不大,读者基本上是官、商、在华外国人等特定社会等级人士,所以这些报刊只是发挥了思想启蒙和探路者的作用。

第四节　近代中国报业的转变和初步发展

19世纪末20世纪初是西方发达国家从自由资本主义阶段进入帝国主义阶段的时

① 此说存疑,见白润生.中国新闻通史纲要[M].北京:新华出版社,1998:42.

② 刘家林.新编中外广告通史[M].广州:暨南大学出版社,2000:157.

期,也是中国社会发生剧烈政治变动的时期。与这个变化相适应,从戊戌变法、辛亥革命到新文化运动,中国历史上先后出现了三次办报高潮。报业在由最初的出现到逐步形成的过程中,第一次在中国的政治生活中产生影响。

一、戊戌变法与第一次办报高潮

中国近代史上第一个办报高潮,始于戊戌变法时期,在 1896 ~ 1898 年短短两年时间里,由资产阶级改良派直接或间接创办的报刊达 70 多家,是前 30 年出现的报刊的两倍多。其中重要的报纸如《时务报》《国闻报》《知新报》《湘报》等,在中国近代的思想启蒙中发挥了重要作用。

1895 年,维新派领袖人物康有为、梁启超在甲午战败后发动公车上书,同时在北京创办了《中外纪闻》,在上海创办了《强学报》等刊物作为宣传变法的舆论工具,但刚刚出版不久就被清政府查封了。1896 年,梁启超在上海创办了《时务报》,成为变法期间影响最大的一份报纸。《时务报》每期 3 万字,内容包括政论、谕折、京外近事、域外报译、西电照译等。该报全面地提出了维新变法的要求,梁启超亲自撰写的《变法通义》连载 43 期,是篇幅最长的一篇纲领性文件。该报发行量一度高达 17,000 份,是当时发行量最大的一份报纸。《国闻报》是维新运动知名人士严复 1897 年在天津所办的报纸,也是华北地区唯一的日报。该报以中国的《泰晤士报》自居,设有上谕、论说、路透社电报、本地新闻、京城新闻、华北地区新闻、外洋新闻等栏目。该报还曾以《视死如归》为标题,报道了戊戌六君子在北京菜市口遇难的消息。《知新报》是由康广仁 1897 年在澳门所办的报纸,是华南地区知名的维新报纸,其编辑方针与《时务报》一致,宣传维新变法,但是在言论上往往更为激烈。尽管康广仁与谭嗣同等一道被杀,但该报一直出到 1901 年,共 133 期。《湘报》是另一个著名维新人士唐才常在 1897 年的《湘学新报》基础上创办的,1898 年开始在长沙出版,是华中地区维新派的重要舆论阵地。《湘报》设有论说、奏疏、电旨、公牍、本省新闻、各国时事、商务、新书、答读者问等众多栏目,言辞激烈。该报为日报,一共发行了 177 期。唐才常与谭嗣同被人们称为"浏阳二杰",1900 年,他组织自立军起义失败,被俘身亡。

在维新变法期间,维新派也提出了一些开放言论、争取新闻自由的主张。在维新派的推动下,1898 年 7 月光绪皇帝就上海《时务报》改为官报一折发布上谕,史称"官报章程"。此上谕称"报馆之设,所以宣国是而达民情,必应官为倡办",可视为近代中国第一个开放报禁的法令,也是同近代报业相关的第一个法律规定。百日维新期间,光绪皇帝根据维新派的建议,颁布了几十道改革诏令。其中有一条规定"允许自由创立报馆、学会"。这是清王朝第一次正式承认官报以外的民间报刊有合法存在的权利。但是变法不过进行了三个多月,以慈禧太后为首的封建统治集团中的顽固派就进行了快速反扑,以血腥手段扼杀了这场轰轰烈烈而又十分短暂的维新变法运动。

可以说,维新变法是中国政治现代化的一场运动,而政治现代化的第一步就是"社会动员"。所谓社会动员,是"人们所承担的绝大多数旧的社会、经济、心理义务受到侵蚀而崩溃的过程；人们获得新的社会化模式和行为模式的过程”①。在变法期间，维新派报刊承担了社会动员的任务。例如，《时务报》大胆而新颖的言论就使朝野大为震动，其翻译的外报文章也使读者大开眼界，因而“举国趋之，如饮狂泉”。梁启超的政论文章风靡一时，以至于“上自通都大邑，下至僻壤穷陬，无不知新会梁氏者”②。维新派报刊鼓吹新的思想、宣传变法维新，影响很大。尽管我们说报刊在中国近代的思想启蒙中发挥了重大作用，但实事求是地说，由于报刊发行量毕竟有限，运动时间较短而且最终失败了，所以其影响主要局限于中国思想文化界。

二、辛亥革命与第二次办报高潮

如果说“百日维新”是“传统范围内的改革”，那么辛亥革命就是对传统体制的一种革命。戊戌变法的失败清楚地表明，“试图通过自上而下的改良来使中国现代化是无效的。唯一的办法是从下面进行革命”③。在辛亥革命前夕，中国出现了近代史上的第二次办报高潮。

表 6-2　1901～1911 年新创办的报刊④

1901 年	1902 年	1903 年	1904 年	1905 年	1906 年	1907 年	1908 年	1909 年	1910 年	1911 年
34 种	46 种	53 种	71 种	85 种	113 种	110 种	118 种	116 种	136 种	209 种

这一时期报刊的广泛出现首先是由于社会激烈变动所形成的社会需求。维新变法之后的中国社会，是清王朝的统治风雨飘摇、外国侵略不断加深的社会。政治上，不仅存在着自下而上的革命和自上而下的改革两条路线，同时也存在着这两条路线的激烈争论；经济上，世纪之交的十几年，外国在华投资迅速增长，而民族资本所办的企业也开始缓慢发展。报刊的出现，反映了这种社会现实。

清政府对新闻出版控制的放松是报刊广泛出现的另一原因。在深刻的社会危机面前，清政府开始了有限的改革，1901 年宣布实行“新政”，允许民间办报，1906 年又宣布实行所谓的“预备立宪”。1906～1911 年，清政府制定并颁布了一系列有关报业监管的法律及规定。1906 年由商部、巡警部、学部共同制定，经清政府批准颁布的《大清印刷物专律》，是中国新闻管制的第一次立法。这个专律尽管规定了出版物实行注册登记制度和毁谤条款，并依然对新闻出版进行管理和控制，但毕竟有法可依了。1908 年清政府又颁布了《大清报律》。这部法律严格规定了新闻管制的措施，例如采取保证金制度，规定创办报刊必须交纳一定数额的保费；采取报刊送检制度，规定“不得揭载淆乱政体之语”等，但是这部仿效日本报纸法的法律也为报刊的合法出版打开了大门。

在第二次办报高潮中，资产阶级革命派所办的报刊成为其中一个突出的现象。以孙中山 1900 年在香港办《中国日报》为标志，到 1911 年辛亥革命胜利，资产阶级革命派在

---

① 艾森斯塔德. 现代化：抗拒与变迁［M］. 张旅平，沈原，陈育国，等译. 北京：中国人民大学出版社，1988：2.
② 方汉奇. 中国新闻传播史［M］. 北京：中国人民大学出版社，2002：90.
③ 斯塔夫里阿诺斯. 全球通史：1500 年以前的世界［M］. 吴象婴，梁赤民，译. 上海：上海社会科学出版社，1998：476.
④ 根据方汉奇. 中国新闻传播史［M］. 北京：中国人民大学出版社，2002：134-135 编制。

海内外共办报刊120多种,其中日报60多种、杂志50多种。无论是数量还是质量,都超过了维新运动时期。①《中国日报》是孙中山从日本采购设备,委托陈少白主办的。该报仿照日本的办报方法,首次采用横排版,开设杂文专栏,与保皇派的报纸展开了激烈的论战,是革命派的大本营和机关报。《中国日报》之后,一大批在国内宣传革命思想的报刊相继问世,并形成了上海、武汉两个重要基地。在上海,著名宣传家章士钊在1903年担任《苏报》的主笔后,明确提出了“第一排满,第二排康”的办报方针,言辞激烈,引发了清政府对报刊进行镇压的所谓“《苏报》案”。1905年以后,革命派又在上海办了十几家报刊,其中比较有名的有1907年秋瑾所办的《中国女报》和于右任所办的《神州日报》。这两家报纸被查封之后,于右任又办了所谓的“竖三民”报(《民呼日报》《民吁日报》《民立报》)。在武汉,革命派办的重要报刊有《楚报》(1905年)、《商务报》(1909年)和《大江报》(1910年)等。这些报刊对动员武汉地区的革命舆论发挥了重要作用。《大江报》在1911年7月17日发表的时评《亡中国者和平也》和7月26日发表的社论《大乱者救中国之妙药也》,实际上完成了武昌起义前最后的舆论动员。除了上海、武汉外,在清王朝统治的最后几年,北京、天津、保定、广州都出现了一些革命派的报刊。

除了上述报刊外,这一时期中国还出现了一些白话文报刊,如《无锡白话报》(1898年)、《杭州白话报》(1901年)、《中国白话报》(1903年,上海)、《安徽俗话报》(1904年)、《北京白话报》(1904)等。这些报刊一般倾向于革命立场,目的在于动员社会下层群众,在宣传救亡图存、普及国民教育、推广白话文运动方面,发挥了重要作用。

维新变法失败后,在清政府所谓“新政”的刺激下,改良派也加入了国人的第二次办报高潮,他们所办的著名报刊有《大公报》《京话日报》和《东方杂志》等。其中《大公报》于1902年在天津租界创刊,自称办报宗旨是“在开风气、牖民智,挹彼欧西学术,启我同胞聪明”。《大公报》的含义是“忘己之为大,无私之谓公”②。尽管《大公报》在政治立场上坚持变法维新,保皇立宪,但是其报风严肃,敢于揭露清政府的黑暗,表达对民众的同情,所以产生了很大的影响。《京话日报》1904年在北京创刊,是一张以城市居民为主要对象的通俗报纸,同时也敢于报道清政府的腐败和民众与外国传教士的冲突。《东方杂志》是1904年商务印书馆在上海创办的一份著名时政杂志,视野开阔、博采东西、切中时弊、顺应潮流,也深受读者的欢迎。

这一时期在“新政”的旗号下,清政府为了顺应潮流,开始创办官方的近代报刊。例如1902年直隶总督袁世凯在天津创办了《北洋官报》,1903年南洋大臣在南京创办了《南洋官报》。在清政府的要求下,各省纷纷仿效。1906年“预备立宪”开始以后,各地官报大增,有政治、教育、实业等各种官报。1907年清政府还通过官报局主办了《政治官报》作为政府机关报。不过这些报刊的内容主要是政府文件、法律等,一般是免费定向发送的,并没有起到控制舆论的作用。

在国人掀起第二次办报高潮的时期,中国出现了最早的通讯社。早在1872年,英国路透社就在上海设立了远东分社。1904年,著名报人骆侠挺在广州成立了第一个国人创办的通讯社——中兴通讯社,主要向广州和香港的报纸发新闻稿。1909年,杨实公又在

① 白润生. 中国新闻通史纲要[M]. 北京:新华出版社,1998:66.

② 方汉奇. 中国新闻传播史[M]. 北京:中国人民大学出版社,2002:132.

广州创办了展民通讯社。同一年,在比利时的布鲁塞尔还出现了一家清政府暗中支持的中国民间通讯社——远东通讯社。该社的创办人王侃叔作为会员参加了1910年在布鲁塞尔召开的世界新闻记者公会的大会。

总的说来,第二次办报高潮无论在规模还是在影响方面都远远超过了第一次。在以资产阶级革命派为主角的这次办报高潮中,报刊不仅在政治舆论动员中发挥了更大的作用,而且一些报馆还直接成了革命派的联络机关和指挥机关。革命派明确提出了报刊的党派性、报刊的舆论动员功能,报刊的政治性被进一步强化了。与此同时,报刊也开始在全国各地普及。从新闻的角度讲,报刊一般已经具备了新闻、评论、副刊和广告四大要素;报刊的新闻量大大提高,消息、通讯、新闻摄影等现代报道方式初具雏形,记者队伍也开始出现;报刊的形式基本结束了书册化和杂志式的传统形态,开始采用重要新闻放在头版,充分利用标题、栏目、花边、图片等编辑手段的"综合编辑法"。① 可以说,近代报刊从形式上初步开始向现代报刊转变。

三、民国建立与报刊新闻传播的勃兴

中国近代史上的第三次办报高潮出现在中华民国建立之后。

1912年中华民国建立之后,中国历史上有一个短暂的报刊新闻勃兴时期。据戈公振的《中国报学史》记载,在武昌起义的半年内,全国的报纸由100多家猛增至500家,总销售数达到了4200万份,创历史最高纪录,以至于有人把这段时间称为"报界的黄金时代"。②

报界黄金时代的到来有些突然,但并非不合逻辑。由于辛亥革命推翻了在中国延续了2000多年的封建帝制,给中国新闻业注入了活力。一方面,以孙中山为首的临时政府成立之后,立即通过立法的途径建立了新闻自由制度,废除了清政府限制新闻自由的种种规定;另一方面,制度的变革使政治空气变得空前活跃,在所谓政党政治的西方化潮流中,全国在很短的时间内出现了三百多个大大小小的政党,而报刊的政治重要性已经在前一个时期有所显现,各种政治力量都希望利用报刊宣传自己的政治主张,掌握舆论,扩大影响,而政治的活跃又带来了巨大的信息需求,所以全国各地出现了前所未有的办报高潮。

认真研究这一时期的报刊,大体可以得出以下两个结论:(1)尽管报刊的类型多种多样,但是政党报刊居于主要地位;(2)尽管报刊在追求新闻性,但是其更多表现出舆论宣传性特征。在这些新创报刊中,有些是新建的各级政府的机关报,如四川督政府的《都督府政报》、云南都督府的《云南政治公报》;有些是民国新贵为个人鼓吹的报纸,如尹昌衡在成都办的《西方报》;有些是知识分子宣传自己主张的报纸,如章士钊在上海办的《独立周报》;有些是行业报、商业报、学术研究报刊。其中绝大部分是政党报刊,主要有支持共和、反对袁世凯的国民党和支持袁世凯的进步党两大派系。前者的著名报刊有《民立报》《民国新闻》等,后者的主要报刊有《天民报》《湖南公报》等。正如《民国新闻》在创刊号

---

① 方汉奇.中国新闻传播史[M].北京:中国人民大学出版社,2002:145-146.

② 方汉奇.中国新闻传播史[M].北京:中国人民大学出版社,2002:151.

中所说,“非有精确之新闻,无以造正大之舆论;非有正大之舆论,无以扶初步之共和”①。这些报刊在追求新闻性的同时,实际上把新闻与舆论宣传混淆在一起了。除了重视言论之外,报刊还开始了辩论和相互政治攻击,而这些报刊本身,又多以民众代表、舆论之母自居,宣传“共和国之最高势力在舆论”,记者是“不冠之皇帝,不开庭之最高法官”②。上述情况,就报刊的勃兴来看,很像法国 1848 年革命后的报业景象;就报刊的政党性和相互政治攻击的表现来看,很像英美 19 世纪上半期的政党报刊阶段;而就人们对报刊的看法而言,又很像 19 世纪末美国大众报刊发展到鼎盛时的意识。中国的报刊新闻,在短短的时间内竟然浓缩了西方国家上百年的历史发展阶段。

可惜,报界的黄金时代时间太短。袁世凯上台后不久,就开始采取收买、镇压等手段进行新闻控制。1913 年 7 月国民党讨袁的“二次革命”失败以后,袁世凯政府的新闻禁令变得更加严厉,1913 年年底,全国报刊的数量下降到 130 多种,大批报人受到迫害。因这一年是中国历史上的癸丑年,所以在新闻史上被称为“癸丑报灾”。直到 1915 年陈独秀创办《新青年》杂志、新文化运动开始和 1916 年袁世凯下台,中国的报刊新闻才完成了由近代报刊向现代报刊的初步转变。

中西新闻传播产生的异同分析

17 世纪初到 19 世纪末 20 世纪初,是西方国家新闻传播的产生时期,也是中国新闻传播的产生时期。尽管构成新闻传播的四种层次结构:新闻传播体系、新闻传播内容和方式、新闻传播媒介和新闻传播功能在东西方都先后出现了,但是其中的差别还是十分明显的。

首先,从历史发展的轨迹来看,尽管在 17 世纪初东西方都出现了新闻传播的萌芽,但是西方国家是沿着传播体系的建立和完善、传播内容的丰富、报刊媒介从政党报刊到大众报刊和传播功能的不断扩展而平稳发展的,到 19 世纪末 20 世纪初,新闻传播已经成为一个功能明确的独立社会部门。而中国的新闻传播发展则表现出一个“马鞍型”的特征,在经历了长时期的停滞之后,在 19 世纪末 20 世纪初经过三次办报高潮而突然勃兴,新闻的所有要素才初步具备了。

其次,上述情况的出现与新闻传播在中国社会结构中的地位有关,由中国近代社会的基本历史发展轨迹所决定。尽管在 17 世纪初东西方都出现了新闻传播的萌芽,但是中国长期以来官报系统发达,民间传播只是政府传播的补充,是在体系内的一个组成部分。而西方新闻传播的萌芽产生在传统的体系之外,有一个独立的发展过程。在西方国家完成了社会结构演变的同时,中国依然停留在传统社会,结果西方国家成为殖民者,而中国成了被侵略的对象。中国社会结构的改变是在外力的压迫和刺激下开始的。就新闻传播而言,也表现出很强的西方输入和影响的特点。

最后,就媒介和传播功能来看,尽管有新闻传播的勃兴,但是相比于西方国家,中国报刊媒介的发展还是比较弱小的。尽管中国的报刊新闻在社会的各个

---

① 方汉奇. 中国新闻传播史[M]. 北京:中国人民大学出版社,2002:152.
② 方汉奇. 中国新闻传播史[M]. 北京:中国人民大学出版社,2002:154.

方面开始显示出作用,例如商业、文化方面,但由于社会历史的发展所决定,主要体现出来的还是政治功能。报刊是社会变革中最重要的舆论工具,在“救亡图存”的总目标下发挥着激发民族主义的独特历史功能,不过这种特点也影响了对新闻本体的探讨。

小　结

本章主要探讨了中国新闻传播的出现和初步发展。

中国新闻传播的出现建立在中国近代社会变迁的基础之上。而中国近代的历史,是一个古老而强大的农业文明在与工业文明碰撞的过程中不断失败的历史,是一种在被动条件下被迫改变原有的社会结构以争取民族自强的历史。政治结构的改变,成为其他一切变革的首要条件,如此形成了中国新闻传播的两个特点:外来强烈影响的后发展国家的特点和政治功能突出的特点。

尽管在清朝的中前期,中国存在着发达的信息传播系统,也出现了新闻传播的萌芽,但近代新闻传播是在外力的推动和刺激下发展起来的,也就是说,新闻传播并非是从原有的社会结构中自动成长起来的。中国最早的近代报刊是由西方的传教士、商人率先创办的。在19世纪中期洋务运动兴起以后,国人所办的近代报刊才开始出现。尽管起点较低,但是由于社会需求的强烈刺激和发展中国家的后发优势,所以发展的速度比较快。19世纪晚期,中国新闻传播开始出现,在19世纪末20世纪初的三次国人办报高潮中,新闻传播也有了初步的发展。新闻的四个要素(面向社会的大众媒介、具有社会性价值的事实、事实的时效性与准确性诉求、报道与传播)已经初步具备,而新闻传播的四种层次结构(新闻传播体系、新闻传播内容和方式、新闻传播媒介和新闻传播功能)也逐步形成了。

中国新闻传播的形成与发展带有中国特色,除了外力推动与内部变革相结合这种后发展国家的一般特色之外,中国近代报刊的发展时间短、速度快,政治宣传色彩浓厚,民族主义意识强烈,这些都与中国社会发展的独特性有关。这些也是我们所需要特别注意的。

【思考讨论题】

1. 中国近代社会变迁的特点是什么?
2. 如何认识清代前中期的新闻传播?
3. 中国最早出现的报刊有哪些? 为什么它们都是外国人办的?
4. 简述中国近代史上的三次办报高潮,试举出每一次都有哪些著名的报刊。
5. 中外新闻传播产生的异同有哪些?

第七章　其他非西方国家新闻传播的产生

- **关键问题:**
  1. 殖民主义为非西方国家所带来的双重性是什么?
  2. 殖民地、半殖民地国家近代报刊是什么时间产生的?
  3. 非西方国家新闻传播初步发展的标志是什么?
  4. 近代非西方国家的媒体特点和作用是什么?

当我们试图将当代国家类型化的时候,可以采用许多概念。一个显著的事实是,“自世界从政治上划分为主权国家以来的最大变化之一就是这些国家的数目倍增”①。20 世纪初,世界上的主权国家数只有 40 多个,50 年代中期发展到 60 多个,20 世纪的下半期,国家的数目又大幅增加,20 世纪末国家的数目有近 200 个。如同国家数目的变化一样,我们在为这些国家归类时所用的概念也在不断变化。现在我们经常接触的分类概念有很多,如政治学意义上的资本主义、社会主义和民族主义国家;经济学意义上的市场经济和中央计划经济国家;社会学意义上的现代化国家、前现代或后现代国家;具有时代性的第三世界国家、发展中国家;地理文化意义上的西方国家、西方衍生国家、非西方国家或南方国家等。其中一些概念的流行是在特定时期、特定领域或特定社会。例如“社会主义”一词在苏联革命以后才开始流行。“第三世界”是 1952 年法国经济学家阿尔弗雷德·索维在《三个世界、一个星球》的文章中首次提出,1955 年亚非会议以后逐渐被新兴的民族独立国家所接受的。“发展中国家”是 1964 年联合国第一届贸易发展会议开始使用的,指这类国家在世界经济中的地位及经济发展水平。因为这些概念都是后来出现的,在我们讨论的这个时期,采用非西方国家的概念比较合适。我们说的非西方国家,是指除了欧美之外的亚、非、拉传统国家和社会。

当新航路的开辟标志着西方国家开始向外扩张之后,就决定了依然停留在传统社会中的广大非西方国家平静的社会发展必然被打破了。我们可以把这三四百年的历史分成两个阶段:16 ~ 18 世纪中期是西方殖民主义扩张的初期阶段;18 世纪下半期套上了工业化的盔甲以后,西方殖民主义的扩张加速,非西方国家沦为殖民地、半殖民地的过程加快,特别是 19 世纪末到 20 世纪初,世界资本主义体系逐步形成,世界已被瓜分完毕。这一时期,也是发展中国家的民族意识开始觉醒的时期。非西方国家的新闻传播,就是在这样的背景下产生的。

---

① CALVOCORESSIE. World Politics Since 1945[M]. 4th. ed. London: Pearson Education Limited, 1982: 94.

第一节　被卷入世界资本主义体系的非西方国家

在漫长的历史发展中，人类组成了部族、部落联盟、早期国家、民族国家等多种社会组织形式，这些不同的人类共同体也曾经发生过各种形式的交往和碰撞，但是，只有在殖民主义出现之后，特别是西方国家的工业革命发生之后，这种交往才产生了前所未有的空间广泛性和内容深刻性。各个民族的独立发展被一种突发的强大物质力量打破了，处于相对隔绝和封闭状态的所有民族、部落、国家被一种强力拖入了世界工业资本主义的体系之中。

在开辟了新航路和发现新大陆之后不久，西欧国家就开始对非欧世界的海外殖民进行扩张。16 世纪的葡萄牙、西班牙，17 世纪的荷兰，18 世纪的法国和英国，都先后成为对外殖民扩张的主要国家。不过，在 18 世纪中期以前，西欧国家对世界的扩张只是以殖民和追逐商业利益为目的，扩张的范围主要是人烟稀少的南北美洲和大洋航道中的海岛，对亚非的农业文明并没有形成有力的冲击。工业革命之后，这一切发生了变化。作为第一个完成了工业革命的国家，英国的扩张在 19 世纪开始加速。1801 年兼并了爱尔兰，1807 年占领了南非并开始在非洲加速扩张。在亚洲，英国 1819 年占领了新加坡，1824 年占领了马六甲，这一时期，又先后宣布对澳大利亚和新西兰拥有主权。1840 年英国发动对华鸦片战争，1842 年占领了香港，1849 年最终占领了印度，1862 年成立了英属缅甸。与此同时，英国还加紧向中东的伊朗、阿富汗，北非的埃及、摩洛哥扩张。1880 年，英国的殖民地面积已经达到 1944 万平方公里。法国在 19 世纪的扩张也“毫不逊色”，19 世纪 30 ~ 50 年代，法国对非洲发动了多次殖民战争，19 世纪中期之后，法国加紧了对中国和东南亚的入侵。俄国的扩张主要是向东和向南，在不断对土耳其、伊朗和中国发动战争后，开始在中东和中国东北扩张势力。19 世纪晚期之后，除了英、法、俄之外，新崛起的帝国主义国家德国、意大利、美国和日本也开始加入进来，亚洲、非洲和拉丁美洲国家的殖民地和半殖民地程度进一步加深了。

经过一个多世纪的疯狂扩张，西方工业化国家开始把整个世界纳入自己的殖民体系。1800 年欧洲及欧洲殖民地（北美和南美）控制了全球陆地面积的 35%，1878 年达到 67%，1914 年达到 84%。英国拥有 55 处殖民地，其殖民地面积是母国面积的近百倍，即使是后起的意大利，殖民地面积也是本国面积的 5 倍多。① 这是人类历史上从未有过的现象，世界上一小部分地区统治了其余地区。

毫无疑问，如此罕见的大规模扩张背后存在着深刻的动力机制。非常明显，经济原因是殖民扩张的主要因素。与自给自足的农业经济不同，资本主义生产方式从一开始就是扩张性的。资本追求利润的本能、工业化机器对自然资源无限制的索求，奠定了这种扩张的基础。② 工业化使世界的工业品在一个世纪内增加了三四十倍，1750 ~ 1914 年欧洲的人口增加了 2 倍多（从 14,000 万增加到 46,300 万），这些都促使少数西方国家进行世界性的扩张，以解决产品的原料、市场和人口压力等问题。于是广大的非西方国家几

① 斯塔夫里阿诺斯. 全球通史：1500 年以后的世界[M]. 吴象婴，梁赤民，译. 上海：上海社会科学出版社，1998：314.

② 刘笑盈. 推动历史进程的工业革命[M]. 北京：中国青年出版社，1999：274.

乎是在完全被迫、猝不及防的情况下被拖入了世界资本主义体系。

可以说,这一时期世界体系的形成是靠暴力实现的,带有强烈的非和平、非合作和超经济色彩。非西方国家成了这个体系中的“边缘”和“农村”。殖民主义的扩张给非西方国家带来了双重后果,正如马克思在评价英国在印度的殖民统治时所说:“英国在印度要完成双重的使命。一个是破坏性的使命,即消灭旧的亚洲式的社会;另一个是建设性的使命,即在亚洲为建立西方式的社会奠定物质基础。”①殖民主义的破坏性给亚非拉殖民地带来了前所未有的灾难。在拉美,原来兴盛一时的文明被种植园经济所取代;在非洲,仅贩卖黑奴一项,从16~19世纪就使非洲损失了1亿人口;在亚洲,殖民者洗劫国库,勒索战争赔款,征收苛捐杂税,实行垄断贸易,大肆掠夺财富,充分暴露了西方文明的“野蛮本性”。在进行政治统治和经济掠夺的同时,西方殖民者还加强文化输出,开办学校、建立教堂、出版报刊、选派人员出国等,使殖民地的民族文化基础产生了动摇。但在一个仍旧是“只有用人头做酒杯才能喝下甜美的酒浆”(马克思语)的时代,历史的进展要以巨大的苦难作为代价。西方的殖民扩张在打破东方旧世界的同时,也为新的发展带来了契机,或者如马克思所说,它充当了“历史的不自觉的工具”。经济的冲击改变了亚、非、拉原有的经济结构,现代工业、交通运输、商业金融、通信设施等在这些国家出现了,自然经济链条慢慢被商品经济打破;在社会结构方面,原有的血缘制、宗法制的社会组织系统遭到了破坏,殖民主义的经济、政治统治使这些国家和地区原来分散的、隔绝的民族生存状态走向了集中和统一。文化的输出在破坏传统的同时也带来了新的观念,造就了一批具有先进思想的本土知识分子阶层。这一切构成了近代非西方国家社会转型的基础。

非西方国家的近代新闻传播,就是在这样的基础上产生的。与中国的经历一样,在这些国家面临的种种挑战中,争取民族独立是最主要的任务。正如恩格斯所说:“排除民族压迫是一切健康和自由发展的基本条件。”②在这些国家所接受的种种新的观念中,与传统文化有天然渊源、与建立民族独立国家密切相关的民族主义是最容易被接受的。所以,在西方殖民者带来近代报刊新闻工具的同时,本土新闻传播随之产生,很快就成了宣传民族、民主观念的重要工具。

第二节　殖民地、半殖民地近代报刊的产生

殖民地、半殖民地国家的近代报业可以根据其规模、本土化程度和作用分为两个发展时期。第一个时期是16世纪到19世纪中期,这一时期近代报刊主要在一些原来就比较发达的国家和地区出现了,例如美洲的墨西哥、巴西,亚洲的印度、中国,非洲的埃及等,但是这些报刊往往规模小,本土化程度不高,社会影响也不大。第二个时期是19世纪中期到“一战”前后,这一时期报刊在越来越多的国家和地区出现了,而早期已经出现了报刊的国家的报刊业进一步发展,在规模不断扩大和本土化程度不断提高的基础上,报刊的影响也开始扩大,在政治运动和革命中发挥了积极的作用。一些先进地区还出现了报刊的商业化。

---

① 中共中央马克思恩格斯列宁斯大林著作编译局. 马克思恩格斯选集　第2卷[M]. 北京:人民出版社,1972:70.

② 中共中央马克思恩格斯列宁斯大林著作编译局. 马克思恩格斯选集　第35卷[M]. 北京:人民出版社,1972:261.

一、拉丁美洲的早期报刊

拉丁美洲是世界上最早沦为殖民地的大洲。早在1524年,西班牙就设立了由国王直接指挥的“印度事务院”,委派总督在拉美实行殖民统治。葡萄牙也在巴西设立了总督区。西、葡两国把本国制度搬到了拉丁美洲,同时又向这里大量移民,所以几乎与西方国家同步,南美洲成了非西方国家中最早出现近代报刊的地区。早在1541年,墨西哥就诞生了美洲第一份印刷新闻纸,报道了危地马拉地震的消息。[①] 此后,报道各种新闻、商情和政府公报的不定期报纸陆续出现。1679年,西班牙殖民当局在墨西哥城创办了《墨西哥公报》,这是美洲地区最早的定期刊物。1722年,墨西哥又出现了一份定期发行,更具有新闻意味的刊物《墨西哥学报》。该报由神父卡斯多莱纳所创办,由总督批准出版,每月六期。其出版宗旨是“根据欧洲各国宫廷及主要首都的惯例,定期将发生的大事汇编成册,印行公布,俾世人得知天下大事”[②]。该报具有半官方的性质。有人把它的创办看作墨西哥新闻业的起点。[③] 此后,还有一些类似的官方和半官方的定期报刊问世,报道各种世界大事。

美洲地区报刊的真正发展是在18世纪末19世纪初民族独立运动开始之后。在美国独立战争和法国大革命的影响下,从1791年海地的独立革命开始,到1822年巴西宣布独立,遍及拉美的独立战争在当时约2000万人口的地区一共产生了17个独立的国家。拉美的近代报刊便在这种强烈的社会需求中产生和发展起来了。1805年,墨西哥出现了第一家日报《墨西哥经济、思想日报》,该报的宗旨是“取代迄今为止五天出版一期的‘学报’,使公众能对日常生活中发生的一切——从欧洲的政治到市场价格——有更及时的了解”[④]。这标志着拉美的报业进入报道广泛和宣传新思想的日报阶段。随后,一些具有新观念的报纸如《经济工作报》(1806年)、《商业报》(1807年)、《爱国周报》、《墨西哥政治·商业邮报》等纷纷出现。

1810年,委内瑞拉的首都加拉加斯爆发反对西班牙殖民统治的起义,随后拉美的近代报刊进入了一个新的发展阶段。同年,墨西哥独立运动的领导人伊达尔戈创办了《美洲觉醒报》。该报提出了一系列的政治主张,发挥了巨大的宣传作用。除了墨西哥以外,这一时期的阿根廷、巴西也出现了一些早期的报纸。例如阿根廷的爱国者莫雷诺在1810年5月创办了《布宜诺斯艾利斯公报》,这是该国的第一份报纸,报道了阿根廷人民的民族独立斗争,其创办日后来还被定为阿根廷的记者节。1808年,巴西同时出现了官办的《里约热内卢报》和独立运动领导人何塞·马丁创办的《巴西邮报》。前者是由躲避拿破仑入侵而流亡巴西的葡萄牙国王若昂六世创办的,主要刊登政府公报和战争消息,后者则由何塞·马丁在伦敦印刷,秘密运回国内进行政治宣传。独立运动极大地刺激了美洲报业的发展。1824年的墨西哥宪法规定了公民出版和言论自由,进一步开拓了报刊成长的空间。独立以后,墨西哥的报刊很快达到40多种。1831年,巴西的各种报刊也达到50

---

① 郑超然,程曼丽,王泰玄.外国新闻传播史[M].北京:中国人民大学出版社,2000:505.

② 郑超然,程曼丽,王泰玄.外国新闻传播史[M].北京:中国人民大学出版社,2000:506.

③ 陈力丹.世界新闻传播史[M].上海:上海交通大学出版社,2002:230.

④ 张昆.简明世界新闻通史[M].武汉:武汉大学出版社,1994:99.

种。这在一定程度上满足了人们的信息需要。

二、非洲的早期报刊

非洲尽管也是较早沦为殖民主义入侵对象的大洲,但是在很长一段时期内,西方殖民活动主要在非洲的边缘进行。和世界上其他地区一样,这些地区也出现了一些由殖民者创办的近代报刊。非洲的早期报刊主要出现在南非和埃及。南非最早是荷兰的殖民地,18 世纪末英国开始入侵南非。1795 年,南非出现了英国殖民者创办的《开普敦公报和非洲广告人报》。尽管该报只是周报,传播范围很小,却是非洲大陆出现的第一家报纸。[①] 随着英国移民的不断增加,1816 年,一名英国记者格雷格又创办了一家报纸——《南非商报》,这是第一家正规的民营商业性报纸。1830 年,开普敦出现了一家著名的报纸《南非人报》,该报以英语和荷兰语两种文字出版,整整存在了 100 年,甚至马克思在 1854 年还为这张报纸写了三篇通讯。[②] 此外,1801 年英属西非塞拉利昂出现了《皇家新闻与塞拉利昂广告报》;1822 年英国人在加纳创办了《皇家黄金海岸公报》;1832 年法属东非也出版了一份名为《塞尔内人报》的法文周刊。

北非的埃及是拥有悠久历史的文明古国,自 16 世纪开始被奥斯曼土耳其帝国统治,因此其近代报刊的出现也带有强烈的外来影响。1798 年,拿破仑军队入侵埃及时,用随军携带的印刷机出版了法文的《埃及信使报》和《埃及旬报》,前者主要为军队传递消息,后者主要研究埃及人的历史与文化。[③] 1801 年拿破仑撤走后,埃及仍有几份报纸在出版。反法斗争激发了埃及人的民族意识,驻埃及的原奥斯曼帝国的军官穆罕默德·阿里成为总督,开始建立新的中央集权,进行近代化的改革。1822 年,阿里在开罗创办了《柯里夫新闻》,他亲自当编辑,以法、阿两种文字刊登官方消息。1828 年,他又创办了带有政府公报性质的《埃及大事》,刊登政府公报、时政新闻和少量的地方及社会新闻,该报一直到 1952 年埃及封建王朝结束才停刊。上述报纸有力地支持了埃及近代化的改革。

三、亚洲的早期报刊

西方殖民者很早就来到亚洲,从 18 世纪下半期到 19 世纪上半期,西方国家开始加强对亚洲的入侵。这一时期,除了中国以外,亚洲也出现了一些西方殖民者和本地知识分子创办的早期报刊。

印度是亚洲的重要国家,也是较早遭受殖民侵略的国家。在印度最大和最后一个王朝莫卧儿帝国(1526~1761 年)时期,印度尽管勉强维持着政权和自然经济的稳定,但是传统的秩序已经开始瓦解。16 世纪,葡、荷、英、法殖民者先后踏上印度领土,但是英国后来居上,从 18 世纪开始排挤其他国家的势力,独霸在印度的统治权,直到 1849 年完全占领印度。与美国一样,印度的新闻媒体也受到英国的强烈影响。[④] 早在 1780 年,英国人希凯就在加尔各答创办了英文周报《孟加拉报》。该报每期两页,主要报道政治和商业新

---

① 陈力丹. 世界新闻传播史[M]. 上海:上海交通大学出版社,2002:350.

② 陈力丹. 世界新闻传播史[M]. 上海:上海交通大学出版社,2002:352.

③ 张允若,高宁远. 外国新闻事业史新编[M]. 成都:四川人民出版社,2002:284.

④ PADHY. The Indian Press Role and Responsibility[M]. New Delhi:Ashish publishing house,1994:5.

闻。随后,许多英文报纸陆续出现。例如《加尔各答公报》(1784 年)、《孟加拉新闻》(1785 年)、《马德拉斯信使报》(1785 年)、《加尔各答记事报》(1786 年)、《孟买先驱报》(1789 年)等。1785 年加尔各答还出现了印度的第一家杂志——《东方杂志》。这些报刊有的是政府的机关报,有的是批评殖民政府的民间报纸,报刊的读者对象主要是在印度的英国人。19 世纪初,印度本地的新型知识分子开始创办面向本国读者的本地报纸,其中最早的一份是 1816 年印度人巴塔查基创办的英文周报《孟加拉公报》。1818 年三位英国传教士在加尔各答创办了印地语的《新闻之镜》,1822 年第二家印地语报纸《孟买新闻》在孟买问世。这一时期,印度早期的改良主义者罗易开始了积极的办报活动,他在 1821 年创办了孟加拉文的《明月报》和期刊《孟加拉使者》,1822 年又创办了波斯文的《镜报》和《波斯文周刊》。罗易积极主张政治和社会改革,在印度社会产生了较大的影响,他本人也被认为是印度报业的先驱。到 1833 年,印度的本地文字报刊大约有 20 种。与此同时,印度还出现了一些商业性的报纸,例如 1818 年出现的《加尔各答行情报》、1838 年出现的《孟买时报》等。不过,这一时期由于英国殖民政府的压制和控制,印度的报业发展缓慢,总的特点是以英国人办报为主,本地人办报为辅;以英文报刊为主,本地文字报刊为辅。尽管一些英文报刊反对和揭露殖民政府,但其主要功能是沟通商业信息和发表政府政令,而本地报刊则主要是进行文化启蒙。①

19 世纪,除了印度之外,远东地区的新加坡、马来西亚、印度尼西亚也出现了一些早期的近代报刊。例如在马来西亚,1806 年英国人博恩在东印度公司的支持下出版了《政府公报》,主要为殖民者提供信息。随后又有一些英文报纸出版,例如《马六甲记事周报》《槟榔记事报》等。值得注意的是,马来西亚还是海外华文报刊的发源地,1815 年出版的《察世俗每月统记传》是最早的华文报纸。新加坡原来也属于马来西亚,其最有名的英文报纸是 1845 年出版的《海峡时报》(1858 年改为日报)。在印尼,早在 1616 年就出现了一份荷兰文的报纸《新闻纪要》,主要转载荷兰的报刊,同时也有少量的地方新闻,该报直到 1744 年才停办。19 世纪中期以后,这些地区出现了一些本地文字马来语的报纸,例如 1856 年在印尼出版的马来语报纸《马来新闻》等。可以说到 19 世纪中期,这些国家的近代报刊已经出现了。

《海峡时报》(*The Straits Times*)

《海峡时报》是新加坡历史最为悠久的英文报纸,于 1845 年 7 月 5 日在新加坡创刊。创办人是卡尔·吴兹。原为周刊,后改为三日刊,1858 年改为日报。《海峡时报》社成立于 1900 年,1950 年成立公共股份公司。总社设在吉隆坡,马来西亚地区销售量占其总销售量的 60%。《海峡时报》报业集团出版的刊物有十多种,其中包括英文和马来语的日报和期刊,并出版各种书籍,还为外国出版商承印出版物。

《海峡时报》尽管是一个发展中国家的媒体,但是由于其立足新加坡,关注亚洲并在世界各地派驻记者,注重国际报道与评论,因而具有重要的国际影响,发行量高达 30 万份以上,而且读者对象主要是社会的中高层人士。

---

① 陈力丹. 世界新闻传播史[M]. 上海:上海交通大学出版社,2002:262.

第三节　殖民地、半殖民地近代报刊的初步发展

19世纪中期到“一战”前后,是非西方国家殖民地、半殖民地化程度不断加深的时期,也是这些国家民族民主运动不断发展的时期。这一时期,报刊得到了进一步的发展,主要表现是:本地报刊逐渐成为报业的主流;报刊的新闻性得到了进一步加强;报刊由思想启蒙转而投入政治斗争;报刊的社会影响在逐步扩大。

一、拉丁美洲报刊的发展

拉丁美洲在19世纪初获得政治独立后,在很长的时间内,经济、政治和社会并没有发展起来。在经济上,拉美各国迅速地陷入了工业资本主义的新殖民经济中,成为资本主义世界体系中的“依附”国家。在政治上,尽管拉美普遍建立了共和体制(除巴西外),但实行的是所谓考迪罗(西班牙语首领的意思)主义,形成了军人、大地产主和教会的三结合政权。拉美的政局动荡不安,墨西哥在1824~1848年就发生了250次军事政变,换了31个总统。[①] 据说巴西国王在1876年参观费城博览会时说,尽管这里展出的机器很多,但是拉美的革命比这里的机器还多。19世纪下半期的拉美国家处于经济和政治上的改革时期:经济上,建立自主工业体系,鼓励移民(1910年拉美的人口达到7900万,比19世纪初的2000万增加近3倍,其中巴西、墨西哥、阿根廷三国人口几乎占总人口的一半);政治上,反对寡头统治,鼓吹“民众主义”;文化上,宣扬民族文化。正是在这样的背景下,拉美国家的本土报刊新闻发展起来了。

这一时期拉丁美洲报业的发展主要表现在几个方面:首先,几乎所有国家都拥有自己的报刊,本土报刊占据报业的主流,报刊的数量和发行量大大增加,新闻的时效性增强,日报在一些报业先进的国家出现了。19世纪后半期,大多数的拉美国家或地区,包括原来没有报刊的国家都出现了报刊,报纸成为一种普遍存在的现象。在一些报业发达的国家,如墨西哥、巴西、阿根廷等,报刊的数量显著增长。墨西哥1892年有日报28种、周报147种,到1900年,墨西哥的报刊数量达到665种,仅墨西哥城一地,就有20家报刊。其次,拉美国家出现了政府报纸、党派报纸和民间报纸并存的局面,一些报业发达的国家出现了面向大众的商业化报刊的转变。拉美国家的报业开始就是政府报刊与民间报刊并存,例如《墨西哥学报》和《墨西哥经济、思想日报》就是两者的典型。19世纪中期以后,一些拉美国家出现了政党报刊泛滥的情况。例如墨西哥长期以来存在着自由派与保守派的斗争,自由派的报纸《19世纪报》(1841年)、《共和国箴言报》(1850年)与保守派的报纸《墨西哥政府报》《秩序报》等就进行了长期的政治论战。巴西也存在着自由派报纸,如《圣保罗邮报》(1854年)、《圣保罗州报》(1875年),保守派报纸,如《巴西帝国》及共和派报纸,如《祖国报》(1870年)、《新闻日报》等党派报刊的辩论。值得注意的是,19世纪末20世纪初,一些面向大众实行企业化经营的报刊也开始出现了。例如在墨西哥,政府1896年创办的综合性报纸《公正日报》就实行面向市民的企业化经营,“为商业化报

---

① 刘宗绪.世界近代史[M].北京:北京师范大学出版社,1991:535.

纸的发展开了先河”①。1905 年的发行量高达 75,000 份。1917 年出现的私人报纸《至上报》也获得了广泛的声誉。1928 年出现的《新闻报》则是完全模仿美国便士报的一家大众报刊。在巴西,1891 年出现的《巴西日报》也开始了面向大众的尝试,而随后出现的《圣保罗报》(1921 年)、《环球报》则完全可以归类为商业报刊。另外,这一时期出现了一些著名的报刊,在投身政治活动、寻找时代精神的同时,也开始探讨新闻活动的规律,从而产生了巨大的影响,报刊开始成为正在形成的社会舆论的主要代表者。例如阿根廷的《新闻报》(1869 年),其宗旨是“真实、名誉、自由、进步、文明”,坚持客观报道的独立立场。而《民族报》的口号是“《民族报》是理论的讲堂”。② 在巴西,当时的主要社会任务是废奴和建立共和国(1888 年和 1891 年完成),而 1875 年出版的《圣保罗州报》在积极呼吁废除奴隶制的同时,坚持对新闻本质的探讨,其著名的报训是“叙述与公正”,从而被称为“拉丁美洲的《纽约时报》”。在墨西哥,19 世纪中期以后是政党报刊的活跃时期,1876 ~ 1910 年是迪亚斯的军人专制和经济发展时期,1910 ~ 1917 年是资产阶级民主革命时期,不同的时期有不同的著名报刊。例如第一个时期的《共和国箴言报》以及时、详尽地报道国内外新闻著称,第二个时期的《公正日报》以商业化经营有名,第三个时期的《至上报》积极介入社会,不仅宣传民族独立和改革,而且追求新闻的客观和公正。其发刊词称本报“既着眼于国家的振兴又关心人们的精神建设;换言之,它既起着推动国家物质发展的作用,又担当着重振民族精神、代表舆论、启迪思想、维护道德的作用。”③。从中我们可以看出,这一时期拉美报刊的追求和存在的根据。20 世纪以后,拉美国家的报刊新闻进一步发展起来了。

二、非洲报刊的发展

19 世纪下半期以来,非洲的殖民地程度不断加深。与此同时,非洲的报刊也有了初步发展,主要体现在两个方面:一是原来一些没有报刊的国家出现了近代报刊;二是埃及和南非这两个报业先进的非洲国家,报刊得到了进一步发展,成为鼓吹民族主义、影响社会舆论的主要阵地。

殖民主义者深入非洲内陆的结果,是使一些非洲国家产生了近代报刊。例如在尼日利亚,19 世纪中期在拉各斯先后出现了土语报刊《伊维·伊洛辛》(1859 年)和英语报刊《英国非洲人》(1863 年)。在突尼斯,1859 年出现了两家阿拉伯语报刊《太平时代》和《政府公报》。在马达加斯加,1860 年左右出现了几家马文、英文和法文的报刊。在加纳,英国殖民者 1859 年创办了《阿克拉先驱报》。不过这一时期非洲报刊的最大发展还是在埃及和南非。

19 世纪上半期,阿里王朝的改革并没有使埃及逃脱殖民地的命运。19 世纪中期以后,英法的势力开始渗入埃及,1882 年英国在发动了对埃及的战争后实际上控制了埃及。激烈的民族斗争和社会变革促使埃及产生了一些有巨大影响的近代报刊。1875 年,黎巴嫩人塔拉克经国王批准创办了著名的报纸《金字塔报》,该报模仿英美报纸,采用新闻文

① 张允若,高宁远.外国新闻事业史新编[M].成都:四川人民出版社,2002:294.

② 郑超然,程曼丽,王泰玄.外国新闻传播史[M].北京:中国人民大学出版社,2000:512.

③ 陈力丹.世界新闻传播史[M].上海:上海交通大学出版社,2002:226.

体,实行商业化经营,自称以“积极发表政见、及时报道商情、摆脱宗教束缚、传播现代科学文化”为宗旨,①逐渐成为在阿拉伯世界拥有重大影响的报纸。在19世纪80年代以后的抗英斗争中,埃及又出现了一些民族资产阶级办的著名报纸,如1879年的《祖国报》、1884年的《团结报》、1889年的《坚强报》、1895年的《埃及人报》、1900年的《旗帜报》等。这些报纸在反对殖民统治、揭露腐败傀儡政府、宣传先进观念、鼓吹民族主义、动员人民参与政治斗争等方面发挥了重要作用。实际上与许多非西方国家的近代政治报刊一样,这些报刊本身就站在政治斗争的前沿。例如《祖国报》是埃及最早的爱国政党祖国党的机关报,曾响亮地喊出了“埃及是埃及人的埃及”的口号。《坚强报》被称为当时“最能代表埃及人民、最能忠实反映民意的日报”。该报和《埃及人报》都是由著名新闻人阿里·优素福创办的,他被称为埃及新闻事业的奠基人。《旗帜报》的创办人穆斯塔法·卡米勒是“第一个把埃及民族主义系统化的人”,他提出了解放埃及的两条途径,就是争取欧洲舆论和宣传民族主义。②《旗帜报》用英、法、阿三种文字同时出版,后来成了新祖国党的机关报。这些报刊的创立奠定了埃及在中东和阿拉伯世界思想与文化舆论中的地位。

《金字塔报》(*al-Ahram*)

《金字塔报》是埃及历史悠久、在阿拉伯世界影响最大的报纸,被认为是世界上最有影响的十大报纸之一。③ 1876年8月5日该报创刊于埃及北部港口亚历山大城,当时为周报,1881年改为日报,1900年迁至开罗出版至今。该报是埃及最早采用商业化经营的报纸,但又是比较严肃的政治报纸。该报早期积极参加反对英国殖民统治的斗争,鼓吹民族主义。1922年埃及独立后该报并没有卷入党派斗争而成为代表无党派立场的著名独立报纸。1952年埃及共和国建立,该报一度被收归国有,成为半官方报纸,基本上反映政府意图。

《金字塔报》有国内版、国际版等几个版本,总发行量高达100多万份。国内版有3个版本,每天分3次印刷出版,第1次印刷的版本主要向边远地区和中东其他国家发行。第2次和第3次印刷的版本报纸,头版内容有变动。如遇重大事件可分5次印刷。该报经常发表埃及和阿拉伯世界著名人士的文章,特色是消息源广、信息量大、权威性和可读性强。

在南非,这一时期英国与荷兰殖民者的后裔布尔人的争斗十分激烈,1899年爆发了英布战争。同时由于这一时期南非发现了钻石和金矿,吸引了大批的欧洲人,原来的开普敦、新的城市约翰内斯堡和德班迅速成长,报刊也得到了进一步发展。在开普敦,1857年出版了南非第一家晚报《开普守望者》,1876年又出版了第一家晨报《开普时报》,1884年出版了《黑人之声报》。在约翰内斯堡,1887年出版了《明星报》——至今仍是南非发行量最大的报纸,1902年出版了《兰德每日邮报》——南非最有影响的报纸之一。在德班,1887年出版了《每日新闻报》。1910年,英国路透社在南非建立了一个相对独立的分

① 郑超然,程曼丽,王泰玄.外国新闻传播史[M].北京:中国人民大学出版社,2000:470.
② 彭树智.阿拉伯国家简史[M].福州:福建人民出版社,1991:213.
③ 李良荣.当代世界新闻事业[M].北京:中国人民大学出版社,2002:120.

社——南非通讯社。19 世纪末 20 世纪初,南非各种风格、各种立场和各种形式的报纸都开始出现了。这一时期的南非报业有两件事情值得注意:一是后来的英国首相温斯顿·丘吉尔作为年轻记者曾在英布战争中采访;二是印度的民族主义领袖甘地 1904 年在德班创立了一个周刊——《印度舆论》,成为在海外宣传民族主义的著名刊物。

三、亚洲报刊的发展

亚洲是世界上的大洲,亚洲人口 19 世纪末占当时世界 16 亿人口的 56%。[①] 近代世界的几大传统大国都集中在亚洲,包括中国、印度、奥斯曼土耳其帝国、伊朗,这些封建的传统大国都面临着西方工业化国家的殖民主义扩张。近代亚洲是民族民主运动比较激烈的地区,是 19 世纪末 20 世纪初第一次民族解放运动的主要地区,列宁称之为"亚洲的觉醒",所以也是报刊发展非常迅速的地区。亚洲报刊在鼓吹民族意识、发动和动员群众方面发挥了重要作用。这一时期除了中国之外,在印度、土耳其和伊朗,近代报刊都得到了发展。

印度全境在 1849 年被英国占领之后就落入了英国的直接控制之下。1857 ~ 1859 年,印度发生了反抗英国殖民统治的民族大起义。尽管起义失败了,但是"印度人民开始形成近代统一的国家观念"[②]。19 世纪下半期,印度开始了两个方面的发展,体现了马克思所说的双重性特征:一方面,印度的殖民地程度在不断加深;另一方面,印度的民族资本、民族资产阶级和民族主义运动开始成为社会中新的力量。这一时期的新闻传播出现了新的特点:商业性报刊与政治性报刊并存;各种立场的党派报刊(自由派、保守派,反英派、护英派)并存;各种文字的报刊(英语、印地语、马拉特语、泰米尔语、乌尔都语、古吉拉特语等)并存。其中最重要的特点就是本地人所办的报刊异军突起,本地文字报刊开始成为文化启蒙、政治动员和民族主义宣传的重要阵地。这一时期,许多民族资产阶级所办的著名报纸纷纷出现,例如 1861 年的《印度时报》、1868 年的《甘露市场报》、1878 年的《印度教徒报》。1880 年印度国大党的早期领袖提拉克创办了马拉特语的《猛狮周报》,1881 年又创办了英文的《月光报》。1885 年,印度民族主义政党国大党成立,报刊的宣传意义进一步凸现。提拉克因立场激进多次被捕,但其所办的报刊非常畅销。侨居南非的民族运动领导人、国大党领袖甘地创办了多语种出版的《印度舆论》,1915 年回国后又接手了英文周刊《青年印度》和古吉拉特语月刊《新生活》。民族主义报刊成为这一时期印度报刊的独特风景,也带来了印度报刊的繁荣。到 20 世纪 20 年代,印度的各种报刊达 3000 多种。

奥斯曼土耳其帝国是一个横跨欧、亚、非三洲的帝国,19 世纪下半期,西方国家开始加紧争夺奥斯曼土耳其帝国的遗产,土耳其逐渐沦为英、法实际控制的半殖民地。在土耳其,1865 年出现了"新奥斯曼协会",1889 年出现了"青年土耳其党",1908 年发生了类似中国辛亥革命的资产阶级革命。激烈的政治斗争同样促进了土耳其近代报刊的发展。1860 年的《喉舌报》、1862 年的《写真报》是早期的著名报纸,曾经在 1876 年的土耳其立宪运动中发挥了重要作用。世纪之交,土耳其的革命领袖凯末尔支持和创办了《民主意

---

① 潘纪一,朱国宏. 世界人口通论[M]. 北京:中国人口出版社,1991:84.

② 刘宗绪. 世界近代史[M]. 北京:北京师范大学出版社,1991:383.

志报》和《国家主权报》,进行争取独立的革命宣传。“一战”结束后,土耳其取得了民族独立,成了较早取得政治独立的民族主义国家。

19 世纪下半期伊朗主要为英、俄所控制,美、德、法势力也在向伊朗渗透。在封建统治不断瓦解,民族资本初步发展的基础上,伊朗在 1905 ~ 1911 年爆发了一场不成功的资产阶级革命,报刊在这场革命中也发挥了重要作用。

土耳其和伊朗都属于中东国家。中东是 1900 年由英国将军托马斯·戈登爵士首先使用的一个西方政治地理概念,以区别近东(东欧、巴尔干)和远东(印度以东的中、韩、日)。这一时期,中东也开始了民族主义的觉醒,而报刊成了宣传先进思想、动员舆论的重要工具,得到了巨大发展。据统计,1904 ~ 1914 年各种报刊在黎巴嫩从 29 种增加到 168 种,在叙利亚从 3 种增加到 87 种,在巴勒斯坦从 1 种增加到 31 种,在伊拉克从 2 种增加到 70 种。[①] 这一数字可以在某种程度上代表非西方国家的普遍现象。

第四节　近代非西方国家的媒体特点与作用

大众媒介是社会系统中的重要组成部分。关于大众媒介与社会系统的关系,有两种不同的分析方法:一种方法是把社会系统分为政治系统、经济系统、文化系统和信息传播系统;另一种方法是把社会系统分为政治、经济、文化等不同系统,而大众媒介系统是从属于政治系统的次级子系统。[②] 也许有人认为后一种分析方法降低了大众媒介的作用,但我们认为,大众媒介的发展过程实际上是从后一种状态向前一种状态发展的过程。大众媒介与社会的契合,也是一个动态的历史过程。就非西方国家的媒体发展来看,只能说处在历史发展的初级阶段,尚不能构成独立的社会系统,是强烈地从属于政治发展状况的。

要真正地了解非西方国家的媒体特点,必须结合非西方国家的历史发展特点来看。从宏观的角度讲,非西方国家在现代化的发展中具有后发展的特点,而且其现代化历程是倒过来展开的。与西方国家的文化(文艺复兴和宗教改革)、经济(市场经济的建立)、政治(政治制度变革)、社会(工业革命与社会结构改变)的自然发展历程不同,非西方国家是从政治变革开始现代化过程的,争取独立和制度变革同时进行,这就决定了非西方国家近代媒体的发展带有强烈政治性的特点。

就一般规律来讲,报刊是沿着政府报刊、政党报刊、商业报刊的路线发展的,主要功能包括信息传递功能、政治舆论功能、经济与产业化功能、文化整合与娱乐功能,其新闻的内在发展是在追求新闻客观性的同时不断面临政治宣传性和商业娱乐性的干扰。而对非西方国家的媒体发展而言,并非完全是沿着这样的路线前进的。非西方国家尽管也出现了报刊媒介,但其传播体系的建立是在外力推动下的内部变革,发展的路线是外来报刊、本地报刊、政府报刊、民族报刊。尽管也初步体现出新闻的社会功能,但是可以说出现了报刊而没有出现媒体产业,其经济和产业化功能弱小,娱乐功能几乎没有,文化整合、信息传递与政治舆论功能并行,或者说文化整合与信息传递从属于政治宣传功能。

---

① 柯克.中东简史[M].武汉大学《中东简史》翻译组,译.武汉:湖北人民出版社,1975:220.

② 张昆.大众媒介的政治社会化功能[M].武汉:武汉大学出版社,2003:44.

这一时期非西方国家报刊的主要宣传内容是民族主义。关于民族主义的定义是学术界争论不休的问题。在种种的定义中，关于民族主义的政治含义最为人们所重视，例如西方民族主义研究的开山鼻祖汉斯·科恩认为："民族主义是一种基于现代社会内聚力及社会权力合法化要求的政治信条，民族主义集中了绝大多数人对现存的或要求建立中的国家的极度忠诚。"英国学者吉登斯也认为，民族—国家是拥有边界的"权力集装器"(power - container)。[①] 在民族国家要求独立的过程中，民族主义理论成为人们最重要的思想武器。首先，民族认同是一种合法性的政治认同，这种认同体现为非常明确的政治诉求，它要求以民族国家或民族自治的政治形态为目标。其次，民族认同是一种对民族文化和民族传统的价值认同，也就是说，任何一个民族都有自己独特的文化和传统。可以说，民族主义是现代观念与传统观念最好的结合点。最后，这些国家在西方殖民者争夺势力范围的斗争中都面临着严重的民族危机。在外部环境的刺激下，这一时期的非西方国家报刊把民族主义作为宣传重点就不足为奇了。正如我们不能贬低党派报刊在西方国家政治动员中的作用一样，我们也应该正确评价报刊的民族主义宣传在这一时期所产生的积极作用。

当然，这一时期非西方国家的历史发展和媒介发展是不平衡的，一些发展较快的地区，如拉美的巴西、墨西哥和阿根廷，非洲的埃及，亚洲的中国、印度，已经初步具备了新闻的四个要素和四种结构，而一些落后的地区只是刚刚跨进新闻的门槛而已。

小　结

本章我们主要讨论了广大非西方国家报刊新闻的产生与发展。

"非西方国家"是我们在这一时期所能使用的恰当概念。这一时期，尽管亚非拉地区拥有世界70%以上的人口，但是只有不到30个名义上的国家。在沦为西方国家殖民地和半殖民地的同时，这些国家和地区的发展带上了破坏与建设、危机与转机的历史双重性。在艰难的社会转型过程中，这些国家的近代新闻传播在外力的刺激下开始发展起来了。

我们可以把这些国家近代新闻传播的发展划分为两个阶段：16世纪到19世纪中期，是近代报刊的产生时期，在拉美的墨西哥、巴西、阿根廷，非洲的埃及和南非，亚洲的印度和远东地区，都出现了一些最初的近代报刊。19世纪中期到"一战"前后，是近代报刊的初步发展时期，除了更多的国家开始出现近代报刊，在一些较先进的国家，报刊已经成为影响社会舆论、参与政治斗争的重要工具。

非西方国家的近代报刊的发展具有自己的特点，其中最大的特点就是与这些国家争取民族独立和社会改革的斗争同时发展，新闻传播因此表现出鲜明的政治性和民族性特征。

---

① 吉登斯. 民族—国家与暴力[M]. 胡宗泽，赵力涛，译. 北京：生活·读书·新知三联书店，1998：145.

【思考讨论题】

1. 如何理解马克思在《不列颠在印度统治的未来结果》中所说的“英国在印度的双重使命”?
2. 为什么说非西方国家的近代报刊发展可以划分为两个时期,根据是什么?
3. 拉美近代报刊的初步发展体现在哪几个方面?
4.《金字塔报》的特点是什么?
5. 近代非西方国家报刊媒体发展的特点和作用是什么?

第三编　新闻传播的发展

（20 世纪初到 20 世纪 80 年代初）

本编横跨的时期是 1900 年前后到 20 世纪 80 年代初，大约有 80 年的历史，主要内容是论述新闻传播的发展。

这段历史一般被称为世界现代史时期，随着 19 世纪末 20 世纪初具有历史转折意义的世界历史的形成，人类社会进入了更快、更复杂和更深刻的历史发展阶段。这一时期，因为生产力的发展和生活水平的提高，出生率上升、死亡率下降和寿命延长，世界人口数量从 1900 年的 16 亿增加到 1980 年的 44 亿。在科技与经济方面，以相对论、量子力学和分子生物学三大科学理论为标志，人类对更宏观、更微观的物质世界和人本身的认识达到了一个新的水平。世纪之交出现了以内燃机、电力和通信为基础的技术革命，20 世纪五六十年代开始了以航空、原子能和计算机为基础的新科技革命，这些都反映了人类改造自然的新能力。世界经济也取得了巨大的发展。这一时期，世界工业的年平均增长率 1900～1913 年为 4.2%，1914～1948 年为 2.8%，1949～1973 年为 5%，[①]世界制造业的生产指数从 1900 年的 100 提高到 1953 年的 567.7 和 1980 年的 3041.6，“仅 1953～1973 年的累计世界工业产量就可以与 1800～1953 年一个半世纪的总产量相媲美”[②]。全球工业化成为这一时期物质化特征的概括。在社会与政治方面，工业化带来了社会结构的改变和现代政治的兴起，城市化、教育、科层制度和社会流动性的水平大大提高。作为最大和最有权力的政治实体，国家的数量从 40 多个增加到 150 多个，国家的职能大大提高，政治模式的选择前所未有地扩大，各个阶层之间、各个民族和国家之间，争取权力的政治斗争也前所未有地激烈。人类经历了前所未有的战争、动乱、革命和政治运动，从“一战”“二战”到冷战，学者们统计，20 世纪上半叶，战争年平均死亡人数比 19 世纪增长了 1070%，[③]冷战期间的局部战争也有 180 多起。在文化和意识形态方面，五花八门的社会思潮、形形色色的学术流派、林林总总的哲学体系，像潮水一样在地球上滚来荡去，猛烈地冲击着人们的精神领域。可以说科技革命、民族主义和现代化成了这一时期的主要潮流。

现代新闻传播的发展就建立在这种发生着巨大变化的社会背景中。就新闻传播本身而言，这一时期发生了五大变化，主要表现是：（1）与科学技术的发展同步，新闻传播的

---

① 刘笑盈，符文洋．旋转的世界：当代世界概观[M]．郑州：河南人民出版社，1990：37-38．

② 肯尼迪．大国的兴衰[M]．天津编译中心，译．成都：四川人民出版社，1988：506．

③ 尼科利斯基．科技进步与国际关系[J]．文摘，1984(10)．

载体从纸质媒介到电子媒介,媒体形式更加丰富,传播的时空距离进一步压缩,出现了向原始传播形式的回归,媒介更加大众化了;(2)与社会和政治的发展同步,新闻传播的功能也在发生着变化,其中最大的变化就是随着国家数量的增加和职能的加强,新闻的政治化功能开始落入国家控制的窠臼之内,原来那种“令人得意的自由行动年代”结束了,与此同时,新闻的其他功能却在增强;(3)与社会科层化和不同政治实体建立同步,不同的新闻传播体制和新闻传播理论纷纷出现,在新闻向专业化趋势发展的同时,人们对新闻的认识也在不断深化;(4)与国际社会的扩大和国际政治的发展同步,新闻传播的国际性,特别是宣传的国际性开始成为一个重要现象,国际传播成了国际关系中的一个新因素;(5)与社会经济的发展同步,新闻传播在成为重要的社会部门和产业的同时,成了信息社会到来的先驱。

这一时期中外新闻传播依然体现出不同的特征。尽管在这一时期开始的时候,中国的新闻传播也出现了专业化、多元化和功能分化的些许特征,但是在西方国家新闻传播不断获得独立发展的同时,与中国社会的发展相一致,政治舆论功能依然是中国新闻的主要特征,新闻传播是政治宣传的工具,或者说信息传递与文化整合依然从属于政治宣传功能。新闻传播依然是以从属于政治子系统的方式与社会系统相契合,尽管这种方式在中国社会的变革中发挥了重要作用,但是也带来一些问题。

这一时期,经过“一战”和“二战”之后两次民族主义高潮,发展中国家的数量大大增加,新闻传播这一现代社会部门也在世界范围进一步扩大了。但是与中国新闻传播的发展相类似,发展中国家的新闻体系总体说来也表现出强烈的政治性特征。

本编的内容包括五章,前三章主要讨论媒介的变化、西方国家的新闻传播和新闻宣传战的出现,后两章介绍中国和其他发展中国家的新闻传播。

第八章　媒介变革与传播的时空压缩

- **关键问题：**

1. 媒介变革的主要基础和动力是什么？
2. 广播的兴起主要标志是什么？西方国家的广播体制主要有哪几种？
3. 电视的发展有几个阶段？电视传播的特点是什么？
4. 报刊、广播、电视三种媒介的关系是什么？
5. 电子媒体的出现在哪些方面影响了新闻传播？

20 世纪是人类社会在各个方面都取得了巨大进展、发生了巨大变化的世纪，在我们论述的20 世纪前80 年，在新闻传播领域，人类又发明了两种新闻的传播媒介——广播和电视。这两种新媒介的出现，在很大程度上扩大和改变了新闻传播的社会体系、传播内容和方式、新闻传播的社会功能，从而改变了新闻本身。

在 19 世纪末 20 世纪初报刊新闻日益成熟的基础上，从无线电通信到广播的出现，人类又获得了一种崭新的现代传播方式。20 世纪三四十年代广播的发展进入高潮，人类从"用眼睛取代耳朵"，又很快回到了耳朵的时代。就在广播开始大行其道之时，另一种更新的传播媒介——电视又出现了，人类进入了直观现场的新传播时代。在新闻传播领域，出现了报刊、广播和电视的三足鼎立。

我们可以把报刊称为平面媒体或纸质媒体，把广播和电视称为电子媒体，把互联网称为网络媒体或新媒体。与报刊的产生一样，电子媒体和新媒体的产生也不是突如其来的。就电子媒体而言，科技进步和社会需求的推动是其产生和发展的重要原因。

加拿大著名传播学家麦克卢汉有三个著名的论断：媒介是人的延伸、媒介即信息和地球村。英国传播学家麦奎尔也认为电子媒介使我们重新向部落文化回归，这些论断可以帮助我们理解不同媒体之间的相互关系和电子媒介带给新闻传播的新特点。

第一节　媒介变革的基础和动力

显然，电子媒介的产生并非偶然，其基础是科学理论的进展和技术进步，而其动力则是社会的需求。

近代科学独立发展的历程开始于哥白尼 1453 年的太阳中心说，完成于 1687 年牛顿的著作《自然哲学的数学原理》。之后的两个多世纪，是自然科学各学科纷纷独立并取得进展的时期。19世纪以后，自然科学进入全面繁荣时代，在文化史上被称为“科学的世纪”。特别是物理学领域的能量守恒定理和法拉第、麦克斯韦电磁理论的建立，完成了牛顿力学之后科学史上的第二次和第三次综合。而将电学、磁学和光学合为一体的第三次综合，实际上是电子媒介产生的科学基础，“麦克斯韦对电磁波的数学研究，五十年后带来了无线电报和无线电话”①。并且科学的进展没有停步，世纪之交相对论和量子力学的产生又完成了科学史上的第四次和第五次综合，对高速运动的、更加微观和宏观世界的探讨开启了20世纪的科学大门。

技术是人类改变或改造其环境的方法。在19世纪末20世纪初的变革中，科学改变了与技术长期脱节的状态，与技术的首次结合是令人瞩目的现象。第二次技术革命的主要发明是电力技术，电力技术包括电能和电能的传输与转化。在发明有线电报和摄影的基础上，人们发明了运用电力的电灯、电话、无声电影、无线电发报机。20世纪初，人们扩大了电子的实际用途，发明了有检波和放大作用的电子二极管和三极管，电力技术与电子技术的结合开创了无线电技术的新时代。可以说，广播是在无线电通信的基础上发展起来的，电视则是在电影技术的基础上发展起来的；广播技术基础的关键是声电之间的能量转换，电视技术基础的关键则是光电之间的换能。正是在解决了这些技术的基础上，广播电视才得以产生。

如果说科学技术的发展是电子媒体产生的基础，那么社会需求就是电子媒体发展的动力。恩格斯指出：“技术在很大程度上依赖于科学状况，科学状况却在更大的程度上依赖于技术的状况和需要。社会一旦有技术上的需要，则这种需要就会比十所大学更能把科学推向前进。”广播产生的年代，是在第一次世界大战后的相对和平时期，而广播的迅速发展，主要的推动力是1929～1933年的世界经济危机和第二次世界大战时期，国家对于精神动员和舆论战的需要。从罗斯福、丘吉尔到希特勒和东条英机，他们都把广播作为动员和宣传群众的工具。作为一种新的大众传播工具，广播有文字和印刷媒介无可比拟的优势，它进一步突破了信息传播的时空界限和文化程度的限制，很快就被社会所接受，成为传播变革的第四个里程碑（前三个为语言、文字、印刷）和第二种大众传播媒介。电视尽管诞生于“二战”之前，但是电视对科技和资金投入的要求很高，残酷的“二战”暂时阻碍了电视的发展，但是到经济开始恢复的20世纪50年代和社会激烈变革的60年代，电视很快就发展起来了。特别是在经济社会比较发达的西方国家，电视的发展更是远远高于发展中国家的水平。从总统竞选辩论、群众示威游行到越南战争的残酷画面，电视让人们直接看到了这个世界。除了具有广播的及时性、表现力和大众性特点以外，电视还具有更强的现场感、直观性和娱乐性，所以问世后很快就显示出强大的生命力。电视的出现再一次改变了人类的传播媒介，成为传播变革的第五个里程碑和第三种大众传播媒介。

第二节　广播的发明和广播电台的设立

广播的出现是以无线电的发明为前提的。早在人类19世纪末的科技革命中，1896

---

① 丹皮尔. 科学史及其哲学和宗教的关系[M]. 李希，译. 北京：商务印书馆，1997：284.

年意大利科学家马可尼(1874～1937年)就在英国政府的支持下完成了利用无线电波进行通信的实验。1897年,他在英国创立了一家无线电公司。1899年,他成功地用无线电波把一份电报从英国发到了法国。由于当时有线电报已广泛使用,因此他把主要的注意力转到有线电报比较薄弱的航海领域。在几年时间内,他协助欧洲国家建立了大约50家海岸电台。这些电台在后来的海难事故中发挥了巨大的作用,例如1912年著名的泰坦尼克号遇难时,许多电台都收到了泰坦尼克号发出的求救电报。

与此同时,许多科学家开始了把无线电波转换为声音的实验。问题的关键是相应的电子元件。1900年,美国科学家范斯登发明了调幅原理和电解检波器,1902年他又建立了一个实验发射台。1904年德国科学家威德尔特研制出整流二极管。1906年,被称为"无线电之父"的美国物理学家李·福雷斯特研制出世界上第一个三极管,可以控制电子流、放大信息(以后的四极管、五极管是其功能的进一步提高,也可以通称为电子管)。同年圣诞节前夕,范斯登用自己的广播实验发射台播出了演说及音乐,这是世界上的第一次语言广播,不过收听的范围很小,效果也不好。

在以后的十几年中,科学家为了广播的实用化作出了不懈的努力。1908年福雷斯特在巴黎设立无线电实验电台,1910年他在纽约大都会歌剧院利用电台播送美国歌王卡罗素的演唱。1916年他在纽约设立电台,播送演说、音乐,还根据《纽约美国人报》提供的简讯,广播威尔逊和休斯在总统竞选中的得票数字,这是世界历史上的第一次新闻广播。同年,美国无线电报务员萨尔诺夫提出了制造收音机的设想,经过几年的研制,1920年美国无线电公司制造出最初的收音机。至此,无线电广播的一切条件都成熟了。

广播作为大众传播媒介的历史,首先是从美国开始的。1920年,美国出现了两座广播电台,一座是8月20日在《底特律新闻》报的办公楼上开始广播的电台。这家电台虽然天天广播,但第二年才领取营业执照。第一个正式领取营业执照的商业电台是威斯汀豪斯公司在匹兹堡于11月2日开始营业的KDKA广播电台。当晚8时,它在第一次播音时就播送了当天有关哈定与柯克斯竞选总统的消息,"《匹兹堡邮报》用电话提供了选举简讯,有几千人收听了这个长达18个小时的节目"①。这一事件标志着广播由实验正式转为实际运用,1920年被认为是世界广播事业的开始年。此后,新型的电台如雨后春笋般在美国涌现,到1922年,美国的广播电台达382家,收音机有60万架。1927年这两个数字又分别达到了733家和650万架,形成了全国性的广播网。②

几乎在同时,世界上其他国家的广播电台也纷纷建立。苏联的电台几乎与美国的电台同时在1920年的秋天出现了,被称为"十月电台",通过电波发射苏联的法令、文告和政治消息。1922年9月,莫斯科中央广播电台开始播音,功率为12千瓦,是当时世界上功率最大的电台。同年,英国邮政大臣在下院宣布,英国允许创立经常播出节目的广播电台,年底,英国6家电器制造商集资创立了著名的英国广播公司BBC。第二年,英国的收音机达12.5万台。也是在1922年,法国邮电部正式设立了巴黎广播电台,通过埃菲尔铁塔播出节目,这是法国广播事业的开始。次年,法国制定了广播法,宣布广播为国家所有,私人不得设立电台。

---

① 埃默里M,埃默里E.美国新闻史:大众传播媒介解释史[M].展江,殷文,译.北京:新华出版社,2001:314.

② 吴廷俊.科技发展与传播革命[M].武汉:华中科技大学出版社,2001:136.

与上述国家相比,其他国家的广播电台出现得稍晚一些。1923 年,德国布莱窦博士创立了德国第一座广播电台。1925 年,德国帝国广播公司成立。1924 年 10 月,意大利罗马出现了两个经常播送节目的电台,12 月,这两家电台联合组成意大利广播公司 URA,并从邮电部领取了特许经营权。日本于 1924 年在邮政省的监督下成立了"中央放送局",并在东京、大阪、名古屋等地建立了广播电台。1925 年 3 月中央放送局正式开播,后来改成了日本广播协会 NHK。此外,澳大利亚、奥地利、比利时、加拿大、捷克、丹麦、芬兰、新西兰、挪威、西班牙、瑞典、南非、阿根廷、中国等也在这一时期先后建立了广播电台。到 1927 年,广播电台已经遍及欧洲、北美,开始向亚洲、南美洲、大洋洲和非洲扩张,广播事业正在成为一种世界性的事业。

第三节　世界广播业的发展

在我们论述的这个时期,各国广播业的发展大致可以分为两个阶段:一是从 20 世纪 20 年代后期到 40 年代中期,广播事业在世界许多国家蓬勃发展起来。广播开始从无线电爱好者和科学家的研究对象,发展成为一种可靠的信息载体,变成了广大新闻受众的重要消息来源,并初步发挥了重要作用。由于广播这一新兴媒体的出现,这一时期也是各国媒体结构及媒介与政府关系的调整时期。二是从 20 世纪 40 年代中期到 70 年代末,尽管面临着电视的竞争和体制的困扰,但是随着晶体管(利用半导体的单向导电性做电子检波)的发明和收音机的改进,广播采用新的节目战略,还是在西方国家获得了进一步的发展,而且随着发展中国家的纷纷独立和广播电台的建立,广播真正成了一种世界性的传播事业。

一、美国、英国广播业的发展

(一)美国的广播业

美国是世界上广播业发展最早和最快的国家。1926～1927 年,美国出现了全国性的广播网。1926 年 11 月 5 日,由美国无线电公司、通用电气公司和西屋电气公司组建的美国全国广播公司(National Broadcasting Company,NBC)开始播出,1927 年 1 月 1 日又成立了两个不同的广播网:红色网和蓝色网(Red and Blue Networks)。前者以娱乐性节目为主,后者以新闻、严肃音乐和文化节目为主。1934 年,该公司拥有 127 座电台,面向全国广播。1927 年哥伦比亚唱片广播公司成立,1928 改名为哥伦比亚广播公司(Columbia Broadcasting System,CBS),到 1934 年,CBS 也拥有了 97 座电台。

一开始,美国的报业与新兴起的广播业是相互合作的关系,有的电台就是报业所建的,同时报业也向广播提供稿件。但是广播业与报业争夺受众和广告份额的潜在矛盾始终存在。1929 年的经济危机打破了二者的平衡。在危机期间,报社纷纷破产倒闭,但广播却赚得盆满钵盈。报业对广播业的敌对情绪日益强烈,终于在 1932 年发生了直接冲突。美国报纸发行人协会董事会建议各通讯社在报刊登出消息前,不得出售给广播,广播应限于播简报,以鼓励人们读报纸。美联社、合众社和国际新闻社顺应了报业的要求。

被卡断消息来源的广播业被迫应战,陆续建立了自己的通讯社,报业与广播业的竞争深入通讯领域。但是这种两败俱伤的竞争不利于行业发展。1934 年,报业与广播业达成妥协,成立了"报纸电台社"以共同掌握消息源。1935 年合众社与国际新闻社恢复向电台供稿。1940 年,"报纸电台社"停办,美联社也开始向广播电台供稿,广播与报刊进入了一个竞争共处的时期。

在美国广播业的发展历程中,新政时期罗斯福总统通过广播发表的"炉边谈话"是推进广播业的重要事件。他在 1933 年 3 月 4 日的就职演说中宣称要为美国人民实行"新政"。在随后的一系列改革方案出台时,他都采取广播的形式向美国人民通报。由于他是在白宫楼下起居室的炉边,采取了很随意的谈话形式,历史上称为"炉边谈话"。成千上万的美国人通过收音机直接听到了罗斯福总统用那亲切有力的声音形象地解释了新政的措施。在 7 月 24 日,美国人甚至可以听到总统在谈话中要水、倒水的声音和总统说"华盛顿的天气可真热啊"的抱怨。广播为稳定美国人心、战胜危机发挥了巨大的作用,而"广播成为主要的信息来源,富兰克林·罗斯福总统功不可没"①。

与报刊不同,美国政府一开始就对广播的发展进行了某种控制。在美国广播业刚刚起步的 1927 年,美国国会就通过了电台法,规定成立一个五人组成的联邦无线电委员会,管理一切形式的无线电通信,频道为公共财产,归联邦政府控制,营业执照由该委员会核发。在新政时期的 1934 年,作为新政改革的措施之一,国会又通过了电讯法,将五人的联邦无线电委员会扩大为七人的联邦电讯委员会,管理一切无线电广播和电讯联络。20 世纪 30 年代后期,随着广播的发展,全国广播公司和哥伦比亚广播公司控制了美国一大半的广播业,联邦电讯委员会开始调查这两个公司的垄断。1941 年美国公布广播联营条例,限制两大公司的垄断。在压力之下,全国广播公司不得不出售其原来的蓝色广播网,1943 年成立了美国广播公司(American Broadcasting Company,ABC),从此形成了三大广播公司并存的局面。1940 年美国的电台达到了 815 座。"二战"前的危机和大战的爆发促进了人们对新闻的强烈需求,广播进入了黄金时代,三大广播公司的记者活跃在全球各条战线上,发回了无数激动人心的消息,新闻联播、广播剧等节目也在这一时期的广播中出现了。

"二战"后到 20 世纪 70 年代是美国广播业的发展调整期。1950 年美国广播电台有 2819 座(调频台 733 座),1960 年有 4134 座(调频台 678 座),1970 年有 6503 座(调频台 2184 座)。面对电视的强有力挑战,广播在受众方面"小众化"和内容方面"窄播化"的调整保证了自己的生存和发展。

(二)英国的广播业

如果说美国广播业的龙头是三大广播公司,那么英国广播业的龙头就是英国广播公司(BBC);如果说美国传媒体制的特色是私有制和商业化,那么英国在广播方面创立的公营制值得我们注意。英国 BBC 的创始人是约翰·里思,他被称为 BBC 之父。他在对美国式的商业电台和苏俄式的国家控制两种不同的广播体制进行比较之后,提出了英国广播体制的发展思路,即英国的广播事业必须"独立地"向社会大众传播教育、新闻、娱乐

---

① 端木义万. 美国传媒文化[M]. 北京:北京大学出版社,2001:88.

等信息并避免来自政治和商业的压力,因此产生了公营制的思想。里思关于“广播教育大众和提升大众品位的责任”的思想后来被称为“里思主义”。[①] 1927 年元旦,改组后的新的 BBC 宣告成立,新 BBC 既不为私人所有,也不受政府控制,而是由独立的管理委员会领导,英王颁发“皇家特许证书”。初期的费用来自出售收音机附加费和收听执照费,后来也有部分政府资助。1927 年 BBC 拥有电台 21 座,向全国广播,全国收音机拥有量是 270 万台。1929 年 BBC 进一步在全国建立地方电台,让广播网覆盖全国。1932 年 BBC 又开办针对英国自治领和殖民地的用英语播音的“帝国广播”。1936 年 BBC 开始建立电视台,进入电视领域。1937 年英国有收音机执照的用户达到 830 万。20 世纪三四十年代同样是英国广播事业大发展的时期,到 50 年代末,BBC 在国内一共拥有 78 座电台,99% 的人口可以听到它的广播。不过 50 ~ 70 年代,BBC 在电视和广播方面的垄断先后被打破,英国也出现了商业性的独立广播公司和伦敦广播公司,但是在竞争中,BBC 一直处于领先地位,其位置无人能撼动。即使是商业性的广播电视,“也很好地继承了公共服务的传统”。严肃节目的比例在 60 年代一直在节目中占 1/3 以上。[②]

二、其他主要西方国家的广播业

(一) 法国的广播业

与英美不同,法国的广播业以国营为主。虽然法国在 1923 年的广播法中规定广播为国家所专有,但实际上一直到 1945 年,法国的广播是国营和私营并行发展的。除了国家电台——巴黎广播电台外,在邮电部特许的规定下,私营电台在 1925 年以后也生机勃勃地发展起来了。私营电台的发展引起了一些政治上保守势力的不安,法国从 1927 年起开始限制发放许可证。1933 年巴黎广播电台改为国家广播电台。国家广播电台始终占主导地位。1937 年法国有 3 个全国台和 18 个地方台、12 家私营电台,居民使用的收音机有 400 多万台。1931 年法国开办对海外殖民地的广播。但战争打乱了法国广播业的发展步伐,广播成了德国纳粹和傀儡政权的宣传工具。1945 年“二战”结束后,法国取消了所有私营电台,成立了法国广播公司(RTF),广播业重新发展。20 世纪 40 年代末,广播业超过了战前水平,50 年代广播网已覆盖全国,收音机开始普及。70 年代以后,由于国家统一的广播电视体制僵化、缺乏竞争力,所以国家进行了拆分,将其业务拆分为 7 个独立的国营公司,以加强竞争,法国广播电视进入了分营自治阶段。

(二) 德国的广播业

德国是世界上广播最发达的国家之一,[③]其广播业开始也是以公营为主的。随着各地电台的纷纷出现,国家邮电部开始实行统一管理。1925 年德意志帝国广播公司成立。1929 年德国开办了对海外领地的广播。1933 年希特勒上台,德国的广播业被纳入法西斯政府的统治体制,成为党营广播,由国民教育和宣传部直接掌管。同年,法西斯政府成

---

① 尚克尔曼. 透视 BBC 与 CNN:媒介组织管理[M]. 彭泰权,译. 北京:清华大学出版社,2004:76.

② 卡瑞,辛顿. 英国新闻史[M]. 栾轶玫,译. 北京:清华大学出版社,2005:137,151.

③ 支庭荣,邱一江. 外国新闻传播史[M]. 广州:暨南大学出版社,2004:141.

立了全国性的广播机构——德国广播协会，并用德语、英语开始对北美洲进行国际广播。从那时起，在希特勒、戈培尔的操纵下，德国所有的传播业都成了鼓吹对外侵略、煽动民族狂热、灌输法西斯理想的舆论工具。1945 年德国战败，德国由美、英、法、苏分区占领。1949 年德国分裂为两个国家。苏占区的民主德国以苏联为样板，成立了国家控制的广播体制。由美、英、法三国所占区合并的联邦德国重建了广播业，原则是广播业独立，不接受政府控制；广播为公益事业，不依赖广告生存，从而建立起公营垄断的广播体制。其主要收入为收听费，对广告则限制播出内容和时间。联邦德国的广播体制坚持地方性和自治性，在各州纷纷建立广播公司的基础上，1950 年成立了全国性的组织"联邦德国公营广播事业联合会"（德广联），并先后建立了两个全国性的广播电台，即德意志电波电台（1953 年）和德意志广播电台（1960 年）。前者以对外广播为主，后者对全国广播。

（三）意大利的广播业

意大利是无线电的发源地，但直到 1924 年才出现两个私人电台，后合并为意大利广播公司（RAI），从此就形成了 RAI 对意大利广播的长期垄断。1927 年该公司改名为意大利广播收听局，并从政府那里拿到了 25 年的经营特许权。在 20 世纪 30 年代，收听局开始建立全国性的广播网，1930 年建立了新罗马电台，1932 年建立了新米兰电台，1934 年罗马短波电台开始进行国际广播。1939 年意大利的收音机有 117 万台，电台每天累计播出 42 小时。"二战"中，广播作为墨索里尼的宣传工具发挥了很大作用。战后的广播重建依然以 RAI 为主，1951 年形成了播出内容有所区别的三个广播网，收音机也达到了 400 多万台。1952 年收听局的特许权到期，改组为政府直接控制的国营公司——意大利广播电视公司，独享广播电视的垄断权。直到 70 年代中期以后，RAI 的垄断才被打破，意大利开始出现各种电台、电视台纷纷建立的"井喷"现象。①

（四）日本的广播业

日本的广播业从一开始就是由政府控制的。1925 年"中央放送局"在邮电省的监督下成立了，并在东京、大阪、名古屋设立三个电台开始播出节目。1926 年政府又下令三个电台解散合并成日本广播协会（NHK），开始对广播进行直接控制。1928 年建立全国广播网。随着日本的对外侵略扩张和法西斯化，日本的广播体制开始向德国靠拢，煽动战争狂热。德国最重要的广播内容是希特勒的演说，日本则是东条英机的讲话。1931 年日本开始用汉语对中国广播，1935 年开始用日语和英语对北美广播，1937 年对西欧、拉美、东南亚广播。1939 年日本每天的广播大纲都由内阁情报部设置，广播被纳入法西斯体制。1940 年日本有收音机 500 万台，1944 年有 750 万台，广播为日本的战时动员起了无可置疑的巨大作用。在日本的战后改造时期，NHK 对广播的垄断被美国强行打破，1950 年通过著名法案"电波三法"，广播电台向民间开放，NHK 也进行重组，成为半官方的公营性质的广播电视机构。日本的广播进入了多家竞争的阶段。随着 20 世纪五六十年代日本的经济起飞，广播业有了飞速发展。

---

① 支庭荣，邱一江. 外国新闻传播史[M]. 广州：暨南大学出版社，2004：143.

(五)澳大利亚和加拿大的广播业

澳大利亚和加拿大也都在20世纪30年代开始了全国性的广播。澳大利亚广播委员会于1932年成立,经营全国性的广播网。加拿大广播公司(CBC)于1936年成立,负责加拿大的国营广播业。不过,这两个国家也同样存在私营广播与国营广播的竞争。到60年代以后,商业性的广播电视逐渐发展起来了。

三、其他非西方国家和地区的广播业

(一)苏联和东欧国家的广播业

苏联是无线电广播发展较早的国家。1922年莫斯科中央广播电台开始播音。1927年莫斯科中央广播电台举办了大型的广播音乐会。20世纪30年代初,苏联初步形成了以中央台和地方台组成的全国广播网。1929年莫斯科电台开始用德语对外广播。到1940年,苏联的广播电台已有100多座,收音机100多万台,有线广播站11,000多座,广播可以覆盖全国,在"二战"中发挥了重要作用。捷克斯洛伐克的广播电台于1923年5月开播,到30年代末有收音机100多万台,50年代末增加到300多万台。匈牙利广播电台1925年开始播音,1950年听众达60万。罗马尼亚广播电台创建于1928年。波兰的广播电台出现在1926年,1952年华沙建立了中央台,外省有8个省级台和6个转播台,中央台还开始了对外广播。南斯拉夫的贝尔格莱德电台1929年开始播音,1939年全国有4个电台,1947年达到13个。这些国家的广播在国家的支持下,"二战"后都经历了一个大发展的阶段,例如南斯拉夫的电台在70年代就达到195个,比战前增加了十几倍。在冷战中,这些国家的国际广播也得到了很大的发展。

(二)发展中国家的广播业

发展中国家广播业的发展与报刊媒体一样,首先在少数几个传播发达的地区出现,"二战"后才扩大到其他新独立的发展中国家。与报刊媒体不同的是,广播的发展基本上都在政治组织体系之内,国家、政府和社会组织的控制是比较鲜明的特征。在亚洲,印度和土耳其是广播业比较发达的国家。1926年印度出现了第一家私人电台,1932年建立了殖民地政府控制的印度广播公司。1936年该公司仿照BBC模式,改组为全印广播电台(AIR),开始在全国建立广播网。1947年印度独立时,有9座电台。独立后的印度政府把原有的电台收归国有,改为国营。在政府的不断投入下,AIR逐渐成了亚洲乃至全球最大的广播机构之一。土耳其在1926年出现了广播电台,1938年土耳其开始建立国家电台系统。1964年国营的土耳其广播电视局(TRT)成立,负责管理全国的广播电视。在非洲,广播业比较发达的是南非和埃及。南非是非洲最早引进广播的地区。1923年南非铁路公司就在约翰内斯堡开办了第一个广播电台。1924年开普敦和德班也出现了电台。1927年几家电台合并为非洲广播电台。1936年南非根据广播法成立了公用事业型的南非广播公司,该组织类似于英国的BBC,播出多种语言的广播节目。埃及是开创阿拉伯世界广播电视的先驱。20世纪20年代埃及出现了民间广播,1928年埃及政府建立了第一座广播电台。1933 年埃及政府与英国马可尼公司签订了为期十年的协议,委托该公司为埃及建立非商业性的广播体系。1934 年马可尼公司建立的电台开播。1939 年埃及有收音机86,000多台。1947 年广播收归国有。1952 年革命后,埃及开始对外广播,1953 年建立了“阿拉伯之音”,1955 年建立了“非洲之音”,1964 年开办了中东广播公司。此外,马达加斯加(1931 年)、津巴布韦(1932 年)、肯尼亚(1933 年)、塞拉利昂(1934 年)、突尼斯(1935 年)、尼日利亚(1936 年)、毛里求斯(1937 年)、苏丹(1940 年)、赞比亚(1941 年)、坦桑尼亚(1951 年)等地也先后出现了多由殖民者建立的电台。在南美洲,巴西和古巴于 1922 年建立广播电台。1930 年巴西瓦加斯总统上台后,开始在各大城市建立广播电台,巴西成了南美广播发展最快的国家。1965 年巴西最大的私营公司环球电视公司成立。古巴的广播业在 40 年代发展较快,1959 年革命后收归国有。其他国家如阿根廷(1924 年)、墨西哥(1930 年)、智利(1936 年)也先后出现了广播。“二战”之后,不仅这些国家的广播得到迅速发展,许多新独立的国家也开始加入开办广播的行列。以非洲为例,1955 年非洲有电台 151 座,1960 年就达到了 252 座。

第四节　电视时代的到来

电视是继广播之后人类传播史上的又一次革命。在过去的文字传播和报刊传播时代,人们通过媒介接受的,只是一种符号化的现实;广播的出现,使人们听到了变动世界的声音;而电视使人们在听到这个世界的同时也看到这个世界。或者可以说,文字和印刷媒介是人们视觉的延伸,广播是人们听觉的延伸,电视则是人们的视觉、听觉和触觉能力的综合延伸,所以对人们的生活影响巨大。有人把电视称为“傻瓜盒子”,也有人把电视喻为“第二上帝”,但是无论如何,称今天是“电视日常化的时代”,应该是准确的。

一、从电视的发明到电视事业的出现

关于电视的发明,各国的说法不一。德国学者认为德国人尼普考是电视发明者,因为他阐明了电视的理论,发明了电视扫描盘。英国学者认为是英国人贝尔德发明了电视,因为他帮助英国广播公司创立了世界上第一座电视台。美国人则认为,俄裔美国人兹沃利金才是世界电视之父,因为他发明了电子扫描的显像管。这些说法可以说明,电视不是一个人的发明,是不同国家的科学家们几代人不懈努力的结果。我们可以把电视的出现分为以下几个阶段。

19 世纪下半期到 20 世纪初是电视的酝酿期。电视的关键是光电转换,1865 年英国工程师约瑟夫 · 梅发现了化学元素硒具有光电效应(即接受光照时会产生电子放射现象),1873 年他发表了光电效应报告(物理的影像,理论上可以用电子信号传播),从而为电视的出现奠定了理论基础。1884 年德国科学家尼普考发明了机械扫描图盘,初步解决了图像的传递问题,他的专利申请名为“无线电望远镜”。19 世纪末,科学家赫兹、马可尼等对无线电的发明也推动了电视的发明。1900 年在巴黎举行的世界博览会上,法国人白吉第一次演示了传播图像的实验,并称之为“电视”(Television),电视一词由此而来.

20 世纪初到 20 年代是电视的探索期。1907 年,美国人德雷福斯特发明的三极管不

仅突破了广播的技术难关,而且有助于电视显像管的设计。1923 年,俄国科学家兹沃利金在美国发明了光电发像管。“据有史可查的统计,1919～1925 年,世界各国的科学家提出了 100 多项有关电视发明专利权的申请。”①1925 年英国科学家贝尔德利用自己发明的设备,配合尼普考的扫描图盘,实验传输图像并取得成功。1928 年美国纽约一个实验电视台在实验室里播出了第一个电视剧节目。1931 年俄裔美国科学家兹沃利金发明了电子扫描的显像管,其效果远远超过了尼普考的发明。

20 世纪 30 年代是电视的诞生期。这一时期,各国纷纷开始了电视技术的实际应用。在英国,1929～1935 年,英国广播公司与贝尔德合作,多次进行了实验性电视播出。1936 年英国广播公司创立了世界上第一个电视台。11 月 2 日开始定时向公众播出黑白电视节目,被认为是世界电视事业诞生的标志。在法国,1935 年法国实验电视台开始试播电视,1938 年定时播放少量节目。在德国,1935 年,柏林的实验电视台试播电视节目,1936 年的奥运会曾有几个小时的实况转播,有 15 万人收看。1938 年,德国电视台正式成立并定时播放节目。1937 年德国柏林建立了一个电视台,著名科学家尼普考被聘为总经理。在美国,1937 年各地有 17 家实验电视台在播出节目。1939 年苏联也开始播出电视节目。总之,“二战”前,英、德、法、美、苏等国都在研究电视技术,电视的开发已进入突破阶段,但“二战”的爆发打乱了这一进程,只有受战争影响较小的美国还在进行研究。1941 年美国联邦通讯委员会(FCC)正式批准了第一家商业电视台运营,以后 6 座电视台一直在播出节目,到战争结束时,美国大约有电视机 1 万台。

“二战”之后是电视事业的真正发展期。1945 年 5 月,苏联率先恢复播送电视节目。6 月,英国 BBC 也恢复电视播送。1948 年美国电视台增至 47 座,电视机 100 万台。1950 年法国恢复电视播送。1951 年日本 NHK 开始试播电视节目。1952 年欧洲电视技术会议在瑞典举行,世界电视技术系统建立。1956 年澳大利亚创办了大洋洲第一个电视台。1958 年中国北京电视台正式开播。在“二战”结束后的短短几年中,电视作为一种新的大众传播媒介登上了历史舞台。

从 20 世纪 50 年代中期到 70 年代,是世界电视事业大飞跃的时期,具体参见表 8-1:

表 8-1　1955～1970 年世界电视发展状况

年份	电视国家数(个)	电视台数(个)	电视机总数(万)
1955	20	600	4100
1958	50	1330	7100
1963	70	2380	13,000
1970	127	6122	25,487

由此可见,到 1970 年,电视出现在当时世界上几乎所有的国家。不过这种发展十分不平衡。美国一国就占有全球电视机总数的三分之一,再加上日、苏、英、德、法、意、加,8 个电视大国占世界电视机总数的 78.7%,其他国家仅占 21.3%;8 个国家占有独立制作

① 吴廷俊. 科技发展与传播革命[M]. 武汉:华中科技大学出版社,2001:146.

能力的电视台总数的70%,其他国家只占30%。①

在电视大发展的时期,彩色电视也发展起来了。经过科学家的努力,1949年美国制造出彩色摄像管和彩色显像管。1954年美国正式播出了彩色电视节目,成为第一个开办彩色电视节目的国家。1960年日本也开始播出彩色电视节目。1967年英国、法国、联邦德国、苏联也都播出了彩色电视节目。

二、三大电视系统的形成

最早出现的电视属于无线电视,通过电视机上的接收装置来接收电视台发射的信号,到了20世纪五六十年代,有线电视和卫星电视也开始出现了。

有线电视又称电缆电视或收费电视。它是用电缆做导线把电视节目输送给用户的电视接收系统。如果说无线电视好比直接接天上的雨水,有线电视则好比接自来水,只有装了管道才可以接收。有线电视起源于20世纪40年代末50年代初的美国,开始因为无线电视的接收信号在复杂地形中效果不好,所以人们在高处架一个接收能力强的天线架,再用电缆把信号传送到各家各户,架线成本由各家分摊。后来人们发现这种电视不仅效果好,而且可以收费,同时电视制作成本日益增加,仅仅靠广告赢利困难,所以开办效果更好又可以收费的有线电视就成了一种趋势。

有线电视有三个显著特点:(1)通过电缆输送电波干扰少,图像清晰度高;(2)电缆传输的频道多,可选择性强,有利于频道专业化,满足不同受众的需求;(3)有利于收费。因为上述特点,所以有线电视发展很快,六七十年代开始商业化。1980年美国有4400个电缆电视系统,1700万个有线电视用户,占全部电视用户的30%。

卫星电视与卫星技术的发展密不可分。1945年,英国科学家克拉克首次提出了卫星传播的构想,他认为在3.6万公里的太空放置三颗人造卫星,使之停留在与地球同步的轨道,各国自建卫星地面站,接受卫星反馈的信号,就可以实现国际间的越洋传播。这一理论引起了科学界的注意,两个超级大国美国、苏联开始研制通信卫星。1962年7月,美国成功发射了"电星一号"通信卫星,并实现了美国与欧洲电视节目的互传,开创了通信卫星传播电视的新纪元。1963年11月22日,美国总统肯尼迪被刺,这一消息就是通过卫星电视传到世界各地的。1964年4月,以美国为首的18个国家在华盛顿成立了"国际电讯卫星联合公司"。1965年该公司发射了第一个商业通信卫星"晨鸟"(Early Bird)。同年东京的奥运会开幕式由通信卫星实现了转播。苏联也不甘示弱,1965年,苏联发射了通信卫星"闪电一号"和"闪电二号",覆盖欧亚大陆。1967年苏联正式建立了一个卫星电视网,每天播出时间为6小时。在70年代以前,通信卫星是多功能的,供电视传输的信道有限且功率小,还要靠地面站接收和传输。70年代后,出现了专门的广播卫星,由于其转发器功率大,普通电视用户安装简单的接收装置(包括小型碟形天线)就可以直接收看卫星传来的节目,实现了由转播到直播的改变。卫星电视的主要特点是覆盖面广、传输灵活。

无线电视、有线电视和卫星电视一起构成了电视的三大系统。无线电视是电视发展的最初形态,现在依然在许多国家和地区广泛使用,有线电视因为有诸多优点,正在发展

---

① 张昆.简明世界新闻史[M].武汉:武汉大学出版社,1994:274.

成电视中的主要形态,而卫星电视因为覆盖面广,极大地提高了电视的传播功能。正是卫星电视的出现,才使世界成了“地球村”。

第五节 世界主要电视国家简介

电视是新闻传播中最昂贵、附加值最高的一种传播媒介,是20世纪科学技术的结晶。发展电视,是技术先进、经济实力雄厚的国家才能率先做到的事情。所以尽管这一时期世界各国有了电视,但是电视业真正发达的国家只有少数几个。

一、美国

美国是电视发展最早的国家,也是发展最快的国家。在“二战”之前,美国是少数几个进行电视开发研究的国家之一。1941年美国历史上第一个商业电视台由全国广播公司NBC所设立,当时美国的电视机大约只有5000台。“二战”后,美国的电视业进入大发展时期,1950~1980年美国的电视台由106座发展到1020座,电视机从1948年的100万台发展到1960年的4000万台、1970年的8600万台、1980年的15,000万台和90年代的28,000万台。1954年美国最早播出了彩色电视节目,60年代开始了卫星电视转播,70年代开始了有线电视的商业化,80年代开始了卫星电视直播。美国是世界上最大的电视大国,平均每人每天收看电视节目的时间接近6小时,在发达国家中最高。同时美国还向其他国家提供大量电视节目。[①] 美国电视的管理机构是联邦通信委员会(FCC),主要职责是反垄断和制定节目制作指导方针。

美国的电视是在广播的基础上发展起来的,开始也是由三大广播公司垄断。据统计,在1980年的1020座电视台中,这三大公司分别有218(NBC)、198(CBS)和206(ABC)座。NBC是最早建立广播网、最早播出电视节目(1941年)和彩色电视节目(1954年)的公司。1995年NBC宣布与微软合作创办24小时有线电视节目和网络新闻,MSN-BC的用户在1999年就有4000万。CBS也是较早建立广播网的公司,1965年开始播出彩色电视节目,70年代其电视新闻节目的收视率超过NBC居全国首位,1995年与美国西屋电气合作,成为美国最大的广播集团。ABC是1943年在广播蓝色网的基础上成立的,1953年与派拉蒙公司合并,成为美国三大广播电视公司之一,1995年又与美国迪士尼公司合并,成为美国最大的传播娱乐集团。除了上述三大公司外,20世纪七八十年代美国还出现了一些新的电视巨头,著名的有公共广播公司(CPB)、福克斯广播公司(FBC)、美国有线新闻网(CNN)等。CPB是根据1967年公共广播法成立的,不是商业性公司,主要靠政府拨款、社会捐助来维持,主要制作教育节目。FBC成立于1986年,由国际传播巨头默克多将他购买的6家电视台合并而成,因播出体育和娱乐节目在90年代发展很快。CNN是特纳广播公司在1980年创办的,每天24小时连续播出新闻,1995年与时代华纳合并。美国电视业中80%是商业性公司,播出内容有娱乐性节目、广告节目和电视新闻三大类。

---

① 据统计,欧洲和加拿大有1/3~1/2的电视节目是进口的,其中来自美国的占75%,见霍斯金斯,迈克法蒂耶,费恩.全球电视和电影[M].刘丰海,张慧宇,译.北京:新华出版社,2004:41.

二、英国

英国建立了世界上第一个电视台。1954 年以前,英国的电视一直被 BBC 所垄断。在西方,BBC 一直被认为是公营广播电视的典型。1955 年 BBC 开始播出彩色电视节目。同一年,英国又成立一个依靠广告收入和出售节目维持经营的商业性广播公司——独立广播公司(IBA),开始进入了双头垄断时期。这一时期,英国的电视业发展很快。1955 年英国电视机不到 55 万台,1970 年电视机达到 1650 万台。这两个公司在各地分别建立了 40 多个电视台。尽管具有更多的商业性,IBA 也是一个由独立委员会管理的公营广播电视公司,存在一些弊端。20 世纪 70 年代后期,特别是进入 80 年代,英国的广播电视进一步开放,竞争更加激烈。首先是 BBC 与 IBA 在节目内容、规模上激烈竞争,都建立了自己的有线电视系统。其次,一些非公营的电视公司也进入了竞争领域,国际有线和卫星电视公司参与进来,其中有名的如 1987 年出现的超级电视台(Super Channel),通过卫星向英国和西欧播出节目,1993 年被 NBC 收购。默克多公司旗下的天空电视台(Sky TV)原是 1983 年开办的“空中频道”,1989 年改名为天空电视台,1990 年买下了英国卫星广播公司,又改名为英国天空广播公司。1990 年英国颁布新的广播法,广播电视市场更加开放了。

三、法国

法国在 1938 年就开始播出电视节目,“二战”后的 1950 年恢复电视节目播出。1955 年法国有 7 个电视台、12 万台电视机。1970 年发展为 94 个电视台、975 万台电视机。法国的广播电视一直是国有公营的形式,开始是法国广播公司,1945 年成立法国广播电视公司(RTF),1964 年又改为法国广播电视管理局(ORTF)。1974 年德斯坦总统上台后解散了 ORTF,对其业务进行拆分,成立了广播电视公司、制片公司、全国视听研究所、法国广播电台、电视一台、电视二台、电视三台等七家独立核算、相互竞争的国营公司。20 世纪 80 年代后,私营的广播电视也被允许开办,除了全国性的私人电视四台、五台外,最大的电视一台也在 1987 年卖给了私人。1988 年法国再次修改广播电视法,由独立的、权威的最高视听委员会掌握对私营广播电视的批准权、对公共广播机构负责人的任命权和对节目编播制作的规则制定权,建立了一种成熟的广播电视体制。尽管法国私营的广播电视公司开始广泛出现,但国营公司还是广播电视的主体。

四、日本

日本的广播业一直由 1926 年成立的日本广播协会(NHK)垄断经营,1939 年也开始了对电视的研制。“二战”后日本的广播电视业开始改组,1950 年通过了电波三法(电波法、广播法、电波监理委员会设置法)。NHK 脱离政府而独立,成为公营公司,广播电视也向私人开放,所以战后日本的广播电视形成了公营和民营并行的局面。1953 年 NHK 开始播出电视节目,在 20 世纪 60 年代经济起飞中,日本电视也飞速发展。居民电视机数 1958 年为 198 万台,1970 年为 2282 万台;私人电视台 1960 年是 39 家,1970 年为 71 家。NHK 是日本最大的广播电视企业,有三大广播网、两个电视网、一个国际广播电台。NHK

是不以赢利为目的的"特殊法人",其经营委员会由首相提名,两院同意后任命,全部经费来自电视机执照费。在 NHK 的两个电视网中,一个为综合频道,以新闻和文化节目为主;另一个为教育频道,以教育节目为主。NHK 的节目严肃、正统、准确、时效性强。除了 NHK 外,日本的民营广播电视也比较发达,影响较大的有五家,全部为报业所办,如属于《每日新闻》的东京广播公司 TBS(1953 年),属于《读卖新闻》的日本电视广播网公司 NTV(1953 年),属于《朝日新闻》的全国朝日广播公司 ANB(1959 年),《产经新闻》旗下的富士电视公司 FTV(1959 年)和《日本经济新闻》旗下的东京十二台 IZ(1964 年)。70 年代以后,日本私营广播电视系统迅速发展并形成了联营的趋势。

第六节 大众媒介的三足鼎立与媒介特性分析

一、大众媒介的三足鼎立

根据联合国的定义,大众媒介的概念是指受众超过 5000 万人,或者在本国的覆盖率超过 20% 的媒介。那么,报纸从出现到完成这个过程用了 200 多年(从 17 世纪初到 19 世纪末),广播用了 38 年(从 1906 ~ 1934 年),而电视只用了 13 年(从 1936 ~ 1949 年),人类传播的速度明显加快了。

与工业化社会以后大众社会的形成相适应,20 世纪也是大众媒介不断繁荣的时代。报纸、广播、电视先后达到高峰的时代分别是 20 世纪初、20 世纪三四十年代和 20 世纪六七十年代。电视出现以后,人类的传播方式形成了报纸、广播、电视三足鼎立的格局,这种局面一直到 90 年代网络崛起以后才被打破。表 8-2 反映了三种媒介在 1970 年的世界分布状况:①

表 8-2 1970 年三种媒介世界分布状况

	报纸			收音机		电视机	
国家类别	日报数(种)	发行总量(百万)	千人拥有量(份)	总量(百万台)	千人拥有量(台)	总量(百万台)	千人拥有量(台)
世界总量	7947	392	107	906	245	299	81
发达国家	5266	316	292	666	643	272	263
发展中国家	2681	76	29	240	90	27	9.9

1970 年世界上有 7947 种报纸,发行近 4 亿份,有十分之一的人每天阅读一份报纸。世界上有 9 亿台收音机和 3 亿台电视机,初步出现了媒体的三足鼎立局面。当然,世界大众媒介的发展极不平衡。从表 8-2 可以看出,发达国家的报纸发行量和千人拥有量是发展中国家的 4 倍多和 10 倍多,收音机总量和千人拥有量是发展中国家的 2 倍多和 7 倍多,电视机总量和千人拥有量相差就更为悬殊,发达国家是发展中国家的 10 倍多

① 数据来源于《联合国教科文组织统计年鉴(1999 年)》。

和 26 倍多。

就发达国家来看,三种媒体三足鼎立的局面就更加明显了。发达国家的千人平均拥有报纸、收音机和电视机数分别是 292 份、643 台和 263 台,考虑到电视机的有效观众数大于收音机,应该讲三种媒介实际上开始平分秋色。

报纸是发达国家最先发展起来的大众媒介,但在 19 世纪末 20 世纪初达到高峰以后,先后遭受了广播和电视的冲击,不过报业组织、报纸的形式和内容也在不断地改变以适应这种变化。其主要表现有:(1)报纸的垄断和集中程度加剧。在“二战”期间和 20 世纪六七十年代,报业经历了两次兼并高潮,以增加报纸的实力。(2)报纸增加厚度并扩大版面。例如美国的日报就从 40 年代的平均 6 版 24 页增加到 80 年代的 16 版 64 页,同一时期,星期刊也从 18 版 72 页增加到 50 多版 200 多页,报纸开始分叠,同时增加广告容量。(3)报道的内容更加广泛,从新闻、评论到娱乐、体育、旅行、购物、餐饮无所不包。(4)报纸的新闻开始从消息向深度化报道发展,如 30 年代以后出现的解释性报道、60 年代出现的精确性报道、70 年代出现的调查性报道等,报纸开始突出其原新闻和思考性新闻的特色。不过总的说来,在广播和电视的冲击下,报纸的处境日益艰难。

这一时期,也是广播不断发展和调整的时期。广播在“二战”前后发展到高峰,20 世纪 50 年代以后,随着晶体管的应用而开始个人化与小型化。六七十年代电视开始崛起,广播受到了越来越大的冲击。但是广播具有发展在先、收听灵活、携带方便等特点,其最大的特点也许是“伴随性”(人们在收听广播时可以从事其他工作)。“二战”后西方国家汽车的发展为广播的发展提供了新的契机。早在 30 年代,美国就拥有 2000 多万辆汽车,成为“汽车上的国家”。“二战”后,西方国家纷纷开始了“把国家装在轮子上”的汽车化。1950 年世界的汽车总数不过是 4800 万辆,1982 年就达到 33,100 万辆,增加近 6 倍。当“在路上”成为人们重要的生活方式之一时,收音机就有了更大的舞台。70 年代以后,广播在向分众化和专业化发展的道路上获得了更大的发展空间。

电视是三大媒介中最后出现也是最具有竞争力的。因为电视具有直观性和现场感,更具有贴近性和娱乐性,所以战后许多国家纷纷投入电视事业的发展。在经历了 20 世纪 50 年代的建立和初步发展之后,电视在 60 年代逐步走向成熟。在节目制作、播出和社会影响方面,电视越来越显示出自身的特点与优势。电视是作为娱乐化的媒介进入社会的,一项调查表明,1951 年美国纽约 7 家电视台一周播出的 564 小时的节目中,戏剧占 25%,综艺占 14%,其余为儿童、家政、体育、访谈等,新闻只有 10%,信息只有 3%。[①] 但是在 50 年代中后期,如苏伊士运河事件、赫鲁晓夫与美国副总统尼克松的“厨房辩论”等电视转播,表明电视开始进入政治新闻领域。1960 年肯尼迪与尼克松的总统竞选电视辩论是电视影响政治的开始,最后肯尼迪以 11.8 万张选票的微弱优势惊险胜出,他自己也承认“是电视扭转了局面”。此后,美国电视台对越南战争、国内的各种群众运动和“阿波罗登月”的报道,成为电视新闻崛起的重要标志。1968 年美国一次群众示威的直播,电视观众高达 9000 万人。[②] 1969 年 7 月 19 日,全球 47 个国家的观众通过电视直播收看了人

① 郭镇之. 电视传播史[M]. 北京:北京师范大学出版社,2000:201.

② 埃默里 M,埃默里 E. 美国新闻史:大众传播媒介解释史[M]. 展江,殷文,译. 北京:新华出版社,2001:487.

类第一次登上月球的壮举。继美国之后,其他国家在 70～80 年代也发展到电视事业的高峰,其影响之大以至于有人称,“对大多数人来说,世界只有两个地方——他们的住所和电视机的摆放处”。

二、媒介特性、相互关系及社会功能分析

“一般说来,赋予事物以意义,将体验转换为知识的传播载体被称为媒介。”①媒介(medium 或复数 media)来自一个传统的拉丁语,原义是中介的意思,“一战”之后才有了现代的含义。1923 年美国的专业杂志《广告与销售》最初使用这个词,表示与消费社会同时出现的现代媒介,主要指作为广告载体的报纸、杂志、广播等“大众传媒”。随着传播学的兴起,媒介的概念就更流行了。事实上我们看到,在不同的文化中有不同语言的对应问题,正如我们在讨论新闻的定义时碰到的那样。另外的例子是英语中的 media 既指介质又指工具,汉语中则有媒介和媒体的说法。实际上,媒介与媒体还是有区别的,如果说报纸、广播、电视和网络是媒介,那么报社、电台、电视台和网站就是媒体。大众媒介是指载体的性质,而大众媒体则是指拥有媒介的专业性社会组织(英语中媒体确切的表述应该是 media industry)。

对媒介特性的研究在传播学中被称为媒介分析,是与传者研究、内容分析、受众研究和效果研究并列的五大领域之一。② 在媒介分析中,加拿大传播学者麦克卢汉是研究的开拓者之一,他有三个著名的论断:媒介是人的延伸、媒介即信息、地球村,而这三个论断可以恰到好处地解释媒介的特性、相互关系和功能。

麦克卢汉声称“媒介是人的延伸”,他认为如果说文字是眼睛的延伸,那么广播就是耳朵的延伸,而电视是整个感官系统的延伸。“我们正在退出视觉的时代,进入听觉和触觉的时代。”③这也表明了不同媒介的特性。实际上,我们在研究传播史的过程中发现了一个奇特的现象:人类传播的过程是从图画传播(原始壁画)、口语传播、文字传播、印刷传播发展到报纸传播,而电子媒介的发展似乎又把这个过程倒过来了。麦克卢汉认为:“媒介的内容总是另一种媒介。”④就传播而言,人类创造的主要方式无非是文字、有声语言和图画三种,而作为大众化的媒介,报纸、广播和电视则是这三种传播方式的集中体现。报纸的基础是文字传播和印刷传播,其主要的媒介特性是秩序、客观和深度思考,其弱点是缺乏感性和活力。如果说报纸的内容是文字传播,那么广播电视的基础就是口语传播和图画传播。广播的主要优点是及时生动、富有想象力和“伴随性”,其弱点是不准确、不易保存。电视的主要优点是信息量大、现场感和娱乐性强,其弱点是受线性传播的制约,不适合理论性、专业性强的题材。美国传播学者梅罗维茨进一步研究媒介的特征后认为,电子媒介与印刷媒介的特质有根本的不同,具体表现在三个方面:(1)印刷媒介仅仅是传播,而电子媒介还传递表情;(2)印刷媒介传递的是抽象

---

① 佐藤卓己. 现代传媒史[M]. 诸葛蔚东,译. 北京:北京大学出版社,2004:3.

② 传播学者拉斯韦尔曾经提出了一个著名的传播学研究框架,简称 5W:谁(Who)、说了什么(What)、通过什么渠道(Which channel)、向谁(To whom)、达到什么效果(What effect),从而形成了控制、内容、媒介、受众和效果五大研究领域。

③ 麦克卢汉. 理解媒介——论人的延伸[M]. 何道宽,译. 北京:商务印书馆,2001:2.

④ 麦克卢汉. 理解媒介——论人的延伸[M]. 何道宽,译. 北京:商务印书馆,2001:5.

符号,而电子媒介传递的是表象符号;(3)印刷媒介传递的是“内容”信息,而电子媒介传递的是“关系”信息,即如果说前者体现的是事物,那么后者提供的则是对事物的感觉。① 新闻变得感性化了。

电子媒介的出现补充了印刷媒介之不足,通过现代技术手段,恢复和扩大了传统的传播方式,从而形成了相互补充的庞大的现代传播体系。但是由于媒介的特性不同,在这个体系的形成过程中,还是出现了冲突和矛盾。正如我们看到的那样,20 世纪 30 年代,美国就出现了报纸与广播争夺受众和广告的冲突。在电视的童年时期,广播是电视的重要支撑,电视不仅从广播那里获得了金钱的支持,而且在内容方面也从广播那里复制了许多东西,电视就是声音加画面的广播。但是 60 年代以后,随着电视技术的成熟和节目制作水平的提高,电视成了广播越来越大的威胁,形势又逼迫广播在 70 年代作出调整。从理论上讲,媒介的增多扩大了受众的规模和信息的数量,但是争夺受众的矛盾却始终存在,媒介只能根据自己的特性作出调整,例如报纸突出客观性与深度报道,广播突出想象力和便携性,电视突出现场感和娱乐性,最终各得其位,各归其所。从历史上看,还没有哪种传播方式在产生以后又消亡了,更何况这三种媒介代表着三种最基本的传播方式。

“所谓媒介即信息不过是说:任何媒介(即人的任何延伸)对个人和社会的任何影响,都是由于新的尺度产生的;我们的任何一种延伸(或曰任何一种新的技术),都要在我们的事务中引进一种新的尺度。”②在麦克卢汉看来,媒介的改进不仅仅是扩大了传播的方式,增加了传播内容,甚至还改变了信息的内容。他认为,媒介是社会发展的基本动力,每一种媒介的产生,都开创了人类感知和认识世界的方式,也改变了人与人之间的关系,并创造出新的社会行为类型。因此媒介可以作为区分不同社会形态的标志。例如原始社会是“耳朵的社会”,人们由于听力的限制,必须生活在相对狭小的社会空间内,以保持近距离的密切联系。文字和印刷媒介的出现扩大了人们的联系范围,原始社会人与人的密切联系被打破了,人们进入了“眼睛的社会”,民族、国家开始出现,人们的活动范围大大扩展。电子媒介特别是电视使人们在更大的范围内重新接近,人类社会在全球范围内再次部落化,于是地球村出现了。他的观点可以用下图表示:

口语媒介(部落社会)→文字印刷媒介(脱离部落社会)→电子媒介(地球村)

麦克卢汉的观点受到许多传播学者的追捧,“时空压缩”“传播革命”成了一时间的流行词。传播学者丹尼斯·麦奎尔从文化的角度进一步论证了电子媒介文化是向部落文化更高层次的回归。③ 通过仔细研究我们发现,媒介发展的曲线是在扩大——集中——扩大,或大众——小众——大众的螺旋中不断上升的。尽管可以说麦克卢汉把媒介的作用绝对化、扩大化了,或者可以深入讨论电子媒介所形成的是地球村还是全球城市(在这个村中人们并不真正地互相了解,只有发生了重大事件人们才会关注,而且存在信息差距),④但麦克卢汉还是为我们提供了一个有价值的思路,有助于我们理解媒介的社会作用。

---

① 梅罗维茨.消失的地域:电子媒介对社会行为的影响[M].肖志军,译.北京:清华大学出版社,2002:87-91.

② 麦克卢汉.理解媒介——论人的延伸[M].何道宽,译.北京:商务印书馆,2001:33.

③ 周毅.传播文化的革命[M].杭州:浙江人民出版社,2001:101.

④ 福特纳.国际传播:全球都市的历史、冲突及控制[M].刘利群,译.北京:华夏出版社,2000:22-23.

小 结

本章主要讨论了电子媒介——广播电视的出现与发展。

电子媒介产生与发展的基础和动力是科学技术的进步和日益增长的社会需求。在第一次世界大战之后,广播的出现带来了传播变革的第四个里程碑和第二种大众媒介。在第二次世界大战中,广播进入了发展的高峰。“二战”之后,由于晶体管取代了电子管,收音机小型化,广播在与电视的竞争中突出其伴随性和以声音传播为主的特点,开始了分众化和窄播化的策略。在发展中国家,广播也成为国家重视的重要传播工具。电视是在“二战”前出现、“二战”后发展起来的第三种大众媒介,它也同样具有传播变革里程碑的意义。20 世纪六七十年代,电视在一些发达国家达到了发展的高峰,形成了无线、有线和卫星电视三大系统,一些发展中国家也开始了自己的电视传播事业。

广播电视的发展补充和扩大了大众媒介系统,尽管在发展的过程中也出现了矛盾和冲突,但是由于这几种传播媒介拥有各自的特点,所以到 70 年代以后形成了大众媒介体系的三足鼎立,人类生活在被媒介包围的信息系统之中了。

麦克卢汉认为,媒介是人的延伸。“我们塑造了工具,此后工具又塑造了我们。”①电子媒介在延伸人的听觉、视觉和触觉的同时实现了时空压缩,不仅为传播提供了新的工具,而且在某种程度上改变了传播的内容。就新闻传播而言,电子媒介改变了新闻的传播方式——从文字传播到声音和图像传播,新闻具有了更强的生动性和现场感;提高了新闻传播的速度——新闻从 19 世纪中期以前的 MT(一月新闻当天报)、WT(一周新闻当天报),19 世纪末的 TT(当天新闻当天报)发展到 NN(现在新闻现在报);扩大了新闻的受众——不仅突破了知识水平的限制,而且通过新闻的参与性和娱乐性吸引了更多的受众。

在研究电子媒介的崛起过程中,一个值得我们注意的现象就是政府开始对媒介实施越来越大的控制。美国的媒介体制是政府统一管理,独立商业化经营。除了美国之外,不管是国营还是公营,大多数国家的媒介体制都是国家政治体制的一个组成部分。这一现象表明,在新闻努力走向专业化和独立性的同时,新闻的体制也被纳入国家体制之内,新闻的内容受到越来越多的控制,越来越向宣传靠拢,新闻的受众在不断增加的同时也日益成为由政治或商业制造出来的被动者。新闻所起的作用,从与体制融合期的强作用变成了在体制控制下的弱作用。

【思考讨论题】

1. 广播是一种什么样的传播媒介,列出世界上主要国家最初开办广播电台的时间。
2. 在美国三大广播公司中选择任意一家加以简单介绍。
3. BBC 是一个什么样的广播公司?其发展经历了几个阶段?
4. 电视的发展经历了几个阶段?
5. 报纸、广播、电视各自的媒介特性是什么?
6. 如何理解麦克卢汉说的“媒介即信息”?

---

① 麦克卢汉.理解媒介——论人的延伸[M].何道宽,译.北京:商务印书馆,2001:17.

第九章　主要西方国家新闻的发展:理念和社会作用

- **关键问题:**

1. 西方国家这一时期三大媒介新闻传播的一般发展状况是什么?
2. 西方国家的新闻专业化主要体现在哪些方面?
3. 西方国家报刊新闻深度报道文体的发展有哪几个阶段?
4. 如何理解西方新闻理论中的自由主义理论与社会责任理论?
5. 西方媒体与政府的关系如何?

20 世纪初到 80 年代是人类社会发展中的重要时期,我们可以找出许多关键词来说明人类社会的巨大转变,例如科技革命、工业化、人口爆炸、民族主义、现代化、世俗化、制度化、泛政治化,等等。人们也用革命和战争或和平与发展来概括这个时代的主题。就西方国家而言,这一时期的主要特点是在政治与经济方面开始了从一般垄断向国家垄断的过渡,在社会与文化方面开始了从现代化向后现代化的转变。

新闻传播作为西方国家社会发展的一个组成部分,这一时期开始被纳入整个社会的发展系统之中。就其一般的表现来看,我们可以粗略地概括出以下特征:首先,新闻传播的载体进一步扩大,传播内容不断丰富,信息量开始加速增长;其次,新闻报道的方式方法在不断深入和发展,在新闻专业化、传播理论不断完善的过程中,新闻与社会的发展日趋贴近与融合;再次,新闻传播业自身的力量在增强,从报业垄断进一步发展到媒介产业化,各种媒体之间的竞争日趋激烈;最后,随着国家政治权力的扩大和加强,国家政权开始对新闻传播实施各种形式的利用和控制,新闻的独立性和依附性成了同时存在的两种相辅相成的现象,新闻的作用在得到充分发挥的同时,也开始受到体制的限制,从而在新的层面完成了与体制的结合。

第一节　从一般垄断到国家垄断的西方国家

这一时期,西方国家的发展可以以“二战”为标志明显地划分为两个阶段,其主要的不同就是在政治和经济上从一般垄断发展到国家垄断,在社会和文化上从现代化向后现代化过渡。如果再细分,我们可以看到西方国家这一时期的历史发展似乎呈现出一种规律性的曲折变化。在经历了 19 世纪末 20 世纪初的黄金发展时代之后,西方国家发生了为争夺世界市场而进行的第一次世界大战。“一战”后的 20 世纪 20 年代是西方国家的平稳发展时期,但是随后空前严重的经济危机使西方国家陷入了政治危机。30 年代西方各国的政治开始向国家化和集权化发展,在从一般垄断向国家垄断转变的同时,试图以向外扩张来寻求出路的法西斯国家发动了更加残酷的第二次世界大战。在经历了 40 年代末 50 年代初的战后恢复之后,西方国家进入了 50 ~ 70 年代的新发展时期。不过到 70 年代,这种发展速度开始减慢,西方国家在 70 年代末 80 年代初又开始了新一轮的改革与调整。

20 世纪前 20 年的重大事件是第一次世界大战的爆发。19 世纪末 20 世纪初资本主义的世界体系初步形成之后,西方国家之间发展的不平衡和对世界市场的争夺导致了第一次世界大战的发生。“一战”是人类战争史上第一次空前灾难。在 1914 ~ 1918 年四年多的战争中,六大洲 38 个国家的 15 亿人口卷入了这场战争,战争直接动员的总人口为 7350 万,战争造成 1000 万人死亡、2000 万人受伤,交战国用于战争的直接费用达 2080 亿美元,相当于 1793 ~ 1907 年历次战争总支出的 10 倍。[①] 战争的外部结果是推动苏联的社会主义革命和亚洲的民族主义运动,对西方国家而言,战争促进了社会经济的国家化,造成了美国的崛起和战败国受到压制的新的世界体系。

20 世纪三四十年代的重大事件是 1929 ~ 1933 年的世界资本主义经济危机和 1939 ~ 1945 年的第二次世界大战。西方历史上那场至今令人恐惧的经济大危机,是从 1929 年 9 月美国股票市场下跌开始的。美国是危机最先开始而且最严重的国家,全国工业生产指数从 1929 年 5 月的最高点到 1932 年 7 月的最低点,下降了 55.6%,工业倒退到 1905 ~ 1906 年的水平。国民收入从 1929 年的 878 亿美元下降到 1933 年的 402 亿美元。英国工业生产指数在危机中下降了 23.8%,法国下降了36.2%,德国下降了 40.6%,日本下降了 32.9%,整个西方国家失业人数高达 3000 万 ~ 5000 万。世界平均工业生产指数从 1929 年的 100 下降到 1932 年的 63.8,下降了 36.2。危机对资本主义国家的影响之大,以至于英国著名历史学家汤因比当时发问:“这个伟大的古老的迄今为止一直在成功的社会中的许多人,不断地在问自己,是不是西方生活和发展的独特过程在他们的时代正在走向终点?”空前严重的危机使西方国家纷纷寻路自救,国际矛盾空前尖锐。殊途同归,西方国家都程度不同地走上了国家垄断资本主义的道路,只不过美、英等国采取了相对民主的方式,典型例子就是“罗斯福新政”(The New Deal),而德、意、日等国则走向了更加集中和独裁的法西斯道路。国际矛盾的不断激化导致第二次世界大战的爆发。在长达 6 年的时间中,有 61 个国家的 17 亿人(占当时世界总人口的 80% 以上)卷入战争,战火遍及 44 个国家,交战各方的武装部队人数高达 1.1 亿,战争造成 7000 多万人死伤,物质的损失难以计算,许多国家的经济都倒退十年以上。20 世纪上半期的人类用于战争的所有费用大约为 4.7 万亿美元,其中 4 万亿美元是在第二次世界大战中消耗的。[②] 战争也在政治、经济、科技和文化方面深深地影响了西方国家以后的发展道路。

20 世纪 50 年代到 70 年代初,是西方国家发展史上自 19 世纪末 20 世纪初以后的第二个黄金时期,也表现出一些新特点。

首先在政治方面,由于罗斯福新政的成功和“二战”的刺激,战后,西方各国几乎无一

---

① 金重远. 20 世纪的世界 上卷[M]. 上海:复旦大学出版社,2000:73.

② 金重远. 20 世纪的世界 上卷[M]. 上海:复旦大学出版社,2000:274-276.

例外地开始奉行“新政”式的政策,凯恩斯主义在西方世界取得了统治地位。准确地说,到战后60年代,资本主义已经发展到历史上的第三个阶段,即由自由资本主义、一般垄断资本主义发展到国家垄断资本主义阶段。国家垄断资本主义是垄断资本与国家政权相结合的资本主义。

随着从一般垄断资本主义到国家垄断资本主义,西方政府表现出管理范围的不断扩大和职能的不断转变两大趋势。传统政府的职能主要表现在政治方面,20世纪30年代以后,以美国罗斯福新政为起点,西方国家的政府职能扩大到经济(就业、物价和国际收支平衡等)和社会文化方面(科技、教育、社会保障、环境、文化体育等)。政府职能扩大引起政府机构的不断膨胀,以美国为例,1930~1976年,美国联邦、州和地方政府的机构扩大了5倍,雇员达到1500万,而1979年的联邦财政预算达到了5000亿美元,比50年前增加了150倍。① 政府职能也发生了相应变化,传统政府的主要职能是对内的政治统治和对外扩张,现代政府的职能则经历着从统治到治理的转变,现代管理概念被纳入政府的行政之中。在20世纪80年代以来的改革中,服务概念又被纳入政府的行政实践中。在长期的管理实践中,西方国家的政治家摸索出一套利用舆论操纵选举、操纵政策的方法,各种民意调查机构“生意兴隆”,政府通过控制消息源应对新闻界,从而使政府议程、新闻议程和公众议程达到一致,并进行互动。

其次在科技和经济方面,在“二战”中开始孕育的科技在战后取得突破式发展,以计算机、原子能和空间技术三大技术为先导,20世纪50~70年代发生了被美国学者托夫勒称为“第三次浪潮”的新科技革命。主要西方国家的经济发展引人注目,见表9-1。

表9-1 1870~1990年西方五国国内生产总值年均增长率(%)②

	1870~1913年	1913~1950年	1950~1973年	1973~1990年
英国	1.9	1.3	3.0	1.9
法国	1.7	1.1	5.1	2.4
德国	2.8	1.3	5.9	2.2
日本	2.5	2.2	9.4	4.0
美国	4.2	2.8	3.7	2.5
五国平均	2.62	1.74	5.42	2.6

在这段时间,西方国家再次进入了“大繁荣”时期。其中,垄断组织和金融资本的膨胀是其重要特点,跨国公司和巨型银行开始出现。例如1960年,美国仅有25家银行资产在10亿美元之上,到1970年已增至80家,而且有7家银行资产已超过百亿美元。

最后,在社会与文化方面,“第三次浪潮”带来的是从工业化向后工业社会的过渡。托夫勒曾经比较确切地概括了工业化社会的六大特征:(1)标准化——标准化的产品和管理、标准化的大众传播和日常生活;(2)专业化——专业化的生产和装配线、专业化的

① 王沪宁.比较政治分析[M].上海:上海人民出版社,1987:36.
② 石景云.经济增长与波动[M].北京:商务印书馆,1997:36.

社会分工;(3)同步化——机器使人类的生产和生活方式日益同步化,人们在同一时间上班、上学、吃饭、看电视,工业化时代的人成为最遵守时间的人;(4)集中化——人类日益集中到城市、工厂、机关和学校,依靠集中的能源、生产和资本生活;(5)好大狂——工业化巨人在集中的基础上无止境地扩张,楼房越来越高,生产规模越来越大;(6)集权化——生产不断集中和扩大,又导致政治权力的不断集中和中央集权的不断扩大。[①] 应该说,从19世纪到20世纪70年代,西方国家是沿着这一路线发展的,但是包括托夫勒在内的许多学者敏锐地观察到,随着信息产业的出现,西方国家出现了向后工业社会过渡的趋势,上述的六大特征都在减弱。

20世纪70年代以来,由于凯恩斯主义的弊端日益显现和新科技革命的崛起,西方国家开始孕育进行大幅度的政策调整和新一轮改革。主要的趋势是在所有制领域对国家垄断、私人垄断和自由竞争相互关系的调整,在思想领域是新保守主义的抬头和经济自由主义学派的兴起,在社会领域是价值分配关系的变化。

正是在上述历史环境中,西方国家的新闻传播得到了进一步的发展。

第二节　主要西方国家的报刊、广播与电视新闻

在这一时期,西方国家的报刊、广播与电视新闻都得到了巨大的发展。

一、报刊新闻的发展

西方国家的报刊是同时带着煽情主义新闻和客观报道两种趋势进入20世纪的。就在黄色新闻泛滥的同时,客观报道的新闻倾向也在发展。

客观报道起源于美国,主要来源有三个方面:电报新闻及美联社为满足不同用户的需求提供了客观报道的形式;在大众报刊中以《纽约时报》为代表的独立报刊的办报原则提供了客观报道的思想旨趣;19世纪末20世纪初,美国出现的"进步主义运动"为客观报道提供了社会实践的基础。1896年奥茨在买下《纽约时报》时在发刊词中写下了名言:"应公正地报道新闻,无畏无惧,不偏不倚,并无分党派、地域或其他特殊利益。"1900年巴伦在买下《华尔街日报》后也确定以"勇敢无畏"和"无我"作为七大写作要点中的前两项。[②] 客观报道的核心是追求真相,解决新闻"是什么"的问题,冷静客观、价值中立,把准确性和公共利益放在首要位置。19世纪末20世纪初,美国一些新闻杂志如《世界主义者》《芒西》《麦克卢尔》等开始揭露美国社会在高速发展中的黑暗面,对垄断、官员腐败、政商勾结等进行穷追猛打,被称为"黑幕揭发者",也成了进步主义运动中的重要组成部分。《麦克卢尔》对其记者的要求只有两项——准确性和趣味性,其中准确性是客观报道的基础,而趣味性是吸引读者的手段。尽管人们说客观报道的出现有一定的商业原因,"实行客观性法则有利可图,政治上的中立就是商业上的赢利"[③]。但是二者的区别还是

---

① 托夫勒.第三次浪潮[M].朱志焱,潘琪,张焱,译.北京:新华出版社,1996:45-57.

② 迪利.华尔街日报[M].张连康,译.北京:企业管理出版社,1998:24.

③ 阿特休尔.权力的媒介[M].黄煜,译.北京:华夏出版社,1989:153.

明显存在的，或如美国新闻学者所言，赫斯特、普利策是利用报纸追求金钱，而奥茨追求的是受人尊敬。①

客观报道是报刊新闻传播中最重要的新闻理念，其影响意义深远。正如传播学者施拉姆所言，客观性是"对于新闻学的独特贡献"②。

20 世纪上半期西方的报刊新闻继续发展，其主要的表现就是报刊的发行量持续增长；报刊的集中和垄断进一步提高；报刊的多元化趋势开始出现；对新闻报道理念的探讨不断深入。

20 世纪上半期西方国家的报刊发行量仍然处于上升时期。例如美国报业的总发行量从 1910 年的 2420 万份增加了 1940 年的 4110 万份，1920～1939 年英国伦敦报业的总发行量从 54 万份增加到 110 万份，外省从 25 万份增加到 60 万份。同期法国的日报发行量从 1000 万份增加到 1200 万份。③ 德国的报社也在 1932 年达到了创纪录的 4703 家，发行量达 2500 万份。在日本，一些著名报纸 20 世纪初的发行量不过 10 万份，到 20 年代以后如《大阪朝日新闻》《读卖新闻》等都突破了百万份。20 年代全国报纸的日发行量为 650 万份，1942 年达到了 1468 万份。与发行量增加同时出现的是报刊的垄断进一步加强。在美国，1909 年有日报 2200 家，1944 年减少到 1744 家。报业的竞争出现了"一城一报"现象。1900 年，美国有日报的城市数为 915 个，独家日报城市数为 353 个，所占比重为 38.6%，而 1940 年这三个数字则分别为 1426、1092 和 76.6%。1940 年美国报团报纸的总销量占全国总销量的 40%。英国也出现了报业的兼并与集中，日报的总数从 1921 年的 158 种下降到 1942 年的 123 种。至于德国和日本，20 世纪 30 年代更是出现了政权对报刊的强制性集中和控制。这一时期还出现了报刊的多元化趋势，存在着政党报刊、独立报刊、商业性报刊并存，全国性报刊与地方性报刊并存，严肃报刊与通俗报刊并存的现象。只不过在不同的国家，不同的报刊所占的地位不同而已。值得注意的是，这一时期新闻杂志的异军突起，特别是在美国 1923 年出现的《时代》、1928 年出现的《财富》、1933 年出现的《新闻周刊》和 1948 年出现的《美国新闻与世界报道》，不仅满足了当时社会对深度新闻的需求，而且至今仍有巨大的影响。

20 世纪 30 年代西方国家经济危机和随后一系列国内、国际重大事件的发生为新闻报道提出了新的要求，一种反映深度新闻报道旨趣的报道方法——解释性报道开始出现了。解释性报道不仅讨论新闻"是什么"，还要解决"为什么"的问题。一开始，解释性报道被认为是与客观性报道的理念相违背的，不过随着认识的深入，人们试图把解释性报道纳入客观性报道的范畴。解释是为了让"记者兼任读者的读报顾问"，解释的立足点是事实而不是观点，"事实是看到的，解释是知道的，而意见是感到的"④。无论如何，解释性报道的出现满足了人们渴望更深入地了解新闻的需求，它标志着报刊从政党的意见报纸、大众的报道报纸到独立的解释报纸的过渡，开辟了深度报道的新时代。

"二战"之后到 20 世纪 80 年代，报刊新闻的发展经历了困难时期。一方面，由于广播电视的兴起导致报刊发行开始下滑，报刊在新闻传播中的地位受到了挑战；另一方面，

---

① 支廷荣，邱一江. 外国新闻传播史[M]. 广州：暨南大学出版社，2004：114-115.

② 施拉姆. 报刊的四种理论[M]. 中国人民大学新闻系，译. 北京：新华出版社，1980：70.

③ 阿尔贝，泰鲁. 世界新闻简史[M]. 许崇山，果永毅，李峰，译. 北京：中国新闻出版社，1985：101，103，105.

④ 杜骏飞，胡翼青. 深度报道原理[M]. 北京：新华出版社，2001：31.

报刊也在通过各种方式渡过难关。

在美、英、法等国,报刊发行量早在20世纪五六十年代就出现了萎缩的趋势。例如美国的报纸总发行量在60年代达到6000万份左右就止步不前,而每千人拥有的报纸量则从1950年的356份下降到1970年的305份和1980年的275份。① 在英国,50年代中期到60年代初是报纸发行量最高的时期。1962年全国有日报130种,日报发行量为3050万份,千人拥有575份,居世界前列,但是此后发行量就逐渐下降了。② 在法国,“二战”之后报纸发行量一直逐渐下滑,费用上升,读者减少,1945年日报的总发行量为1500万份,1984年为953万份。③ 德国和日本报刊繁荣期要长一些。1949年联邦德国成立后,报纸的总发行量持续上升,从1954年的1340万份增加到1964年的1730万份和1976年的1950万份,不过此后增长的速度就逐渐减缓了。在日本,70年代是报纸发行的高峰期,日报发行量从1952年的2273万份增加到1962年的2655万份和1975年的4051万份。尽管1985年日报发行量继续增长到4803万份,但是广告占报纸总收入的比重在1973年达到历史最高点58.9%后开始下滑,报纸也逐渐进入了困难时期。④

为了应对日益严重的危机,西方各国报刊媒体采取了许多措施,除了采用新技术,增加报纸版面,通过兼并整合增强报刊的实力外,还增加多元化的新闻报道。深度报道进一步发展,并出现了一些新的报道形式。

报道的多元化以英国最为典型,主要的表现就是去政治化和娱乐新闻的兴起。调查显示,1946~1976年,通俗报纸的时事报道篇幅下降了50%以上,而软性新闻、娱乐特写、体育报道和女性报道的内容则大幅上升。⑤ 20世纪70~80年代还出现了一个新的报道品种——名人新闻和新的报道队伍——“狗仔队”。其结果是严肃报纸和通俗报纸的分野日益明显。严肃报纸坚持以新闻的重大性为原则,以时政新闻为主,通俗报纸追求新闻的娱乐性,大量报道软新闻;严肃报纸以社会中“有影响力”的人为读者对象,以广告为主要资金来源,通俗报纸以扩大发行量为生存原则,以发行收入为主要资金来源。报刊的类别除了传统的政治、经济以外,还出现了娱乐、体育、社会等,地区报和都市报由于新闻的贴近性也成了发展的重点,从而形成了多元化的传播格局。

深度报道的发展以美国报刊最为典型。所谓深度报道,有人认为是扩展了原来报道中比较缺乏的背景和意义的一种文体,有人则认为是“新闻执着于深刻性的一种写作旨趣”⑥。除解释性报道外,20世纪60年代以后,深度报道方面又先后出现了调查性报道、精确性报道、预测性报道、新新闻主义报道等形式。调查性报道继承了揭黑报道的传统,70年代关于“水门事件”的报道是其中的典范;精确性报道是把传统报道技巧与社会科学的数字统计、民意调查、内容分析等相结合的一种形式;预测性报道具有超前性和探索性;新新闻主义报道是强调感性和故事性的一种报道。

如果说报道的多元化是从形式上应对报刊危机,那么深度报道则是在报刊的特性

---

① 皮卡德.美国报纸产业[M].周黎明,译.北京:中国人民大学出版社,2004:23.
② 郑超然,程曼丽,王泰玄.外国新闻传播史[M].北京:中国人民大学出版社,2000:92.
③ 郭亚夫,殷俊.外国新闻传播史纲[M].成都:四川大学出版社,2004:101.
④ 张允若,高宁远.外国新闻事业史新编[M].成都:四川人民出版社,2001:187,201.
⑤ 卡瑞,辛顿.英国新闻史[M].栾轶玫,译.北京:清华大学出版社,2005:78.
⑥ 杜骏飞,胡翼青.深度报道原理[M].北京:新华出版社,2001:5.

(文字的思考性力量)方面应对危机,两方面的努力都促进了报刊新闻的发展。

二、广播新闻的发展

广播新闻与广播同时出现,但是真正成为新闻传播中的重要力量,形成自己富有特色的新闻传播体系是在20世纪30年代以后。"听众从这种新媒介那儿收听那些导致第二次世界大战爆发的事件的实况转播。"听众能够听到诸如希特勒及英国首相张伯伦的真实声音,评论员还会提供即时的分析。广播新闻在"二战"中成熟了。40年代美国普通家庭平均每天收听广播的时间超过4小时。[①]

广播新闻通过无线电波技术公开传播新闻报道。因为广播技术可以对重大新闻事件,特别是突发的新闻事件进行现场直播,受众可以同步了解新闻现场的最新变化,所以新闻定义中的新近事实可以加上"正在发生的"定语。广播新闻的优势非常明显,主要有:传播迅速、信息量大,在突发事件中难以替代;受众多,覆盖面广,不受文化程度的影响;伴随性和移动性强,受众可以不受时间、地点、空间的限制,而且可以同时从事其他工作;声情并茂,容易引发受众的听觉联想;参与性强,可以即时反馈;技术简便、成本低廉,等等。正是由于以上优点,广播才得以迅速发展起来,在20世纪40~60年代一度成为强势媒体。

不过,广播新闻也有明显的局限性。首先,声音传播提高了速度却降低了深度,声音传播转瞬即逝,很难给人留下深刻的印象,尤其不利于传播抽象和复杂的内容;其次,广播在提高主观性的同时减少了客观性,声情并茂的同时也会造成理解上的歧义;最后,线性传播的特点制约了受众选择的主动性。

三、电视新闻的发展

电视新闻与广播新闻类似,也是利用电子技术传播新闻报道,只不过电视主要是通过画面传播,声音退到了后面而已。

电视受广播的影响很大,"20世纪40年代许多电视节目类型甚至一些特殊的节目都是从广播节目而来的"[②]。50年代以后,电视新闻开始独立发展,"电视新闻业在20世纪60年代发展成熟"[③]。美国三大广播网的电视晚间新闻从15分钟增加到半小时或更长时间,从肯尼迪遇刺到阿波罗登月计划的实况转播,电视新闻发展到成熟时期。电视新闻与广播新闻有许多类似的地方,或者说它是广播新闻的进一步发展,但电视新闻也有自身的独特之处。

首先,电视新闻的现场感更强,声画兼具的现场直播成了电视新闻的独特形式,新闻的时效性得到了更好的展现,正在进行时成了常规和常见的现象。其次,电视的传播手段更丰富,电视的多元信息符号不仅是信息和影像的整合,还有声音、文字、图表等多种信息符号,可以传达更多、更丰富的信息。最后,电视在传达更多信息的同时,进一步提

---

① 多米尼克.大众传播动力学[M].蔡骐,译.北京:中国人民大学出版社,2004:92.

② 斯特劳巴哈,拉罗斯.信息时代的传播媒介[M].熊澄宇,等译.北京:清华大学出版社,2002:213.

③ 多米尼克.大众传播动力学[M].蔡骐,译.北京:中国人民大学出版社,2004:325.

高了新闻的生动性和观赏性。电视更容易打造明星,更适合播放广告。正是由于这些特点,电视在20世纪六七十年代成了新的强势媒体。

显然,与广播一样,电视也有自己的局限性。例如电视是线性传播,也在提高传播速度的同时降低了深度,在增加主观性的同时减少了客观性,等等。有人认为,电视的最大特点就是娱乐性,美国ABC的前新闻总制片人雷文·弗兰克在一份备忘录中说:“电视新闻的最高权力不在于传递消息,而在于传播体验——高兴、苦恼、震惊、恐惧——这些就是新闻的要素。”①电视在传达丰富、复杂信息的同时,在表面上增加了可信度的同时,实际上加入了传播者更多的主观因素,使接受者在更大程度上把“虚拟世界”误认为是现实世界了。

第三节 西方国家的新闻专业化与传播理论

新闻专业化的表现主要在于新闻教育的出现、新闻学的产生和新闻传播理论的发展。

新闻教育产生于19世纪末报刊发展的兴盛时期。由于记者社会地位和收入的提高,大批受过高等教育的人才加入记者队伍,出现了一些以报道为职业、拥有理想和专业素质的“新式记者”。在记者、编辑日益专业化的同时,新闻教育事业也开始发展起来。1908年美国密苏里大学建立了美国第一个新闻学院,到1920年,美国已经有131所大学设有新闻学院或新闻专业。② 与新闻事业相关的职业团体纷纷成立。与此同时,其他国家的新闻教育和新闻职业组织也开始出现。

新闻教育与对新闻的探讨同时发生,新闻学诞生。“学”实际上就是方法论。如果我们说新闻的核心是事实信息,那么新闻学就是研究什么是事实信息、如何传达事实信息和事实信息的社会意义。正如我们说政治的核心是权力,政治学研究权力的来源、分配、使用和监督;经济的核心是资源,经济学研究资源是什么及如何配置。新闻学是19世纪末20世纪初产生的社会科学分支,主要研究新闻是什么、新闻传播的规律及新闻传播的社会影响。如果说美国新闻学的研究主要集中在前一个方面的话,那么德国新闻学的探讨更集中在后一个领域。1910年德国著名学者、社会学的创始人马克斯·韦伯提出了“新闻社会学”的概念,开创了对新闻社会功能的研究。1916年德国学者卡尔·布歇在莱比锡大学创办了第一所新闻学研究所,他认为新闻是国民经济的精神交流手段。③ 这为以后法西斯的宣传型新闻体制的出现奠定了基础。

新闻传播理论是新闻学和新闻体制建立中的基本指导原则。概括说来,西方新闻传播理论中影响最大的有新闻价值理论、自由主义理论、社会责任理论和新闻法制理论等。

一、新闻价值理论

实际上,自报刊出现之后,媒介就一直面临着如何挑选新闻的问题,也就是如何认识

---

① 戴伊.谁掌管美国[M].梅士,王殿宸,译.北京:世界知识出版社,1984:121-122.
② 李良荣.当代西方新闻媒体[M].上海:复旦大学出版社,2003:119.
③ 佐藤卓己.现代传媒史[M].诸葛蔚东,译.北京:北京大学出版社,2004:11.

新闻价值的问题。1690 年德国人托比亚斯 · 扑瑟(Tobias Peucer)提出了新闻报道的异常性和重要性两个原则。1695 年德国学者卡斯帕 · 斯蒂勒(K. Stieler)又提出了新闻的新鲜性、接近性、显要性等原则。不过,到了政党报纸时期,新闻成为党派工具,新闻价值问题被忽略。到了大众报刊时期,新闻成为商品,新闻价值才再次得到讨论,人们也开始重新认识新闻。在大众报刊时期,新闻的反常性和趣味性成为新闻价值的核心。例如“哎呀”的新闻定义、“人咬狗”的新闻定义等。

1922 年李普曼首次使用“新闻价值”一词,提出了突发事件、地域接近性、冲突、个人影响力等价值要素。20 世纪 30 年代西方新闻实践中又开始把两性、金钱和丑闻等作为新闻价值的核心。60 年代以后,西方一些学者开始了从“事件”到“新闻”的研究,他们结合信息学和心理学的方法提出了新闻价值的 12 个要素,其中包括信号频率、强度、清晰度、连续性、内涵的丰富性、与人们心理的吻合度或反常度、重要性、人物和负面性等。但是,由于过分强调反常和消极导致所谓的失望新闻学、揭丑新闻学的盛行,80 年代以后以《今日美国报》等为代表的报刊又提出了所谓的希望新闻学、光明新闻学。

一般说来,新闻事件的价值要素有时新性、真实性、客观性、接近性、重大性、反常性、趣味性等,这些是可以分层面对待的,不能做绝对化的理解。我们可以把新闻的真实性和时新性作为新闻的基本要求,把接近性和重大性结合看待,在强调重大性或显著性的同时,注意平民的视角。反常性与趣味性也是密切相关的,反常性中有正面的反常性和负面的反常性,趣味性中也有积极的趣味性和消极的趣味性,新闻应该把负面的反常性和消极的趣味性控制在一定的范围以内。

在新闻价值理论中没有认真探讨价值的决定者,这是新闻价值理论中的一个缺陷。过去的研究把新闻价值的决定权完全归结为编辑、记者,这是一种错误,而在强调受众至上的潮流中又把判断权完全交给受众,发行量、收视率,这也不是正确的态度。在经济学中,生产者和消费者共同决定价值的剪刀差理论可以为新闻价值理论提供参考。

二、自由主义理论

自由主义的新闻理论起源于 16 ~ 17 世纪。1644 年英国文学家弥尔顿的《论出版自由》是自由主义理论的第一个重要文献;1690 年英国哲学家洛克的《人类理解论》进一步论证了思想言论自由的合理性;法国思想家孟德斯鸠 1748 年出版《论法的精神》从法律的角度提出了思想言论自由;1762 年卢梭在《社会契约论》中又提出了民意、公意、众意和舆论等概念。在法国革命中,自由主义理论开始进入社会实践。《人权宣言》和美国的人权修正案标志着自由主义的胜利。在 19 世纪政党报刊转化为大众报刊以后,自由主义的新闻理论开始成为西方新闻界的基本传播理论。

实际上,自由主义理论在实施之初也是充满争论的,自由并不是没有限制的,那么自由的边界在哪里呢? 西方新闻学认为是自由与责任的对等,而责任的追究是在事后而不是事前。不过事后的追究也有严厉和宽松的不同争论。例如在美国建国之初,杰斐逊(Jefferson)和汉密尔顿(Hamilton)就代表了精英界的两个派别。杰斐逊倾向于采取比较严格的限制。他曾言:“出版物中充满放肆和谎言,已使它丧失所有信任。这可是一件危险的事情,出版物应尽可能恢复其可信度。我一直认为,对最严重的违法者施加制裁,有助于重建出版业的诚信。”而汉密尔顿指出:“出版自由就是指以良好动机表述看法的不受惩罚的权利,据此,可以批评政府、行政官员或者个人。”在整个20世纪,美国就在限制派和保护派之间摇摆。从20世纪初到40年代初:限制派占优势,推行“恶劣倾向”(bad tendency)标准。如果某个人滥用言论自由,散布对公共福利有害的话语,可能败坏道德风尚、诱发犯罪或者扰乱公共秩序时,政府就可以动用政治权力对其进行处罚。从20世纪40年代初到50年代初:保护派占优势,推行“明显且现存危险”(clear and present danger)的标准,对言论自由提供了更有力的保护。20世纪50年代以后:权衡(balancing)标准出现,整体的法律判决也出现摇摆状态。

自由主义理论在20世纪的发展是所谓“知情权”理论的提出。在对法西斯新闻学进行反思的过程中,美国著名记者肯特·库柏(Kent Cooper)首先使用“知情权”这一概念。50年代以后,新闻界开始大量使用“知情权”,60年代这一概念得到进一步发展。西方学者认为,知情权是公民行使一切民主自由权利的前提,是现代国家民主宪政的基础要素,是公众的一项社会和政治权利,是防止恶劣政府出现的必要条件。在知情权理论的推动下,许多国家开始制定政府的信息公开法规和新闻发布制度。

在国际传播中,自由主义理论是西方攻击苏联等社会主义国家新闻传播制度的武器,是西方新闻界向第三世界国家进行信息渗透和推行文化帝国主义的工具。在国际新闻领域,也存在着信息自由与国家主权、传播自由与社会责任的争论。

三、社会责任理论

社会责任理论产生的基础是对自由主义理论的修正。

据历史记载,1942年12月的一天,美国《时代》(*Time*)、《幸福》(*Fortune*)、《生活》(*Life*)三大杂志的老板亨利·卢斯(Henry Luce)在会见《大英百科全书》的经理们时,谈话中突然兴之所至,给他的朋友、芝加哥大学校长罗伯特·哈钦斯(Robert Hutchins)写了一张便条,询问其对美国新闻媒介进行一次调查需要多少钱,他希望了解美国新闻自由的现状及未来发展。哈钦斯提出大约需要6万美元,卢斯答应了。1944年年初,哈钦斯组织了一个由12名著名学者组成的新闻自由委员会,这就是被称为“20世纪最著名的学术团体”的哈钦斯委员会。委员会查阅了大量资料,听取了58家报刊、广播电视和电影公司的证词,收集了225人的意见,写出176份文件,开了17次全体会议,到1947年3月终于出版了第一份报告《一个自由而负责的新闻界》。由于这个报告与卢斯的初衷不同,哈钦斯又不愿意妥协,在卢斯停止资助后,他另外找到支持者才完成了报告。

哈钦斯的报告从一开始就提出,新闻自由处于危险之中。“如果一种对所有的人来说都具有头等重要性的工具仅仅供少数人使用,且不能提供人们所需要的服务,那么此时,利用那种工具的少数人的自由就处在危险之中了。”危险的产生,“部分是新闻界的经济结构所致,也是现代社会工业组织所致,同时是因为新闻界的主管未能意识到一个现代国家的需要,未能估计并承担起那些需要赋予他们的责任”①。一般认为,这个报告标志着社会责任理论的诞生。

---

① 新闻自由委员会.一个自由而负责的新闻界[M].展江,译.北京:中国人民大学出版社,2004:1-2.

19 世纪是自由主义理论大获全胜的世纪，20 世纪自由主义发展成了自由放任，这在三个方面反过来动摇了自由主义的基础。首先，在自由主义确立之初，弥尔顿提出的“意见公开市场”已经不复存在了。报刊的控制权掌握在越来越少的人手里。其次，自由主义发展为自由放任而缺乏责任与道德约束。美国宪法第一修正案中第一条的“代表公众权利”的新闻自由，实际上与第五条“代表私人权利”的自由发生冲突。美国新闻传播业的私人性和商业性与新闻产品的公众性产生了越来越大的矛盾。最后，随着社会的发展和利益分化的加剧，社会协调成为愈来愈重要的任务，而自由主义的新闻业显然无法完成这样的任务。实际上在政治和经济领域，由于大危机自由放任的理论已经破产，罗斯福新政开始进行政府的社会协调，新闻社会责任理论的提出只不过是在政府难以插手的新闻业出现的一种滞后的自我补救行动。

社会责任理论在 20 世纪 40 年代提出，50 年代确立，六七十年代以后才得到缓慢发展。社会责任理论认为：(1)新闻自由应承担道德和社会责任，自由不仅仅是一种权利，同时也意味着一种责任，或者说新闻自由是一种负有义务的道德权利。自由权利不是独立存在的，而是与他人的权利相联系的。大众媒介对社会负有不可推卸的责任，新闻业应该对公众的利益负责。(2)新闻自由有消极自由和积极自由之分，应该在追求积极自由的过程中扩大和发展新闻自由。所谓消极自由是仅仅要求保护新闻自由，只要自由而不受外力的束缚，而积极自由在于参与社会，服务社会的需要，提供多元化的信息，满足公众的知情权，维护社会的价值体系。可见，该理论强调了新闻的社会公共性。

社会责任理论尽管是一个影响很大的新闻理论，对社会实践也产生了一定的效果，但是由于在何谓责任、对谁负责、怎样负责等方面含糊不清，所以其实际的运用仍然非常困难。

四、新闻法制理论

新闻法制理论是对新闻自由的又一补充。对媒介的制约包括政治的(政府管理)、经济的(市场原则)、法律的(新闻法制)、道德的(社会干预)和新闻媒介的自律。在任何社会，媒介都面临着与政府的关系、与公众的关系、媒介之间的关系这三大关系。调整这三大关系是新闻法制理论的重点。新闻媒介与政府的关系主要表现在新闻的自主报道和政府对新闻媒介的行政及立法控制方面。媒介与公众的关系表现在媒介为公众代言和媒介侵犯公众利益两个方面。媒介之间的关系则表现在利益的一致性和经营上的相互竞争两个方面。调整这些相互关系，是新闻法制的基本目的，也是保证新闻业正常运转的重要条件。

西方国家的新闻法制主要包括三个方面的内容：依法保障新闻自由、依法限制滥用新闻自由、新闻界的自律。

西方学者认为，新闻自由有助于人们追求真理，有助于民众参政议政，有助于社会安定，新闻自由是政治民主化进程中的重要环节和公民的基本权利，所以许多国家都制定了依法保障新闻自由的法律。不过在实际的运行中还存在许多问题，主要就是国家权力大于新闻自由的问题。新闻自由作为一种权利，与其他权利一样都不是绝对的，新闻机构的自由也必须以不伤害他人的自由为前提。在防止新闻自由滥用方面，宪法和各种其他法律规定了三大部分内容:(1)以国家利益、公众利益、国家机密等概念防止新闻媒介对政府活动的过分干预;(2)以反垄断、公正交易等概念防止新闻机构之间的恶意竞争;(3)以名誉权、隐私权等概念防止新闻媒介对公民的侵害。新闻自律是新闻从业人员及媒介对所从事的传播活动进行自我限制或约束的一种行为。西方国家往往通过"报刊评议会""新闻工作者协会"等机构强调一些自律的原则,例如独立、真实、准确、诚实、公正等,这些机构也接受社会的监督。

新闻法制建设尽管进行了很长的时间,但是仍然存在很多问题,其中不少问题也是长期以来没有完全解决的问题。例如记者的职业道德问题、名誉权与公众利益的问题、公众的知情权和传播权问题,等等。还有一些新的问题,例如对消息源的保密和司法公正的矛盾、公众人物和公职人员的隐私权等。

第四节　西方国家媒体与西方社会

在工业化社会形成之后,西方进入了大众消费社会,大众文化成了工业文化的组成部分,而西方媒体又是其中的重要部分。媒体产业化的过程进一步加快了。

20 世纪上半期,报业在扩大规模的同时,出现了许多兼并现象。"二战"之后随着广播电视的崛起,西方国家出现了不同媒体之间的跨行业兼并甚至跨国兼并。比如默多克的新闻集团,从澳大利亚办报纸起家,60 年代开始进军英国,先后买下英国的《世界新闻报》和《太阳报》,1974 年又开始进军美国,买下了《纽约邮报》,70 年代末已经拥有 30 多家报刊媒体并开始进军广播电视。再如加拿大的汤姆森集团,称雄于美国、中东和英国。媒体已经成为西方经济中的重要部门。

媒体也在不断扩大自己的社会功能。不过这种发展是在社会体制之内,媒体开始建立与社会共处机制,规范自己的功能。

媒体与社会最重要的结合点是媒体与政治。在结束了媒体自由放任的发展之后,西方国家政府普遍开始对媒体进行控制。概括说来,西方国家政府与媒体的关系有三种类型:完全控制、部分控制和主动利用。就媒体与政治体制的关系而言,也可以分为紧密一体化、部分一体化和非一体化三种。在"二战"之前,德国、意大利、日本可以说是紧密一体化的典型,英、美是部分一体化的代表,其中美国最为典型,主要表现为媒体与政府的共生和互动。

美国第四任总统詹姆斯·麦迪逊早在 1822 年就说过:"一个缺乏广泛信息或收集这种信息渠道的政府只能导致闹剧、悲剧或两者皆有。"①不过 20 世纪以后的美国政府并不仅仅是被动地依靠新闻界收集信息,而是主动利用媒体发布信息。美国宪法第一修正案规定了媒体和政治权力关系的宏观框架,但只是保证了媒体免于政治权力的干涉,没有规定政治权力不可以通过其他方式去影响、制约媒体。这些方式的现代表现,就是通过塑造大众舆论的行业——公共关系来影响媒体。在企业公共关系发展的基础上,"一战"之后政府公共关系也开始发展。结果美国在共同维护现存社会体制的前提下,形成了政

---

① 苏丽文. 政府的媒体公关与新闻发布[M]. 董关鹏,译. 北京:清华大学出版社,2005:2.

府与媒体的共生关系：政府利用媒体和媒体监督政府。

公共关系是一种什么行业呢？沃尔特·李普曼认为：统治精英们需要那些受过科学训练，懂得大众心理，知道如何操纵大众头脑中的图景的"社会分析专家"。如果知道了大众的认知方式，了解了他们眼光中的积习，就可以制造出"虚拟环境"来操纵大众。政府一方面通过公关活动制造和提供新闻，控制和影响媒体；另一方面媒体也十分需要政府的帮助，从而受到政府的制约。因为媒体要生产新闻，就要和新闻消息源保持一种稳定而持久的关系，而政府就是媒体最重要的新闻消息源。尤其在报道国家和国际事务时，媒体对政府是极为依赖的。政府的公共关系实际上是政府处理与媒体的关系，是通过控制信息、议程设置来控制媒体。所以美国密苏里大学新闻学教授约翰·墨瑞尔称媒体是"第四势力"的说法，"不过是一个动听的神话而已"①。

在美国，政府是媒体消息的主要提供者。根据美国学者塞格尔的研究，在1969～1973年《华盛顿邮报》和《纽约时报》头版的2850条新闻中，78%的新闻来自政府部门，其中一半以上直接来自美国政府官员。除了华盛顿新闻外，他们还提供世界其他地方的新闻。在这2850条新闻中，58%是通过常规渠道（新闻发布会、记者招待会、政府公报和简讯等）采集的，24%来自正式采访，来自非正式渠道的只有15%。② 另有人统计，1978年，美国总统新闻办公室每月平均向6500家新闻单位、组织及个人发布35,551条新闻消息。③ 美国报纸头版头条的四分之三来自政府，所以美国报人理查·霍奇勒说："许多美国报纸的读者并不知道，他们阅读的'新闻'，很多其实并非出自新闻人员本身的勤奋发掘或谨慎思考，而是来自某份由政府机构发布、上面印有'请勿引述来源'的新闻资料。"④由于政府是社会信息的最大拥有者，新闻界也不得不接受政府这种既提供新闻又操纵新闻的做法。

政府不仅控制消息源，而且还主动利用媒体，罗斯福利用广播多次发表"炉边谈话"，为自己的新政服务就是典型事例。从今天的观点看，"炉边谈话"不仅对稳定美国人心、战胜经济危机发挥了巨大的作用，也不仅对广播这一新兴媒体的发展起到促进作用，更重要的，它是新闻信息发布制度从统治到治理的一个重要转变，表现出政府主动利用新闻工具通过发布新闻信息从而实现社会协调和社会资源的整合。所以，"炉边谈话"具有非常重要的历史意义。此外，罗斯福还通过会见记者，召开新闻发布会来利用媒体。有人统计，罗斯福在位12年共会见记者998次，平均每年83次。⑤ 新闻发布会也达到了创纪录的每月7次。

当然，媒体也会对政府的行为进行监督，这是媒体重要功能的体现。比较典型的是《纽约时报》对美国发动越南战争的"五角大楼文件"的披露，《华盛顿邮报》对"水门事件"的穷追猛打。不过，这也是西方国家战后政治改革的一部分内容。西方国家通过多党的议会民主制度来保持政权的民主性与稳定性。在社会管理领域，国家法制比较完

① 张巨岩．权力的声音：美国的媒体和战争［M］．北京：生活·读书·新知三联书店，2004：138．

② SIGAL. Reporters and Official［M］．［S. I.：s. n.］，1973：124．

③ 特贝尔，瓦茨．从华盛顿到里根——美国历届总统与新闻界［M］．余赤平，杨瑞平，等译．长春：吉林人民出版社，1989：805．

④ 罗雪科．制作新闻［M］．姜雪影，译．台北：台湾远流出版事业股份有限公司，1994：129．

⑤ 埃默里 M，埃默里 E．美国新闻史：大众传播媒介解释史［M］．展江，殷文，译．北京：新华出版社，2001：351．

备,管理机制比较成熟,公民的普选权和人身自由、言论自由等权利得到法律肯定。特别值得注意的是,公民“知情权”理论的实践。1966年美国国会通过了《信息自由法》,20世纪70年代初美国法院对“五角大楼文件”案和“水门事件”的司法判决,都支持受众的“知情权”理论。70年代及80年代以后,“知情权”理论被学术界、社会和政府普遍接受,也成了后来各国开展信息公开立法的理论基础。在美国之后,挪威、法国、澳大利亚、新西兰、加拿大、哥伦比亚、奥地利、希腊、荷兰、西班牙等国纷纷仿效,陆续制定了专门的信息公开法律。因为西方国家媒体的揭黑传统和追求“轰动效应”的新闻理念,新闻机构对政治廉洁表现得尤为敏感,一旦发现政治丑闻,立即予以揭露并穷追不舍,政治人物被迫辞职甚至被绳之以法的不乏其例。如美国副总统阿格纽因接受贿赂、偷税漏税,于1973年被法院判处缓刑三年;尼克松总统因“水门事件”而被迫下台;英国撒切尔夫人政府内阁的贸易和工业大臣帕金森因与女秘书私通不得不挂冠离职;日本的“里库路特股票受贿案”,使一大批政界要人跌入深潭,首相竹下登也因涉嫌案例而辞职。

西方媒体不仅影响政治,而且影响社会文化。其主要的表现即主流媒体是主流价值观的维护者,特别是在媒体对新闻的选择和解释的权力越来越大的情况下,这种作用就更加明显。另外,媒体也是社会流行文化的主要宣传者和承担者。值得注意的是,在媒体整合社会文化和趋于商业化的过程中,文化的多样性正在受到媒体的威胁。

无论如何,西方媒体是西方社会系统的组成部分,了解西方媒体的社会作用也应该从西方社会的整体出发。我们说,西方媒体在从属于社会的政治系统,并开始上升为与政治、经济和文化并列的独立系统的过程中,也在调整着自身与政治、经济和文化系统的关系。

小　结

本章主要讨论了在20世纪前80年西方国家新闻传播的发展。

这一时期,是西方国家历史发生重大变化的时期。从政治结构来说,西方国家从一般垄断发展到国家垄断资本主义,政治系统得到空前的扩张,从经济与社会发展来说,经历了工业化向后工业社会的过渡,经济基础大大地加强,而社会系统开始膨胀。媒体也得到了相应的发展。

这一时期,西方国家新闻传播的发展首先体现在报刊与广播电视新闻方面,不仅新闻的及时性和信息量得到了极大的提升,而且报道的方式和传播手段也日益丰富和多样。其次,新闻专业化和新闻传播理论的发展也是这一时期的突出现象。在社会分工向各个领域扩张的同时,新闻传播成为独立的行业,也开始出现独立的传播理论。

在新闻传播进一步发展的同时,新闻的社会功能也在发生着变化。在政府力图控制新闻界的同时,新闻与政治的关系开始从所谓的第四势力沦为与政治共生和相互依存的关系。新闻从直接干预政治中退出,而以更为专业的大众舆论的角色发挥作用。与此同时,新闻成为大众文化的重要组成部分,开始在人们的社会生活中发挥重要作用。

【思考讨论题】

1. 从客观报道到解释性报道和其他深度报道,反映了新闻报道怎样的发展趋势?
2. 自由主义理论的正面意义和负面影响是什么?
3. 如何看待社会责任理论?
4. 你认为记者的职业道德有哪些?
5. 如何理解西方媒体与政治的关系?

第十章　宣传型新闻传播体制与国际传播

• **关键问题:**

1. 新闻与宣传的关系如何?
2. 苏联宣传型新闻体制的利弊何在?
3. 战争与宣传的关系是什么?
4. 什么是国际传播? 它出现的基础是什么?

宣传与新闻关系密切,这本来就是新闻报道中一个隐藏的现象。在西方国家的政党报刊和非西方国家的民族主义报刊中,我们很容易就可以看出其中的宣传倾向。20 世纪的前 80 年,在新闻本身不断发展的同时,宣传也上升到国家层面。宣传是随着国家的兴起、国家体制的多元化和国际斗争的日益激烈而发展起来的。自第一次世界大战掀起前所未有的宣传浪潮和苏联建立宣传型的传播体制开始,在这个革命和战争的年代,在国际广播、国际电视新技术的推动下,热战、冷战、意识形态战争和商战的宣传此起彼伏,以至于德国约翰·古登堡大学的于尔根·韦尔克教授在 1998 年出版的《20 世纪的宣传》一书中的第一句话就说,“当 20 世纪快要走到尽头的时候,将它称为宣传的世纪一点儿都不夸张”。①

20 世纪被称为“宣传的世纪”,但这个宣传的世纪是在不断发展变化的。自第二次世界大战中的民族主义和国家主义宣传达到高峰之后,40 年代末到 80 年代又开始了冷战和意识形态宣传。与两次世界大战不同的是,这时的宣传从民族主义开始向意识形态过渡,从绝对的政治和军事开始向经济和文化过渡,从只讲观念而不重视事实甚至是虚构事实开始向报道过渡。越来越多的国家加入了宣传的行列,对外宣传在七八十年代也被称为“国际传播”。更重视观点的宣传逐渐为更重视事实信息的新闻传播所取代,在政治主导的同时,经济、文化与社会的内容也日趋丰富了。

第一节　舆论、宣传与新闻

一、舆论

1762 年,法国思想家卢梭首先将拉丁文体系中的“公众”和“意见”两个词语联系在

① WILKE. Propaganda in the 20th Century[M]. Cresskill:Hampton Press,1998:1.

一起，提出了舆论的概念。他认为：舆论"既不是铭刻在大理石上，也不是铭刻在铜表上，而是铭刻在公民的内心里；它形成了国家的真正宪法，它每天都在获得新的力量……"[①]这里，卢梭显然夸大了舆论的力量。

1922 年，美国著名政论家李普曼出版了《舆论》(*Public Opinion*)一书，提出了舆论是"民族的意志""集团的意见""社会的意图"等观点，舆论学研究正式出现。20 世纪 30～50 年代，为了与德、意、日法西斯进行意识形态的斗争，舆论和宣传的研究受到重视，舆论研究开始与心理战结合，与大众传播结合，与商业广告结合，取得了许多成果。60 年代以后，舆论研究又开始与国际政治中的冷战、国内政治中的民意测验和精确新闻学结合，获得了进一步的发展。一些著名的研究成果，如德国学者诺尔纽曼的《舆论与社会控制》《沉默的螺旋：社会舆论》，今天还作为传播学的效果研究为人们所重视。

长期以来，我国对舆论非常重视。20 世纪 80 年代以后，我国的舆论研究开始繁荣。关于舆论的定义，与新闻一样，有意见说和传播说两种，前者如："舆论是显示社会整体知觉和集合意识、具有权威性的多数人的共同意见。"(刘建明：《基础舆论学》)还有："舆论是在特定的时间空间里，公众对于特定的社会公共事务公开表达的基本一致的意见或态度。"(李良荣：《新闻学概论》)后者如："舆论是公众对社会事务所持有的相近意见的显性传播。"(邵培仁：《新闻传播学》)

总结已有的研究，有几点应特别注意：(1)舆论具有公众性，是多数人的意见，舆论所指的对象也具有公众性，是社会公共事务。(2)舆论的公众性只是一种松散的集合，舆论的形成过程和表现形式是复杂的，有缓慢形成和急促形成、显性表达和隐性表达等，各种媒体是舆论表达的重要平台。(3)舆论是一种社会流动意识，处在流动和变动之中。(4)舆论具有巨大的社会作用，但是具有非强制性，政治力量利用好社会舆论或顺应社会舆论可以起到事半功倍的效果。

二、宣传

宣传是指个人、团体或国家通过传播各种事实或观念以影响特定对象的思想和行为的社会活动。中国古代就有宣传，"宣"字在甲骨文中就有，古义为扩大，常用于传达帝王之命。"传"是古代传播的总称，"宣传"一词在《三国志》中开始合用，指宣布传达。[②] 宣传的目的是"治"和教化。宣传的手段有口头、文字和图像。宣传的思想是"信""实""譬"(形象感人)。[③] 西方学者认为，宣传的定义十分复杂，主要取决于受众的认识。西方学者还认为宣传是第一次世界大战中的发明，由于希特勒特别强调宣传，认为意识形态、宣传和权力三者密不可分，所以在西方国家的很多人看来，宣传是一个贬义词。实际上西方国家虽然忌讳宣传一词，却十分重视宣传。另外，"无论什么社会制度的国家，无论标榜它多么'新闻自由'，在军事宣传方面都是例外"[④]。

因为新闻和宣传往往并用，或被许多人视为一体，所以辨别新闻与宣传的关系是十

① 卢梭. 社会契约论[M]. 何兆武，译. 北京：商务印书馆，1987：73.

② 邵培仁. 20 世纪中国新闻学与传播学 · 宣传学和舆论学卷[M]. 上海：复旦大学出版社，2002：108-132.

③ 郭志坤. 先秦诸子宣传思想论稿[M]. 福州：福建人民出版社，1985. 见注释②邵培仁书。

④ 戴元光. 现代宣传学概论[M]. 兰州：兰州大学出版社，1992. 见注释②邵培仁书。

分必要的。新闻和宣传尽管关系密切,都是一种传播行为,但毕竟是两种不同的社会现象,如果仔细观察,还是可以看出新闻和宣传的明显区别,其最大的不同就是新闻传播的是事实信息,而宣传传播的是观念。两者的主要区别如下:

(1)新闻的内容以事实信息为主,宣传的内容以观念为主。

(2)新闻的价值是满足客方(受众)的需求,宣传的价值是满足我方(宣传者)的需要。

(3)新闻强调时间,宣传强调时宜。

(4)新闻的受众是不确定的、最大化的,宣传的受众是确定的。

(5)新闻客观性强、主观性弱,强调新闻规律;宣传主观性强、客观性弱,强调宣传规律。

当然,新闻与宣传并不能完全分开。从新闻的角度讲,新闻包括宣传,也具有宣传价值,其显性的宣传价值如媒体发表政府的政策和领导人的讲话,隐性的宣传价值包括从消息、特写、通讯等事实的选择中反映的思想和观念。从宣传的角度讲,宣传也需要讲事实,也需要有客观性和可信性,也需要借助新闻的手段。所以西方学者认为,通常"提供信息和进行宣传之间的区别并不是很明显"①。

有人把新闻和宣传的关系表述为两个圆之间的关系,认为从历史上看,它们经历了并列——切边——小重合——大重合——小重合——切边——并列的关系过程。② 我们也可以将其分为宣传型、宣传新闻型、新闻宣传型和新闻型四种形态。实际上,完全并列和完全重合都是不可能的,纯粹的宣传型和纯粹的新闻型体制难以存在,这两种倾向也都是应该避免的。

第二节　苏联与东欧的宣传型新闻体制

一、苏联新闻体制的建立

1917 年 11 月,"阿芙乐尔"号军舰的隆隆炮声宣告了人类历史上第一个社会主义国家的诞生。经历了 30 多年的发展,第二次世界大战后又有一批国家先后走上了社会主义道路。在相当长的一段历史时期内,社会主义是世界上与资本主义对立存在的一种力量,其影响之大以至于许多刚刚独立的民族主义国家也宣布以社会主义作为自己的发展方向。

在 20 世纪,社会主义作为一种历史现象出现在历史舞台上,并不像一些西方学者所说,是一种历史的特例,是"偶然"和"个别"的事件,而是有其历史必然性。社会主义作为一种与资本主义对立的意识形态和社会制度而出现,首先,是为了避免在已经形成的资本主义世界体系中继续遭受奴役和剥削。其次,是为了避免实行资本主义制度所必然出现的贫富分化、经济危机和资本家的政治统治。再次,社会主义制度可以最大限度地集中国家的力量,加快民族国家的发展速度。最后,作为与资本主义对立的意识形态,社

---

① 福特纳. 国际传播:全球都市的历史、冲突及控制[M]. 刘利群,译. 北京:华夏出版社,2000:95.

② 邵培仁. 20 世纪中国新闻学与传播学·宣传学和舆论学卷[M]. 上海:复旦大学出版社,2002:142.

会主义还可以与本国的历史文化传统相结合，避免资本主义文化价值观的侵害。

尽管面临资本主义国家的重重封锁，苏联还是取得了当时令世界瞩目的成就，为其他国家树立了榜样，为社会主义成为一种世界性的力量，作出了自己的贡献。正是依靠高度集权的模式，在短短十几年的时间里，苏联就把一个极其贫困落后的国家建设成一个工业化强国。在1929年开始的苏联第一个五年计划中，苏联的工业增长率高达19.2%，“二五”期间为17.8%，“三五”期间也达到了13.2%。尽管苏联存在着牺牲农民利益、“肃反”扩大化等种种问题，但是当欧洲大陆所有西方国家在法西斯的进逼下几乎都不堪一击之时，苏联的胜利还是显示出其体制的优越性。

与政治上的高度集中相一致，苏联的宣传型新闻体制也是一种高度集中的体制。在这种体制之下，苏联的新闻传播得到快速的发展。

十月革命之后，苏联立即开始整顿报业，建立统一的宣传型新闻体制的工作，主要的措施包括：查封原来的官方报刊和代表反对势力的民间报刊，没收其资产，恢复被禁止的布尔什维克的刊物，广告经营由国家统一管理，建立新的报业体系和广播体系。这一工作取得了巨大的成就。其中苏联恢复出版和创建的重要报刊有《真理报》（1917年）、《消息报》（1917年）、《贫民报》（1918年）、《经济生活报》（1918年）、《民族生活报》（1918年）、《劳动报》（1921年）、《红星报》（1923年）、《共青团真理报》（1925年）等，这些报刊构成了苏联的党报体系。20世纪20～30年代是苏联报业的大发展时期，1928年全国有报纸1197种，总发行量为940万份，1940年，报纸总数增加到8806种，总发行量为3840万份。[①] 这一时期苏联的报刊发行量仅次于美国，居世界第二。1925年，苏联建立了统一的国家通讯社——塔斯社，到“二战”前，塔斯社成为世界性的通讯社之一。苏联政府还对广播这种“不要纸张、没有距离的报纸”（列宁语）非常重视，可以说，苏联的广播业与世界广播业的发展是同步的。1928年苏联的广播电台总数有65座，广播覆盖面近300万平方公里。20世纪30年代初，苏联初步形成了以中央台和地方台组成的全国广播网。1940年不仅广播电台发展到100多座，整个国家拥有110万架收音机，还建立了1.1万个有线广播站，拥有600万只喇叭。依靠这种传播力量，苏联建立了有效的全国信息覆盖体系。

苏联的宣传型新闻体制具有以下鲜明的特点：（1）全部报刊电台为国家所有，是党和国家机关的组成部分；（2）全部报刊电台均是党报党台，由各级党委领导；（3）报刊电台的主要功能是宣传和动员，宣传党的方针政策，信息功能居次要地位；（4）言论高度集中，信息来源单一，口径一致。[②]

这种高度集中统一的新闻体制在苏联的革命和建设中发挥了很大作用。在苏联的农业集体化、国家工业化和肃反运动中，新闻宣传成了政府动员群众的非常有力的舆论工具。特别是在第二次世界大战中，新闻宣传更是直接发挥了巨大作用，为卫国战争的胜利作出了贡献，其影响甚至超出了苏联的范围，成为当时一切反战和争取进步的人民的重要的精神财富。

---

① 陈力丹. 世界新闻传播史[M]. 上海：上海交通大学出版社，2002：146.

② 张允若，高宁远. 外国新闻事业史新编[M]. 成都：四川人民出版社，2002：220.

二、“二战”后东欧国家新闻体制的建立与苏联新闻传播的发展

“二战”中,苏联依靠这个高度集权的模式赢得了战争。战后这个模式再显神奇。当英、法这些西方的战胜国面对战争破坏一筹莫展之时,苏联却依靠高度集权动员和组织人民,迅速地医治了战争创伤。1948 年苏联的工业生产已超过战前水平。1944 ~ 1949 年,东欧先后出现 8 个社会主义国家,形成了社会主义阵营。

可以说,“二战”后东欧出现的社会主义国家无一例外地参照了苏联的经济政治模式。从历史的角度讲,这是一种必然的选择,这一模式给这些国家带来了经济和社会的高速发展。例如,1980 年与 1950 年相比,匈牙利工业增长 8.4 倍,民主德国增长 9.3 倍,保加利亚增长 2.4 倍,波兰增长 14 倍,罗马尼亚增长 33 倍,捷克斯洛伐克增长 8.4 倍,南斯拉夫增长 12 倍。在实行政治上党的统一领导、经济上中央计划管理的同时,东欧国家也建立了集中的宣传型新闻体制。在战后的几十年中,这些国家报刊的发行量都增加了数十倍,广播的发展极为迅猛,电视也从无到有开始起步。例如在波兰,建国前日报的发行量不过 90 万份,到 20 世纪 70 年代末,报刊达到 2300 种,期发行量达 4000 万份,其中日报 56 家,期发行 1030 万份。[①] 70 年代波兰还建立了覆盖全国的广播电视网。在南斯拉夫,1947 年只有 217 种报刊,期发行 300 万份左右,到 1977 年,报刊达到 2538 种,期发行 1500 多万份,广播电台从 1947 年的 13 个增加到 1977 年的 190 个,同期的播音时间增加 8 倍,收音机数增加 22 倍。[②] 这些国家还纷纷建立了自己的通讯社。

东欧国家新闻传播事业在东欧各国的建设和改革中发挥了重要作用。

与此同时,苏联的新闻传播在战后也得到了进一步的发展。在报业方面,20 世纪 50 年代初苏联有报纸 8000 种,期发行 4500 万份,80 年代中期报纸的总数依然是 8000 多种,但是期发行量达到 1.85 亿份,其中日报 713 种,发行量为 1 亿份,[③]苏联成为世界上拥有最大的报纸发行量的国家。1975 年《真理报》日发行 1060 万份,是世界上发行量最大的报纸之一。在广播方面,苏联 50 年代就有 130 座广播电台,收音机 740 万台,70 年代收音机达到 5000 万台。苏联在 1938 年就开始试播电视,1945 年恢复播出,1954 年播出彩色电视节目,60 年代进入了卫星转播时代,70 年代彩色电视播出开始普及,电视已经成为一种与广播不相上下的传播力量。

三、新闻宣传理论

实际上,实行新闻宣传的国家有很多,西方国家在战时都实施了新闻宣传。一些国家主义色彩较浓的国家如德、日、意在“二战”中把新闻宣传推向了极端。马克思、恩格斯看到了新闻与宣传的关系,论证了新闻中宣传的重要性,而苏联的新闻宣传则在理论和实践方面非常具有特点。

20 世纪伟大的政治宣传家列宁从办报入手创建了布尔什维克党,他组织的卓越的宣

① 张昆.简明世界新闻通史[M].武汉:武汉大学出版社,1995:355.
② 张昆.简明世界新闻通史[M].武汉:武汉大学出版社,1995:356.
③ 张允若,高宁远.外国新闻事业史新编[M].成都:四川人民出版社,2002:227.

传活动,为建立世界上第一个社会主义国家立下殊功。在苏联,宣传被细分为宣传和鼓动。宣传表示广泛地传播需要深入而又详细讲解的思想、理论和学说,它"以形成一定的世界观为目的",更多地诉诸理智;鼓动是"通过讲演和各种报道手段传播一种思想,以影响群众的认识、情绪和社会积极性",它诉诸感情。

新闻宣传政策具有两面性。从苏联的实践来看,宣传鼓动工作在苏共中央宣传部的直接领导下,为维护国家政权的稳定、抵御外敌入侵和最大限度地集中国家力量投入经济建设作出了突出贡献。同时我们也应当看到,苏联的宣传体制是一种高度集中统一而缺乏活力的体制,宣传工作在和平建设时期暴露出种种弊端。主要表现在:宣传鼓动强调意识形态至上,对马克思主义实行僵化和教条式的理解;宣传鼓动没有将党、国家和人民的根本利益结合起来,甚至成为鼓吹个人崇拜、推行霸权主义的工具;宣传鼓动全面取代媒介的新闻信息传播,以至于出现"《真理报》上无真理,《消息报》上无消息"的政治笑话。

实际上,把宣传鼓动作为一项革命工作只是列宁新闻思想的组成部分之一,列宁也曾经提出新闻自由和政府信息公开的思想,只不过在当时的历史条件下没有得到实行。早在十月革命之前,俄国共产党的报刊在列宁的指导下就常常辟有"论争之页",作为广大党员发表不同意见的论坛。十月革命胜利后不久,列宁签署的《临时法令》就指出:"一旦新制度确立起来,对报刊的各种行政干预就必须停止,而将依照最开明与最进步的法律,并在对法庭负责的范围内对出版实行充分的自由。"但是列宁开创的公开发布政府新闻的传统在苏联并没有坚持下来,到了斯大林时代,苏联对新闻实行严密控制。从 20 世纪 20 年代后期起,苏联新闻媒介开始秉承以斯大林为首的领导层的旨意,大张旗鼓地开展意识形态领域的批判运动,指名道姓,无限上纲,批判的对象波及整个文化界、知识界,后又发展为肃反扩大化,使大批知识分子和各级干部遭到逮捕、监禁和杀害,造成了极其严重的社会后果。50 年代赫鲁晓夫执政后,曾一度在对苏联历史进行反思的背景下,对新闻实行了一定程度的公开报道,但由于对外冷战的激烈进行和党内斗争,赫鲁晓夫很快就放弃了公开性的政策。1964 年勃列日涅夫上台实行铁腕政治,公开性从苏联社会消失了。

新闻宣传的畸形发展后果非常严重。在列宁之后的苏联,执政当局一味要求新闻媒介歌功颂德、粉饰太平,充当自己的传声筒,有时甚至运用媒介直接向公众发号施令。至于客观存在的、发生在国内外的重要新闻是否向公众发布,完全取决于执政当局的政治需要。凡是对现行政策不利的信息,一概秘而不宣。于是苏联公众闭目塞听,事事蒙在鼓里,无法正确判断国内外形势,也无法真正行使国家主人的权利。他们不知道苏联坦克对捷克斯洛伐克改革的镇压,不知道苏军在阿富汗的惨重伤亡,不知道国内发生的民族反抗、厂矿罢工、农民闹事,甚至任何国家都难以避免的犯罪事件、天灾人祸,群众也无从知晓。赫鲁晓夫的女婿阿朱列伊,20 世纪 50 年代当过《共青团真理报》和《消息报》的总编,事后回忆说:"从当时的报纸看,苏联从没有铁路和航空惨剧,从没有沉船事件,矿井从不爆炸,泥石流也不会崩塌。"总是一片歌舞升平的景象。[①] 从 1968 年起担任了《真理报》20 多年副总编的阿法纳西耶夫在他的回忆录里写道:"报纸的首要任务是提供信

① 张允若,高宁远. 外国新闻事业史新编[M]. 成都:四川人民出版社,1996:224.

息,然后让人们自己去辨别是非真伪”,可是,“《真理报》并不总是能够这样做。我们往往不得不按我们主人的曲谱来演奏”。“虽然我们笔下写的全是‘莺歌燕舞’,但我们心里却极为不安。我们常常会感到我们写的这些东西,客气点说是脱离实际。但是我们却束手无策,只能沉默,同时又忧心忡忡。”①可见当时执掌意识形态大权的人也预感到一味粉饰太平未必真能维持太平,一味掩盖矛盾只会使矛盾愈积愈深。他们的预感后来变成了现实。

我们要看到新闻中的宣传作用,但是新闻与宣传毕竟是两个不同的概念,把新闻等同于宣传是不可取的。

第三节　现代战争中的宣传战

一、两次世界大战中的宣传战

传播学者拉斯韦尔 1927 年在其著作中声称:“毫无疑问,政府对舆论的引导是大规模现代战争中不可避免的发展趋势。”②在战争时期这种非常态的状况下,新闻形态与和平时期是不一样的。就新闻的形态讲,战时的新闻管制和新闻宣传这两大因素的凸显,在很大程度上改变了新闻的原有形态,管制截留和删改了新闻中的信息部分,宣传则改变了新闻信息的性质。就新闻业而言,战争可以促进新闻业的发展,但这种发展是畸形的发展,新闻业要么成为政府的一部分,要么成为政府的对立面。战争拉近了新闻与政治的关系,与所有的社会部门一样,新闻业也不可避免地被卷入战争之中,原来的传播体制或多或少地都被迫有所改变。

战时的新闻控制是政府的新闻政策的主要方面,从历史上看,战时的新闻控制可以追溯到 15 ~ 16 世纪欧洲集权主义时期,到 19 世纪中叶的克里米亚战争时期,战时的新闻管制作为一种制度开始完善。第一次世界大战是世界历史形成后人类社会的第一场世界战争,又被称为“宣传战”,这使得已经成为大众媒介的新闻业与战争结下了密切的不解之缘。

战时新闻政策包括以钳制舆论、管控媒体、统一口径、防止泄密等为目的的战时新闻管制和检查政策,以及以战时激励、煽动、拉拢、恐吓、欺骗等为目的的战时新闻宣传政策两部分。宣传无论是从中国古代战争史还是从西方宗教史来说,都有很长的历史。然而,真正意义上的战时宣传起源于“一战”期间,这是一种积极的软性控制。在“一战”期间,英、法、美等西方国家都有不同的战时宣传业绩。其中,美国在“一战”时还成立了旨在动员舆论支持美国战争的新闻委员会。这个兼具战时宣传与新闻检查功能的组织机构在其存在的一年半时间里做了大量工作。它先后散发了 1 亿多份宣传材料,对 3 亿人次发表了 75 万多次演说。如果说在“一战”中宣传战打的是报刊牌,是印刷品和传单,那么“二战”中打的就是广播战。下面简单介绍一些国家在两次世界大战中大打宣传战的

---

① 阿法纳西耶夫.《真理报》总编辑沉浮录[M].贾泽林,译.北京:东方出版社,1993:210,167.

② 哈德罗,拉斯韦尔.世界大战中的宣传技巧[M].张洁,田青,译.北京:中国人民大学出版社,2003:26.

具体情况。

英国：英国的战争宣传是其战时新闻政策的一大特色。1918 年 2 月，英国正式成立了对敌宣传部本部——“克尔之家”（Crewe House），负责统筹战时的各种宣传活动。其实，早在 1914 年，英国外交部为了向中立国散发宣传品，就已经成立了一个秘密的“战时宣传局”。由于这个宣传局设在一位名叫韦林顿的人的家里，所以有关人员通常把它叫作“韦林顿之家”。当时，“韦林顿之家”的主要目的是转变中立国的态度，使其站在协约国一方。它曾经向荷兰境内秘密邮发了数万份宣传文章。除了“韦林顿之家”外，英国还于 1917 年 6 月成立了一个“战时计划委员会”，专门负责对国内的宣传。1918 年 2 月，在新闻大臣比维尔·布鲁克的呼吁和奔走下，英国终于建立了统一的宣传部门，由比维尔·布鲁克和报纸大王诺思科利夫共同负责。他们给这个组织起了一个暧昧的名字：“英国战争救济机构”，但人们仍习惯用本部所在地那所房子的名称“克尔之家”来称呼它。“克尔之家”的活动虽然只有短短 9 个月，但它卓有成效地组织了一连串宣传攻势，从而大大加速了德军失败的进程。它首先说服协约国军总司令部解除了禁止用飞机投放传单的命令，开始向敌方大量空投宣传品。在战争的最后 6 个月中，英国仅向德军前线就空投了 1830 万份传单。“克尔之家”对德宣传的主题之一是把德国发动战争的一切罪过都推到德皇威廉二世身上。当时散发到德国的宣传品中，有一幅著名的水彩画，画面的上半部画着威廉二世正在与其亲信饮酒作乐，怡然自得；下半部则画着蓬头垢面的德军士兵正在前线浴血奋战，苦不堪言。这一鲜明对照，给了德国军民以莫大刺激。“克尔之家”的这些宣传使德军的士气大受挫伤，这种宣传把德国普通将士同德国皇帝及主要战争责任者区别开来，指出他们在前线流血牺牲只不过是为当权者的利益卖命，因而很容易为德军下层士兵所接受。更重要的是，每一个从前线回到后方的士兵，都不知不觉地成为英国人的义务宣传员，使得消极失败的情绪在德国四处蔓延。在战争后期，德军不得不向自己的士兵收购英国和法国的传单。

“二战”时期，英国的新闻政策实际上是“一战”时期的继续。首先，英国成立了新的战时新闻控制机构——文讯检查局（Censorship Bureau），文讯检查范围极广，包括报刊、商业或私人通信，无论是通过邮件、有线或无线电报还是以电话的方式发出，都在受检之列。除了中央政府的机构外，英国远征军也成立了“公共关系处”，对战地记者实行战地检查。其次，英国的对外宣传也表现出新的特征，不再以印刷品和传单为主，而是开始利用新的传播工具——广播。20 世纪三四十年代，无线电广播进入黄金发展时代。英国广播公司（BBC）于 1932 年 12 月开办了第一个对外广播节目——《帝国广播》。“二战”爆发后，BBC 为了配合英国政府的对外宣传工作，迅速扩编。尽管 BBC 是一个公共实体，但其战时广播政策却由英国政府制定和控制。“二战”期间，BBC 每天用 50 种语言全天候不间断地对外广播。由于节目除新闻外还定期播送德国战俘的姓名和出生地，使其家庭能够得知自己亲属的命运，因而受到德国军人及其家庭的欢迎和好评。除了新闻和战俘信息外，BBC 经常邀请政界名流演讲，以激励民心士气。英国首相丘吉尔是 BBC 的常客，他发表的广播演说即为一个重要例证。1941 年 6 月 22 日晚，丘吉尔在 BBC 发表了一次令人难忘的广播演讲。那一天，正是德军进攻苏联的日子。他说：“敌人的敌人就是我们的朋友”，英国决不会因为自己坚持反对布尔什维克的立场而影响对任何与希特勒作战的人的帮助。他在演讲中公开放弃反苏观点，欢迎斯大林成为反希特勒的盟友。丘吉尔在演说中还以豪迈的语言表达了英国要顽强抵抗下去的坚定信念,他的演讲不仅对英国民众是一个很大的激励,而且极大地鼓舞了千里之外的苏联人民以及长年生活在水深火热之中的德占区人民。希特勒曾希望侵苏战争能促使英美与他站到一起,共同反对布尔什维克,但他的这一幻想因丘吉尔的广播演讲而彻底破灭了。

日本:从20世纪30年代起,日本新闻业逐渐被军国主义势力所左右,受到越来越严格的控制。“二战”时期,政府将新闻业纳入“战时体制”,使它成为日本军国主义对外侵略扩张的宣传工具。“二战”中,日本虽有大量的民间报刊存在,但在军部的高压和战争狂热中,它们成为清一色的官方传声筒。新闻界受到官方宣传管制机构内阁情报部的严密管束。战争期间,日本军国主义政府制定了一系列旨在限制新闻出版活动的法规。首相被授予“禁止报道权”,实际上由情报局执行。当时,报社每天都能接到情报局的禁载令。如有违反,即遭停发或根据《国家总动员法》对报社进行迫害。慑于此淫威,各报社成立了专门把关的审查部。广播则受情报局和邮政省的双重管制,亦完全听命于政府。

早在1931年9月,日本外务省就成立了一个直属内阁领导的非正式的“情报委员会”,负责就如何统一国内舆论和开展对外宣传向政府提出建议。1936年1月,日本军国主义当局正式成立“内阁情报委员会”,作为收集宣传材料、制定统一宣传口径的专业机构。“七·七事变”后,这个委员会易名为“内阁情报部”,广泛招纳各界人士承担新闻报道和文化宣传工作。1940年12月,为了适应太平洋战争开展心理战的需要,日本政府将内阁情报部与政府部门中类似的机构合并整编为一个更为庞大的中枢机构——内阁办公厅情报局。该局下属有五个部:第一部主管思想和文化宣传计划,调查各类情况;第二部主管国际宣传;第三部主管新闻检查;第四部主管国内宣传;第五部主管国内文化宣传团体的指导与监督。各部门分工明确,各尽其职,形成了一个完善的“战时宣传体制”。

“二战”期间,日本集中力量开展了声势浩大的对外宣传活动和攻心战,其宣传对象主要有两个:一个是以英美为首的西方国家,一个是生活在“共荣圈”内的亚洲各国。其中,亚洲各国是其对外宣传的重中之重。这期间臭名昭著的例子是“东京玫瑰”。“东京玫瑰”是东京广播电台节目主持人的别称。节目的播音小组由12名日裔美籍女子组成,她们均系生于美国的第二代日本移民,战争爆发后应日本军部之征召自愿放弃美国国籍回到日本,专门从事对美军士兵的广播宣传。“东京玫瑰”的主要任务是进行招降宣传和瓦解美军的作战意志。节目针对驻太平洋地区的美军远离家乡、环境恶劣、生活单调的特点,播放大量美国的舞蹈音乐和怀乡诗歌,搞得美军士兵神思恍惚、魂不守舍。“东京玫瑰”大大削弱了美军的士气,一度被美国视为来自日本的重要威胁之一。

德国:在“一战”中,德国建立了战时新闻检查制度,由直接隶属德军司令部的“作战新闻局”负责实施,加强对新闻媒介的控制和利用。战争初期,德军节节胜利,军方尚允许中立国记者赴前线采访,但本国记者却始终不能到达战地。德国所有供本国报刊采用的新闻都在最高统帅部两周一次的记者招待会上发布。当时即使是德国最高文职官员,也无法了解战争的真相,只能听到官方专门机构一连串炫耀胜利的报道和德国人将从战争中收益丰厚的许诺。军方不许媒体对饥民表示同情,禁止关于衣食等物资匮乏的一切报道。这种对舆论的操纵,使大多数德国民众对战败毫无思想准备。因此,“一战”期间德国的新闻检查制度完全是僵硬、严苛的普鲁士书报检查制度的翻版。

1933 年 1 月 30 日,希特勒上台。搞舆论出身的希特勒深谙宣传舆论的重要性,德国很快成为对新闻传播完全控制、传播与政治体制高度一致的国家。“二战”期间,德国的宣传又达到了一个登峰造极的程度。

希特勒一上台就对报业进行整顿,封闭了 50 多家共产党的报纸和 130 种社会民主党的报纸,同时宣布停止实行《魏玛宪法》规定的出版自由的条款。同年 3 月,希特勒成立了以宣传高手戈培尔为部长的国家宣传部。戈培尔在上任之初就对新闻界发表谈话,声称新闻界应该是政府手中一架可以随意演奏的钢琴,新闻界的任务就是为政府效劳,成为影响群众的重要工具。他声称:“新闻是战争的武器。新闻的目的是帮助战争而不是提供信息。”①为了达到完全控制新闻信息的目的,希特勒政府采取了多项措施,例如 1933 年颁布《新闻记者法》,规定非雅利安人种的德国人、“政治上有害的”人不得从事新闻工作;同年又接管了德国的沃尔夫通讯社,将其改名为德国国家通讯社;1933 年以后还以暴力和强制手段没收、接管、兼并德国的民间出版机构。在纳粹统治时期,德国报刊的数量从魏玛共和国时期的四五千家减少到 1000 家左右,纳粹报纸占全国报纸发行量的 80% 以上。国家化的广播电视也成了纳粹政权对内统治和对外战争的舆论武器。1939 年 4 月 1 日,纳粹在德军最高司令部设立了专事军事心理战的宣传部,它与司令部、作战部相对应,负责制订每次战役中的宣传计划,希特勒经常亲自审查和批准这些计划。同时,希特勒把广播看作继陆海空军之后的第四条战线,迅速控制了广播电视及通讯社的宣传口径。早在 1933 年,德国就成立了“全国广播协会”,并把全国所有电台统统收归国有。1934 年,德国政府又颁布了一项法令,宣布取缔一切地方性广播公司,“全德广播协会”成为国家唯一的广播机构。1939 年,德国对外广播的语种已经发展到 7 种,广播对象也扩展到南美洲、非洲和亚洲地区。总而言之,纳粹政府对新闻业实行了全面控制,为德国新闻媒介在“二战”期间迅速转入战时轨道铺平了道路。大战爆发后,德国先后建立了十几个大功率广播电台,全天 24 小时从柏林向全世界进行广播。同时,德军迅速接管和控制被占各国的广播电台,使其为自己服务。这一时期,德国的广播宣传造就了一个著名的化名人物“哈哈爵士”。1939 年 4 月 10 日,英国的听众听到一位新播音员的声音,他自称是“哈哈爵士”,用一口流利而纯正的牛津口音进行亲切的广播,4 个月后,英国竟有 1800 万台收音机听他的广播,除少数人外,几乎所有收听者都成了“哈哈爵士”的忠实听众。一位当事人后来回忆说:“他的声音有一种魔力,使你无法自拔。”②“哈哈爵士”以浓重的英国乡音、甜美悦耳的声调、幽默辛辣的语言,通过感情的煽动、理智的倾诉、精神的诱惑,使英国听众逐渐产生恐惧、不安、痛苦、混乱和不信任等不良心理。为了刺激英国人对政府的不满情绪,他不断攻击社会上的一些问题,并时而抛出一两件令人愤怒的“政界黑幕”,为此英国政府大为苦恼。一直到战后人们才查明,所谓的“哈哈爵士”是一名在美国出生、在爱尔兰长大的具有传奇经历的人。此人 1939 年到德国,在“二战”爆发后,加入德国广播电台参加对英国的宣传,正是由于他在战时利用“哈哈爵士”的身份对英国

---

① 福特纳. 国际传播:全球都市的历史、冲突及控制[M]. 刘利群,译. 北京:华夏出版社,2000:131.

② 卡瑞,辛顿. 英国新闻史[M]. 栾轶玫,译. 北京:清华大学出版社,2005:107.

民众进行了错误的引导,使得英国政府大为头疼,不得不拿出相当一部分精力处理其造成的不利影响。这也是宣传战中的一个典型事件。

宣传战在“一战”中初露端倪,在“二战”中达到了登峰造极的地步,到了当代,战争中的宣传更是值得注意的方面。

二、冷战中的对外广播

“二战”结束以后,人类并没有迎来一个梦想的和平时期,由于美国和苏联在战后的分裂,世界形成了两个阵营。随后是第三世界在20世纪五六十年代的崛起,形成了国际格局的大分化、大动荡、大改组。在复杂多变的世界局势中,美苏对立是主线,我们一般把“二战”后美苏对立的形成到80年代末90年代初苏联解体这段时间称为冷战时期。在这段时期,对外宣传仍然是世界新闻传播史上的一个重要组成部分。

冷战时期对外宣传的主要工具就是广播。无线电广播有跨越时空、听众广泛、政府控制和不受受众国的法律约束等特点,在20世纪上半期激烈的国际斗争中,作为一种对外宣传的工具开始为各国政府所利用。

广播对外宣传的历史,始于1923年德、法因鲁尔争端打的一场广播战。1924年法德妥协。1926年,苏联与罗马尼亚为比萨拉比亚事件进行了一场广播战。随后一些国家为了加强与海外殖民地的联系,为本国商人、军人服务,开始了对外广播,比如1927年荷兰,1929年德国,1930年法国,1932年英国,1934年日本、比利时等。一些国家还开始了不定期对外宣传的尝试。1929年3月4日,美国首次将胡佛总统的就职典礼实况转播给加拿大、墨西哥,以及南美洲的听众。1929年苏联开始用德语进行对外广播,不久增加了英语、法语节目。20世纪30年代,战争的逼近促使各国加快了发展对外广播的步伐。1934年德国对奥地利开始了煽动性宣传。1935年日本开始对北美广播,1937年开始对欧洲、东南亚和中国广播。英、法在30年代末也都有了定期的对外广播。“二战”是各国对外广播发展的高峰时期,德国、日本是宣传战的主要发起者,英、美、苏进行反击。英国的BBC、苏联的莫斯科电台和美国在战争中成立的美国之音都发挥了巨大的作用。“二战”结束后,由于冷战的兴起,进行对外宣传的国际广播不仅没有削弱,反而更受重视,在几十年的发展中,世界上有80多个国家进行对外广播,其中影响最大的有四家:美国之音、莫斯科广播电台、BBC和中国国际广播电台。80年代全球国际广播的播出时间达一万多小时,这四家电台就几乎占了一半。

美国之音(Voice of American,VOA):成立于1942年2月24日,当时的主要任务是从事战时宣传。与美国国内私人企业化的广播体制不同,美国之音纯粹是一个由政府创办的电台。20世纪30年代末,美国国会提出进行国际广播的计划。珍珠港事件后,美国之音在纽约用德语播出了第一个对外广播节目,随后又播出了法语、意大利语、英语、汉语等节目。1942年6月,美国之音归属战时情报局。在战争中,为了鼓舞士气,打破法西斯宣传,美国政府投入了大量资金。到战争结束,美国之音使用语种34个,每天播出119小时,是当时世界上最大的国际电台。冷战时期,美国之音的功能被进一步加强,成为美国的冷战工具。1953年美国之音被划归为美国新闻署,经费仍由政府拨款。70~80年代,美国之音的宣传性新闻有所减少,侧重事实性新闻和平衡性新闻,节目有了很大改进。20世纪末美国之音有3000名工作人员，总部在华盛顿，用48种语言每周播出1166小时，听众超过1亿人，每年有20万听众来信。

莫斯科电台：莫斯科电台是历史上最悠久的国际电台之一，1929年10月29日开始用德语播出，每天播两小时新闻和斯大林言论，后来增加了英语、法语、俄语。1933年有11个语种，时间有所增加，内容为消息、评论和音乐。"二战"期间，对德广播是其主要内容。冷战开始后主要攻击对象是英、美，在与美国争霸时，其广播几乎覆盖全球，20世纪60年代中期播出时间和语种超过BBC，与美国之音并驾齐驱。80年代末用77种语言每周播出2000多小时。

BBC：BBC的国际广播开始于1932年，先是用英语对英联邦广播，后来不断增加语种和播出时间，在"二战"时达到高潮，1944年用39种语言每周播出800小时。BBC的声誉远高于美国之音和莫斯科电台。日本宣传史学家池田德真认为其特点是：(1)播送新闻的态度非常冷静。(2)消除所谓敌我情感，以中立态度进行报道。(3)新闻与解说内容丰富。(4)采用敌、友、我三方的报纸评论对事实进行解说。(5)用专家学者说话，使报道有深度。(6)避免英国英语，使外国人可以听懂。[①] 另外就是报道及时迅速，这是英国新闻的传统。但是在冷战期间，由于政府的投入不断减少，BBC的国际广播每况愈下，影响力大不如前，后来的播出时间是四家中最少的。

中国国际广播电台：国际广播的后起之秀。1941年，延安新华广播电台开始用英语播新闻，每天20分钟。1950年，中央台国际部成立，开始用11种语言对外播出，每周播出80小时。50年代后期增加到27个语种，1965年为36个语种，每周播出1150小时，超过了BBC。1978年中国国际广播电台正式成立，80年代后发展更快，目前用65个语种向全球各地播出节目。对外宣传是有中国特色的一个术语，指通过各种形式、手段、渠道等向世界传播有关中国的信息，宣传中国对国际事务的认识、观点、态度，"让世界了解中国，让中国走向世界"，扩大中国在国际上的影响。对外传播不仅是宣传，也是外交的组成部分。

第四节 国际新闻流动与国际传播

报刊业获得巨大发展的时期，也是国际社会的形成时期和国际政治的发展时期。在第一次世界大战期间，新闻传播业就在国际政治中发挥作用，所谓的宣传战就已经出现了。广播由于其媒介特性，又成为各国宣传战的新工具，国际宣传进入了新的辉煌期。[②] 冷战时期，广播、电视和国际卫星通信继续成为国际宣传的重要工具。到冷战结束前后，国际传播(International communication)的概念才逐渐被广泛接受。

所谓国际传播，是"以国家社会为基本单位，以大众传播为支柱的国与国之间的传播"，"国际传播的首要特征，是它与政治有着极为密切的关系，它是一种由政治所规定的跨国界传播"。[③] 国际传播学20世纪70年代才开始在美国出现。1978年，在联合国教科

---

① 池田德真.宣传战史[M].朴世俣，译.北京：新华出版社，1984：110.

② 福特纳.国际传播：全球都市的历史、冲突及控制[M].刘利群，译.北京：华夏出版社，2000：6.

③ 郭庆光.传播学教程[M].北京：中国人民大学出版社，2001：237.

文组织下属的大众传播学会中,出现了国际传播分会,随后,在大众传播学会的会议上,国际传播成了热门话题。教科文组织先后出版了关于国际传播的三个报告:《多种声音,一个世界》(1981 年)、《世界交流报告》(1989 年)和《世界传播概览》(1997 年)。1994 年国际传播分会开始出版自己的会刊《国际传播》。与此同时,民间的研究自 80 年代以来方兴未艾,据对中国国家图书馆的藏书统计,80 年代出版的涉及国际传播的外文著作只有数十种,90 年代就有上百种了。

国际传播的重要基础是国际新闻流动,其相关概念是国际新闻(International news)。

我们认为,“所谓国际新闻,是跨越了国家界限并具有跨文化性的新闻,或者说是新闻在国际间的流动”①。国际一词原来是 16 ~ 17 世纪首先在国际法领域中使用的荷兰语,18 世纪英国人边沁在使用它表示国家之间的意思后,这一词语开始在英语国家中流行。构成或者说决定新闻的要素不仅仅是事实一项,而是有三个:事实、媒体、受众,认定国际新闻的关键是看这三个要素中有没有任何一项“超越国家界限”,由此我们可以得出国际新闻的多种模式。如面向本国受众,由本国媒体报道的外国消息或外国媒体报道的内外消息;面向国外受众,由本国媒体对外报道的内外消息;面向国际社会受众,由全球化媒体报道的具有高度全球关联性的消息。其中第一种形态属于国际报道,第二种形态属于对外传播,第三种是在以通讯社为基础的国际新闻流动方面,20 世纪 80 年代以后出现的新的新闻形态。

国际新闻的不同形态是层层递进、不断扩展的。国际新闻的第一个形态是国际新闻报道。所谓国际新闻报道,“是对本国之外的新闻报道”②。这种形态自新闻产生之初就已存在了,是最早出现的新闻形态之一。尽管 18 世纪国内新闻开始出现,19 世纪地方新闻开始出现,但国际新闻一直在新闻报道中以重大性和硬新闻特点占据着重要地位。国际通讯社的最初形成,实际上是适应国际报道的需要。20 世纪以后,随着国际社会的形成、国家政权的膨胀、更多的国家进入国际政治舞台和新的电子媒体的出现,我们看到国际新闻表现出以下三个方面的特征:

一是随着国际新闻的进一步发展,各国新闻界加强了对国际新闻报道的力度。“一战”中,美国各媒体派驻海外的战地记者一度多达 500 人。巴黎和会期间,美国派出了 1000 多人的庞大代表团,其中就有大批的新闻界人士。华盛顿会议期间,日本代表团的随行记者有 40 多人。20 世纪 30 年代美国的主要报纸《芝加哥每日新闻》《纽约时报》等也拥有了驻外记者群体。1963 年美国新闻界雇用了 919 名专职的海外新闻记者。③ 1979 年在莫斯科有 46 个国家派驻的 182 名记者,1983 年美国华盛顿更是有 61 个国家的 286 个新闻单位的 480 名特派记者。④ 大批海外记者对这一时期的许多重大国际事件发回了大量的新鲜报道。有统计表明,国际新闻报道的数量在整个 70 年代占美国三大广播网节目的 20% ~40% ,60 年代末在越南战争高峰期甚至超过 50% 。⑤

二是国家开始控制和利用新闻传播,将其作为政治斗争的工具。新闻被当作一种可

① 刘笑盈. 国际新闻史的历史分期和研究课题刍议[J]. 现代传播,2005(2).

② 甘惜分. 新闻学大辞典[M]. 郑州:河南人民出版社,1992:152.

③ FENBY. The International News Services[M]. New York:Schochen Books,1986:5.

④ 福特纳. 国际传播:全球都市的历史、冲突及控制[M]. 刘利群,译. 北京:华夏出版社,2000:191.

⑤ HESS. International news & foreign correspondents[M]. Washington:Brookings Institution,1996:7.

以达到某种目的的宣传，国际新闻中的对外传播开始以宣传的形式出现了。“一战”时各国政府首次进行了宣传战，而“二战”中宣传战登峰造极，国际传播学者福特纳称，1933～1945年是国际宣传的辉煌期。[①] 在冷战年代，宣传仍然是各国政府进行国际政治斗争的重要方法。

三是国际信息传输体系的建立。国际通讯社在这一体系中发挥着重要作用。在20世纪30年代三边四社同盟解体之后，国际信息通讯处于无序的竞争状态。在这一时期，大多数国家成立了自己的通讯社。1950年51个国家有国家通讯社，1971年达到了90个国家，其中56%的国家通讯社由政府控制，其余为政府督导下的报纸同业组织。[②] 有的还成了国际性的通讯机构社，例如塔斯社、新华社、印度报业托拉斯、日本共同社、中东通讯社等。通讯社之间的新闻信息交换和购买形成了新的国际信息体系。另外，联合国也为国际信息交流体系的建立作出了努力：一方面，联合国通过了一系列国际新闻公约，如《国际新闻工作者章程》(1946年)、《国际新闻自由公约》(1948年)、《国际新闻道德公约》(1954年)；另一方面，各种国际组织也纷纷建立，例如国际电信联盟、世界知识产权组织、联合国教科文组织等。在联合国的支持下，1964年19个国家签署条约成立了国际通信卫星组织。很快，到70年代末，加入该组织的国家达到100多个。

国际新闻与国际传播是相互联系又有明显区别的两个概念。毋庸置疑，国际传播包含国际新闻传播，或者说国际新闻是国际传播中更具有迅即性、真实性、客观性、重大性的事实信息部分。国际传播除了新闻传播外还包括非新闻的文化传播，传播工具除了新闻媒体外还包括杂志、书籍、电影、录音录像等其他媒介。从历史上看，国际传播的出现比国际新闻要晚得多。有人认为国际传播开始于1835年电报和通讯社的出现；[③]有人认为国际传播开始于20世纪初美国电影的输出，1914年全球85%的电影观众就开始观看美国电影了；[④]还有人认为国际传播开始于国际广播的出现。无论如何，正是在国际新闻和其他信息流动不断增加的基础上，国际传播的概念才发展起来了。

冷战时期也是国际传播的成熟时期，而从宣传到传播体现出技术与观念的变化。我们认为，国际传播涉及国家性和大众传播性两个基本概念。具体地说有以下几个层面：传播的事实具有国际认知性，传播的主体具有国家主导性，传播的方式是超越国家的大众媒介，传播受众具有国际社会的广泛性。在这一时期，国际传播有如下的特点：

第一，随着第三世界的崛起和国家数量的增加，越来越多的国家登上了国际传播的舞台。世界上的国家数目从“二战”前的40多个发展到80年代的160多个。发展中国家也要求参加国际传播活动，它们不仅对国际传播中的不平等现象提出了挑战，提出了建立国际信息新秩序的口号，而且直接参与传播活动，许多国家开设了国际广播，一些国家建立了国际性的通讯社。

第二，在国际传播中，随着技术的进步，传播的手段也日益多样化。随着收音机的普及，国际电话和传真的发展大大提高了传播速度，降低了传播成本。同时，电视异军突

---

① 福特纳. 国际传播：全球都市的历史、冲突及控制[M]. 刘利群，译. 北京：华夏出版社，2000：180.

② 李瞻. 国际传播[M]. 台北：台湾三民书局，1984：63.

③ 福特纳. 国际传播：全球都市的历史、冲突及控制[M]. 刘利群，译. 北京：华夏出版社，2000：10.

④ 赫尔曼，麦克切斯尼. 全球媒体：全球资本主义的新传教士[M]. 甄春亮，李静，王彦，等译. 天津：天津人民出版社，2001：4.

起。20 世纪 60 年代国际通信卫星投入使用。早在 1965 年,美国广播公司(ABC)就开始向亚非拉 24 个国家的 54 个电视台投资,还建立了一家全球商业电视广播网"看世界"(World Vision),开始了第一波的海外电视扩张。1980 年 CNN 的建立更是开辟了电视国际化的新时代。与此同时,图书的国际出口在增加,一些报刊也开始了国际化的扩张。

第三,除了国家的数量增加以外,国际关系领域也增加了许多新的因素。例如政府间的组织、国际经济组织和非政府组织的发展。统计表明,20 世纪 90 年代初,全球政府间的组织发展到 300 多个、国际经济组织 3000 多个、非政府组织 4600 多个。再如跨国公司的崛起,从 60 年代到 80 年代,跨国公司及其海外分支机构的数目分别增加了 3 倍和 5 倍,达到 2 万和 12 万家。这些新的因素不仅扩大了国际传播的信息源,而且产生了国际传播的新需求和新动力,例如国际广告的迅速增长就提供了新的传播因素。

第四,国际传播中政治性的宣传色彩在逐步淡化,而传播中的事实信息在增加。例如为了改变美国之音因赤裸裸的反共宣传而招致的恶名,1976 年美国国会通过了《美国之音章程》,规定美国之音的原则之一就是新闻必须准确、客观并力求全面,力保权威性,同时美国之音代表整个美国社会,所以在介绍美国时也应该广泛和全面。其他国际媒体也在不断调整,增加传播中的事实信息。美国国际传播学者福克纳就认为,因为经济和技术两大因素的出现,国际传播在 20 世纪 70 年代以后从政治宣传期进入了多元化的时期。①

第五,传播体系不平等。由于历史的原因,尽管打破了形式垄断,国际信息交流体系仍然是倾斜的和不公正的,到 80 年代初,全世界每天 80% 的即时国际新闻还是由路透社、法新社、美联社、合众国际社四大通讯社提供的,这也是发展中国家在 1973 年提出建立国际信息与传播新秩序的主要原因。

小 结

本章主要从新闻与宣传的关系角度讨论了这一时期新闻的另一种发展。

新闻与宣传是相互联系而又具有明显区别的概念,任何新闻都不可能是纯客观的事实信息,都包含着传播者的主观意图,隐藏着宣传因素;任何宣传也不可能没有一点儿事实信息,因此它与新闻有关。但是两者之间的确存在明显的区别,最主要的一点就是新闻的重点是事实信息,而宣传的重点是观念。

20 世纪前 80 年是国际政治斗争空前激烈的时期,国家政权开始控制和利用新闻传播,原来政党报刊中存在的宣传因素被扩大到国际舞台。苏联和东欧国家建立了宣传型的新闻传播体制,这种体制在承担社会动员任务的同时,也在某种程度上牺牲了新闻的本来意义。而战时宣传更是把新闻中原有的宣传因素扩展到登峰造极的地步,在这种宣传中,新闻的因素被彻底牺牲了。不过,新闻和宣传毕竟是相互联系的概念,在冷战宣传中,在新闻因素、国际新闻信息和其他信息不断增加的基础上,宣传开始过渡到国际传播。

---

① 福克纳.国际传播:全球都市的历史、冲突及控制[M].刘利群,译.北京:华夏出版社,2000:13.

【思考讨论题】

1. 宣传与新闻的区别与联系是什么？
2. 苏联宣传型新闻体制的主要特点是什么？如何评价？
3. 战争与宣传的关系如何？
4. 冷战宣传中的四大国际广播分别是什么？
5. 国际新闻与国际传播的区别与联系是什么？
6. 国际传播的特点是什么？

第十一章　中国现代新闻传播的发展

- **关键问题:**

1. 新中国成立之前中国的新闻传播体制是什么?
2. 新中国成立后到改革开放前新闻传播的发展阶段是什么?
3. 我国宣传型传播体制的特点和历史作用如何?
4. 海外华人媒体的历史发展轨迹是什么?

与世界的发展大致相同,这一时期的中国处于转折时期,从19世纪末20世纪初开始向现代社会过渡以后,以1949年新中国成立为标志,可以划分为两个不同的历史阶段。在前一个阶段,革命和战争是中国社会的主要关键词;在后一个阶段,关键词成了革命和建设。尽管在社会发展方面中国取得了很大的成就,但是由于国际政治的影响和指导思想上的偏差,发展的速度受到了影响,现代化的道路出现了曲折。

与中国社会的发展相一致,中国的新闻传播也走着一条曲折的道路。以清末的新闻出版立法和近代民间的办报高潮为标志,中国近代的新闻传播体制得以建立。1911年中国出现了500家报刊、上千万发行量的历史高点。新文化运动中出现办报高潮,中国很快开始了向现代新闻传播体制的过渡。以1949年新中国成立为标志,现代传播体制的建立分为两个阶段。前一个阶段是多种媒介势力并存、国民党政府力图加以总体控制的阶段,报刊业的发展缓慢,广播开始出现。后一个阶段是国家独立,新中国建立统一的国营传播体制的阶段,电视开始出现,报刊与广播也获得了较大的发展,但是发展中充满曲折,新闻与政治、新闻与宣传一直保持着密不可分的关系。

这一时期,也是海外华人媒体及中国台港澳地区新闻传播的发展时期。在19世纪华人报刊出现萌芽之后,20世纪上半期政治性报刊、商业性报刊和广播开始出现,“二战”后更是出现了一个复兴和转变的过程。

第一节　中国现代社会的革命与变迁

以1949年为界,这一时期的中国社会可以分为两个历史阶段。

从甲午战争到辛亥革命是中国社会从近代向现代转型的重要时期。辛亥革命推翻了中国长达两千多年的封建帝制,尽管这一次的体制变革并不彻底,但是毕竟在思想观念上以及经济和社会发展方面为中国向现代社会的过渡打开了大门。

辛亥革命之后，中国开始了社会经济和思想文化方面的缓慢转型。在经济方面，中国的主要经济部门是农业，清代开始出现的农业商品化过程在 20 世纪上半期逐渐加快，到 20～30 年代中国农业中经济作物的总产值已经占农业总产值的 15% 左右。但是长期的战乱和天灾阻碍了农业发展，军阀割据和繁重的苛捐杂税导致了农民破产和农村凋敝。农村的贫困化也阻碍了工业化的进程。辛亥革命之后，民族工业有了一定的发展，从辛亥革命到 1920 年，民族产业资本的增长率保持在 10% 以上，1911 年为 20,515 万元，1920 年为 45,070 万元，增长速度是空前的。[①] 1920～1927 年，中国民族资本的工业和矿业的年增长率为 8.5% 左右。1912～1937 年中国修建了 1.1 万公里的铁路、11 万公里的公路，航运业也有了一定的发展。但这一切与外国资本相比是微不足道的，中国民族工业有起点低、技术差、资本少、依附性强的弱点。1936 年外国资本占中国全部工业企业的 78.4%，中国资本只占 21.6%，[②]而且还多是轻工业，中国的经济命脉处在外国资本的控制之下。在社会发展方面，尽管在校学生数从“一战”前的 300 万发展到 1936 年的 1900 万，城市人口也从 1893 年的 2350 万增加到 1949 年的 5766 万，但是这些数字与中国近五亿人相比依然很小。

这一时期中国还经历了思想文化方面的变化，五四新文化运动可以说是中国社会的思想启蒙运动，科学与民主思想开始成为中国思想界的先进理念。不过由于中国社会激烈的政治变动和频繁的革命与战争，思想文化开始与政治结合而成为政治的工具。

这一时期中国社会的最大变化还是在政治和体制方面。辛亥革命由于缺乏广泛的群众参与和强有力的领导，而成了一场乏力的和不彻底的革命。从辛亥革命到新中国成立的 30 多年中，中国就没有停止过战争，其中比较大的有护国运动（1915～1916 年）、护法运动（1917～1918 年）、国共合作和北伐战争（1924～1927 年）、土地革命（1927～1937 年）、抗日战争（1931～1945 年）和解放战争（1945～1949 年）。此外，军阀混战也持续不断，有人统计，1912～1928 年中国发生过大小战争 140 多场。尽管在帝国主义、封建主义和官僚资本主义三座大山的压迫下，旧中国留给我们的是一片残垣断壁，但是在道路选择上，最终光明战胜了黑暗，人民迎来了新中国的诞生。

如果说辛亥革命是中国现代化道路上的第一次转折，那么新中国的成立则是第二次转折。在国家独立并建立起无产阶级专政的新型政权之后，中国迅速开始了社会主义革命和建设的过程。从新中国成立到改革开放前，中国历史的发展可以简单地分为国民经济的恢复时期（1949～1955 年）、建设与发展时期（1956～1966 年）、“文化大革命”时期（1966～1976 年）和改革开放的酝酿期（1977～1979 年）。30 年的发展取得了许多成就，但也存在许多问题。

概括说来，改革开放前新中国取得的主要成就有十个方面：（1）建立和巩固了工人阶级领导的、以工农联盟为基础的人民民主专政。（2）实现和巩固了全国范围（除台湾等岛屿外）的国家统一，从根本上改变了旧中国四分五裂的局面，实现和巩固了全国各族人民的大团结。（3）战胜了帝国主义、霸权主义的侵略和挑衅，维护了国家的安全和独立。（4）建立和发展了社会主义经济，基本上完成了对生产资料私有制的社会主义改造，基本

① 武克全. 现代化扩展中的世界与中国[M]. 上海：学林出版社，1999：390.

② 刘笑盈. 推动历史进程的工业革命[M]. 北京：中国青年出版社，1999：307.

上实现了生产资料公有制和按劳分配。(5)在工业建设中取得重大成就,逐步建立了独立的比较完整的工业体系和国民经济体系。1980 年同 1952 年相比,全国工业固定资产按原价计算,增长 26 倍多,达到 4100 多亿元。(6)农业生产条件发生显著改变,生产水平有了很大提高。同 1952 年相比,1980 年全国粮食产量增长近一倍。(7)城乡商业和对外贸易都有很大增长,1980 年与 1952 年相比,全民所有制商业收购商品总额由 175 亿元增加到 2263 亿元,增长 11.9 倍;社会商品零售总额由 277 亿元增加到 2140 亿元,增长 6.7倍;国家进出口贸易总额增长 7.7 倍。(8)科教文卫的发展。1980 年全国各类全日制学校在校学生有 20,400 万人,比 1952 年增长 2.7 倍。(9)人民军队在新的历史条件下得到壮大和提高。(10)始终不渝地奉行社会主义的独立自主的外交方针,倡导和坚持和平共处五项原则,同全世界 124 个国家建立了外交关系。[①]

当然,这一时期存在的问题也很明显,主要表现在:(1)政治方面,过于强调政权建设而忽视了经济建设,最后发生了给党、国家和各族人民带来严重灾难的"文化大革命"。(2)经济方面,产业比例失调,1979 年与 1949 年相比,重工业增长了 97 倍,轻工业增长了 21 倍,农业只增长了 2.7 倍。[②] 我国农业人口占总人口的 85%,在人口增长近一倍的情况下(由 5 亿到 10 亿),人均消费只勉强增加了一倍,中国依然属于世界上的贫困落后国家。总体说来,我国经济还处于封闭状态,1978 年我国人口占世界人口的 1/4,但出口额只占世界出口额的 0.75%。中央计划经济阻碍了经济发展的活力,无休止的阶级斗争也导致社会发展缓慢。中国社会现代化的任务远远没有完成。

第二节　新中国成立前的新闻传播

中国的新闻传播是在很短的时期内从近代形态向现代形态过渡的,但是与中国社会的发展一致,很快就进入了政治化的曲折发展期。

辛亥革命推翻了在中国持续两千多年的封建帝制,给中国新闻业注入了活力,全国各地出现了前所未有的办报高潮。武昌起义后半年内,全国报刊由 100 家陡增至 500 家,总发行量达数千万份,创历史最高纪录。但袁世凯上台后,实行新闻控制,采取了收买、镇压等手段,使报刊数目在 1913 年下降为 130 种。1915 年,以陈独秀创办《新青年》杂志为标志(原为在上海的《青年杂志》,1916 年 9 月改为《新青年》并在 1917 年迁到北京),中国的新文化运动开始了,新闻传播迎来了新的发展阶段。大批的报刊开始出现,到 20 世纪 20 年代初,报刊的数量达到数百种,形成了宣传新思潮的巨大力量。著名的报刊除了《新青年》外还有《每周评论》(陈独秀、胡适)、《湘江评论》(毛泽东)、《京报》(邵飘萍)等。著名的报人有邵飘萍、黄远生、徐凌霄等。新闻学也开始在中国出现,到 1922 年共出版新闻学著作近 20 种。这一时期报刊的特点是:(1)在语言文字上,广泛运用白话文和新式标点符号。(2)在内容上,宣传新思想的内容占据主要地位,政论和述评成了重要的报纸文体。(3)编排方面有了重大革新,有了头版头条、多行通栏标题,以及专栏、副刊等。(4)设置国外特派员,开展国际通讯报道等。可以说,中国的报刊业这时候完成了由

---

① 以上材料见 1981 年 6 月 27 日中共十一届六中全会通过的《关于建国以来党的若干历史问题的决议》。

② 江立华,杨燕树. 东亚现代化的历史进程[M]. 保定:河北大学出版社,1996:93-94.

近代报刊向现代报刊的初步转变。

辛亥革命之后，以1928年为界，中国社会经历了北洋军阀和国民党两个不同的统治时期。不同的政府对媒体的政策也有所不同。如果说北洋军阀由于历史原因对新闻出版只是采取政治高压政策的话，国民党政府则集纳了前几代言论统治的经验，在其统治的短短22年内，制定了几十项新闻管制的法令和规章。名目繁多的新闻法规，按管制内容的侧重点不同，大致可分为两类：一类是在第二次和第三次国内革命战争时期制定的新闻“管制”法规，侧重镇压进步舆论。另一类是在抗日战争时期实施的战时新闻“检查”法令，包括报刊、通讯社的登记管理，新闻记者的活动准则，检查新闻和取缔报刊的标准等，非常详尽。在“管制”的新闻法令中，处于核心地位的是1930年12月颁布的《出版法》。除《出版法》外，围绕它的细则，修正、补充、说明、附件等解释性法规达20项之多。《战时新闻检查办法》《战时新闻违检惩罚办法》《战时新闻检查局组织大纲》等一系列新闻法令也相继颁布。其中规定的禁载事项有数十项，从军事、党政、外交到财政、经济、社会事务，几乎无所不包。1936年国民党政府成立了战时新闻检查局。1938年10月武汉沦陷后，国民党当局重新恢复了对新闻舆论的严厉管制。

除了政治和法律控制外，社会动荡也影响了新闻传播的发展。

从20世纪20年代中期到40年代，中国社会处于一个前所未有的动荡过程之中，代表中国两种不同前途的政治势力——国民党与共产党由合作到分裂，由分裂到再合作、再分裂，中国社会还经历了军阀混战和日本帝国主义入侵。尽管这样，由于外国资本对中国的入侵加深，中国民族资本在缓慢成长，同时中国的教育和城市化也在缓慢发展，激烈变动的社会又提供了新闻源和新闻需求，因此在动乱中，中国的报业与社会一起艰难成长。到40年代，中国的报刊总数达到上千种，大约可以分为四种类型：(1)国民党直接控制的报刊，如国民党的中央机关报《中央日报》(1928年)，以及直属的数十家报刊。(2)民营的资产阶级报刊。这类报刊在政治上有不同的态度，如成舍我的《世界日报》(北京)、《大公报》(天津)、《新闻报》《申报》(上海)、《大众生活》(上海)等。(3)一直存在的外国人在中国办的报刊。(4)最重要的是中国共产党创办的报刊，如《红色中华》《解放日报》《晋察冀日报》《人民日报》等。四种报刊并存的局面到新中国成立之后才结束。与国民党的中央通讯社并存的还有1931年红军创办的红色中华通讯社，1937年改名为新华通讯社。这一时期，中国共产党人也开始了对新闻基本观念的探讨，例如陆定一在1943年9月1日的《解放日报》上发表了著名文章《我们对于新闻学的基本观点》，明确提出“新闻的来源是事实，新闻是事实的报道，事实是第一性的，新闻是第二性的”。“新闻的定义，就是新近发生的事实的报道。”①这些观点在后来产生了很大的影响。

与中国的报业一样，中国最早的电台也是由外国人开办的。1923年1月，美国人奥斯邦在上海办了第一座广播电台，播送新闻和音乐，后被北洋政府拆除。1926年哈尔滨无线电台台长刘翰在张作霖的支持下开办了中国人自己办的第一个电台——哈尔滨广播无线电台。1927年奉系军阀在北京、天津又办了两个电台。1928年蒋介石在南京创办中央广播电台，1929年又颁布《电讯条例》，允许民间经营广播电台，但规定设立广播电台事先须经过建设委员会下设的无线电管理处特许。到抗日战争前，全国有70多座

---

① 白润生. 中国新闻通史纲要[M]. 北京：新华出版社，1998：307.

民营电台,除中央广播电台外,各省还有十几个地方台,广播业初步形成。1939 年国民党政府建立了国际广播电台,开始对外广播。1940 年 12 月 30 日,延安新华广播电台开始播音,中间经过 1943 年的中断后,1945 年 8 月恢复播音。

可以说,从辛亥革命到新中国成立前,中国的新闻传播有了初步的发展。

第三节　新中国成立后到改革开放前的新闻传播

新中国成立后到改革开放以前,与社会的发展一致,中国的新闻传播发展也可以分为三个时期:第一个时期是新中国成立初期新闻传播业的建立期(1949 ~ 1955 年),第二个时期是新闻传播业的曲折发展时期(1956 ~ 1966 年),第三个时期是“文革”时期(1966 ~ 1978 年)。

一、新闻传播业的建立期

在新中国的新闻传播业建立期,新型传播体系建立完成,主要包括:在原有的人民新闻业的基础上扩大主流媒体;对私营媒体进行社会主义改造;建立专门的新闻领导机构和颁布法律;学习苏联的新闻传播经验;加强政治、外交、经济和思想文化的宣传等。例如 1946 年开始出版的《人民日报》在新中国成立后很快成了中国的第一大报,从 1949 年的 9 万份发行量扩大到 1956 年的 90 万份。此外,中央或地方发展或重新创办了各种党团报纸,例如《工人日报》《光明日报》(1949 年)、《中国青年报》(1951 年)、《解放军报》(1956 年),地方上比较著名的报纸有《解放日报》《新华日报》《东北日报》等。新华社在新中国成立以后也得到了迅速发展,在各地建立分社的基础上,1950 年改组为统一的国家通讯社,1953 年又提出了“消息总汇”和国内外并重的口号,主办了《参考消息》《参考资料》《时事手册》《新华社电讯稿》等刊物,并与塔斯社、路透社等建立了联系。1952 年,面向华人华侨的中国新闻社成立了。在广播方面,1949 年北京新华广播电台改名为中央人民广播电台,开办少数民族语言广播、对台广播和对外广播。1954 年,全国各省级人民广播电台成立。1950 年,全国有私营报纸 58 家、私营广播 34 座。这一时期通过公私合营,公营和国营媒体的合并基本上完成了。1949 年,中央政府设置了新闻总署。中央政府和新闻总署发布了一系列文件规范媒介的活动。新中国成立之初,刚刚建立的新中国新闻体系在恢复生产、建国宣传、抗美援朝报道、万隆会议报道和思想文化批判等方面发挥了巨大作用。到 1954 年,中国有各类报纸 248 种,期发行量比 1950 年增加了近 3 倍。[①]中国的新型传播体系的特点是国有国营和重视宣传。

二、新闻传播业的曲折发展期

这一时期以 1956 年的新闻工作改革为开端。1956 年 7 月《人民日报》提出报纸是党的报纸,也是人民的报纸,改版的三个原则是:扩大报道范围、开展自由讨论、改进文风。

---

① 方汉奇. 中国新闻传播史[M]. 北京:中国人民大学出版社,2002:332.

随后通讯社、广播和各地报纸纷纷跟进,改革全面展开。新华社提出了建立世界性通讯社的目标,广播电台也提出了贴近人民生活的原则,增加生活类、文体类节目,新闻界提出了短新闻和软新闻的概念。

但是这次改革很快就由于反右扩大化而夭折了。1956～1966年,中国的新闻传播业处于曲折发展期,既有1958～1960年的大跃进,全国大办县级报纸,也有1960～1962年的经济困难期,报纸合并压缩版面和发行量,还有"文革"开始前发行量的回升。在新闻指导思想上,既有1956～1957年的放,也有1958～1959年的收;既有1958～1959年的虚假新闻、浮夸风,也有1960～1961年的大兴调查研究之风。"文革"前,新闻通过典型报道来配合宣传工作形成了特点。总的说来,这一时期新闻传播业是在曲折中发展的。1957年,我国报纸的总数是1325种,期发行量为1508万份,年总印数为24.4亿份。到1965年,期发行量为2785万份,年总印数为47.4亿,增加了近一倍。新华社在这一时期基本上建立了自己的国内、国际通讯网,国外分社发展到51个,用9种文字发稿。1958年北京电视台(中央电视台前身)开播,中国电视事业开始起步,到1966年,全国有电视台13座。

三、"文革"时期

"文革"时期是新闻传播业的停滞期。1966年以后,随着"文革"的进行,我国的新闻传播成了"文革"的舆论工具,并成为"文革"的重灾区。当时的报纸、广播、电视形成了"百报一面"和"百台同声"的局面,新闻被严重政治化。这一时期的报纸上,充斥着宣传个人崇拜的文章、影射文章、大批判文章和各类虚假典型的文章。另一奇特现象,就是在"文革"初期北京出现了大约1000种、全国出现了大约6000种"文革小报","文革"后期又出现了把持各种大报的所谓"写作小组"。"文革"造成了新闻传播的凋零。例如报纸在1968年年底骤减到40多种,发行量为历史上最低点。到1976年,报纸也不过恢复到182种,各地的晚报、专业报基本上停刊,80%的版面是转载新华社或《人民日报》的文章。广播的内容也完全政治化了。不过新闻传播在技术上取得了一些进展。例如1971年全国有电视台32座,各省市都建立了电视台,1973年北京电视台开始播出彩色电视节目。中国的农村建立了以县广播站为基础的农村有线广播网,对外广播也扩大到39个语种,位于世界前列。

第四节　台、港、澳及海外华人媒体的新闻传播

一、台、港、澳的新闻传播

台、港、澳的新闻传播是中国新闻传播的组成部分,这一时期,这些地区的新闻传播也有了一定程度的发展。

台湾最早的本土报纸是1885年英国传教士托马斯·巴塞莱创办的《台湾府教会报》。甲午战争以后,日本人开始在台湾创办报纸,例如1896年的《台湾新报》、1897年的《台湾日报》等。第一次世界大战以后,台湾的报纸缓慢发展。日本殖民当局开办了一

些汉文报纸,台湾也出现了民间报纸,如《台湾民报》。1928年台湾出现了第一家广播电台。抗日战争爆发后,日本关闭了除5家日本人办的报纸外的其他所有报纸。1945年之后,台湾出现了历史上的一个办报高潮。1947年台湾有报纸28家、杂志30种,1950年广播电台达到33家。1949年国民党政府迁台,很快就用在大陆的新闻管制办法来控制台湾的新闻业。50年代初国民党开始对报纸实施限制登记制,极大地限制了媒体的发展。从1952年到1987年台湾解除报禁,台湾一直就只有31家报纸、33家广播电台、3家电视台和以"中央通讯社"为首的几十家通讯社,形成了国民党的新闻传播独大的局面。不过,在报禁期间,台湾的新闻传播业仍在缓慢发展中,主要的表现是台湾的杂志业比较发达。因为报纸登记困难,许多人转而去办杂志。国民党迁台时,杂志的数量不过100家,20世纪五六十年代,台湾的时事政治类杂志开始崛起,有名的杂志如胡适办的《自由中国》、兰文征办的《时与潮》、经常刊登李敖文章的《文星》等。1968年台湾的杂志有1228家。70年代台湾的杂志开始专业化,80年代杂志有2000多家,大的杂志发行量达到10万份以上,1986年杂志的广告收入甚至超过了广播。台湾的报纸也在缓慢地变化,例如在31家报社中,国民党系统的报纸有12家,50~70年代,以《中央日报》为首的国民党报纸一直一统天下,民营报纸处境艰难。但70年代以后,以《联合报》《民生报》《中国时报》等为代表的民营报纸开始崛起,台湾报纸的日发行量从1951年的21万份、60年代后期的65万份,发展到1978年的200万份和1982年的250万份。在33家广播电台中,以"中国广播公司"为首的12家国民党军政广播独大,70年代后期开始,十几家民营广播电台联合制作节目与党派广播相抗衡。在电视领域,1962年成立的"台视"("台湾电视公司")、1969年成立的"中视"("中国电视公司")和1971年成立的"华视"("中华电视公司")形成了垄断,这三家公司尽管都有私人入股,但都为国民党的党企所控制。上述局面直到20世纪80年代后期才出现变化。

香港的新闻传播业在20世纪上半期也出现了缓慢的发展,比较著名的报纸有1903年创办的英文报纸《南华早报》、1925年创办的《华侨日报》、1938年出版的《星岛日报》和《星岛晚报》、1939年出版的《成报》、1938年出版的《大公报》(香港版)、1948年出版的《文汇报》等。1949年香港共有中英文报纸37家。1928年港英当局建立了香港广播电台,包括3个汉语台和2个英语台。1949年以后,香港的新闻传播得到了进一步发展,形成了民营、港英当局控制以及内地(大陆)与台湾当局渗透等多重力量参与的新闻传播格局。50~60年代以后的主要发展表现在:(1)出现了一些新的报纸,例如1959年出版的《明报》、1969年出版的《东方时报》等,无论是左、中、右的报纸,发行量都在不断上升。1978年香港的中文报纸达到创纪录的128种。(2)香港广播电台一家独大的局面被打破,50年代后期,香港出现了商业电台。(3)1966年港资与英美财团开始合办电视,70年代形成了两家商业电视台并存的局面。(4)路透社、美联社、合众社、法新社、日本共同社等国际通讯社纷纷在香港设立分社,抢占这一新闻市场。另外,新华社香港分社影响也很大。

澳门是中国近代最早出现报纸的地区,1822年葡萄牙人就在澳门出版了《蜜蜂华报》。19世纪末出版的《知新报》和《澳报》是澳门最早的两份华人创办的报纸。1933年陈天心在澳门创办的《大众报》是一份有影响力的爱国报纸。1937年创刊的《华侨报》是香港《华侨日报》的澳门版,1944年澳门出现了一份以娱乐新闻为主的《市民日报》。

1949 年以后到 70 年代，澳门的新闻传播业得到了一定的发展。比较著名的报纸有 1958 年创刊的《澳门日报》，它是澳门最有影响力的私营大型日报，日发行量达 5 万份。1963 年出版的中文报纸《星报》也以报道本地新闻而著称。澳门最早的广播电台在 1933 年开播，1940 年正式命名为澳门广播电台，1950 年澳门还出现了一家私营的商业电台澳门绿村电台。1982 年澳门广播电台组成澳门广播电视公司（澳广视），分为中文台和葡文台两部分播出。1984 年澳广视开始播出电视节目。总之，澳门由于人口和地域的关系，一共只有十几份中文和葡文报纸，广播电视也发展得较晚，在新闻传播方面深受香港的影响。

二、海外华人媒体的发展与变化

海外华人媒体最早出现在 19 世纪中期的南洋和北美，例如 1828 年在马六甲出现的《天下新闻》、1837 年在新加坡复刊的《东西洋考每月统记传》、1858 年出版的《日升报》、1854 年在美国旧金山出版的《金山日新录》、1874 年出版的《旧金山唐人新闻纸》等。19 世纪晚期，随着中国本土报刊的不断发展，海外华人报刊也日益增多。特别是戊戌变法掀起的中国近代第一次办报高潮和变法失败后革命派与保皇派的论战，极大地影响了海外的华人媒体。在东亚（主要是日本）、美洲和东南亚，保皇派控制和新办了 30 多家华文报刊，而革命派也创办了数十家报刊，连同中国香港地区，先后有 80 多家港澳和海外华人报刊卷入了论战，“其规模之大，地区之广，世所罕见”①。这次论战不仅带来了华文报刊空前的大发展，也标志着海外华人媒体进入了一个新的发展阶段。从 20 世纪初到 20 年代，各种华人媒体在东南亚、东亚、北美、南美乃至欧洲发展起来了。

20 世纪 20～40 年代是华文报刊的商业化和华语广播初创期。五四运动之后再次出现了海外华文报刊创建的高潮，在五大洲先后出现了 750 种以上的华人媒体。新加坡成为华文报刊商业化的先导，其中以 1923 年陈嘉庚创办的《南洋商报》和 1929 年胡文虎创办的《星洲日报》最为有名。这两家报纸都采取了企业化经营，遵循新闻出版规律，成为海外华人报刊的两面旗帜。1933 年和 1937 年，美国的檀香山和马来西亚还分别出现了两家最早的海外华语广播。这一时期的华人媒体关注中国抗日战争，为宣传抗战作出了很大贡献。

“二战”之后到 20 世纪 50 年代中期，出现了海外华人媒体发展的第三个高潮，其特点是数量大、品种多、地域广。原因一是经过日本占领期的新闻封锁之后，华侨对信息的需求空前高涨；二是战后世界局势动荡不安，新闻事件层出不穷，而且与华侨命运息息相关；三是中国共产党和国民党都加强了争取华侨的工作，加强了对海外的舆论宣传。② 不过，由于冷战的兴起和国际局势的变化，海外华人媒体在政治较量和商业竞争中表现出极大的不稳定性。

20 世纪 50 年代中期到 70 年代，海外华文报刊又经历了一次历史性的变化。由于海外华人的本土化和所在国国家意识的加强，关于中国的报道显著减少而有关所在地的报道显著增加。这一时期，东南亚和北美洲依然是海外华文报刊和其他传媒集中的两个主要地区。

---

① 王士谷. 海外华文新闻史研究[M]. 北京：新华出版社，1998：11.
② 王士谷. 海外华文新闻史研究[M]. 北京：新华出版社，1998：22.

小 结

本章主要论述了中国现代新闻传播的发展状况。

以1949年为界，中国社会的发展可以分为两个明显不同的时期，前一个时期的关键词是革命与战争，后一个时期的关键词是革命与建设。尽管中国开始了向现代化社会的转变，但转变的道路充满曲折。

与中国社会的发展变化相一致，中国的新闻传播也分为两个明显不同的时期。新闻传播业在作为一个重要的社会部门发挥作用的同时，贴近时代和社会以及高度政治性是其明显的特征。中国的新闻事业是在20世纪初到20年代逐渐从近代向现代新闻传播过渡的，由于中国政治体制和经济社会的变化，新闻传播日益成为社会中重要的力量，发挥了很大的作用，新闻职业化也初步开始了。不过在北洋军阀和国民党的政治高压及法律控制下，新闻业的发展受到了阻碍，新中国成立之前在新闻传播中存在四种力量。新中国成立后是新闻传播的第二个阶段，中国建立起国有国营、类似苏联的宣传型新闻体制，尽管也有追求多样化新闻的努力，但是由于中国社会的特点，新闻传播的政治色彩浓厚，新闻不可能脱离政治而独立发挥作用，最终在“文革”中几乎完全成了政治的工具。

中国台港澳地区和海外华人媒体也属于文化意义上的中国的新闻传播。它们这一时期的新闻传播开始与内地（大陆）的历史发展关系密切，在经历了20世纪初的萌芽，20～30年代的初步发展和“二战”之后的短期繁荣后，50～60年代开始走上了本地化的独立发展之路。

【思考讨论题】

1. 新中国成立之前，中国的新闻传播有几种类型？
2. 为什么说新中国成立后，中国的新闻传播是在曲折中发展的？
3. 简述“文革”对新闻传播的破坏。
4. 海外华人媒体的发展有几个阶段？

第十二章　主要发展中国家的新闻传播

- **关键问题：**

1. 发展中国家的特点是什么？
2. 什么是发展新闻理论？
3. 发展中国家的新闻传播的历史轨迹是什么？
4. 发展中国家新闻传播体制的特点是什么？

前文曾经提到，发展中国家是一个具有时代性的概念，在1964年联合国第一届贸易发展会议后开始使用，指这类国家在世界经济中的地位及经济发展水平。在政治学意味上，发展中国家可以与第三世界国家或民族主义国家的概念互换。

民族主义的世界性扩散和第三世界的崛起是20世纪人类历史上的重要现象。两次世界大战是民族主义崛起的催化剂。经过20世纪初民族意识的觉醒、二三十年代民族主义的第一次高潮之后，五六十年代大批新兴的民族主义国家开始出现，形成了世界历史上的新景观。

在19世纪新闻传播出现和初步发展的基础上，20世纪上半期新闻传播在民族独立的过程中发挥了重要作用。五六十年代以后，随着民族主义国家的出现和发展，新闻理论形成，这些国家也建立了各种不同类型的新闻传播体制，在国家的政治、经济和社会发展中发挥作用的同时，新闻传播的力量也在不断壮大。

第一节　发展中国家的崛起

发展中国家也可以说是民族主义国家。离开民族主义，我们就无法理解和把握现代世界。英国民族主义研究专家霍布斯鲍姆称："若想一窥近两世纪以来的地球历史，则非从'民族'(nation)以及衍生自民族的种种概念入手不可。"[①]可以说，民族主义的兴起改变了世界的政治地图。自15～16世纪民族主义伴随着近代国家出现以来，民族主义经历了三个历史阶段：第一个历史阶段是文艺复兴以来，西方民族国家形成过程中所逐渐锻造出来的对于西方各主要民族的政治认同，以及围绕着这种认同出现的日渐丰富的文化形态。这种民族主义伴随着、促进着欧美各主要民族国家的建立与发展。第二个历史

---

① 霍布斯鲍姆. 民族与民族主义[M]. 李金梅，译. 上海：上海人民出版社，2000：1.

阶段是20世纪以来特别是"二战"结束以来亚非拉各弱小民族在摆脱西方政治奴役的过程中表现出来的民族独立运动和文化认同意识,其民族主义表现与西方民族主义有重大区别,主要是对民族国家的政治诉求和各个民族传统文化的认同,呈现出集权主义的强势特征。第三个阶段是20世纪末,随着美苏两大阵营的解体以及当今政治、经济、文化的全球化进程所表现出来的对于各自民族全方位的政治和文化认同,这一阶段目前才刚刚开始。

民族主义在其国家现代化过程中发挥了重要的作用[①]:首先,民族主义强调的反对民族压迫、争取民族独立和建立民族国家,为现代化提供了必要的舞台。其次,在唤醒民族意识的过程中,民族主义还可以起到"社会动员"和扮演"大众趋同象征"的作用[②],为必要的权力集中提供条件。最后,以民族文化为基础的民族主义丰富了世界现代化的发展模式,特别是阻止了西方单一模式对世界的强盗式征服,保存了世界文化的多样性。在不具备现代化必要条件的落后国家,我们甚至可以说,基于外部刺激所产生的民族主义实际上充当了现代化的初始动力。

在广大的亚非拉国家被卷入世界资本主义体系的同时,这些国家的民族意识也开始觉醒了。19世纪末20世纪初,许多国家都出现了民族主义运动。列宁曾经把这一时期在印度、中国、伊朗和土耳其发生的革命和改革称为"亚洲的觉醒"。"一战"之后,亚非拉民族民主运动再掀高潮,在亚洲有中国的五四运动、土耳其的凯末尔革命、朝鲜的三一起义,在非洲有埃及的起义和独立,在拉美有墨西哥的反美反独裁斗争。不过发展中国家的真正崛起还是在第二次世界大战之后。毛泽东曾经说过:"两次世界大战是两个完全不同的时代。"[③]苏联领导人斯大林也指出:"反轴心国的第二次世界大战与第一次世界大战不同,它一开始就具有反法西斯的、解放战争的性质。"[④]战争不仅激发了发展中国家的民族意识,也瓦解了西方国家的政治统治,第三世界国家在战后崛起了。

"二战"后到20世纪80年代,民族主义国家的发展可以分为三个阶段:一是民族解放运动的兴起阶段,从"二战"结束到50年代中期,亚洲首先成为民族民主运动的中心,然后从东向西,逐渐扩展到西亚、北非,十几个国家取得了独立。二是蓬勃发展阶段,从50年代中期到60年代末,突出表现是非洲各国掀起了独立高潮,共有30多个非洲国家独立。仅1960年一年,就有17个国家独立,这一年被称为"非洲年"。三是深入发展阶段,从70年代到80年代中期,这一时期又有将近30个国家独立,传统的殖民体系彻底瓦解,已经登上国际经济和政治舞台的民族主义国家成了反对霸权主义的重要力量,同时其国内发展的重点也开始从争取政治独立转向发展民族经济、巩固政治独立。

发展道路的选择是发展中国家所面临的第一个问题。民族独立国家的制度化建设是多种多样的,总体而言,可以分为社会主义、资本主义和继续维持封建的、前资本主义制度的三大类国家,呈现出发展道路的多样性特点。从历史的角度看,无论选择何种制度,有一点是非常清楚的,这就是民族主义是这些国家立国的主要思想基础。

这一时期,发展中国家在争取政治独立和经济独立方面取得了巨大的成就。这些国

---

① 刘笑盈.关于民族主义与现代化的理论思考[J].史学月刊,1992(4).

② 艾森斯塔德.现代化:抗拒与变迁[M].张旅平,沈原,陈育国,等译.中国人民大学出版社,1988:18.

③ 毛泽东.毛泽东选集 第3卷[M].北京:人民出版社,1991:980.

④ 中共中央马克思恩格斯列宁斯大林著作编译局.斯大林文选(下)[M].北京:人民出版社,1962:442.

家面临的是殖民主义者留下的残破的产业、二元制的经济结构、弱小的民族资本和严重对外依赖的畸形经济形态。在获得民族独立和解放后,许多国家采取了一些正确的战略、政策和措施,如收回经济主权、进行土地改革、采取初级产品出口战略等,为经济发展做了必要的准备。20 世纪 50 年代中期到 60 年代中期,一些国家开始了经济的初步发展,发展中国家年均国民生产总值增长率达 5.1%。60 年代中期到 80 年代初,是发展中国家经济的高速增长阶段,在工业化的过程中,其国内生产总值的年均增长率达 6%,高于历史上的任何时期,也高于发达国家同时期的 4.7% 的增长率。第三世界的工业化进程在很大程度上改变了世界的经济地理。1950 ~ 1980 年,发展中国家的国内生产总值(扣除通货膨胀因素)增加近 4.5 倍,其中工业增长 7 倍,远远高于西方国家实现工业化时期的速度,1980 年占世界工业生产总值近 20%,超过"二战"前两倍多。同时,随着 20 世纪 50 年代亚非会议的召开、60 年代不结盟运动的兴起和"七十七国集团"的建立,发展中国家也开始成为国际政治舞台上的重要力量。

然而,从整体上讲,发展中国家仍然比较落后,处于世界经济金字塔底层。不仅如此,发展中国家内部的情况也千差万别,贫富悬殊。特别是 20 世纪 70 年代以后产生了严重的经济二元化现象,中等收入国家和低收入国家的差距日益扩大。国际经济学界一般把发展中国家和地区分为三种类型:一是所谓新兴工业化国家或地区,如拉美的巴西、阿根廷、墨西哥;亚洲的韩国,中国台湾、香港,新加坡(以上曾被称为亚洲四小龙),菲律宾,马来西亚,非洲的埃及、南非等。这些国家和地区的经济增长速度、国民生产总值和人均收入都居发展中国家和地区的前列。二是所谓高石油收入国家,主要是指石油输出国组织的国家,由于 70 年代以来的石油提价,它们一举就获得了数千亿美元的石油美元,由穷国一跃成为富国。第三类就是低收入国家,这类国家的数目、人口和领土面积都占了相当大的比重,主要集中在西亚、南亚和非洲撒哈拉以南地区,是世界上最贫困的国家。

与发展中国家的整体历史发展和国家所处的地位有关,其新闻传播也形成了不同的特征。总体来说,这一时期其新闻传播可以以"二战"为界分为两个阶段:第一个阶段是与争取民族独立配合,第二个阶段是新闻传播体制的建立。在发展中国家中,经济与社会发展领先的国家,其新闻传播也比较发达。

第二节　争取民族独立运动中的新闻传播

从 20 世纪初到"二战"结束,发展中国家的新闻传播在 19 世纪的基础上有了进一步的发展。就形式而言,报刊是这一时期的主要传播媒介,而广播也登上了历史舞台;就内容而言,宣传民族主义思想和民族文化是发展中国家新闻传播的重要内容,一些报人实际上也是民族主义运动的领袖。一般来说,发展中国家的媒体从属于政治组织系统,不过在一些先进国家,媒体也开始了商业化的独立运作。

一、拉丁美洲的新闻传播

正如我们在第七章论述的那样,拉丁美洲是发展中国家新闻传播相对发达的地区,进入 20 世纪以后,这一地区的报业得到进一步的发展,广播也开始出现了。

拉美新闻传播较为发达的国家有墨西哥、巴西、阿根廷、智利等。在墨西哥,1910～1917年的革命之后,20世纪20年代有“护宪运动”,30年代有卡德纳斯的改革,是拉美国家中早期现代化的样板,其新闻传播在这一时期也得到了较大的发展。在《宇宙报》(1916年)、《至上报》(1917年)创刊之后,这一时期出现的著名报刊还有《新闻报》(1928年)和《消息报》(1936年)等,初步形成了较为发达的报业体系。卡德纳斯改革的重要内容就是发展民族教育体系和国有化,这些报刊在这一方面发挥了作用。同时,《新闻报》和《消息报》的大众化、商业化色彩浓厚,带动了墨西哥商业化报刊的发展。在巴西,宽松的20年代是报业发展的一个重要时期,这一时期的主要报刊有《圣保罗报》(1921年)、《环球报》(1925年)、《商业日报》(1927年)、《首都人报》(1928年)、《圣保罗日报》(1929年)、《每日晚报》(1929年)、《新自由报》(1930年)、《新闻日报》(1930年)等,在完成了新闻传播本土化改造的基础上,这些报刊积极参与巴西政治进程,也开始了报业商业化的转变。不过30年代以后,巴西进入瓦加斯的独裁统治时期,报刊的发展受到了一定影响。在阿根廷和智利,这一时期报刊也有一定的发展。

正如我们在第八章论述的那样,这一时期的拉美还进入了广播时代,形成了报刊与广播两大媒体并存的传播体系。

二、亚洲的新闻传播

这一时期亚洲的新闻传播与亚洲的民族解放运动一起发展,除了已经获得初步发展的印度、土耳其、伊朗等国家外,东亚和东南亚的报刊新闻也有了一些起色,部分国家开始出现了广播。

“一战”之后,印度的甘地领导的“非暴力不合作”运动在20世纪20年代初和30年代初掀起了两次高潮,印度的民族主义报刊也在其中发挥了重要作用。1922年,易德拉·包斯创办了《前进报》,但只办了两年就被查封,他本人也被捕入狱。[①] 1933年,甘地又创办了印地文的周报《贱民》,为社会底层的人民呼吁。1938年,国大党的年轻领导人尼赫鲁创办了《国民先驱报》,后来成了国大党的机关报。与此同时,印度共产党创办了《民族阵线》和《革命》杂志等。这一时期,印度的商业化报刊也在发展。1922年,印度的塔塔财团买下了《政治家报》,开始了商业化经营;萨卡尔家族先后在加尔各答创办了孟加拉文的《欢喜市场报》(1922年)和英文的《印度斯坦旗帜报》(1937年),形成了民族报业集团。1927年印度出现了私人创办的电台。1932年,殖民政府建立了官方的印度广播公司。1936年开始在全国建立广播网。在土耳其,20世纪20～30年代的凯末尔世俗化改革是土耳其早期现代化历史中的重要现象。凯末尔于1920年创办了国家通讯社——阿纳多卢通讯社,1924年创办的《共和国报》是当时改革中的重要报纸,一直存在至今。土耳其还在1926年建立了广播电台,1938年建立了国家电台系统。在东亚,朝鲜在19世纪末出现了现代意义的报纸《独立新闻》(1896年)和《每日新闻》(1898年)。1910年日本在朝鲜开始了殖民统治,实行文化灭绝政策,禁止朝鲜报刊而强制推行日文,当时朝鲜境内的大小24种报刊全是日文报刊。[②] 日本的残暴统治引起了朝鲜人民的反

---

① 郭亚夫,殷俊.外国新闻传播史纲[M].成都:四川大学出版社,2004:390.

② 程曼丽.外国新闻传播史导论[M].上海:复旦大学出版社,2004:224.

抗,在1919年的三一起义之后,日本殖民当局被迫放松了对朝鲜新闻传播的限制,朝鲜民营的本地文报刊先后出现,比较有名的报刊有《朝鲜日报》(1920年)、《东亚日报》(1920年)、《开辟》月刊(1920年)、《东明》周刊(1922年)等。这些报刊表现出强烈的民族主义立场,参与了捍卫民族文化、争取民族独立的斗争。例如《东明》周刊就主张"阐明和普及民族固有的精神和文化,从而提倡和发扬自主独立的精神"[①]。《朝鲜日报》和《东亚日报》还组织各种普及朝鲜文化的活动。日本殖民当局多次对这些报刊进行检查和镇压,例如《东亚日报》从1920年创刊到1940年停刊的20年中,就曾经被当局处以无限期停刊4次、没收489次、禁止销售63次、删除2423次。[②] 这一时期,新加坡、印度尼西亚、马来西亚、越南、泰国的新闻传播也有了一定的发展,出现了华文媒体与本地文媒体及宗主国文字媒体同时存在的现象。在太平洋战争期间,许多媒体还投身于抗日战争,留下了光辉的历史记录。

三、非洲的新闻传播

这一时期,埃及和南非依然是非洲的两个传播大国,不过报刊在其他非洲国家也出现了。与此同时,非洲也有了广播。

埃及的本土报刊从一开始就表现出了强烈的民族主义色彩,在"一战"和战后的民族解放运动中,埃及的报刊发挥了重要作用。1922年埃及名义上脱离英国的"保护",建立了君主立宪国家,随后又出现了争取彻底独立的"护宪运动"(1928~1936年),埃及的大多数报刊都积极参与了这个运动。20世纪30~40年代,埃及出现了一些商业性的大众报刊,如1934年创刊的《最后一点钟》(周刊)和1943年出现的《消息报》等。埃及20年代出现了民间广播,1928年埃及政府建立了第一座广播电台。1933年政府与英国马可尼公司签订协议,在埃及建立了广播体系。英布战争之后,南非成了英国的殖民地,政党政治开始进入南非政治舞台,例如布尔人1912年成立了南非国民党,黑人成立了非洲人国民大会,还有亲英的统一党等。因此除了殖民当局的报刊外,代表各种政治力量的政治性报刊也有了一定的发展。这一时期,报刊所用的语言成了标明政治立场的鲜明标志,比如南非国民党1915年在开普敦资助创办了荷兰文的《市民报》,随后又办了晚报《祖国报》和晨报《德兰士瓦人报》,而各种英文报刊如《明星报》《兰德每日邮报》等都站在了统一党一边。[③] 此外,南非商业性的报刊也有了发展,1931年在约翰内斯堡还出现了中文的《南非侨声报》。南非报刊出现了多元化的格局。在20年代电台初步发展的基础上,1936年,南非成立了类似于英国BBC的公用事业型的南非广播公司。在非洲其他国家,报刊和广播也在发展。例如尼日利亚先后出现了具有民族色彩的《拉各斯每日新闻》(1925年)和《西非向导报》(1937年)。后者的主编阿齐克韦后来担任独立后的尼日利亚总统。1939年,加纳也出现了第一份日报《西非日报》。30年代,许多非洲国家创办了电台,不过总体说来,广播的影响还很小。

---

① 郑超然,程曼丽,王泰玄.外国新闻传播史[M].北京:中国人民大学出版社,2000:431.

② 郑超然,程曼丽,王泰玄.外国新闻传播史[M].北京:中国人民大学出版社,2000:430.

③ 郭亚夫,殷俊.外国新闻传播史纲[M].成都:四川大学出版社,2004:403.

第三节 “二战”后发展中国家新闻传播的发展状况

第二次世界大战以后,发展中国家开始了政治独立的进程。首先在亚洲,东南亚三国、印尼、约旦、印度、巴基斯坦、缅甸等十几个国家先后独立。然后在非洲,利比亚、埃及、苏丹、突尼斯等北非国家和几内亚、刚果、尼日利亚等撒哈拉沙漠以南的非洲国家也纷纷独立。同时,拉美国家开始了反独裁和反对美国控制的斗争。经过亚非会议、不结盟运动和七十七国集团的成立等重大事件,20 世纪五六十年代以后,发展中国家作为一种独立的政治和经济力量开始登上国际舞台。在发展本国政治、经济与社会的同时,新闻传播也获得了前所未有的发展,主要表现为新闻传播在更多的国家得到普及,各种新闻传播体制纷纷建立,报刊的发行量持续上升,广播开始成为重要的媒介,电视也进入了民众的生活,传播内容日益丰富,新闻传播开始成为社会结构中的重要组成部分。

一、拉丁美洲的新闻传播

“二战”后拉丁美洲的新闻传播发展很快。在墨西哥,经历了几十年的商业报刊与政党报刊的并存局面之后,到 20 世纪 60 年代,商业报刊逐渐成为报业的主流,报业走向了垄断和集团化。这一时期出现的著名报纸有《墨西哥先驱报》(1965 年创办,为右翼私营报纸)和《一加一报》(1977 年创办,为合作制的左翼报纸)等。到 90 年代初墨西哥有日报 392 家,千人拥有 142 份,[①]这在发展中国家中是比较高的。墨西哥是拉美最早出现广播电台的国家,也是最早出现电视的国家,1950 年就开始播出电视节目,到 1959 年,全国有 20 家电视台,1967 年开始播出彩色电视节目,70 年代引入了有线电视和卫星电视。1973 年成立的特莱维萨电视公司拥有墨西哥最大的商业电视网。1968 年成立的墨西哥通讯社是国家通讯社,也是拉美地区最大的通讯社。在巴西,70 年代以后商业报刊逐渐成了报业的主流。这一时期,巴西出现了一些新的报刊,例如《日报》(1952 年)、《标题》(1952 年)、《请看》(1968 年)等。在广播电视得到发展的同时,巴西还出现了跨媒体的兼并,例如巴西企业家罗伯特·马林霍在 1964 年买下了当时销量最高的《环球报》,后来又拥有了环球电视台、广播电台和环球新闻社,成了超级媒体巨头。在阿根廷,各种传播媒介在战后也得到了迅速发展,1945 年创办的《号角报》注重新闻和娱乐,后来日发行达 68 万份,是阿根廷发行量最大的报纸。1945 年成立的美洲通讯社也是拉美地区重要的通讯社。阿根廷战后的广播电视发展很快,不过长期以来受到政府的控制。

二、亚洲的新闻传播

亚洲是“二战”后世界民族解放运动的第一个中心,战后新闻传播的发展更加迅猛。印度 1947 年独立,在 1949 年的宪法中规定了公民出版和言论自由,报刊开始突飞猛进地发展。1952 ~ 1981 年,印度的报刊总数从 4769 家发展到 19,144 家,其中日报从 330 家

---

① 郑超然,程曼丽,王泰玄. 外国新闻传播史[M]. 北京:中国人民大学出版社,2000:507.

发展到1362家,期发行量从252.5万份增加到1539.7万份。[①] 其中《印度快报》《印度时报》《印度斯坦时报》《印度教徒报》等成为影响最大的报纸,发行量都在几十万份。与报刊大多都是私营的不同,印度的广播电视是国有体制,其中广播发展迅速,到20世纪80年代,印度的200座电台覆盖了全国90%以上的人口。电视在1959年开播,70年代才有了较快的发展。印度的通讯社有四家,其中印度报业托拉斯为最大的通讯社。在新加坡、印度尼西亚和马来西亚,战后也出现了新闻传播发展的高潮。例如新加坡的《海峡时报》在1945年复刊后,50年代发行量达8万多份,70年代又增加到18万份。1963年新加坡开始创办电视,1974年播出彩色电视节目。印度尼西亚在"二战"后也出现了印度尼西亚文、英文、中文等多种文字和民族主义组织、伊斯兰教及共产党等多种政治力量所办的报刊。1963年印度尼西亚也开始播出电视节目。1965年军人集团上台,印度尼西亚的媒体发展受到了控制。战后的土耳其也迎来了新闻传播发展的高峰,1948年创办的《自由报》成了现代报纸的旗帜,发行量达60多万份,是全国发行量最大的报纸。该报还在1963年建立了自己的通讯社"自由通讯社",在世界各地派驻记者。1950年创办的严肃报纸《国民报》,发行量也有30多万份。1971年土耳其成立了半官方的国家通讯社——安卡拉通讯社。在广播电视方面,1964年国营的土耳其广播电视局(TRT)成立,负责管理全国的广播电视;1969年土耳其开始播出电视节目,1983年播出彩色电视节目。

三、非洲的新闻传播

非洲在"二战"后的民族主义运动高潮推动下,也出现了新闻传播的巨大发展。在埃及,民族主义报刊一直比较活跃,"二战"后更是占据了优势。1952年埃及爆发"七月革命",建立了共和国,新闻传播进入了新的发展阶段。在取缔政党报刊、接管外商报刊的同时,纳塞尔政权还陆续办了一些新的报刊,进行革命宣传,例如1952年9月成立了解放出版社,出版《解放》杂志;同年底,又创办《共和国报》,这是埃及执政党的机关报,其总编萨达特后来担任埃及总统。1956年埃及出现了《人民报》和《开罗晚报》。1956年中东战争之后,埃及政权进一步左转,1960年开始了媒介的全面国有化,将出版《金字塔报》的金字塔出版社、出版《消息报》的今日消息出版社、出版《图画》周刊的新月出版社和出版《鲁兹·犹素福》周刊的鲁兹·犹素福出版社等四大出版社的所有权收归国有,转交拥有解放出版社的民族联盟管理。民族联盟成立了由政府控制的董事会,拥有管理报业的许多权力。同年,埃及政府还将民间媒体1956年联合成立的中东通讯社收归国有。埃及的广播电视1947年就被国有化了,1953年新政权建立了"阿拉伯之声"电台和国际广播,1955年建立了"非洲之声"电台,1964年开办了中东广播公司。1960年,埃及开始播出电视节目,成立了中央电视台,1974年开始播出彩色电视节目。在南非,作为民族主义运动的一部分,1948年国民党取代统一党上台执政,1960年退出英联邦建立了南非共和国。1961年政府宣布非洲人国民大会为非法组织,南非进入了种族隔离和歧视与黑人争取平等权的斗争时期,南非的报刊在激烈的政治斗争中得到了进一步的发展。与此同

---

① 程曼丽.外国新闻传播史导论[M].上海:复旦大学出版社,2004:232.

时,南非的广播电视也得到了发展。1952 年南非广播公司扩大了播出语种,1970 年南非开始播出电视节目。非洲其他国家的新闻媒体在“二战”后也迅速增长,许多新独立的国家的新闻传播体系开始建立。就整个非洲而言,报刊有了显著增长,1955 年非洲有电台 151 座,1960 年达到 252 座。独立后,这些电台都被收归国有,20 世纪六七十年代以后,电视也开始在一些非洲国家出现。

第四节　发展新闻理论与发展中国家的新闻传播体制

一、发展新闻理论

任何有关传媒同其所属社会之间关系的理论都是围绕政府、媒体以及公众三者间的关系展开的。我们可以根据媒体与政府或与公众的关系度来确定媒体的类型。在现代,政府与媒介的关系可以分为完全控制和紧密一体化、部分控制和部分一体化、主动利用和非一体化三种类型。

美国传播学者席伯特和施拉姆等人在 20 世纪 50 年代出版的著名的《报刊的四种理论》一书中,将世界的报业系统划分为四种理论模式,即集权主义理论(Authoritarian theory)、自由主义理论(Libertarian theory)、社会责任理论(Social responsibility theory)和苏维埃—极权主义理论(Soviet - totalitarian theory)。不过许多学者认为,尽管这种分类在方法论上有可取之处,但是因为形成于冷战时期并基于“我们对他们(Us Versus Them)”的思维模式,其中不乏冷战思维和西方主流思想的烙印。这种简单的分类很难准确描述当今世界的传播制度。到了 80 年代,英国学者麦奎尔又在此基础上增加了两种模式:民主参与的媒介理论和发展中国家的媒介理论,[①]后者也可以称为发展新闻理论。

发展理论是发展中国家的理论实践,也是各国学者对发展中国家实践的总结。随着发展中国家的崛起和现代化的展开,20 世纪 60 年代被称为“发展的十年”,在国际学术界也开始了所谓的“发展研究”。这一研究从研究经济发展开始,逐步扩展到政治发展和社会发展,并逐渐演变成了研究发展中国家现代化的综合课题。发展传播学就是其中的一个组成部分。

发展传播学的奠基人是美国学者丹尼尔・勒纳,他在对中东六国调查的基础上,于 1958 年写出《传统社会的消失——中东的现代化》一书,指出传播与现代化密切相关,在传统社会向现代社会过渡中有巨大作用。1964 年,施拉姆等又出版了著名的《传播媒介与国家发展》一书,这是在联合国有关机构支持下发表的一个报告,提出发展中国家可以利用大众媒介促进国家发展。美国学者罗杰斯在《创新的扩散》一书中,也论述了传播与社会动员、社会变革、外来因素对传播的影响等重要课题。应该说,现代化理论最初是以西方化模式为原型的,发展也是向西方模式的发展,但是发展中国家的实践证明,脱离了国际政治形势和国家自身历史文化特点的西方模式只是一个美丽的泡沫。在现代化理论逐步被“依附论”和“新帝国主义理论”取代的同时,发展理论与第三世界的实际结合

---

① 郭庆光. 传播学教程[M]. 北京:中国人民大学出版社,1999:134.

得越来越紧密,发展传播理论也更加丰富了。

英国学者麦奎尔认为发展中国家的主要任务是生存和发展,这些国家采取了符合自身国情的传播制度,认为新闻传媒应该为国家发展服务,多报道政府政策和国家的正面消息。具体说来,“发展新闻”的传播制度主要有以下特点:(1)大众传播活动要以推动国家发展为首要任务,必须与政府政策保持一致;(2)媒体应遵循经济优先并满足社会需求,其在享受自由的同时,更要负有责任;(3)媒体的传播内容应优先传播本国文化并优先使用本民族语言;(4)国家有权对媒体进行审查和管制,以保障国家发展和社会稳定。① 在信息时代和国际传播迅速发展的时代,发展中国家不仅面临经济和政治的生存与发展的问题,而且面临民族文化的生存与发展的问题。在发展中国家的新闻传播中,与政府的政策一致和保持社会稳定成了重要的功能。在利用媒体推动国内经济和社会发展的同时,发展中国家也应积极抵御少数传播大国的文化入侵,加强对外来信息的管理,捍卫信息和文化主权。

发展新闻理论的一个典型实践者就是印度。尽管印度一直自我标榜是“世界上新闻最自由的国家”,其主流媒体的新闻政策往往都有“监督和批评政府”的信条,在日常报道中,这些媒体也的确刊登了大量批评政府的报道和评论,尤其在监督政府工作和揭露贪污腐败方面发挥了一定的社会功效,不过,这并不意味着政府就无限制地允许媒体“自由报道”。作为发展新闻理论的代表,早在印度独立以前,印度国大党就组建了传播委员会,并确立了印度媒体报道的总方针:传播新闻和有用的信息、成人教育、国家宣传、娱乐。作为国家控制的新闻媒体,必然要传达政府的声音,维护现行的体制和政策而不是去质疑或挑战。它一旦有违抗政府的举动或言论,政府就会采取严厉的措施加以控制。

从以上可知,发展新闻理论也是一个发展中的概念,在不同的阶段有不同的特征,从20世纪五六十年代的西方式的现代化,到70年代以后发展目标多元化,发展新闻理论更结合本国实际,并一直在探索中。

二、发展中国家的新闻传播体制

发展中国家的情况千差万别,但是作为一个整体,还是有相当明显的特征。概括说来,新闻传播落后,传播体制的国有化、政治化、本土化和非商业化是其中的基本特征。

首先,发展中国家的新闻业在战后得到了很大的发展,但是与西方国家相比还非常落后。我们在第八章的表8-2中列举了1970年发达国家与发展中国家的传媒对比的一些重要数据:在世界的日报总数(7947种)中,发达国家拥有的总数(5266种)是发展中国家(2681种)的近2倍;发行量方面,前者(31,600万份)是后者(7500万份)的4倍多;报纸的千人拥有量方面,发达国家(292份)更是发展中国家(29份)的10倍以上,即使是印度、墨西哥、巴西、埃及这样相对领先的发展中国家,报刊的千人拥有量也不过几十份,根本无法与发达国家相比;在世界的收音机总量中,发达国家(66,600万)是发展中国家(24,000万)的近3倍,千人拥有量(643台)更是其(90台)7倍多;虽然发展中国家在“二战”后也进入了电视时代,但是数量不值一提,在发达国家千人拥有263台电视机的

---

① 郭庆光.传播学教程[M].北京:中国人民大学出版社,1999:145.

同时，发展中国家千人拥有不过10台，前者是后者的26倍！当然，发展中国家新闻业的落后与社会发展有关，由于文化水平低，报刊发行量也低，而电视这种高技术的媒介也没有发展起来。相对来说，广播是这些国家人民接触新闻的主要媒体。

其次，发展中国家在“二战”后建立自己的政治制度的同时，也开始建立自己独特的新闻传播制度。20世纪上半期是发展中国家新闻传播的初步发展时期，“二战”之后，随着民族独立和解放运动的发展以及殖民主义体系的瓦解，发展中国家也开始建立自己的传播制度。总的说来，发展中国家的传播体制介于市场化、商业化体制与公有化、国家化体制之间，但不同的发展中国家传播体制也有不同，这是与发展中国家的政治经济体制密切相关的。在发展中国家，有以国有化为主体的传播制度，如古巴、土耳其、埃及等国，有公有制的传播制度，如南非、印度等国，也有以私有制为主体的传播制度，如巴西、墨西哥等国。另外，不同的媒介的形式也有不同，如果说较早出现的报业中私有化和商业化更多一些的话，较晚出现的广播电视和通讯社中公有化和国家化就更多一些。总之，在这些国家的传播发展中，国家政权都起了相当大的作用。

最后，发展中国家媒体的政治性、非商业性和本土化特点也非常明显。发展中国家的新闻传播对这些国家的政治和社会发展起了巨大的作用。在争取独立的斗争中，媒体一直是民族主义运动和政治斗争的重要手段，所以在民族独立之后，这一特征就保留下来了，成了国家和社会发展的重要工具。尽管在一些媒体比较发达和以市场经济为主体的国家中，20世纪六七十年代以后商业化的报刊开始占据重要地位，但是政治化的报刊依然强大，商业化报刊也表现出与国家政治、国家政权结合的特征。而在大部分的发展中国家，媒体就是在国家政权的直接领导和支持下发展起来的，媒体是社会政治的一个部分，媒体独立只具有象征意义，基本不存在商业性的媒体。尽管发展中国家在媒体的起步时期带有西方化的特点，也可以说媒体本身就是这些国家西方化的一部分，但是随着本地媒体的发展，特别是民族独立后国有化措施的实施，媒体的本地化也成了发展中国家的一个重要特征。

小　结

本章主要讨论了发展中国家的新闻传播发展状况。与西方国家不同，民族主义是发展中国家的主要政治信条和立国基础，在19世纪被拖入资本主义世界体系、成为西方国家的殖民地和半殖民地之后，发展中国家就开始了争取民族独立的斗争。经历了20世纪初民族意识的觉醒、两次世界大战之间的民族主义运动，“二战”之后出现了民族主义运动的高潮，发展中国家成为国际舞台上的新力量。

发展中国家的近代新闻传播是随着西方殖民者的到来而产生的。在19世纪报业本土化初步发展的基础上，在我们论述的这一时期，发展中国家的新闻传播有了进一步的发展。新闻传播在成为重要的社会部门的同时，在国家的建设和社会发展中发挥了重要作用。

这一时期发展中国家的新闻传播可以以第二次世界大战为界分为两个阶段。在第一个阶段，就媒介来看，报刊依然是主要的传播媒介，广播也有了初步的发展；就传播内容来看，民族主义宣传占据主要地位，其他的信息传播不占主流；就媒体的运作形式而言，尽管在少数较为发达的国家出现了商业化的媒体，但主要媒体还是从属于政党、服务于政治斗争的政治性媒体。在第二个阶段，新闻传播业的发展大大加快了，出现了报刊、广播与电视多种形式并存的局面，国家的力量开始介入媒体的发展，发展中国家建立了独特的新闻传播体制。在大多数国家保持媒介政治性的同时，少数一些国家的媒介商业化已经成为主流，传播内容也更加丰富了。

总体而言，发展中国家新闻传播的水平远远低于发达国家，其内部的发展也参差不齐。就媒体而言，由于文化水平普遍不高，经济落后，发展中国家的报业和电视不如广播发展得快。发展中国家的新闻传播体制、传播内容和社会作用也与西方国家有明显不同，新闻传播业在服务于政治发展的同时，在民族主义国家更多地承担了文化传承和社会整合的责任。

【思考讨论题】

1. “二战”后发展中国家的崛起分哪几个历史时期？
2. 为什么说20世纪上半期发展中国家的新闻传播在民族独立的斗争中发挥了重要作用？
3. “二战”后发展中国家新闻传播发展的表现是什么？
4. 如何理解发展新闻理论？
5. 发展中国家的新闻传播体制有哪些特点？

第四编　新闻传播的变化与调整
(20 世纪 80 年代至今)

本编论述的是 20 世纪 80 年代至今世界新闻传播的历史,主要内容是新闻传播的变化与调整。

这一时期也可以称为当代历史时期。我们可以用许多不同的词语来描述这一时期的特点:新自由主义、信息社会、后工业社会、后冷战时期、文化冲突、经济全球化、深度全球化,等等。十分明显,这一时期是整个世界历史发生变化和调整的时期。

当代世界历史的变化是显著的。在物质形态领域,在 40 多年的时间内世界的人口又增加了 20 多亿,1987 年世界人口突破 50 亿,2021 年超过 75 亿;由于科技革命的推动和经济政策的调整,世界的物质力量进一步增强,世界名义 GDP 的总量增加了 6 倍多,1985 年世界 GDP 是 12.8 万亿美元,2021 年世界 GDP 达到 96.1 万亿美元;世界经济的联系更加紧密,国际贸易增加了十多倍,由 1985 年的 1.92 万亿美元增加到 2021 年的 28.5 万亿美元,经济全球化成为 20 世纪 90 年代以后一个显著的现象。然而,经济全球化中存在的问题也在不断地暴露。在制度和政治领域,体制变革和制度的多元化成为当代世界的新景观;在国际政治中,由于冷战的结束,意识形态的因素开始让位于民族、国家与文化因素,世界走向多级化,然而维持霸权与反霸权的斗争依然激烈,地缘政治在国家间的作用依旧明显。这一时期在社会和文化领域的变化更加明显,在人的各种需求越来越多的同时,社会的多元和分化日趋明显,社会组织体系面临考验;在大部分发展中国家向现代化社会转型的同时,一些发达国家开始向所谓后现代社会的过渡,出现了很多新的社会现象。就整个世界的宏观来看,在经济与传播全球化程度不断加深的同时,世界性的问题如贫富分化、资源环境问题、地区冲突、全球恐怖活动与核扩散危机,特别是 2020 年发生的全球新冠肺炎疫情及随后发生的俄乌冲突,显示着全球治理正在进入一个新的阶段,面临新的考验。

当代也是新闻传播的变化和调整时期。在变化与调整中,新闻传播与社会的契合达到了一个新的高度。如果说当代世界进入了新科技革命带来的高技术社会,那么新闻是其中得益最多、受冲击最重的领域。在信息化和数字化的过程中,新的媒体形式和传播方式不断涌现,新闻报道的载体不断丰富,传播内容更加个性化,也更加丰富多样。如果说这一时期人类进入了高度信息化的社会,那么可以说新闻传播就是信息化的先驱和主要载体,新闻开始与信息传播结合,成为人类获得的庞大信息群中一个特点鲜明的组成部分。法国传播学者马拉特指出:“传播推动着进步,随着电子技术和计算机技术奇迹般的飞跃,传播在 20 世纪 80 年代成为进步和信息社会的技术网络的突出部位,成为经济增长和民主发展的测量仪”。[1] 美国学者尼葛洛庞帝在1995年发表的《数字化生存》的结语部分，也描述了这个“乐观的年代”。然而，曾经的互联网乐观主义者，在20多年后却开始变得忧心忡忡，认为互联网有可能从“同一个世界，同一个网络”走向四分五裂的巴尔干化。[2] 在这一时期，各国都开始了面向市场的改革和面向世界的开放，进入了经济和商业化社会，而新闻在努力摆脱政治和宣传进而回归信息本义的同时，又开始遭受娱乐化和商业化的缠绕，关于受众和影响力的竞争更为激烈。这一时期，传播全球化成了经济全球化的基础和推进器，与此同时，也加大了传播差距，形成了传播冲突。这一时期，新闻在内容更加丰富、载体更加多样、体制更加灵活、身躯更加庞大的同时，其政治、社会、经济和文化功能开始全面显现，从而开始发挥更大的作用，成为武装单个的信息人、整合复杂的社会关系、沟通不同国家和文化的重要工具。

本编的内容主要有四章，分别论述传播全球化，当代主要西方国家、主要非西方国家和中国新闻传播的发展状况。

---

① 马拉特. 世界传播与文化霸权：思想与战略的历史[M]. 陈卫星，译. 北京：中央编译出版社，2001：2.

② 胡泳. 从尼葛洛庞帝之叹说起[J]. 新闻记者，2017(1).

第十三章 信息社会的到来:媒介发展与传播霸权

- **关键问题:**

1. 信息社会的概念是什么?
2. 这一时期,媒介发展的主要特点是什么?
3. 如何理解传播全球化?
4. 传播差距形成的原因及后果是什么?

20 世纪 80 年代以后,随着技术革命的发展和各国政治经济政策的变化,人类社会发展再一次出现了显著的变化。作为其重要特征的表述,“信息社会”(信息化社会)和“全球化”成了当代社会的关键词。

当代的新闻传播也出现了明显的变化,主要表现在:(1)传播技术是新技术革命中最重要的组成部分,新的传播媒介不断出现,为传播带来了革命性的变革;(2)在信息爆炸的过程中,新闻传播内容不断丰富,新闻中的信息含量日益增加,新闻成为信息社会中最活跃和最重要的组成部分;(3)在各国调整经济政策鼓励竞争与开放的宏观环境下,各国的新闻业获得了更大的发展空间,政府对新闻的控制有所松动,新闻的商业化成为一个突出现象。在新闻竞争日趋激烈的同时,市场产生了前所未有的媒体巨头;传播全球化是经济全球化的推进器和组成部分,世界传播差距也成为世界贫富分化的推进器和组成部分。

第一节 信息社会与经济全球化

信息社会的概念,是在 20 世纪 60 年代末 70 年代初由日本、美国等发达国家最早提出来的。早在 60 年代末,日本学者在探讨大众媒介和计算机技术的迅速发展时,就提出了信息化社会的概念,并出版了一些早期的成果,如林雄二郎的《信息化社会》(1969)、日本经企厅的报告书《日本的信息化社会:视点与课题》(1969)等。但是真正使信息社会这个概念在全球范围内产生影响的,还是 70 年代以后三位美国学者丹尼尔·贝尔、阿尔温·托夫勒和约翰·奈斯比特写的一些著作。因为这些学者不约而同地谈到了一个新的社会形态的到来,对国际学术界产生了重大影响。而在他们描绘的这一新的社会形态中,信息具有特别重要的意义。

丹尼尔·贝尔是最早从学术角度研究社会变革和未来发展的。早在 20 世纪 60 年代他就提出了“后工业社会”的概念。在70年代出版的《后工业社会的来临》(1973年)、《资本主义文化矛盾》(1976年)等书中,他更加清楚地描述了这个社会。在前一本书中他声称:“在今后的30~50年间,我们将看到我称之为‘后工业社会’的出现。”“它将是21世纪美国、日本、苏联和西欧社会的主要特征”。[①] 他认为前工业社会以自然经济为基础,而“如果工业社会以机器技术为基础,那么后工业社会则是由知识技术形成的;如果资本与劳动是工业社会的主要结构特征,那么信息和知识则是后工业社会的主要结构特征”[②]。在后一本书中,他进一步概括了“后工业社会”的几个特征:一是市场逻辑或大众消费逻辑占据主导地位,二是知识信息的爆炸,三是文化价值观念的危机,四是复杂性的挑战。他认为,当代文化正在变成一种视觉文化或消费文化,“此时的知识变成了以公式、广告标语的二进位数编制出来的信息号码。人类掌握了这些号码,就能轻松自如地理解周围复杂的世界”[③]。阿尔温·托夫勒的主要著作有《未来的冲击》(1970年)、《第三次浪潮》(1980年)等,他用“第三次浪潮”来形象地比喻人类从工业社会向新文明社会的过渡。他认为,人类社会已经经历了两次大的浪潮的冲击,第一次是从原始的渔猎和采集向农业社会的变革,第二次是从农业社会向工业社会的变革,现在正经历着第三次浪潮的冲击。约翰·奈斯比特的《大趋势——改变我们生活的十个新趋向》(1983年)则直接论证了从工业社会向信息社会的过渡,声称“信息社会是一种经济的现实而不是抽象的思想”[④]。由于这些著作观点新颖,符合实际,所以一问世就大受欢迎。如《第三次浪潮》被翻译成30多种文字,在全球销售上千万册,影响很大。

学者们并非坐而论道。实际上,自20世纪中期以后,人类社会的确发生了很大的变化,开始进入一个与过去有明显区别的时代。其主要的特征,就是随着科学技术,特别是信息整理和传输技术的发展,人类开始进入信息爆炸的时代。有学者估计,20世纪60年代世界年信息发送量是72万亿字符(包括字母、数字和符号),80年代就增加到500万亿字符。美国学者弗莱德里克做过一个推算:如果公元元年人类掌握的信息量单位为1,那么信息量的第一次倍增人类用了1500年,第二次倍增用了250年,第三次倍增用了150年,第四次倍增用了50年,到1950年人类社会信息量已经为16了。以后信息的倍增速度明显加快。1960年人类信息量为32,1967年为64,1973年为128,1978年为256,80年代初为512,80年代中期为1024,90年代初达到了2048。[⑤] 这并不是一个简单的数字,如果按5年为倍增周期计算,那么信息在70年后会翻100万倍。有人称,信息社会到来之后,计算机数据每年净增66%,是其他制造品的10倍以上,这种爆炸式的增长使整个地球裹挟在知识和信息越来越致密的互联网络中。[⑥]

学者们曾经为信息社会做了各种总结,概括起来,信息社会应具有以下明显的特点:(1)社会经济的主体由制造业转向以高新技术为核心的第三产业,信息和知识产业占据主导地位;(2)劳动力主体不再是机械的操纵者,而是信息的生产者和传播者;(3)在实体

---

① 贝尔.后工业社会的来临[M].高铦,王宏周,魏章玲,译.北京:新华出版社,1997:序20-21.
② 贝尔.后工业社会的来临[M].高铦,王宏周,魏章玲,译.北京:新华出版社,1997:前言9.
③ 贝尔.资本主义文化矛盾[M].赵一凡,蒲隆,任晓晋,译.北京:生活·读书·新知三联书店,1989:121.
④ 奈斯比特.大趋势——改变我们生活的十个新趋向[M].孙道章,路林沙,王金余,等译.北京:新华出版社,1984:25.
⑤ 郭庆光.传播学教程[M].北京:中国人民大学出版社,2001:37.
⑥ 凯利.科学想要什么?[M].熊祥,译.北京:中信出版社,2011:69.

经济基础上虚拟经济开始膨胀,交易结算不再主要依靠实物或现金而开始向信用转移;(4)贸易不再主要局限于国内,跨国贸易和全球贸易将成为主流;(5)与信息全球化相伴的是经济全球化,传统的国家主权受到威胁,信息收集、整理、控制和扩散能力成为一种重要的国家力量。经过20世纪八九十年代的发展,这些特征逐步变成今天的现实。

信息社会的发展也有一个过程,从媒介普及的角度看,“二战”后人类逐步进入的信息社会至今可以分为三个阶段:初级信息化阶段、高级信息化阶段和深度信息化阶段。从20世纪50年代中期到80年代中期,是初级信息化阶段。① 在这一时期,报刊、广播、电视等大众传播媒介得到了高度普及,个人使用的媒介也开始多样化,如电话、录音、录像、摄影、传真等,这些也是人类社会信息剧增的载体。从80年代中期到21世纪的前10年是高级信息化阶段,这一阶段的特点是:(1)大众传媒进一步发达,广播电视进入数字化、多频道和卫星跨国传播时代;(2)微型电脑进入家庭,并迅速成为个人进行综合信息处理的媒介,移动传播媒介快速普及;(3)以计算机、互联网和移动多媒体为代表的新媒介的发展,使不同媒介出现了融合的新趋势;(4)各国普遍开始建设信息高速公路,加强了信息社会的建设力度,信息不仅成为人们生活中的重要组成部分,而且成为一种重要的国家战略资源。从21世纪的第二个十年开始,随着移动互联的普及和媒介融合的深化,信息社会开始进入万物相连的深度信息化阶段,信息的数量以倍增的方式增长。2010年人们拍了约五千亿张照片,同时,YouTube每天提供的视频数量超过十亿部。② 资料显示,这一时期每天全球互联网流量累计达1EB(10亿GB),这意味着每天产生的信息量可刻满1.88亿张DVD光盘。市场研究公司IDC发布的《数字宇宙》研究报告显示,2020年全球新建和复制的信息量是2012年的12倍。如今,我们已经很难分辨哪些是新闻信息,哪些是一般信息。不过可以说,新闻已经形成了无所不包、无所不在而且瞬息万变的态势。

就在20世纪80年代信息社会的概念开始流行以后,全球化的概念也很快出现了,90年代以后,全球化成了另一个炙手可热的词语。

全球化的概念最早来自麦克卢汉的地球村(Global Village),实际上地球村的正确译法应该是全球村。第一个使用全球化(Globalization)的是美国学者布热津斯基,他在1969年出版的《两代人之间的美国》一书中首次使用了这个词语。1980年,托夫勒在《第三次浪潮》中又提出了“全球意识”这一概念。随着信息革命的展开、各国不断开放和跨国公司的崛起,80年代以后“全球化”一词出现得越来越频繁。1992年,当时的联合国秘书长加利和美国总统克林顿都宣布:“真正的全球化时代已经到来。”一时间,全球化成了最热门的研究方向。英国著名学者、全球化的主要鼓吹者吉登斯声称:“我们有更充分、更客观的理由认为,我们正在经历一个历史变迁的重要时期。而且,这些对我们产生影响的变迁并不局限于世界的某个地区,而是几乎延伸到世界的每一个角落。”“全球化就是以一种非常深刻的方式重构我们的生活方式。”③对于如何认识全球化,另一个英国学者鲍曼说了更深刻的一段话:“‘全球化’挂在每一个人的嘴边,这个风靡一时的字眼如今

---

① 奈斯比特认为标志性的事件是1956年美国的白领人数第一次超过蓝领人数和1957年人造地球卫星上天,见奈斯比特.大趋势——改变我们生活的十个新趋向[M].孙道章,路林沙,王金余,等译.北京:新华出版社,1984:14.

② 格雷克.信息简史[M].高博,译.北京:人民邮电出版社,2013:389.

③ 吉登斯.失控的世界——全球化如何重塑我们的生活[M].周红云,译.南昌:江西人民出版社,2001:1-2,4.

已迅速成为一个陈词滥调、一句神奇的口头禅、一把意在打开通向现在与未来的一切奥秘的万能钥匙。对某些人而言,'全球化'是幸福的源泉;对另一些人来说,'全球化'是悲惨的祸根。然而对每一个人来说,'全球化'都是世界不可逃脱的命运,是无法逆转的过程。"①

尽管关于全球化有许多研究角度和说法,例如经济全球化、社会全球化、政治全球化、文化全球化、传播全球化,等等,但其中的基础和程度较深者是经济全球化。所谓经济全球化是资本、技术、劳动等生产要素因市场机制的推动而在世界范围内自由流动与合理配置的过程,也是各个国家或地区的经济在全球范围内相互融合的过程。这个过程是"二战"以后出现、20 世纪 80 年代以后发展起来的。90 年代以来,经济全球化呈现出加速发展的趋势,表现出以下几个明显的特点:首先,国际贸易的规模迅速扩大,增长速度明显加快。经济全球化的重要标志就是全球贸易的增长快于全球 GDP 的增长。1980 ~ 2003 年世界贸易年平均增长超过 6% ,远高于经济增长速度,世界贸易额增加了近 4 倍。2004 年世界出口贸易为 90,686 亿美元,2011 年达到 182,170 亿美元,增加了一倍多,其中服务贸易的增长更为显著,2000 ~ 2012 年增加了 4 倍。其次,国际资本流动的数量增加、速度加快,跨国直接投资迅猛发展。据联合国贸发组织统计,2000 年国际直接投资流入量达 12,710 亿美元,是 1980 年的 22 倍,同期国际直接投资占世界各国投资比重由 2.3% 提高到 22% 。21 世纪以来由于各种原因,国际资本的流入量虽然增长放缓,但是一直处于高位,2021 年的国际直接投资达到 1.65 万亿美元②。再次,跨国公司在成长和壮大的同时也成为经济全球化的主要推动者。据联合国贸发组织统计,1994 ~ 2011 年,全球最大的 100 家跨国公司海外资产占其总资产比例从 41.1% 上升到 63% ,海外销售占其总销售的比例从 45.6% 增加到 65% ,海外雇员占总雇员的比例从 43.6% 上升到 59% 。2011 年全球跨国公司的海外总资产达到 82.1 万亿美元,海外销售达到 27.9 万亿美元,海外员工数达到了 6906.5 万人。跨国公司不再只是跨国,而是变成了经营、管理、战略全球化的全球公司。跨国公司控制了世界生产的 40% ,国际贸易的 60% ,国际直接投资的 90% 以上。跨国公司的崛起是经济全球化的原因,也是它的结果。然后,国际经济组织的扩大和区域性经济合作不断加强。国际组织是 19 世纪晚期国际社会出现的重要标志之一。"二战"结束后特别是 80 年代以后,国际组织开始迅猛发展,90 年代各种国际组织达到两万多个,到 2016 年,全球有 6.2 万余个。世界贸易组织、世界银行和国际货币基金组织的作用不断扩大。在原有的地区性经济组织的基础上,20 世纪 90 年代后期,世界上兴起区域贸易集团化的热潮,自由贸易协定(FTA)及优惠贸易安排大量涌现。最后,经济全球化的重要表现就是作为世界上最重要的政治、经济和文化实体,最基本的权力中心——各类国家也纷纷改变政策,开始加入全球化的进程。当然,全球化也有逆流,贸易保护和经济民族主义依然存在,但无论是主动还是被动,世界上所有国家都被卷入了全球化的进程,成为经济全球化的参与者是不可避免的潮流。

值得注意的是,随着全球化程度的不断加深,全球化在带来积极变化的同时,也留下

---

① 鲍曼. 全球化[M]. 郭国良,徐建华,译. 北京:商务印书馆,2001:1.

② 外商投资十年之变:中国"机遇之门"越开越大[EB/OL]. (2022-07-20)[2022-07-30]. https://baijiahao.baidu.com/s?id=1738858480922190 50&wfr=spider&for=pc.

了有待解决的问题。例如在经济方面,全球化在促进经济发展和扩大全球市场机制作用的同时,也加大了世界经济发展的不平衡和贫富差距,加大了世界经济发展的波动性,形成了"发展困境"。在政治方面,尽管民族国家开始融入全球化治理,但是国家和国家主权的概念,国家利益与他国利益、与世界利益的均衡关系也在经受考验,不仅存在"发展赤字",而且存在"安全赤字"和"治理赤字"。在文化领域,既存在着"不同文化体在全球范围内广泛而快速的文化互动",也存在着文化霸权扩张和价值观入侵;既存在着"文明包容互鉴"的理论,也存在着"文明化冲突"的说法。多元文化和"人类命运共同体"的构建是一个艰难的过程。在21世纪的第二个十年,随着"黑天鹅"事件①的不断增多,全球化的速度开始放缓,贸易保护主义和经济民族主义抬头,出现了所谓的"逆全球化"现象,全球化进入了深度磨合时期,正在经历着前所未有的考验。

毫无疑问,信息社会与经济全球化是我们认识当代新闻传播的重要基础。

第二节 当代社会的新媒介:国际卫星电视、网络媒体与媒介融合

信息社会的到来以新媒介的出现为主要标志,其中,国际卫星电视和网络媒体是最重要的新媒介。国际卫星电视是传播全球化的主要承担者,网络媒体则在空间和时间方面开辟了更广阔的天地,而媒介融合是数字化传播带来的新趋势。

一、国际卫星电视

正如我们在第八章所指出的,国际间电视信号的交换和互传开始于20世纪60年代,70年代以后成为普遍现象,80年代以后,直接面向世界的全球电视媒体开始出现了。

1962年北美和欧洲国家利用"电星一号"通信卫星首次互传电视节目。1964年19个工业化国家签署协定,成立了国际通信卫星组织,建立了世界上第一个国际卫星系统。1965年第一颗商业性的国际通信卫星(Intelsat1)"晨鸟"发射成功。1969年全球多家电视台通过国际通信卫星实况转播了美国宇航员的登月活动。70年代以后,随着苏联和东欧国家开始加入国际卫星系统,向世界提供卫星电视服务和加入国际卫星系统的国家迅速增加。1972年联合国大会通过了限制传播的规定,规定只有在接收国允许的情况下,国家和私人机构才可以向接收国输出节目。实际上,随着通信卫星的增多,国际空间的电视信号转播也越来越清晰和廉价,国际电视有进一步发展的基础。国际电视信号的交换和互传明显增多了。例如1977年11月19日埃及总统萨达特的耶路撒冷之行,世界多家电视机构就进行了48小时的直播,吸引了97%的以色列观众、5000万阿拉伯观众、58%的法国观众、3000万美国观众观看,引起了人们对中东局势的关注。技术手段的改进使空间地理上的国家界限愈来愈难成为传播的壁垒,随着冷战的缓和,许多国家实行自由开放政策,为电视的国际传播打开了通道。

国际电视台真正出现的标志,是1980年特纳创办的美国有线电视新闻网(Cable

---

① 所谓"黑天鹅"(Black swan incidents)事件,是指意料之外又影响巨大的负面事件,比如英国"脱欧"、特朗普当选、意大利公投失败、俄乌冲突等。

News Networks CNN),这是第一家以新闻为主要内容,以国外观众作为目标对象定时播放节目的电视台,通过卫星向其他国家的电缆电视系统播出。此后电视的传播开始真正进入了国际化的阶段,而美国也成了国际电视的领先国家。

CNN 是以全天候的新闻和直播,快速、真实的播出风格进入市场的。国际化的视角、新闻至上的理念、独家报道和现场直播的操作手段是 CNN 新闻报道的主要特征。① 1985 年,CNN 因直播"挑战者"航天飞机失事而一炮走红;1989 年又因连续报道苏联和东欧的政局动荡而影响日隆;1991 年对海湾战争的报道更使之一举成为国际大台。90 年代初,CNN 拥有 1700 名员工,20 多个国内外记者站,每天向 100 多个国家和地区的数百家电视台和电视网提供世界各地的新闻。1996 年 CNN 被时代华纳收购。除了民间的电视台外,美国政府还在里根时期开始发展国际电视传播。1984 年美国新闻署创办世界上第一家官方国际电视台"世界电视网"(World Networks),1985 年开始向欧洲提供新闻和娱乐节目,1988 年开始向苏联和亚洲播出电视节目,1990 年它与美国之音合并为一个机构时,其用户范围已经增加为 128 个国家和地区,覆盖 190 个城市。此外,美国的一些商业电视网如家庭影院电视网(HBO)、娱乐和体育电视网(ESPN)、音乐电视台(MTV)、发现电视台(Discovery)等在 20 世纪 80 年代末也纷纷加入电视国际市场的争夺。这些电视网因为节目鲜明的文化特性很快占领了市场,例如 90 年代初,音乐电视台的用户就达到了 6000 万,发现电视台用 10 种语言向 65 个国家和地区播出,用户超过 9000 万。90 年代中后期,美国加入国际电视传播的电视台更多了,例如 FOX 电视台、CNBC 美国财经频道(Consumer News and Business Channel),等等。目前,美国是国际电视大国,各国际电视台之间竞争激烈。

欧洲在 20 世纪 80 年代实行电视体制转轨之后,国际电视的发展极为迅猛,特别是在 1992 年欧洲共同体关于其内部电视可以自由传播的决议通过之后。欧洲的国际电视台和电视频道分为政府卫星电视、商业卫星电视及二者结合等几种类型。政府卫星电视中有代表性的如法兰西国际电视(CFI)、英国的世界电视台(BBC WSTV)、德国之声电视台(Deutsche Welle)、欧洲新闻台(Euro News)等。其中,法国国家控股的法兰西国际电视 1989 年开始向非洲法语地区播出节目。英国的世界电视台于 1991 年开播。德国之声电视台于 1992 年开播。1993 年属于欧洲广播联盟的欧洲新闻台开始用 5 种语言播出节目。商业卫星电视中有代表性的如空中电视台(Sky TV)和超级电视台(NBC Super Channel)。其中,空中电视台是 1989 年在默多克创立的"空中频道"(1982 年)的基础上建立的,面向西欧各国。超级电视台是 1987 年英国独立电视网所建的,1993 年被 NBC 收购。政府卫星和商业卫星结合的电视台如卢森堡新频道(RTL - Plus),是 1984 年卢森堡广播公司与德国贝塔斯曼出版集团合办的德语电视台,利用卫星向德语地区播出。上述国际电视不仅在欧洲展开了激烈争夺,而且覆盖范围包括北美、南美、亚洲和非洲许多国家。进入 21 世纪以后,欧洲在国际电视领域的竞争进入了新阶段,其中,创办于 2004 年,目的在于宣传"法兰西价值观"的法国 24 电视台令人瞩目,该电视台被称为"法国自己的 CNN"。

20 世纪 90 年代以后,亚洲、大洋洲、南美洲的国际电视传播也开始崛起。1991 年香港卫星电视台(Star TV)开始通过卫星向 38 个国家和地区播出节目。1993 年澳大利亚广

---

① 刘笑盈. 国际电视的开创者:美国有线电视新闻网(CNN)[J]. 对外传播,2009(7).

播公司(ABC)开始使用英语、华语、印尼语每天播放新闻和娱乐节目。同一年,总部设在新加坡,由新加坡广播公司、新西兰电视公司、美国电信公司、香港商业新闻网等联合经营的亚洲经济台(ABN)开始通过卫星播出各种新闻。此外,印度电视台、日本 NHK、中国中央电视台的国际频道也加入了国际电视的行列。21 世纪以来,发展中国家的国际电视开始在全球传播市场崭露头角,位于中东卡塔尔的半岛电视台、拉美委内瑞拉的新南方电视台、中国中央电视台都成了国际电视传播中的新势力。

电视的国际传播主要有把国际直播卫星节目转成有线信号和直接接收两种方式。前一种为现在流行的主要方式,因为接收国比较好控制;后一种则主要靠接收国的法律和技术控制,随着接收技术的改进,接收国对国际电视节目的控制也越来越难。随着国际电视和电视跨国传播的兴起,在增进各国信息和文化交流的同时,国际间的文化摩擦和斗争也进入了新的阶段。

电视是以画面为主的多媒体信息传播技术的综合。联合国教科文组织发表的报告显示,2013 年世界文化创意产业总规模为 2.25 万亿美元。在其列举的 11 个门类中,电视名列第一,为 4770 亿美元,视觉艺术第二,为 3910 亿美元,二者合计占整个文化产业的近 40%。[①] 由于电视在国际事务中的重要作用,联合国在 1996 年通过决议,将每年的 11 月 21 日定为"世界电视日"。国际电视的发展,使麦克卢汉预言的"地球村"成为现实。

二、网络媒体

就在国际电视发展的同时,另一项改变人类传播方式的新媒介——网络媒体也在孕育和发展之中。

网络媒体依靠的是计算机技术。计算机技术是"二战"后出现的。1946 年美国研制出世界上第一台计算机,此后,计算机每七八年更新换代一次。20 世纪 80 年代出现了大规模集成电路的计算机,运算速度达每秒几十亿次。与此同时,计算机开始了网络化。1985 年美国国家科学基金会(NSF)牵头建立了连接美国各大学、科研机构的主干网 NSF-net。1990 年英国人提出建立万维网(World Wide Web),采用超文本标识语言,这是计算机新革命的开始。1991 年互联网转向商业化,1993 年美国提出信息高速公路计划,1995 年互联网进入商业应用阶段,此后实现了惊人的发展,网站、上网人数、计算机数量、网络经济的发展增速每年都超过 100%。据统计,2000 年全球上网人数就超过 3 亿,计算机及相关的信息经济产值大约为 4 万亿美元,成了世界第一产业。2021 年,世界网民超过 49 亿人,网络普及率达到 63%。[②]

网络传播具有鲜明的特点,即高度开放性、互动性、个性化、丰富的信息资源,其发展趋势表现在数字化、交互性、汇聚与融合等几个方面。

人们把互联网看作一个全新的媒体,对网民来说,网络的功能依次是沟通、娱乐、资料库和获取新闻。1998 年,联合国宣布它为"第四媒体"。同年,网络媒体对克林顿丑闻的热炒,打破了传统媒体对新闻的垄断。1999 年"美国在线"与"时代华纳"的合并更使

---

① 梁建生. 文化创意产业正在成为各国战略性资产[N]. 中国文化报,2016-3-7(3).

② 人民网研究院. 中国移动互联网发展报告(2022)[EB/OL]. (2022-06-29)[2022-07-13]. http://finance.people.com.cn/GB/n1/2022/0629/c1004_32460894.html.

第四媒体身价倍增。网络媒体作为一种全新的媒体具有鲜明的特征:(1)传播的快捷性和时间的自由性。就时效性而言,传统媒体无法与网络媒体相比。互联网不仅传播速度快,而且不受印刷、运输、发行等限制,可以在瞬间把信息发给用户。报纸是以天为单位的,广播电视受播出时段的限制,直播也需事先准备,而网络则可以随时发布、滚动播出各类消息,并且网络传播具有可重复性,易于检索,可随时链接。(2)传播的全球性和空间的无限性。目前,互联网已经形成了联通全球几乎所有国家和地区的动态网络,任何信息一进入互联网,就可以同时被全球网民看到,互联网可以说是真正的全球媒体。由于传播能力的限制,传统媒体只能在有限的范围内产生影响,而"网络有多大,网络媒体的传播空间就有多大"。空间无限性是指信息容量的无限性,人们通过搜索和链接,不仅可以看到新闻,还可以看到与该新闻有关的任何信息。(3)传播的交互性和方式的多样性。传统媒体中,传者与受者是分开的,传播方式是单向的,受者被动接收信息,双方之间无法沟通。而网络媒体既可以是单向的,也可以是双向的,还可以是多向的,信息的传播具有很强的交互性。有人说,在网络上每个人都是没有领取执照的媒体。网络媒体传播方式的多样性是指可以合成文字、图片、声音和图像,提供个性化服务,这些是传统媒体无法做到的。网络媒体是时空压缩、传播最大化(指内容和范围)和最小化(指个性化服务)同时并存的媒体。

网络媒体的发展阶段,有多种分类方式。按照网络新闻的来源,网络新闻可以分为传统媒体电子版、综合门户网站转载各传统媒体新闻和网站自采新闻三部分,这也反映了网络媒体发展的三个阶段。第一个阶段是拷贝复制阶段,主要是把传统媒体的新闻复制到互联网上,电子报纸是此阶段网络新闻的主要形式。从 20 世纪 80 年代后期开始到 1995 年,有 20 多个国家的几百种报纸在网上出版。中国从 1995 年出现报纸网络版,到 1998 年有 200 多种报纸上网。第二个阶段是网络媒体专业化和加工整合阶段,网站对传统媒体的新闻进行加工,或扩展报道内容,或增加新闻背景,或进行专题报道。从 1996 年起,一些先进的网站开始了这一过程。这一时期,网上新闻的受众开始剧增。第三个阶段是独家原创阶段,网站自派网络记者,自编独家新闻,这一阶段在 21 世纪以后实际上已经开始了。网络媒体从形式上分,有以"美国在线""雅虎"等为代表的门户网站,以"Google""百度"等为代表的搜索网站,以"Facebook""My Space "等为代表的社交网站,以"YouTube""Netfilx"等为代表的视频网站,这些网站充分展示出互联网信息量大、互动性强、易分享等特点。根据互联网技术的迭代发展,网络媒体还可以分为门户网站的 1.0 阶段、平台化网站的 2.0 阶段、移动化的 3.0 阶段以及智能化的 4.0 阶段。

与传统媒体相比,网络媒体有许多优点,但也有缺点。比如:(1)权威性和可信度不高。因为缺乏审查和管理、流动性太强、新闻发布者身份不固定,网络媒体的可信度不如传统媒体。(2)数量和速度影响质量。由于网络报道的速度太快、内容太多,质量自然受到影响,有深度、有力度的报道不多。(3)缺乏原创性和采访权。现在大型网站如"美国在线""雅虎"等都没有自己的专门记者和独家的消息来源,所谓独家报道多是一些在线访谈。其中原因之一是费用太高,商业上不划算;原因之二是网络采访在一些国家的法律中不允许。这些因素制约了网络媒体的发展,不过这些因素也在改变之中,网络媒体在新闻传播中的作用将会越来越突出。

网络媒体对国际新闻的影响巨大,它在很大程度上改变了新闻报道的方式与内容,挑战了传统的新闻报道模式。有观点认为，网络媒体的主要特征就是“去中心化”，由此形成了新型话语体系，“分享”与“体验”成了报道的新特点。另外，自媒体的发展也促进了国际新闻的变化，包括信息更加多元化，汇集更多的专业性人才、新的议程设置者以及监督主流媒体等。

三、自媒体化与媒介融合

计算机技术的发展并不仅仅是产生了网络媒体，其影响是全方位的。1995 年，美国著名的计算机科学家尼葛洛庞蒂出版了一本影响深远的著作《数字化生存》，他在开篇就宣称：“数字不再只和计算有关，它决定我们的生存。”[①]他认为比特（bit）作为“信息的 DNA”，正迅速取代原子（atom）而成为人类社会的基本要素。从传播的角度讲，数字化传播取代了电子模拟信号，从而带来了一种更清楚、准确和丰富的传播方式，影响到所有的媒介技术；从社会的角度讲，数字化传播带来了一种新的生活和交往方式，从而对人们的社会关系产生了重大的影响。2020 年在全球 45 亿网民中，社交媒体用户已经超过 38 亿。网民平均每天的上网时间超过 6 小时 40 分钟，其中在社交媒体上的时间超过 2 小时 20 分钟，可以说，互联网正在改变我们的生活。

数字化传播对媒体发展的影响，主要体现在分化和综合两个方面，也可以说是自媒体化和媒体融合两个方面。前者是指以通信和计算机技术的不断进步为基础，不断涌现新的媒介形式，如 BBS、MSN、博客、Twitter、WhatsApp、微信、短视频，等等。美国新闻学会下属的媒体中心 2002 年把这种社会群体都可以参与制作和共享的媒体称为“自主媒体”（We Media），也可以称为“自媒体”，即自我言说的媒体。从网络技术的发展来看，自媒体在 2G 时代的特点是社交化，在 3G 时代的特点是移动化，在 4G 时代的特点是短视频化。后者是指媒体之间，特别是新旧媒体之间从竞争走向竞合，我们称之为“媒介融合”。媒介融合包括四个方面：一是传播渠道的融合，报刊、电台、电视台、网络、手机及数字技术下的其他平台，联动传播同样或类似的信息；二是内容生产的融合，报刊、广播电视、网络共享信息的采集资源、生产资源，在同一个平台上生产信息产品；三是媒介之间的融合，传统媒体开始利用品牌、人才、政策等优势进入新媒体领域，成为跨媒体集团，而新媒体公司也开始利用资本、技术、体制等优势与传统媒体进行合作；四是媒体与社会大众的互动与融合，媒体通过各种平台最大限度地到达受众，同时受众与媒体产生广泛的互动，成为媒体的海量信息源和内容制造者，传媒与社会的关系正在发生着深刻的变革。

在实践中，我们看到了很多媒介融合的案例。例如在传统媒体融合新媒体方面，《纽约时报》2012 年的“雪崩”报道，就是一次成功的多媒体实验。“雪崩”报道于 2012 年 12 月 20 日上线，发布 6 天就获得了 290 万访问量和 350 万页面浏览量，被人称为“以这类型的数字化报道模式为起点，开创了一种新的商业模式，重新定义新闻报道”[②]。《纽约时报》因此获得了 2013 年的普利策新闻奖。如果说《纽约时报》在用媒介融合推动媒体转型方面，是纸媒方面的先行者，那么 CNN 就是电视方面的先行者。1995 创建的 CNN. com 网站，使 CNN 成为美国第一个上网的电视媒体。随后，CNN 不断利用新媒体技术，开拓

---

① 尼葛洛庞蒂. 数字化生存[M]. 胡泳，译. 海口：海南出版社，1997：前言.

② 刘笑盈，康秋洁. 转型迎战数字化大潮，没有完成时[N]. 人民日报，2014-07-17(3).

了网络电视、手机电视、移动电视等新电视形态。在内容上,CNN 一方面不惜重金实现了节目制作的数字化、标准化,引进了被称为魔术墙(Magic Wall)的触摸屏技术、全息影像技术;另一方面打造全媒体的新闻制作流程。在传播体系方面,CNN 快速追赶 Web2.0 时代的潮流,开展了博客、播客、RSS 订阅服务等业务,不仅推出了针对 iPhone、iPad 的国际新闻版,而且在 2006 年最早推出了应对公民新闻挑战的互动新闻平台 CNN iReport,并在 2011 年升级开发出移动设备客户端。另外,CNN 还多方出击,与微博 Twitter、社交网站 Facebook、视频网站 YouTube 等新媒体合作,通过资源互补和整合,不断开拓新的传播阵地。

通讯社在与新媒体的结合方面也不甘落后。法新社早在 2000 年悉尼奥运会时,就第一次建立了“奥运会多媒体服务”,以网络视频、手机短信等形式,满足新媒体用户的需求。在 2008 年北京奥运会中,法新社更是以文字、图片、视频、图表、Flash、数据库等多种形式提供赛事报道,多媒体及视频产品成了法新社新的业务核心。1995 年美联社建立了互联网服务部,通过网络向用户发布新闻。1999 年美联社兼并了位于英国伦敦的国际电视片交换中心——全球电讯网(WIN),组成美联社电视服务部。2006 年美联社启动了在线视频网(AP Online Video Network),这是由美联社与微软合作开发的网站,扩大了美联社在网络上的影响。2007 年美联社又推出了以年轻受众为目标的新闻博客“纵横”,通过美联社驻各地的记者告诉人们最新发生的事情。在新媒体介入传统媒体方面,由于雅虎新闻的访问量在新闻网站中一直遥遥领先,所以包括《今日美国》、法新社等 100 多家新闻机构都与之达成协议,为雅虎提供新闻内容或搭载新闻网站链接,用户可以在雅虎上搜索到数千个不同的新闻来源,网络媒体与传统媒体形成了互补。近年来,不乏网络媒体收购传统媒体的新闻。在媒体与社会的融合方面,自媒体在新闻传播中的作用也越来越大,自 2005 年伦敦地铁爆炸案中,网民通过手机视频提供了最早的信息之后,所谓“公民记者”“公民新闻”的概念开始流行。有人甚至称今天为“众媒时代”。“众媒时代”的新闻报道在 2015 年 11 月法国巴黎的恐怖袭击中表现出许多新的特征:报道的时效性更强、与事件的贴近性更强,报道的角度更多、层次更丰富,消息来源更多、信息更丰富。可以说,新闻报道的空间更大了,但是准确认识新闻的难度也增加了,在海量信息中,“过滤”和“恢复真相”又成了新闻报道者面临的新任务。

第三节　从传播国际化到传播全球化

从传播学的角度讲,传播的社会分类有两种类型。一是在一种社会文化或国家体系之内,可以分为人际传播、群体传播、组织传播和大众传播等。二是在不同的社会体系之间,可以分为在不同文化系统之间的跨文化传播,在不同国家社会之间的国际传播。而将国内传播与国际传播融为一体,以整个地球为范围的传播称为全球传播。

我们在第十章已经讨论了国际传播的出现。国际传播尽管是一种古已有之的传播活动,但实际上其真正形成还是在近代国家体系出现和大众传播工具兴起之后。在经过 20 世纪上半期的发展之后,在大批新的国家开始加入、在七八十年代从宣传到传播的转变中,国际传播成为被人们广泛接受的概念。国际传播是与国际政治密切相关的传播,正如日本学者生田正辉指出的:"国际传播的首要特征,是它与政治有着极为密切的关系,它是一种由政治所规定的跨国界传播。"①因为它要跨越的界限,是人类社会中政治性很强的共同体形式——国家,国际传播与国家和民族利益密切相关。国际传播的出现和发展,从技术上说是国际广播、国际电视等媒体发展的结果,从内容上说是观点信息向事实信息转变的结果,从社会体系的发展看是国家对新闻媒体控制加强的表现,从世界历史的角度看是国际社会不断发展的结果。在传播媒介进一步发展、传播内容进一步丰富、传播的主体进一步扩大的情况下,在国际传播中的非政治性、非国家性或者说非政府性、非意识形态化逐渐加强之后,全球传播的概念就开始浮出水面了。

全球传播是一个新的研究领域和概念,人们对这一概念的认识还是比较模糊的。例如《全球传播》的主编、美国普渡大学教授枷摩利珀就认为,国际传播、全球传播、跨国传播、越境传播、世界传播这些概念是一回事,"可以彼此替换——它们所指的都是跨越民族国家地理界限的信息流动"②。实际上它们还是有区别的。一般认为,全球传播是国际传播的扩大和发展。我国学者认为,全球传播与国际传播的区别与联系主要表现在:(1)全球传播与信息全球化进程密切相关,全球信息系统的建立是全球传播出现的前提,传播形式与内容的丰富性和多样性都是国际传播兴起时无法与之相比的。(2)传播主体多元化,与国际传播的主体主要是国家、代表国家利益的团体或个人不同,全球传播的主体高度分散化,个人、企业、民间团体、非政府组织、各级政府都可以参与其中,跨国机构或组织在传播中发挥了越来越大的作用。(3)传播方式进一步多元化,与传统的报刊、广播电视同时存在,具有跨国传播功能的个人媒介,如国际电话、传真、个人电脑及电子邮件、数据库、互联网等各种信息收集、处理、传输手段,在发挥越来越大的作用。(4)传播内容的多元化和共同性。国际传播的内容以政治、国际新闻为主,带有强烈的意识形态色彩,而全球传播在保持国际新闻内容的同时,越来越多地关注人类社会共同的问题,如人口、资源、环境、经济、体育、文化、旅游、娱乐、发展等。人们关心的范围更加广泛,国际新闻中的意识形态色彩也在淡化。③ 所以,美国学者弗里德利克认为:"全球传播是研究个人、群体、组织、民众、政府以及信息技术机构跨越国界所传递的价值观、态度、意见、信息和数据的各种学问的交叉点。"④还有学者提出了"全球传播革命"的概念,其中包括世界已经被传播网络所包围、传播内容呈几何速度的增长和全球传播对经济的影响与日俱增,等等。⑤ 总之,全球传播给我们带来了一个传播的新领域和研究的新课题。我们可以用表 13-1 描述国际传播与全球传播的差异。

---

① 郭庆光. 传播学教程[M]. 北京:中国人民大学出版社,2001:238.

② 枷摩利珀. 全球传播[M]. 尹宏毅,译. 北京:清华大学出版社,2003:中文版前言.

③ 此处主要是吸收了郭庆光教授的观点,但做了部分改动,见郭庆光. 传播学教程[M]. 北京:中国人民大学出版社,2001:238-239.

④ 郭庆光. 传播学教程[M]. 北京:中国人民大学出版社,2001:239.

⑤ 奈,唐纳胡. 全球化世界的治理[M]. 王勇,门洪华,王荣军,等译. 北京:世界知识出版社,2003:125-130.

表 13-1 国际传播与全球传播的比较

名称	传播主体	传播手段	传播内容	传播方式	传播后果
国际传播	国家及代表国家的机构	传统媒体	政治传播为主,带有意识形态色彩	政府推动的政治传播	物理边界的政治权力之争
全球传播	传播主体多元、利益价值多元	媒体多元化,包括个人媒体、新媒体和全球性传播平台	传播内容多元,意识形态淡化,文化内容和全球性问题增多	商业化传播	传播空间的"再边境化",传播软实力的较量

正如国际传播与国际新闻密切相关一样,全球传播也与全球新闻的概念密切相关。全球新闻(Global news)是国际新闻中出现的一种新形态,也许是最难表述和分析的一种形态。在西方国家的新闻传播领域,20 世纪 90 年代就有全球新闻的提法,也出版了不少关于全球新闻的研究著作。[①] 但是西方学者的著作主要集中在媒体国际化研究和新闻的国际性流动等方面,对事件和受众的全球化研究不够。全球新闻起源于国际通讯社向国际社会提供的国际新闻,同时也受对外新闻传播的影响。在全球化时代,这两者由于传播技术的发展产生了质变。从更广阔的历史角度看,资本主义时代开始形成的世界体系不仅在政治和经济领域得到进一步的发展,而且深入到社会和文化领域,或者可以说,19 世纪末初露端倪的国际社会在 20 世纪末全球化时代进一步扩大和成熟,这些都是全球新闻出现的基础。这一时期,不仅出现了全球性的媒体和媒介,而且出现了全球性的事件(就其影响而言)、全球性的受众(就其思考而言)。当新闻事件、媒体、受众这三个基本要素都全球化了,全球新闻的雏形也就出现了。当然,全球新闻的特征和作用还有待观察,但至少目前它还不可能脱离国家的基础和限制,所以仍然属于国际新闻的概念。

我们看到,在国际传播与全球传播之间,区域性传播或者说洲际传播也是一种重要的形态。就新闻传播的领域看,目前人类的传播表现出多层次性,或者说有多种形态并存,例如本地新闻、国内新闻、地区新闻和全球新闻,而且各种层次之间是相互打通的,传播的本土化和全球化并存。另外,尽管国家的控制在放松,商业的力量在上升,国家政权在传播中的重要性在下降,但可以肯定,在相当长的阶段,国家或以国家为代表的物质边界、领土、人口、制度和文化仍将在传播中占据绝对重要的地位,全球传播难以取代国际传播。

当前的全球传播有以下三个特征:一是传播的全球化扩张进入了 2.0 时代,所谓 1.0 时代是全球传播的兴起阶段,而 2.0 时代是全球传播的深入阶段,主要标志是世界网民数量超过人口的 50%、传播的移动化和视频传播的崛起。二是国内政治和国际政治的融合。有政治学家认为,主权国家构成了"所有时空关系的现代政治阐释。"[②]就时间而言,国内政治是线性的时间,国际政治是循环往复的时间,二者存在着纠缠和矛盾;就空间而言,现代政治是"空间的政治",空间是民族国家存在的基础,全球化使国家间的争夺从真

---

① 如《新闻的全球化》(*The globalization of news*,1998)、《理解全球新闻》(*Understanding global news*,1998)、《全球新闻的动力》(*The global dynamics of news*,2000)等。

② 罗森伯格. 质疑全球化理论[M]. 洪霞,译. 南京:江苏人民出版社,2002:53.

实的地理空间扩大到虚拟的传播空间。时空压缩构成了国内和国际政治的同频互动。三是民族主义的高扬和"逆全球化",这一特征也体现在全球传播领域。越是全球化,民族主义越是在抬头。这个看似矛盾的现象背后实际上有合乎逻辑的理论基础,这也是"深度磨合"的全球化体现出来的特征。

第四节　世界传播差距与传播中的文化霸权

20 世纪下半叶的世界发生了巨大的变化。在人类社会取得高速经济发展、推进经济全球化、进入信息社会的同时,世界的两极分化也进一步拉大了。高科技改变了媒介环境,但是高科技并没有带来人类社会的普遍发展,在一部分地区进入信息社会的同时,还有一部分地区停留在信息社会的门外,甚至一部分地区还停留在信息的原始社会。于是,国际传播中出现了所谓信息富国和信息穷国的差别。

尽管发展中国家在"二战"后取得政治独立,在发展经济的同时也大力发展新闻传播业,报刊、广播和电视都有了快速发展,个别国家也赶上了网络媒体的发展潮流。但是总体来说,由于经济技术的落后,发展中国家的媒体发展还是远远落后于西方国家,而且,发展中国家内部也出现了分化,世界的传播差距在不断拉大。表 13-2 反映了这一时期三种媒体在 1996 ~ 1997 年的世界分布状况。①

表 13-2　三种媒体世界分布状况

国家类别	报纸(1996)		收音机(1997)		电视机(1997)	
	发行总量(百万)	千人拥有量	总量(百万台)	千人拥有量	总量(百万台)	千人拥有量
世界总量	548	96	2432	418	1396	240
发达国家	276	226	1308	1061	675	548
发展中国家	272	60	1124	245	720	157
最不发达国家	3.9	8	85	142	14	23

从表 13-2 与本书第八章表 8-2 的对比中可以看出,发展中国家的媒介发展速度是很快的。与 1970 年相比,1996 年发展中国家的报纸发行量增长 3 倍多,收音机增长 4 倍多,电视机更是增长 27 倍多。即使是最不发达国家,这几个数字也分别是 3 倍、5 倍和 70 倍。这一时期,发达国家的电视机增长最快,也不过 2.5 倍,收音机只有 2 倍,报纸发行量还略有下降。尽管如此,发达国家的千人拥有报纸数、收音机数和电视机数仍然是发展中国家平均的 3 倍多、4 倍多和 3 倍多。发达国家与最不发达国家相比,这 3 个数字更是高达 28.25 倍、7.47 倍多和 23.83 倍。

在当代新媒体方面,发展中国家也远远落后于发达国家,2006 年全球超过 10 亿的计算机用户 60% 以上在发达国家,其他也集中在少数的发展中国家。在许多发展中国家,

① 资料来源:《联合国教科文组织 UNESCO 统计年鉴(1999)》英文版第 204 页。

网络媒体是可望而不可即的奢侈品,例如在1999年新加坡每4个人中就有1个上网者,而孟加拉国每65个人才有1个上网者。尽管到2021年年底,世界网民增加到49亿,网络普及率达到63%,但是全球依然有29亿人无法上网,其中96%处于发展中国家,约3.9亿人甚至生活在没有移动宽带信号覆盖的地区。①

国内有学者认为,传播实力包括传播基础、国内传播、国际传播、传媒经济四个方面,并设定了电话数、手机数、邮局数、互联网主机数、日报数、收音机数、电视机数、网络用户数、图书出口额、国际广播语言数、全球电视受众数、互联网站数、广告额、电影票房等指标。② 但我们看到,发达国家与发展中国家的差距不仅表现在传播基础和国内传播方面,更多地还表现在传媒经济和国际传播上。从全球传媒业的总体情况看,2002年世界传媒和娱乐业的市场规模已达到10,889亿美元,其中美国达到4787亿美元,欧洲达到3408亿美元,亚洲及太平洋地区达到2092亿美元,其他国家只有区区的602亿美元。在世界媒体实验室评出的2020年世界媒体500强中,美国有113家入围,平均营业收入高达78.91亿美元;中国(含港澳台)有97家媒体入围,位居第二,平均营业收入为14.23亿美元;英国有52家入围,平均营业收入23.48亿美元,其他发展中国家入围的企业屈指可数。在国际传播中,也出现了发达国家流向发展中国家的几乎单向的技术与信息流。例如有学者指出在世纪之交,西方发达国家流向非西方国家的信息量是后者流向前者的100倍,世界上有三分之二的信息源来自只占世界人口七分之一的西方国家,世界上每天传播的国际新闻大约80%来自西方的主要通讯社。"美国人口只占世界人口的5%,但是美国却控制了世界上75%的电视节目的生产和制作。"③还有统计表明,在跨国转让的100项核心信息技术中,有84项是从发达国家流向发展中国家的,在跨国流通的100本图书中,有85本是同样的情况;在国际电视节目交易中,发达国家生产的节目占75%;在国际电影市场上,美国一家就占市场总销售额70%。于是在当今社会出现了信息穷国与信息富国的差距。近年来,尽管一些新兴市场国家的传播势力增长强劲,但是信息富国和信息穷国的差别并没有从根本上改变。在世界范围内,数字鸿沟不仅没有被消除,而且还有拉大的趋势。

传播实力的差距导致了文化霸权的出现。传播的不平等还表现在传播内容方面,发达国家的媒介对发展中国家的报道充满了偏见、刻板印象甚至恶意攻击。获得普利策新闻奖的美国哥伦比亚大学教授霍亨伯格(John Hohenberg)说:"新闻记者并没有负起促进国际了解的责任,因为他们认为只有战争、革命、凶杀、灾难是重大新闻,这种传统新闻观念的最大危险,是将正常社会的现象藏匿于反常现象的背后,将人类导入一个迷惘的世界。"④我们常说媒介有创造"拟态环境"的功能,媒体的"拟态环境"是现实环境和理想环境之间的一个中间环境,随着这种环境的影响越来越大,媒体的作用也越来越大。例如人们很难否认西方媒体在20世纪80年代末90年代初苏联和东欧剧变中所起的"催化剂"作用,很难否认西方媒体在21世纪以后的东欧、中亚颜色革命中所起的作用,很难否

---

① 人民网研究院.中国移动互联网发展报告(2022)[EB/OL].(2022-06-29)[2022-07-13].http://finance.people.com.cn/GB/n1/2022/0629/c1004_32460894.html.

② 胡鞍钢,张晓群.中国传媒迅速崛起的实证分析[J].战略与管理,2004(3).

③ 郭可.国际传播学导论[M].上海:复旦大学出版社,2005:158-159.

④ 李瞻.新闻学[M].台北:台北三民书局,1975:275.

认西方媒体在西方文化与伊斯兰文明冲突中所起的作用。

2000 年美国学者研究了美联社、路透社等西方媒体对三个在发达国家和三个发展中国家举办的国际会议报道,发现在 4000 多篇报道中,对发展中国家的报道批评性报道是表扬性报道的三倍,一提发展中国家就是贫困、落后、动乱、独裁、愚昧。国际新闻中的“偏见”“误读”,甚至有意“捏造”,造成了许多消极影响。当然,这些状况的出现有多种多样的原因,有些是受意识形态和地缘政治的影响,有些是“民族中心主义”和“文化中心主义”的作用,有些是商业上吸引眼球的需要,有些则是传统的新闻理念造成的。传统新闻中的“冲突性”“反常性”的价值观及商业化和娱乐化的操作模式对新闻传播业的基本社会责任产生冲击。不过我们应该看到,国际新闻提供的也不全是负面消息,仅仅产生消极作用,西方媒体也不是一成不变的。例如 20 世纪 80 年代中期,国际媒体对南非种族歧视的报道、对非洲灾民的报道就引起了南非的变革和国际社会对非洲的人道主义援助,21 世纪对环境资源的报道促进了 2015 年巴黎气候大会《巴黎协定》的诞生,等等。总的来说,人们还是希望客观公正的报道越来越多。

第五节　世界传播新秩序、文化帝国主义与传播多元化

建立世界信息新秩序是发展中国家在 20 世纪 70 年代与建立世界经济新秩序一起提出策略口号。文化帝国主义是 60 年代西方学者在反对“新殖民主义”中提出的一个学术概念。80 年代以后,随着国家主义和民族主义概念再次崛起,发展中国家、发达国家中遭受文化入侵的国家中的学者,又进一步发展了这个概念。传播多元化则是 90 年代以后,特别是 21 世纪以来产生的一个现象。

文化帝国主义是 20 世纪 60 年代出现的许多激进的社会批判术语之一,自产生以后,“该词在整个 20 世纪的下半叶,一直是通行知识用语的一部分”①。这里的文化,主要是指民族文化。文化帝国主义是指“帝国主义国家控制他国的过程,是文化先行,由帝国主义国家向他国输入支持帝国主义关系的文化形式,然后完成帝国的支配状态”②。而发展中国家争取传播平等的斗争,是促进这一词语产生影响的重要原因。

1973 年,第四次不结盟国家首脑会议在阿尔及利亚的首都阿尔及尔召开。会议提出了建立“世界信息新秩序”的口号,其通过的《阿尔及尔宣言》称:“现存的传播渠道不仅是罪恶的殖民地时代的遗产,而且阻碍着各国之间自由、直接而迅速的传播与沟通;发展中国家必须共同采取行动,来改变现存的传播渠道。”1976 年,不结盟国家印度首脑会议又发布了《关于信息非殖民化的新德里宣言》,宣言提出:信息流动严重地不合理和不平衡,少数国家掌握了信息发布权,所谓信息自由是少数国家根据自己的意志选择和传播信息的自由,而意味着其他国家客观、准确的传播和获得信息的权利事实上受到剥夺和否定。1978 年,联合国教科文组织大会发布了《大众传媒宣言》。1980 年,教科文组织下属的“国际传播问题研究委员会”提交了《多种声音、一个世界》的报告,并在教科文组织大会上获得通过,标志着建立世界传播新秩序的斗争真正进入了国际政治领域。《多种

① 汤林森. 文化帝国主义[M]. 冯建三,译. 上海:上海人民出版社,1999:4.

② 汤林森. 文化帝国主义[M]. 冯建三,译. 上海:上海人民出版社,1999:6.

声音、一个世界》反映了发展中国家立场、观点和要求,该报告提出:不平衡是现行国际信息秩序的基本特征,必须加以改变;不管是公私,过度垄断都会导致消极后果,必须加以消除;为了保证信息与观念的自由与平衡流动,必须消除内部和外部障碍,保证信息来源与传播渠道的多元化;应保障媒介的新闻自由,但自由与责任是不可分割的;必须尊重不同民族的文化特点及向其他民族传达自己利益和文化价值的权利;发展中国家应提高自己的传播能力,发达国家应提供援助。对于这个报告,发达国家以对新闻的控制将导致影响传播自由为理由而加以抵制。1984 年 12 月,美国以教科文组织充满了反西方的论调、危及新闻自由和“过于政治化”而退出。第二年,英国也随之退出。这一斗争陷入困境。

20 世纪 80 年代末 90 年代初,由于国际形势的变化,联合国教科文组织放弃了建立世界信息新秩序的口号,提出了“交流新秩序”的新口号。主要内容包括:(1)鼓励国家间的信息自由流动;(2)促进信息广泛、均衡地传播;(3)在发展中国家开发一切有利于加强通信能力的手段,提高交流能力。1991 年 5 月,教科文组织在纳米比亚会议上通过了《温得和克宣言》,提出促进媒体独立、经营自由和多元化。政策的转变有适应传播全球化和媒体商业化的倾向,事实上,发展中国家的媒体商业化改革的确在此后有了快速发展(见本书第十五章),但在国际传播领域,这也可以说是对美英的一种妥协,世界传播秩序的不平等和不均衡愈演愈烈。

国际传播秩序难以改变的原因有很多,根本原因还是发展中国家的经济文化落后。从宏观的经济发展水平看,发达国家仅占世界总人口的 15%,而 GDP 占世界总量的 70%;低收入的发展中国家人口占世界总人口的 60%,GDP 只占 5%左右。21 世纪初,世界上还有 30 亿人的每天生活费不到 2 美元。联合国教科文组织总干事马约尔在 1997 年 9 月 8 日国际扫盲日的报告中说,全球文盲率已从 50 年前的 45%下降到 23%,考虑到全球人口的增长,这的确是一个不小的成绩。不过发达国家与发展中国家、发展中国家之间仍然存在极大的差异。1995 年,全球有 19 个国家的文盲率高达 70%,其中 14 个是非洲国家。在南亚、撒哈拉以南地区和阿拉伯国家中,文盲率甚至还在上升。[①] 值得注意的是,全球化并没有带来人类的普遍发展,而是造成了更大的贫富差别。2004 年,人均年收入超过 2 万美元的国家有 21 个,而低于 1000 美元的国家有 65 个,其中 40 个国家人均年收入低于 500 美元。近年来,尽管这些情况有所改变,但是世界的贫富差距依然存在,有些方面还在不断拉大。2018 年,世界 GDP 总量为 84.74 万亿美元,人均 GDP 为 11,305 美元,其中超过 4 万美元的国家有 25 个,都是西方国家,而低于 2000 美元的国家有 46 个,其中低于 1000 美元的有 30 个,都是发展中国家。人们在提出建立世界传播新秩序之后发现,这一问题不但没有得到解决,而且在某些方面反而更为严重了。

除了经济因素之外,发展中国家的政治与文化政策也影响其提高自己的传播能力,例如发展中国家的传播政治化、体制僵化而缺乏活力、非法制化等制约了传播的发展。

传播秩序的不平等也有国际原因和发达国家的大国因素。西方国家在强调传播自由的同时,经常还要加上民主、人权、反恐、武器扩散等政治因素,只要求发展中国家开放传播领域,却没有传播合作,援助也很少。传播秩序的改善不是合作而是斗争,所以很难

---

① 哈森.世界新闻多棱镜:变化中的国际传媒[M].张苏,苏丹,译.北京:新华出版社,2000:11.

有什么实际成效。在体制方面,国际传播中的商业化、企业化,也使国际传播的斗争转换成一种经济的斗争,政治性的色彩在退化。所以,“世界传播新秩序”这种政治化色彩浓烈的口号似乎也显得有些不合时宜。

世界传播秩序、信息与文化主权和文化帝国主义是三个相互联系的问题。在跨国传播时代,信息与国家主权已经密不可分,由于对传播空间的争夺和传播的“再边境化”,“正在重新构建信息图像空间并形成新闻的传播地理”,①因此传统的主权观念中又增加了信息和文化的概念。信息主权是指一个国家对本国的信息传播系统进行自主管理的权利,文化主权涉及保证本国民族文化传统及文化价值观存续和发展的问题。而文化帝国主义概念则扩大为以经济、资本实力为后盾的市场扩张,通过传播信息产品而实现一种文化价值的扩张,在摧毁当地文化的同时,实现全球性的文化支配。文化帝国主义的观念在20世纪八九十年代被学术界重新提起,主要的背景是以美国为首的少数国家的全球性传播与文化扩张引起了各国的文化与民族认同危机,并引起了各国的警惕与注意。这一观念的提出标志着不仅发展中国家,而且那些受到美国文化入侵的发达国家也面临着挑战。如果说文化帝国主义是一个学术概念,那么信息与文化主权的提出就转化为各国保护本国利益的政策与行动了。

从根本上说,发展中国家要改变国际传播秩序,努力的方向有两个:(1)改善国内传播环境,提高传播技术和传播能力;(2)在国际舞台上争取国际技术合作和援助。随着世界经济格局的变化和新兴经济体的崛起,特别是一些发展中国家通过自己的努力,使世界传播格局和传播秩序实际上发生了一些变化,传播多元化的格局正在形成。G20峰会中的发展中国家,特别是“金砖五国”的传播能力提升得很快,正在成长为新的传播大国,不仅传统的印刷媒体、电子媒体发展迅速,而且新媒体方面也开始异军突起。全球网民从2003年的3亿发展到2006年的10亿、2010年的20亿、2014年的30亿和2021年的49亿,在10亿之后的增长主要来自发展中国家,特别是来自新兴经济体。有人认为,随着世界经济中的“他国崛起”,全球信息和传播新秩序出现了重构,传统的秩序发生了整体上的量变和局部的质变,甚至出现了信息的“逆流动”。② 随着发展中国家的中国、印度、巴西、埃及等国际传播能力的不断提升,世界传播体制中的英美体制正在动摇,“世界信息新秩序”和“交流新秩序”提出的传播多元化正在慢慢地变成现实。不过,从长远来看,改变传统传播秩序的道路依然十分漫长。

小　结

本章讨论的主要问题是当代信息社会的出现,媒介变革以及社会、媒介变革对新闻传播产生的影响。

信息社会与全球化是当代社会与新闻传播有关的关键概念。信息社会是指当代社会表现出来的内部变化特征,包括信息爆炸、服务业的发展和知识经济的崛起。全球化是指当代社会显示出来的外部联系特征,其中经济全球化和传播全球化是最重要的表

① 莫利,罗宾斯.认同的空间:全球媒介、电子世界景观与文化边界[M].司艳,译.南京:南京大学出版社,2001:1.
② 钱晶晶.“他国崛起”与全球信息和传播新秩序的重构[D].北京:清华大学,2014.

现。这些对当代新闻传播的发展变化有重大影响。

在当代社会产生的重要媒介是国际电视与网络媒体,新媒介不仅改变了新闻传播的方式,而且极大地丰富了传播的内容,提升了传播的社会效果。其直接的影响就是传播本身的媒介融合,以及从传播的国际化到传播的全球化。可以说,新闻传播的内容增加和扩大是信息社会重要的组成部分,也是全球化的重要内容。

正如在经济全球化进程中,世界范围内的经济鸿沟在不断扩大一样,在传播全球化时代,传播差距也成了一个突出的现象。传播差距产生了传播霸权和文化帝国主义,所以建立世界传播新秩序就成了当代一个重要的世界性课题。尽管传播多元化的雏形已经出现,不过这一课题仍然是一个远没有完成的任务。

【思考讨论题】

1. 信息技术革命为世界新闻传播带来了哪些变化?
2. 根据你个人的体验,信息社会有哪些特征?
3. 网络作为新闻传播媒介,其主要特点和影响是什么?
4. 如何理解传播全球化?
5. 发达国家的传播偏见是如何形成的?
6. 世界传播秩序不平等出现的原因是什么?

第十四章　主要西方国家新闻传播的变化

- **关键问题：**

  1. 当代西方社会的变化主要表现在哪几个方面？
  2. 西方国家的新闻传播体制调整的主要趋势是什么？
  3. 西方媒介商业化的主要表现体现在哪些方面？
  4. 如何看待媒介商业化？

20 世纪 80 年代以后，世界上几乎所有的国家都开始了改革和调整。在西方发达国家，政府在不同程度上放弃了凯恩斯式的国家资本主义而转向了带有“保守”色彩的自由主义政策，重新调整政府干预和发挥市场机制之间的关系，在改造传统产业的同时大力发展高科技。在政治经济基本稳定、社会结构变化和文化多元化发展的同时，西方国家的“信息社会”和“后工业社会”的特征也日益明显。不过，进入 21 世纪以来，特别是 21 世纪的第二个十年以来，新自由主义的弊端开始逐步显现。

西方国家的改革与调整直接影响到新闻传播的发展，主要表现就是新闻的产业化和商业化。政府不断放开对新闻传播的控制，将其推入竞争的市场。结果之一是新闻业的产业化不断加深，在激烈的竞争中，新闻产业的规模不断扩大，在跨行业和跨国的兼并与重组中，前所未有的媒体巨头出现了。结果之二是新闻传播内容的商业化，在发行量、收视份额、点击率的竞争中，媒体千方百计地取悦受众，娱乐化成为许多媒体的共同选择。信息爆炸使受众的注意力成为稀缺资源，新闻的标准开始倒向受众方面，而受众的注意力又成了卖给广告商的商品。媒体之间的竞争更加激烈了，而且这一竞争开始成为世界性的普遍现象。结果之三是新通信技术革命在商业资本的推动下加速进行，在很大程度上改变了媒体的结构与媒介环境。

第一节　当代西方国家的政治、经济与社会

如果用比较简单的词语总结当代西方国家的发展趋势，那么“新自由主义”与“全球化”无疑是两个最重要的概念。

美国著名的左派学者弗雷德里克·詹姆逊①认为，按照马克思的观点，资本主义的基本特征是资本的无限扩张，而这一特征至今没有发生根本性的变化。詹姆逊指出："资本主义不仅仅是一种生产体系或生产方式，而且是一种最富有弹性和适应能力的生产方式。"资本主义消除危机的基本策略无非有二：一是体系的扩张，二是新型商品的推出。他认为体系的扩张包括三个阶段：第一个阶段是18世纪的工业革命；第二个阶段是19世纪末的帝国主义阶段，在这一阶段，国内市场的界限被打破了，一种世界范围的殖民体系形成了；第三个阶段"即我们这个时代，老牌的帝国体系瓦解了，代之而起的是一种新的'世界体系'，而所谓的跨国公司在其中占主导地位"。这一阶段体系扩张的程度最高，"这第三个时期（一直到冷战结束才称得上完全进入了这一时期）的'全球化'程度比先前的帝国主义时期要高得多。随着印度、巴西和东欧广大地区出现动荡，资本和市场扩张的范围远远超过了先前各个阶段的资本主义"。而"新型商品的推出"的主要途径就是借助技术革命。可以说，蒸汽机技术与一般资本主义相适应，电子技术和内燃机技术与帝国主义相适应，原子能及控制论与跨国资本主义和作为后现代化重要标志的全球化相适应。"这些技术既是推出新型商品的生产力，同时又是开拓新的世界空间的工具，从而使地球'缩小'，使资本主义按照一种新的规模得以重新组织。"②詹姆逊的两个理由为我们提供了认识当代资本主义的新视角，如果在体系的扩张、技术的演进之外再加上制度的变革，我们就可以更清楚地看出当代资本主义的演变轨迹。可以说，制度更新和从世界市场的扩张中获取营养是当代资本主义发展的基础。而当代制度更新的主要表现就是新自由主义潮流的出现。

自20世纪30年代"罗斯福新政"的实践和"凯恩斯主义"的理论出笼之后，西方国家在"二战"后普遍走上了国家垄断资本主义的道路，也的确迎来了战后经济的快速发展。但是在70年代，凯恩斯主义遇到了危机，西方经济陷入了经济滞胀（经济停滞与通货膨胀并存）和赤字财政的泥潭。与此同时，作为凯恩斯主义的补充的新自由主义（又称新保守主义）经济学开始崛起。80年代以后，以美国的里根主义和英国的撒切尔私有化改革为标志，西方国家开始了向新自由主义的回归。其主要的政策是：(1)国有企业私有化政策。在英国、日本、西班牙、瑞典甚至社会民主思潮甚浓的法国，国有企业的私有化都成了一种潮流。(2)减税政策。美国里根主义的核心就是减税，减税是释放市场活力的重要手段。(3)削减社会福利。目的是减少财政赤字，提高经济效率。(4)"分享理论"与阶级调和政策。③ 随着西方股份公司的普遍发展，西方国家开始推行股权的社会化。例如美国在推行"雇员持有股票计划"后，1980年持有企业股票的员工高达2980万人，占人口总数的13%；1984年，仅19家有代表性的上市大公司股东人数就高达740.72万人。④这一年，美国国际商业机器公司（IBM）的股东为77万人，电话电报公司（AT&T）高达324万人。到2000年，全美国有25%的雇员分享他们公司的所有权。这种迅速出现的"工人

---

① 弗雷德里克·詹姆逊是美国当代最具挑战性的文化学者，他创立的马克思主义阐释学和对文化的政治性理解在西方国家人文领域独树一帜。1971年他出版了《马克思主义与形式》，1984年发表了《后现代主义或晚期资本主义的文化逻辑》，1998年又出版了《文化转向》一书。这些作品是其研究后现代的重要成果。

② 陈学明. 西方思想大师眼中的当代资本主义[J]. 海派经济学，2005(1).

③ 傅殷才. 新保守主义经济学[M]. 北京：中国经济出版社，1994：18-21.

④ 林忠. 现代公司论[M]. 北京：中国财政经济出版社，1996：150.

资本主义”概念只是生产关系调整的措施之一。经济政策调整的结果,使西方国家成了私有制、股份制、合作制、国有制等多种经济并存的混合经济,生产关系与经济基础达到了新的平衡。

新自由主义是西方国家在进入国家垄断资本主义之后的又一次制度调整,其主要目的是适应新科技革命的要求,重新调整政府干预与市场经济之间的关系,在激发国内市场活力的同时,更积极地参与新技术革命和国际竞争。新自由主义并不意味着西方国家退回到凯恩斯之前的自由竞争和垄断竞争阶段,而是在资本垄断和国家垄断之间寻找一种新的平衡。西方国家一面以新自由主义作为打开其他国家壁垒的武器,一面为国内企业的国际竞争创造条件,表明西方国家正由国家垄断资本主义向国际垄断资本主义过渡。

在这一时期,西方国家的政治、经济和社会等方面都发生了一些明显的变化。

在政治方面,国家职能和上层建筑的明显变化,在于国家的作用逐步转变到非强制性的政治职能和意识形态职能上。国家主要不是依靠强力,而是通过加强意识形态领域的“领导权”宣扬资产阶级统治的合法性、合理性,以维持与巩固统治。政府的职能表现出管理范围的不断扩大和职能的不断转变两大趋势。在国家的经济和社会职能大大加强的同时,其在政治统治方面也日益成熟。在职能的转化方面,现代政府的职能经历着从统治到治理的转变,现代的管理概念被纳入政府的行政之中。在20世纪80年代以来政府退出经济和一些社会领域的改革中,服务概念又被加入政府的行政之中。“二战”后特别值得注意的是公民“知情权”理论的实施。1966年美国国会通过了《信息自由法》(以后在1974、1976、1986、1996年等多次修订),70年代初美国法院对“五角大楼文件”案和“水门事件”的司法判例,都支持了受众的“知情权”理论。70年代以后,西方学术界也开始加入对这一理论的探讨。一般认为:在信息社会,知情权是公民行使一切民主自由权利的基本前提,是现代国家民主宪政的基础要素,也是防止出现恶劣政府的必要条件。随后,“知情权”理论被学术界、社会和政府普遍接受,也成了后来各国进行信息公开立法的理论基础。在美国之后,挪威、法国、澳大利亚、新西兰、加拿大、奥地利、希腊、荷兰、西班牙等国纷纷仿效,陆续制定了专门的信息公开法律。冷战结束后,政府信息发布法制化成为一种潮流。在利用和控制媒体的同时,政府也开始处于社会的监督之下。在长期的管理实践中,西方国家的政治家也摸索出一套利用舆论操纵选举、操纵政策的方法,各种民意调查机构生意兴隆,政府通过控制消息源来应对新闻界,从而使政府议程、新闻议程和公众议程达到一致并进行互动。

在经济方面,依靠科技进步和政策调整,西方国家在20世纪80年代中期以后经济开始回升。90年代西方企业迎来了历史上的第四次兼并浪潮(前三次分别是:1881~1911年,主要是同行业之间的平行兼并;20世纪20年代,主要是上下游企业之间的垂直兼并;20世纪六七十年代,主要是跨行业的联合兼并)。第四次兼并浪潮涉及资金动辄成百上千亿,主要是同行业、跨行业和跨国的强强并购,跨国公司在这轮兼并中迅速成长起来。金融资本也在急剧膨胀,资本输出规模不断扩大。国家对企业的国际性扩张也提供了越来越多的支持。总体而言,在新科技革命的经济转型中,西方国家的经济始终保持着平均3%~4%的中速增长,其经济实力在这一时期得到了进一步增强。西方七国集团在1976年成立时,GDP为4.01万亿美元,2000年为21.98万亿美元,2010年为32.95万亿美元,2021年为42万亿美元。

在社会方面,后工业社会的主要特征就是第三产业即服务业迅猛发展(有人把信息产业称为第四产业,也有人仍将其归为第三产业)。当代西方发达国家的经济结构开始向以信息产业为主导的高科技产业倾斜。一般来说,第一产业的就业人数所占比例不到10%,第二产业也不过20% ~30%,其余都在第三产业。这种从物质经济向知识经济的过渡、从发达工业社会向信息社会的过渡表现了当代资本主义的新特征。经济结构的变化也影响了社会结构和阶级关系的变化。社会阶级表现为复杂化和多层次化。在原有的以小业主、小商贩、手工业者和自由职业者为代表的传统的中间阶层不断萎缩的同时,以管理人员、科研人员、教师、医生、文艺工作者等为代表的新中间阶层崛起;其他阶层与集团,如随着政府职能扩大而扩大的官僚集团、随着知识产业兴起而出现的知识技能集团迅速扩大。另外,近几十年来,西方国家还出现了一种"逆城市化"的现象,主要表现为大城市人口减少、人口由中心城市向郊区及乡村迁移、更多的人口集居在大城市的边缘地带。法国、德国、意大利、西班牙、英国、美国和日本等都出现了这种现象。不过,由于逆城市化削弱了城市的竞争力,一些国家又开始制订城市复兴计划。另外,经济结构的调整、第三产业的崛起,也导致经济地理发生变化。例如在美国,一些传统的第二产业经济中心像芝加哥、匹兹堡、克利夫兰等城市开始沦为"铁锈地带",但同时也出现了旧金山的硅谷和新奥尔良等新经济中心。

正如弗雷德里克·詹姆逊所说,尽管资本主义靠体系的扩张和新型商品的推出两大措施来应对危机,但资本主义危机是体系性的,无法从根本上消除。而且,由于当代资本主义出现了商品性、消费主义、全球化和信息化等新的特征,资本主义的危机也出现了新的特点。如商品性侵蚀了大众文化,消费主义正在失去正面意义,全球性的结构性失业问题突出,投机盛行和资本流动失控,等等。① 正如马克思所说,全球危机一直是"资本主义经济所有矛盾的真正集中和强制调整"②。

新自由主义的危机在2008年的美国华尔街金融风暴和2010年的欧债危机中暴露出来了,制度调整开始失效。我们可以看到有三个非常明显的特点:一是经济发展开始转为低速增长和高失业率并存,资本的横行导致了更为严重的贫富分化,在中产阶级收入几乎没有增长的情况下,新增财富都流入了富人的腰包。2020年,美国最富有的1%人口拥有美国财富的30.5%,与此同时,收入较低的那一半人所占份额从3.6%降至1.9%。③ 各种社会矛盾不断激化,所以才有美国的占领华尔街运动、法国的"黄背心"运动、英国的脱欧公投的出现。二是消费主义影响到社会文化的各个方面,媒介的资本化和自媒体化使社会意识出现多元和分裂。西方国家出现了阶层分裂、种族偏见、政治极化和民粹主义盛行的局面。三是全球化的资本扩张受阻。在西方国家主导的全球化过程中,新兴国家正在获得更快的成长。2000年西方七国集团的GDP占全球GDP的65%,2010年占全球GDP的49.82%,2021年占全球GDP的44%,下降趋势明显。另外,全球化带来的激烈的经济竞争、地缘政治冲突、生态危机、全球恐怖主义、全球难民潮等,导致新民粹主义和反全球化思潮出现。所有这一切,都影响到当代西方的新闻传播。

---

① 陈学明. 西方思想大师眼中的当代资本主义[J]. 海派经济学,2005(1).

② 哈维. 资本社会的17个矛盾[M]. 许瑞宋,译. 北京:中信出版社,2016:21.

③ 美国经济现状:富人越富,穷人越穷,最富50人财富可敌一半人口[EB/OL]. (2020-10-14)[2022-01-12]. http://baijiahao.baidu.com/s? id=1680502507789047893&wfr=spider&for=pc.

第二节　西方国家媒介政策的调整及媒介结构的变化

当代西方国家奉行的新自由主义政策直接影响到新闻传播体制,西方国家纷纷推出了私有化、商业化的媒介政策,媒体的产业化进程大大加快。

一、媒介政策的变化

尽管都是资本主义国家,但西方各国的传媒体制和媒介政策还是有很大区别的。如果说在最早出现的平面媒体方面,西方国家的媒介政策之间区别不大的话,那么在广播电视方面则有着较大的差异。概括地说,西方国家的广播电视体制从所有制方面而言可以分为四种模式:一是以美国为代表的以私有制为基础的商业化模式;二是以英国、加拿大、日本等为代表的以公有制为基础的公私并存的双轨制模式;三是以意大利、德国为代表的以公有制为基础的纯粹公营体制;四是以法国为代表的以国有化为基础的纯粹国营体制。① 而20世纪七八十年代以后,无论哪种类型的国家,都开始放松对广播电视的控制而引入了市场竞争机制,从而构成了西方国家新自由主义政策的重要组成部分。

西方国家的媒介市场化和私有化改革首先是从缺乏竞争的国营和纯公营体制开始的。20世纪70年代中期,法国和意大利成了最先开始调整的国家。

法国从一开始就规定由国家垄断广播,不过有一些少量的私营电台存在。“二战”之后,法国建立了共产党、社会党和人民共和党联合执政的第四共和国,积极推行国有化和“计划经济”。在广播电视领域,私营电台被完全取消,国有的法国广播电视公司(RTF)成为唯一的广播电视领导者和经营者。1964年,在戴高乐执政的第五共和国时期,法国通过了广播电视法,法国广播电视公司被改为更具有垄断性质的法国广播电视管理局(ORTE)。20世纪70年代以后,法国陷入经济危机,1974年上台的德斯坦被迫进行调整,在广播电视领域引入竞争机制,取消了ORTE,将其业务拆分给7个国营公司,实行“国家垄断下的分工与竞争”②。80年代初,法国进一步改革,1982年通过新的广播法,允许私人办广播,结果一年中就有上千家私营电台领取执照。1985年法国放开了商业电视的私人经营权,结果很快出现了私营的全国性电视台。1986年法国总理希拉克自称要推行“法国色彩的自由主义革命”,在国有企业私有化的浪潮中,1987年法国规模最大的国营电视台也被卖给了私人,法国出现了国营与私营并存,而私营公司的实力超过国营广播电视的格局。

意大利和德国都是“二战”的战败国,在战前法西斯独裁统治时期,墨索里尼和希特勒分别在这两个国家建立了国家主义的集中广播体制。战后在西方国家的监督之下,这两个国家建立了公营的广播电视体制。在意大利,广播一直由意大利广播公司(RAI)垄断,战后RAI又由政府机构改成政府控股的公营公司。在德国,战后各州建立起社会公

① 李良荣. 当代世界新闻事业[M]. 北京:中国人民大学出版社,2002:90. 另有人把中间两种合并,分为私有、公有和国有三种类型,见魏永征,张咏华,林琳. 西方传媒的法制、管理和自律[M]. 北京:中国人民大学出版社,2003:210.

② 张允若,高宁远. 外国新闻事业史新编[M]. 成都:四川人民出版社,2001:367.

营的广播电视机构，50 年代各州的电台联合成立了德国广播联合会（ARD）。所谓公有制，是指广播电视的所有权为公共所有，由社会各界代表和政府代表组成委员会独立经营。

意大利广播电视体制的改革也是从 20 世纪 70 年代中期开始的。1974 年意大利法院裁决 RAI 的垄断违反宪法，1975 年意大利议会通过决议，在规定 RAI 公营性质的同时对其进行拆分，其下属的电台与电视台独立经营。同年，意大利议会修改了广播电视法，允许私人参与广播电视事业。此后意大利进入了广播电视发展的"战国时代"，各种性质、各种体制的上千家电台和电视台蜂拥而至。经过 80 年代的混乱和竞争，贝卢斯科尼创办的民营菲宁维斯特公司脱颖而出。1990 年议会通过了《公共和私人广播电视体制之规定》。90 年代以后形成了 RAI 与菲宁维斯特公司两大广电巨头分庭抗礼，公营与私营同时存在的局面。①

20 世纪 80 年代，西欧国家广播电视体制改革的步伐开始加快。1981 年联邦德国宪法法院做出了私人可以经营广播电视的裁决，随后出现了私营的电台与电视台。80 年代中期，德国形成了全国性的公营与私营并存体制，90 年代以后，私营广播电视渐渐占据上风。

如果说国有和纯粹公营体制国家的媒介政策调整主要是引入竞争机制和促使广播电视领域向私人开放，那么原来就存在私营的双轨制国家，调整的主要方向是进一步放开广播电视市场，减少政府的干预。这一方面，英国比较典型。

英国的广播在建立之初走的就是不同于美国和苏联的公营路线。BBC 一直是英国广播电视的垄断者，也是西方国家最大的公共广播电视公司。BBC 实际上是一个政府控制的公司，但又是相对独立的"特殊法人"。为了鼓励竞争，1954 年英国国会通过法案，允许开办民间商业电视台，组建独立电视局（ITA）负责管理。1955 年英国第一家商业电视台——伦敦电视台成立了。之后英国形成了 ITA 领导的由商业电视台组成的独立电视网（ITV），出现了 BBC 与 ITV 的双头垄断局面。1972 年英国开放了商业广播，独立电视局改成了独立广播局（IBA），1973 年英国第一家商业广播电台——伦敦广播公司成立了。尽管英国存在广播电视体制的竞争，但这种竞争是不充分的。长期以来，BBC 的观众一直是 ITV 的两倍以上。② 英国的商业电视台和电台在执照审批、行政、设备、节目、广告时间等方面受到 IBA 的多方控制。如果说 BBC 是公有公营，独立电视台就类似于公私合营。在欧洲广播电视私有制潮流的推动下，英国在 20 世纪 80 年代中期逐渐放松对广播电视的管制。1990 年英国国会通过新的广播法，规定全面开放广播电视市场。1991 年独立广播局被撤销，取而代之的是只具有单纯行政管理职能的独立电视委员会和广播管理局。民营公司的经营完全放开了，BBC 也开始向商业性公司转型，英国广播电视领域的竞争更加激烈了。

美国的广播电视体制一开始就是私有化的，不过其中也有公营或政府经营的成分，例如美国之音、美国公共广播公司等，但私有制占主体，80% 以上是完全商业化运作的。美国的广播电视体制有以下特点：（1）以营利为最终目的，以收听率、收视率为直接目标，

---

① 陈力丹. 世界新闻传播史［M］. 上海：上海交通大学出版社，2002：128.

② 卡瑞，辛顿. 英国新闻史［M］. 栾轶玫，译. 北京：清华大学出版社，2005：136.

以迎合受众为节目策划的基本原则。只有赢得了收听率、收视率,电视公司才能拿到广告收入,所以有所谓"二次销售理论",即把节目卖给受众,再把受众卖给广告商。(2)垄断竞争是美国广播电视业运行的基本模式。在商业化体制下,竞争是不可避免的,商业就是竞争,而竞争的结果就是相对的垄断。在美国,存在着大公司之间、大公司与众多小公司之间和小公司之间的竞争,因为广播电视的大门是敞开的,所以存在着几个大公司的相对垄断。因为集中才能更有效地竞争,所以垄断竞争成为常态。(3)相对独立性是美国广播电视业的存在方式。由于不受政府控制,把满足受众需求作为服务的最高目的,并且在竞争中具有了一定的实力,因此广播电视业在美国是一个相对独立的社会部门,是代表大众舆论的部门,形成了所谓"第四种势力"。

20 世纪 80 年代以后,美国转向新自由主义政策,对广播电视的体制做了进一步的调整,主要表现在减少对公共广播的支持和放松对广播电视垄断的限制两个方面。1967 年美国通过了《公共广播法》,规定公共广播为非营利事业,其主要收入来源为政府资助、基金会捐赠和企业资助,但是到 90 年代,政府的资助只占公共广播的 15%,联邦通信委员会(FCC)放开了公共广播的广告业务,以弥补经费的不足,由此广播电视中的公益性节目日益减少,公共广播也越来越商业化了。放松管制的主要表现是 1996 年美国颁布的《电信法》,原来对一个公司拥有媒体的数量和占有市场份额的规定被大大放开了,媒体的跨行业收购与经营的界限也被打破了。观察家认为这一法案打开了"媒体业联合的潘多拉盒子"①。《经济学家》杂志评价《电信法》"完全适合媒介公司的运作"。很多非媒体机构也开始进入媒体领域,媒体的集中与兼并大大加快,媒体的实力也大大增强了。

西方国家的广播电视体制极为复杂,我们可以从所有权、经营权、收入来源和经营目的四个方面对其进行分类。一般来说,所有权有国有、社会公有(单位联合)、私有(股份)等几种类型;经营权有国有国营、公有公营、公商合营和民有民营等几种类型;收入来源有政府拨款、社会捐款、执照费、收视费、广告费和节目交易等几种类型;经营目的有宣传国家政策、传播民族文化、服务公众信息需要、满足消费者和广告商的需求等不同层次。我们不难看出这四个方面市场化程度的从低到高的排列。可以说,这几种类型在西方国家同时存在。但是在 20 世纪 80 年代以后的商业化浪潮中,西方国家广播电视体制的上述排列也经历着从低到高的变化,私有与股份制公司不断壮大,商业化管理成为主流,收入来源越来越向收视费和广告费倾斜,公众也慢慢被消费者和广告商所取代。还有一个值得注意的现象是互联网的崛起,网络媒体从一开始就带有强烈的商业基因,因此,传媒政策的商业化色彩就更加浓厚了。

进入 21 世纪以来,新自由主义对媒介体制的影响越来越大,甚至影响到媒体与政府的关系,西方国家的媒介政策再次进入某种微调期。比较典型的是英国在所谓"窃听门"事件后,加强对报业监管的改革,以及美国在所谓"棱镜门"事件后,对互联网的监管。2011 年默多克旗下的《世界新闻报》丑闻爆发,随后引发了英国各界对媒体文化和媒体制度的反思,推动了英国的报业监管改革。英国最高法院组成的调查委员会经历了近一年的调查,在 2012 年年底公布了 1987 页的报告,提出了加强报业监管的 47 条建议。

---

① 赫尔曼,麦克切斯尼. 全球媒体:全球资本主义的新传教士[M]. 甄春亮,李静,王彦,等译. 天津:天津人民出版社,2001:52.

2013 年英国枢密院通过了建立一个独立机构规范媒体行为的“皇家宪章”，报业承诺成立新的机构加强行业自律。不过报业在“新闻自由”的名义下进行抵抗，英国报业监管取得的成效并不大。① 2012 年英国媒体爆出美国在世界各地进行监控的“棱镜计划”，指责美国政府利用媒体获取信息。媒体的揭露引发了政府与媒体的紧张关系，随后在政府与媒体的博弈中，政府也采取了一系列对网络媒体的限制措施。不过在声称“网络中立”和“言论自由”的美国，资本力量还是最大的，政府与媒体的关系只有在国家安全、知识产权、反对儿童色情、网络战略和反垄断方面高度一致，在其他方面的管理非常有限。网络在逐渐从公共平台演变成利益最大化的商业机构的同时，开始越来越多地参与政治活动，尤其是在美国大选的过程中。

二、媒体结构的变化

西方国家媒介政策的调整与媒体结构的变化密切相关。1979～1991 年全球观众看电视的时间增加了近 3 倍。② 在媒体的三足鼎立中，报纸的影响在不断下降，广播在经历了调频、“窄播”、地方化的调整之后，到 90 年代初开始走出低谷，而电视则逐渐成为强势媒体。在美国，报纸的千人拥有量达到 1950 年的 356 份之后就开始下降，1980 年降到 275 份，1995 年又降到 234 份。③ 同样的情况还出现在其他国家，在英国 1962 年日报发行量达到前所未有的 3050 万份、千人拥有量为 575 份的历史高位之后，1982 年日报发行量降到 2310 万份，千人拥有量下降为 410 份。与此同时，电视成了主要的消息来源。在日本，据 1975 年 NHK 的调查，63.3% 的人把电视作为主要的消息来源，而以报纸、广播为主要消息来源的分别只有 24.5% 和 9.8%。在新闻媒介的广告支出占社会总支出的比重中，1980 年电视首次超过报纸（占 31.1%），占 34.6% 的份额。④

西方国家媒介政策的调整适应了广播电视崛起的形势，使广播电视蓬勃发展起来。在 1985～1995 年美国与欧洲报刊的发行量下降 7% 的同时，广播进入了网络化和数字化时代，电视也达到发展的顶峰。1995 年西方主要国家人均收看电视的时间普遍超过 3 小时。⑤ 此时，电视的收视市场已经饱和，电视进入了收视份额的竞争时代。但是电视的高速发展势头似乎也有停滞的趋势，随着网络媒体的崛起，电视观众开始分流，媒体的格局又出现了新的变化。

进入 21 世纪以来，由于新媒体的冲击和接触新闻方式的变化，西方国家报纸的发行量持续下滑。例如，根据世界报业协会的统计，2007 年美国报纸的发行量下降了 3%，欧洲下降了 1.9%。2013 年法国报纸销量平均下降了 15.35%。日本报纸的销售收入也一直在下滑，从 2005 年的 12,573 亿日元下降到 2013 年的 11,302 亿日元。⑥ 在德国，日报

---

① 刘笑盈.“窃听门”之后的英国报业监管改革[J].法制新闻传播，2015(5).

② 赫尔曼，麦克切斯尼.全球媒体：全球资本主义的新传教士[M].甄春亮，李静，王彦，等译.天津：天津人民出版社，2001：38.

③ 皮卡德，布罗迪.美国报纸产业[M].周黎明，译.北京：中国人民大学出版社，2004：20.

④ 张昆.简明世界新闻通史[M].武汉：武汉大学出版社，1994：309-310.

⑤ 马赫兹.世界传播概览——媒体与新技术的挑战[M].师淑云，程小林，郭春林，等译.北京：中国对外翻译出版公司，1999：223.

⑥ 崔保国.中国传媒产业发展报告(2021)[M].北京：社会科学文献出版社，2021：393，396.

的发行量从 1991 年的 2730 万份一路下滑到 2020 年的 1250 万份。[①] 广播电视的发展也同样陷入停滞状态,收视率下滑、受众流失、受众老龄化成为一种趋势。

与此同时,网络及新媒体的发展速度惊人。世界网民数量从 2000 的 3 亿人发展到 2021 年的 49 亿人,其中前期的网民大多来自发达国家,发达国家的网络普及率一般都超过 85%。手机及各种新媒体的用户数量同样在直线上升,网络广告的年增长率超过 20%,越来越多的人开始习惯于在网络上浏览新闻。互联网在政治与社会中的传播力也越来越强。以美国为例,如果说互联网在 2008 年的总统大选中发挥了"重要作用"——奥巴马充分利用互联网和社交媒体争取选民并赢得了大选,有人将其称为互联网总统(之前有人将罗斯福称为广播总统,将肯尼迪称为电视总统),那么在 2016 年的总统大选中,互联网就发挥了"决定性作用"——特朗普在几乎失去所有传统媒体支持的情况下,依靠拥有八千万粉丝的自媒体逆袭当选,显示了社交媒体的强大力量。

在这种情形下,传统媒体开始越来越迫切地拥抱新媒体,媒介融合在发达国家成为一种趋势。在美国,报业开始进行数字化转型以扭转下滑的趋势。2013 年全美国 1400 份日报中有 500 多份采用了"付费墙"的模式,报刊网站的访问量也开始大幅度上升。电视也通过网站和社交媒体平台留住受众,2014 年 CNN 的月平均用户访问量达到 4200 万人次,紧跟其后的是 MSNBC 和 FOX。当然,发展更快的还是互联网,尤其在移动互联网发展起来之后,在欧美发达国家,2020 年网络普及率接近 90%,社交媒体用户接近 80%。在媒体占用时间方面,在观看电视、阅读报纸时间不断减少的同时,人们上网的时间在不断增加。人们使用网络媒体的时间远远超过了传统媒体。不过,也有调查显示,西方多数国家民众对网络信息持谨慎态度,超过 50% 的民众会考虑新闻的真实性。[②]

第三节　媒介商业化与产业化

西方国家媒介的产业化开始于 19 世纪中期以后的大众报刊时期,此后在 19 世纪末 20 世纪初达到了第一个高潮。主要表现是传播内容上"黄色新闻"的出现和媒体组织中报业集团的形成。20 世纪是西方传媒产业平稳发展的时期,20 世纪 80 年代以后,随着西方国家新自由主义政策的流行、新闻传播政策的调整和全球市场的开放,西方国家的媒介商业化和产业化又出现了第二个高潮,主要表现有:新闻报道内容的娱乐化、传媒经济的膨胀和跨国媒体巨头的发展。

一、新闻报道内容的娱乐化

实际上,报刊中一直存在着娱乐化倾向,"黄色新闻"的影响也一直没有绝迹。"二战"之后,随着西方国家大众消费和大众文化社会的出现,新闻娱乐化再次成为报刊新闻发展中的一个重要现象。典型的例子就是英国通俗报刊的崛起。而电视新闻的娱乐化似乎是天然的,因为电视本身就是一种娱乐性的媒体。美国著名媒体人李普曼早在 1959

---

① 崔保国. 中国传媒产业发展报告(2021)[M]. 北京:社会科学文献出版社,2021:355.

② 崔保国. 中国传媒产业发展报告(2021)[M]. 北京:社会科学文献出版社,2021:341.

年写的文章《关于电视》中,就批评美国的商业电视有三大弊端:欺骗大众、诱导犯罪和节目低俗。电视迎合下层群众的低级趣味、宣扬刺激性报道和物质刺激,片面追求收视率,导致节目的品位下降。① 美国传播学者尼尔·波兹曼在其名著《娱乐至死》中也指出,"不是电视的娱乐性,而是电视把娱乐本身变成了表现一切经历的形式"②。在20世纪80年代以后的媒介商业化过程中,这一现象更加突出了。

美国道·琼斯公司总裁、《华尔街日报》发行人彼得·凯恩在1993年指出了美国新闻界十个令人不安的倾向,包括:(1)新闻与娱乐的界限空前模糊;(2)新闻与言论的界限模糊;(3)扎堆抢新闻存在许多问题与隐患;(4)报道水平因距离和成见而下降;(5)多数媒体的悲观主义;(6)媒体热衷于怪异、反常及变态现象的报道;(7)媒体趋炎附势、随波逐流;(8)媒体热衷于私生活和道德评价;(9)媒体的注意力不够持久;(10)媒体追求权威但是公信力在下降。③ 凯恩描述的现象在20世纪90年代后期愈演愈烈。新闻商业化中的娱乐化集中起来可以概括为四个方面:"软"新闻的增加和"硬"新闻的减少;"软"新闻中犯罪、暴力和性的内容上升,而"硬"新闻中严肃新闻和国际新闻的减少;报道手法故事化的变化;新闻理念的变化。时至今日,这些情况并没有多大改变。

如果说英国的"小报"是报刊新闻娱乐化的典型,那么美国电视的娱乐化也非常醒目。美国著名电视新闻人丹·拉瑟曾说过这样一段话:

> 我们已经变成好莱坞了,我们已经屈从于新闻的好莱坞化了……我们化重要为琐碎。……我们将最好的时段给了闲言碎语和奇闻。④

20世纪90年代中后期,美国新闻界对"辛普森杀妻案""克林顿绯闻案"和"戴安娜之死案"三大事件的地毯式炒作,可以作为新闻娱乐化的三大标志性事件,这些事件也集中体现了犯罪和色情的主题。美国职业新闻工作者协会对《纽约时报》《华盛顿邮报》《今日美国》和《洛杉矶时报》这四张美国主流报纸的研究表明,从1977年到1997年的20年间,头版的内容中硬新闻从60%下降到30%,软新闻从8%上升到25%。在国际报道方面,美国《时代》杂志和《新闻周刊》对政治和国际事务的报道由占全部报道总数的33%下降到10%。⑤ 90年代美国三大电视网削减了一半以上的国际报道,仅1999年,美国五大电视频道的国外时事部分就减少了38%。⑥ 在西方媒体中,国际事务被"边缘化"了,"国际报道正面临着危机"⑦。连贯性的国际事务报道变成了缺乏背景的突发性事件报道,新闻报道的质量也大大下降,这不利于人们对国际事件的真正了解。报道手段的故事化体现在所谓的"新新闻主义"的发展中,其代表人物称"新新闻主义"的目标是要在理智和情感两方面席卷读者,以"小说的笔法来写新闻故事"⑧。美国电视新闻的品牌

---

① 张昆.简明世界新闻通史[M].武汉:武汉大学出版社,1994:280.

② 波兹曼.娱乐至死[M].章艳,译.桂林:广西师范大学出版社,2004:114.

③ 凯恩.美国新闻界十个令人不安的倾向[J].国际新闻界,1996(3).

④ 埃默里M,埃默里E.美国新闻史:大众传播媒介解释史[M].展江,殷文,译.北京:新华出版社,2001568.

⑤ 余燕敏,鄢利群.无冕之王与金钱:美国媒体与美国社会[M].北京:中国社会科学出版社,2000:203.另见徐熊.看"大爆炸"下的美国传媒[M].北京:人民日报出版社,2000:251-252.

⑥ 萨苏.全球化时代的国际传播[M]//尹鸿,李彬.全球化与大众传媒.北京:清华大学出版社,2002:80.

⑦ 哈森.世界新闻多棱镜:变化中的国际传媒[M].张苏,苏丹,译.北京:新华出版社,2000:214.

⑧ 杜骏飞,胡翼青.深度报道原理[M].北京:新华出版社,2001:65.

节目《60 分钟》的缔造者唐·休伊特就称,节目成功的关键是“采用个人新闻——不是处理事件,而是讲述故事”①。在新闻理念方面,尽管娱乐化引起了一些具有传统理想主义的新闻人的反对,但是在实用主义者和媒介老板那里却大行其道。传媒大亨默多克认为,新闻就是生意,“我们就是娱乐产业”。他声称“所有报纸的经营都要盈利,我经营任何东西都不是为了赢得敬重”②。其旗下 FOX 的总裁也说“新闻要使人兴奋,就像娱乐一样”。在电视领域,所谓的“极速原则”(抢速度而不求真实)、“瞬间原则”(强调细节的冲击力)和“后篱笆原则”(主妇们靠在后院的篱笆上聊天的内容更重要),成了电视界新的操作手法,并渗透到报纸、广播和新闻杂志领域。③

进入 21 世纪以来,在商业化的冲击之下,新闻消费主义对新闻专业主义构成严重威胁。美国电视界出现了信息娱乐性节目和另类新闻节目。所谓信息娱乐性节目(Infortainment)是 Information(信息)和 Entertainment(娱乐)两个单词的组合,是把新闻信息与文化娱乐两者结合起来的一种新的电视节目形式。这种节目不是纯新闻性的,也不是纯娱乐性的,而是将新闻与娱乐结合在一起,它的主要目的是以提供娱乐为主,也可以说是娱乐性节目,但内容跟新闻与信息相关。所谓另类新闻节目是由 Fox 开创的,在 Fox News Channel(新闻频道)中,其新闻节目内容耸人听闻,观点鲜明而主观。这一时期新闻的泛娱乐化体现在内容和表达两个方面:在内容选择上,社会新闻、体育及娱乐新闻、时政新闻中的私人话题和道德评价成了媒体热衷报道的对象;在表达方式上,主观立场在前、冲突式表达、网络语言或用惊人之语、亮出采访“后台”信息、可视化展示,等等,也成了媒体的惯用手法。

媒体内容的娱乐化是媒体经济的重要表现和特征,在受众需要娱乐的口号下掩盖的是娱乐需要受众的真实目的。因为媒体经济的核心是注意力经济,而新闻又是媒体吸引注意力的主要内容。通过吸引受众的注意力,再把受众的注意力分类打包卖给广告商,构成了西方媒体经济的运行基础。

二、传媒经济的膨胀

在当代,西方的传媒经济得到了前所未有的发展。以美国为例,尽管就发行量而言,报刊的发展处于相对停滞的状态,但是由于经济的发展和消费者主观性的增强,报刊广告到 20 世纪 90 年代之前始终处于高速增长的态势。美国的日报广告销售额从 1950 年的 20 亿美元增加到 1995 年的 360 多亿美元,其中 70～80 年代的增长率都超过 100%。④ 2000 年,美国的报业总产值为 590 亿美元,其中广告收入达 487 亿美元。⑤ 广播业的收入也超过 130 亿美元。电视是美国媒介广告的最大载体,也是增长最快的载体。1980 年电视广告收入大约是 50 亿美元,1998 年达到 475 亿美元。1980～2000 年的 20 年间,美国的媒体广告增加了 3 倍多,从 298.15 亿美元增加到 1368.99 亿美元。同样的情况也发生

---

① 王纬.镜头里的“第四势力”——美国电视新闻节目[M].北京:北京广播学院出版社,2000:203.
② 王慧慧.霸者无疆:默多克和他的新闻集团[M].重庆:重庆出版社,2006:154.
③ 李良荣.当代西方新闻媒体[M].上海:复旦大学出版社,2003:38-39.
④ 皮卡德,布罗迪.美国报纸产业[M].周黎明,译.北京:中国人民大学出版社,2004:31.
⑤ 支庭荣.西方媒介产业化历史研究[M].广州:广东人民出版社,2004:256.

在其他西方国家。例如同期日本的媒体广告也增加了3倍多，从89.18亿美元增加到375.38亿美元。[①] 就整个世界传媒产业而言，2000年的总量超过8000亿美元，其中美国所占的比重超过45%。

进入21世纪以来，西方国家的传媒产业依然在快速增长。例如2009年，美国的信息传播产业的总收入达到10,768.33亿美元，其中传媒和电信业几乎平分天下，传媒业占53%，达到5758.79亿美元，其收入占全球媒体产业的47.9%。[②] 其中美国网络媒体的发展速度更是惊人，美国商务部估计IT业的年平均增长速度是美国经济平均增长的两倍以上。2009年美国网络媒体产业的规模已经占据整个信息传播产业的10%和传媒产业的20%。其他如英国、法国、日本等西方国家，也都出现了同样的情况。根据普华永道的报告，2013年全球娱乐和传媒产业的总收入达到1.69万亿美元，占当年全球GDP72.22万亿美元的2.3%。[③] 2019年全球娱乐和传媒产业的总收入超过2万亿美元，其中超过60%以上的收入来自西方国家。传媒产业，已经成为西方国家文化产业中最重要的组成部分。

三、跨国传媒巨头的发展

媒介内容的商业化与媒介的产业化是密切相关的，由于媒介被推向了市场，激烈的市场竞争导致媒介的产业化程度大大加深。不仅传统的私营媒体或商业化媒体加强了产业化的运作，传统的公营媒体或非商业化媒体也开始了媒体产业化的进程。媒体的产业化表现在经营和管理两个方面：在经营方面，媒体开始以市场化为导向，在不断扩大媒体市场的同时，把报纸发行量、广播收听率、电视收视率和网络点击率作为最高的经营目标，在收视费或发行费、节目交换及广告收入方面追求市场的最大化。这三项收入，特别是广告收入大幅度提高。在管理方面，媒体开始了公司化的运作，通过成立股份公司、兼并和收购扩大规模、精简机构和人员，提高效率，降低成本。以BBC为例，经过20世纪90年代后期到2004年的三次改革，BBC越来越向一个商业公司的模式靠拢了。

表14-1　1991年和2000年世界电视产业十巨头[④]

单位：亿美元

名次	1991年	营业额	2000年	营业额
1	Time Warner	120.21	Time Warner	362
2	Bertelsmann	96.13	Disney/ABC	254
3	News Corp.	85.96	法国VU	243
4	Finifast	81.38	Viacom	200.44
5	Disney	61.82	Bertelsmann	165.58
6	GE/NBC	60.23	News Corp.	138
7	Capital/ABC	53.82	AT&T/TCI	96

---

① 胡鞍钢，张晓群．中国传媒迅速崛起的实证分析[J]．战略与管理，2004(3)．

② 胡正荣．全球传媒产业发展报告2011[M]．北京：社会科学文献出版社，2011：206，3．

③ 崔保国．中国传媒产业发展报告2015[M]．北京：社会科学文献出版社，2015：357．

④ 陆地．世界电视产业市场概论[M]．北京：中国人民大学出版社，2003：39．

续表

名次	1991 年	营业额	2000 年	营业额
8	NHK	40.29	Sony	90
9	Paramont	38.95	Comcast	82
10	CBS	30.95	NBC	68
总计		669.14		1699.02

由表 14-1 可以看出,激烈的竞争使大公司的排名变化莫测,其中 1991 年的 10 巨头 10 年后只剩下一半,但 10 年中公司的规模普遍扩大了 1 ~ 2 倍,而电视产业的总规模也增加了一倍多。电视产业只不过是媒体产业的一个缩影而已,从表 14-2 和表 14-3 可以看出,西方主要媒体集团的多元化经营和巨大的规模。

表 14-2　西方主要媒体集团的内容产品

集团名称	国家	经营领域
Time Warner	美国	有线电视网、出版、音乐、电影娱乐、数字媒体、互联网、通信等
News Corp.	美国	报纸、电视、杂志、书籍、电影娱乐、卫星电视、互联网、其他业务(包括数字业务,如 Myspace)等
BBC	英国	电视、广播、出版、互联网、手机媒体、英语教学、乐团等
CNN	美国	电视、广播、互联网、新闻资源机构等
NHK	日本	电视、广播、电影、交响乐、出版、互联网等

媒介产业化是在经济和传播全球化的背景下进行,是在各国传媒政策纷纷从控制到放松管制甚至支持媒体扩张的调整中发展的。在经历了 20 世纪 20 年代和 60 年代两次报业兼并高峰后,90 年代又开始了一次更为疯狂的媒体扩张。在媒介全球性的扩张的同时,世界性的媒体并购成为一个特别令人瞩目的现象。比较典型的媒体并购案,例如 1996 年时代华纳与 CNN 合并,新公司成为年收入超过 200 亿美元的当时最大的媒体集团。1999 年维亚康姆以 460 亿美元对 CBS 进行收购,又形成了年销售额达 230 亿美元的巨型公司。2000 年时代华纳与美国在线高达 1840 亿美元的天价并购更是创下新的历史纪录。媒体并购不仅跨越了行业而且跨越了国家的界限,例如美国通用电气公司收购 NBC,迪士尼收购 ABC,默多克新闻集团在世界范围内的各种收购等。有人统计 1999 年全球电视产业的上百宗收购,其中 50% 属于跨国、跨洲性质。80 年代后期,特别是 90 年代以来,世界性的媒体集团纷纷出现。在短短的的十几年间,全球的传媒市场就掌握在三四十家大型的跨国公司手中了。如果说 20 世纪 90 年代传媒公司的资产一般是几亿、几十亿美元,那么到 21 世纪之后,它们很快就扩大到几百亿甚至上千亿美元(见表 14-3)。

表 14-3　2008 ~ 2009 年西方主要媒体集团的经营规模(折算为人民币)

	Time Warner	News Corp.	NBC	Viacom	BBC	NHK
总资产	7779 亿	3628 亿	2307 亿	1536 亿	903 亿	626 亿
总收入	3209 亿	2078 亿	1159 亿	999 亿	517 亿	503 亿

值得注意的是，随着互联网特别是移动互联网技术的发展，网络公司开始在传媒公司中异军突起。在2020年西方排名前十的传媒集团中，有不少互联网公司，传统公司也在积极拥抱互联网公司（见表14-4）。

表14-4　2020年西方十大传媒公司

排名	公司名称	经营领域	国家	营收（百万美元）
1	Google	互联网新媒体	美国	161,860.00
2	CMCSA	有线宽屏及卫星	美国	108,942.00
3	Facebook	互联网新媒体	美国	70,697.00
4	Disney	综合媒体	美国	65,388.00
5	Charter	有线宽屏及卫星	美国	45,764.00
6	Time Warner	综合媒体	美国	33,500.00
7	CBS	电视或广播电台	美国	27,810.00
8	BCE	电信、电视或广播电台	加拿大	23,964.00
9	Bertelsmann	综合媒体	德国	21,807.83
10	Netfilx	互联网新媒体	美国	20,156.45

第四节　对西方媒介商业化的思考

媒介商业化和产业化是20世纪80年代以来新闻传播发展史上的一个重要现象，几乎所有国家都在不同程度上加入了这股潮流，结果是全球文化产业的出现和扩大。就西方国家而言，90年代以来媒体出现了一片繁荣景象，具体体现在：（1）广播电视的频率、频道大大增加，西欧各国的电视频道从80年代中期的48个增加到2002年400个，到2010年，美国有13,000家电台和1600多家电视台。电台和电视台开始了专业化和分众化经营，受众的可选择性大大增加。（2）媒体的内容更加贴近受众，媒体根据受众的兴趣和关注重点的变化，不断调整自己的节目或版面，创新成了媒体的生存法则，受众也可以享受更多的节目、更多的新闻和更好的服务。（3）媒体的收益大大提高，从20世纪90年代初到20世纪末的10年中，欧美国家媒体的广告收入年平均增长10%～15%，媒体成为西方各国增长最快的行业之一。进入21世纪以来，媒体成为文化产业的一部分，传媒经济的发展速度普遍快于国民经济其他部门的发展速度。（4）媒体实力的提升为新技术的开发创造了条件，以数字化传输为基本特征的新技术，使媒体的面貌日新月异。[①] 在西方国家，媒体产业已经成为重要的国民经济部门和出口产业，所占比例一般超过国民生产总值的5%，是文化产业中的核心产业。

媒介商业化与产业化激发了媒体的活力，满足了受众多方面的需求，扩大了媒体的影响力，跨国媒体集团成为传播全球化的有力推动者。但是这股潮流也带来了许多的困

---

① 部分说法来自李良荣，林晖，谢静. 当代西方新闻媒体[M]. 上海：复旦大学出版社，2003：10.

惑和弊端,引起了人们的思考。其主要的弊端表现在以下三个方面:一是过度的商业化导致新闻观念的变化、报道水平的下降和对受众的误导;二是媒体的垄断集中及新闻消费主义是否影响了新闻功能的发挥;三是跨国媒体集团及其传播对国家主权和民族文化提出的挑战。

一、新闻理念的变化

媒介商业化表现在内容上,是软新闻的增加、刺激性的报道增加和国际新闻的减少;体现在新闻理念上,是重大性原则开始让位于趣味性原则,而一味的贴近性原则和消极的反常性成为新闻采编的重要依据。为了抢新闻,媒体报道中的真实和平衡原则被破坏了。在电视新闻中过于强调"瞬间的冲击力""突出细节""刺激性的镜头",新闻事件的连续性和完整性也被破坏了。软新闻导致新闻中客观性的退让和主观性的上升。商业化对国际新闻报道的冲击更为严重。实际上,国际新闻减少的一个重要原因就是制作的成本太高,结果造成了一个十分不正常的反差——在发达国家,国际新闻在新闻中的比重却在降低。即使在以报道国际新闻为主的 CNN 那里,国际新闻也成了"碎片的堆积",国际新闻的完整性和连续性被破坏了。过分强调消极的反常性在媒体的"拟态环境"高度发达的今天,实际上扭曲了新闻对客观世界的真实反映,降低了新闻价值。

在媒介商业化的激烈竞争中,扎堆抢新闻和片面追求时效是导致报道水平下降的重要原因,而新闻主观性的上升又对报道者的道德水平提出了新的考验。报道失实甚至编造新闻成了常见的现象。《纽约时报》记者布莱尔炮制假新闻事件在 2003 年 4 月东窗事发,导致美国这家最重要的报纸总编辑和执行主任辞职。美国新闻伦理学家罗恩·史密斯认为,尽管今天新闻工作者受到的训练比任何时候都好,职业技能是一流的,但是只有正确地理解自己的社会角色,才能恰当地运用这些技能。① 更严重的是,媒介商业化正在冲击着传统的新闻伦理,2011 年爆发的英国报业"窃听门"丑闻,就是默多克的新闻集团"把新闻做成生意"所引发的恶劣事件,结果导致《世界新闻报》这家有 168 年历史的报纸关门,也导致媒体、学界、政府等社会各界的反思。②

从更高的要求来说,新闻的真实性原则并不仅仅是事件和细节的真实,而是对重大事件理解的真实,让受众从新闻报道中看出时代的脉动。而媒介商业化导致了这一目标的偏离。美国新闻界在反思 20 世纪末新闻报道中的问题时提出了两大失误:一是对高科技不遗余力地吹捧,导致互联网泡沫破灭时美国股民损失惨重;二是国际新闻报道的减少和水平下降,使美国公众在"9·11"事件发生时不知所措。尽管"9·11"事件之后严肃新闻重新回头,政府、国内和国际事件重新成为电视新闻的主题,国际新闻报道有所增加,甚至出现了对阿富汗战争、伊拉克战争报道的媒体盛宴,但是在媒介商业化的趋势中,新闻对社会的感知麻痹这一现象难以根本改变。在随后的 2008 年世界经济危机、2014 年乌克兰危机、2020 年全球新冠肺炎疫情暴发等事件中,我们依然看到了这一现象,许多西方媒体并没有进行充分客观的报道。

媒介商业化的基本特征就是把公众变成消费者,在不断扩大公众信息消费的同时把

---

① 史密斯. 新闻道德评价[M]. 李青藜,译. 北京:新华出版社,2001:2-3.

② 刘笑盈. "窃听门"真相:默多克传媒帝国透视[M]. 北京:新华出版社,2011:216.

消费者作为商品卖给广告商。从表面上看，媒体在追求收视率和发行量的同时也满足了消费者的需求，但是媒体的社会功能也因此受到了损害。从根本上说，新闻价值并不仅仅是由受众所决定的，而是由事实本身代表的社会价值所决定的。BBC 的开创者约翰·里思曾经尖锐地指出："极少有听众知道他们想要什么，更少有听众想要他们所需要的。"媒体不应过分迎合大众口味，而应该引领大众品位。"有的人向公众提供他认为公众需要的东西，并以此为荣。这种人经常杜撰一些低水准的公众需要，而自己还对此洋洋得意。"[①]不幸的是，里思的批评成了今天普遍存在的现象。公众利益被隐蔽地转换成了商业利益。

二、新闻功能的变化及"后真相"新闻

垄断会导致新闻监督功能的丧失，从而导致媒体公信力的丧失。如果说以前西方国家广播电视主要是行政或行业垄断的话，那么在新闻政策调整后，媒介的商业性垄断大大加强了。美国的批判传播学者罗伯特·麦克切斯尼在 1999 年出版了一本书《富媒体，穷民主》，专门谈论媒体集中对民主政治的破坏。他认为，媒介商业化的一个重要后果就是媒介公共价值的衰落和边缘化。如果说在早期的商业化中，媒体的商业利益和公共利益还可以并存的话，"在今天这个唯利是图的社会中，利益最大化的商业价值和商业欺骗，湮没了媒体作为公共机构的特性"。真正的新闻不存在了，"为了争夺发行量，它们正疯狂地损害着新闻道德"，[②]民主制度也开始受到威胁。一方面，媒体垄断有可能使大公司通过控制舆论而操纵社会；另一方面，在商业资本和政府操控下的新闻媒体，其社会政治功能也大大萎缩了。

媒介商业化的实质是市场化和资本化，尽管市场化是资源配置的有效手段，但是市场机制对于公平而言是盲目的。垄断和信息不对称往往会导致市场失灵，而且市场也不负责提供基本的公共产品。[③] 所有这些市场现象在全球新闻市场上都得到了淋漓尽致的表现。

媒介的过度商业化导致了媒体的失位和越位，影响了媒体功能的发挥。媒体实际上是"社会的良知""社会公器"，应该通过传递信息发挥自己感知社会的功能。在媒体、政府、民众的三角关系中，媒体应该是处于监督政府、服务公众、促进社会进步的位置。但是，新闻消费主义的理念在造成媒体失位的同时，也造成媒体的越位。失位是指媒体没有准确、公正、客观地报道新闻，越位则是指媒体展现出过多的主观性，对社会进行了不恰当的干预。尽管西方的新闻职业规范非常严格，对新闻记者的道德要求也非常明确，但是由于新闻消费主义的不断侵蚀，失位和越位成了常见的现象。关于媒介商业化，西方的一些严肃学者也进行了反思和批判。美国学者麦克马那斯指出了新闻商品化的四种效应：(1)受众从新闻中获得的信息可能会减少；(2)受众可能会被误导；(3)新闻来源可能被更多的力量操纵；(4)受众对政治变得更加冷漠。[④]

---

① 金-尚克尔曼. 透视 BBC 与 CNN：媒介组织管理[M]. 彭泰权，译. 北京：清华大学出版社，2004：77.

② 麦克切斯尼. 富媒体，穷民主[M]. 谢岳，译. 北京：新华出版社，2004：57，59.

③ 刘笑盈. 经济学与经济新闻报道[M]. 北京：中国传媒大学出版社，2006：109-113.

④ 麦克马那斯. 市场新闻业：公民自行小心？[M]. 张磊，译. 北京：新华出版社，2004：266，130.

传统媒体的困境和社交媒体的兴起,导致了新闻"后真相"(Post-truth)时代的到来。"后真相"概念之热,以至于被《牛津词典》选为2016年的年度词语。这个词的意思是"客观事实的陈述,往往不及诉诸情感和煽动信仰更容易影响民意","后真相"其实还包括假新闻盛行、信息过载和寻找信息的成本过高等含义。其中的情绪化表达是关键,或者说连接所有人的情绪,就是后真相。在后真相时代,对于受众来说,真相并不重要,关键是什么信息看上去像真的,什么信息符合自己的期待和想象,加上大数据、算法推送、视频传播等技术手段,形成了排除客观、社会价值、新闻专业性而强调爆款、网红、流量的新"新闻标准",推动了"后真相"的出现。但是,我们应该坚持和创新适应数字传播时代的新闻报道传统,解决好"过滤"和"恢复真相"的问题,为创造公正公平、公开透明的社会提供有价值的信息。

三、跨国媒体的全球扩张

由于资本的基本特征就是无限扩张,在媒介商业化和全球文化市场的形成中,媒介产生了更大的动力。文化霸权开始在经济的推动下更加隐蔽、更加有力地表现出来。不要说媒介不发达的发展中国家,就是媒介相对发达的欧洲国家也感到了美国文化的威胁。美国与欧洲的广播电视体制有明显的不同,美国的商业化水平要高于欧洲。在美国的13,000多家电台中,11,000多家为商业电台,在1600多家电视台中,有1300多家为商业电视台。而据欧广联统计,在欧洲12,000个合法电台中,只有5100家为私人所有。① 西欧各国实行双轨制是希望在政治上由社会和政府控制部分舆论,防止少数人或少数集团垄断和控制舆论,保护西方的民主制度;在经济上保持相互竞争,在提高节目质量的同时,避免在有限的广告市场上恶意竞争;在文化上保护和传承本民族文化传统,避免外来文化和低俗的商业文化的冲击。但是商业化和文化市场开放立刻带来了美国文化入侵的问题,成熟的美国商业化节目充斥着私营电视台。据统计,在西欧各国的私营电视台中,美国电视剧占整个娱乐市场的60%左右,西欧学者感叹"电视越是商业化,就越是美国化"。在与美国一界之隔的加拿大,保护民族文化免受美国文化冲击,更是其长期以来的战略任务。② 而我们曾经论述过的发达国家与发展中国家之间存在的文化差距和文化霸权,在媒介商业化的过程中就显得更加刺眼和醒目了。如果说西方国家的媒体在国内还可以保持一些公众产品提供者特色的话,那么在全球新闻市场上,经济法则和国家利益就是最高的行为准则,国际新闻中的公共产品少得可怜。全球舆论场是混乱的,体现了媒体霸权。我们可以看到,美国媒体在海湾战争中碾压式的霸权报道,在"9·11"事件和阿富汗战争中美国媒体狂热的爱国主义和严格的自我审查报道,在哥本哈根世界气候大会上美国媒体突出本国利益的报道,以及在法国"黄背心"运动和委内瑞拉骚乱中的双重标准报道③,无不体现了这样的特点。

跨国媒体公司的出现是商业化的媒体在全球扩张的产物,尽管跨国媒体公司在促进传播全球化中作出了贡献,尽管跨国媒体公司为了打开世界市场采取了"全球化思考,本

---

① 张勉之. 世界广播趋势[M]. 北京:中国广播电视出版社,2005:8.

② 蔡帼芬,徐琴媛,刘笑盈. 全球化视野中的国际传播[M]. 北京:五洲传播出版社,2004:9-11.

③ 刘雯,刘笑盈. 美国媒体国际报道双重标准的背后[J]. 新闻战线,2019(9).

土化行动”的策略，但是作为西方价值观念的主要维护者，它们对发展中国家文化的冲击非常明显。跨国媒体公司的传播与早已存在的以国家为主题的国际传播一起，形成了一股更大的文化冲击波，导致世界的新闻传播更加不平衡。由于传播全球化形成的“再空间化”和“再边境化”，“文化边境”成了一个新名词，“文化主权”也成为继国家领土、政治和经济主权后出现的一个新主题。

小　结

本章主要讨论了西方国家媒体在当代的发展。

当代西方社会是一个正在经历巨大变化的社会，从政治上讲，新自由主义的兴起是西方国家的主要思想潮流，西方国家正在进入国家垄断和资本垄断关系的再次调整期。经济全球化为资本主义的世界性扩张提供了新的条件，从经济和社会方面看，信息社会和后工业社会成为西方国家的主要社会特征。不过，21 世纪以来经济全球化的发展逐渐遇到了障碍，新自由主义的制度调整也开始暴露出越来越多的问题。

这一时期，西方国家的新闻传播也在经历着重大变化，主要表现就是政府的自由主义政策和媒体的商业化，与此同时，媒体结构也在发生着变化。

媒介商业化使西方媒体发生了重大变化。一方面，这一时期西方媒体开始了前所未有的发展，信息总量有了前所未有的增加，媒体结构调整也在加速进行。另一方面，媒介商业化也带来了许多新的问题。首先，过度的商业化导致新闻观念的变化、娱乐性新闻的盛行、报道水平的下降和对受众的误导，尽管许多媒体工作者依然坚持传统的新闻理念在勤勉工作，但是媒体的公信力日益下降。从根本上讲，新闻产品具有公共产品和商品的两重性，但是商业化在增加后者而减少前者。其次，尽管政府放松了行政控制，给予媒体更大的发展空间，但是媒体中原有的社会独立性开始被商业资本所侵蚀。在政府的灵活控制和商业资本压力的双重作用下，媒体的商业功能在提升，社会政治功能在降低。最后，在世界新闻市场上，跨国媒体集团及其传播对其他国家主权和民族文化提出了挑战。以上问题都是我们应该注意的。

【思考讨论题】

1. 西方国家新自由主义出现的原因和后果是什么？
2. 西方国家媒介政策调整的主要内容是什么？
3. 当代西方国家的媒体结构发生了哪些变化？
4. 如何看待媒介商业化？
5. 跨国媒体集团的出现给世界新闻传播带来了什么？

第十五章　主要非西方国家新闻传播的调整

- **关键问题:**
  1. 当代非西方国家政治与经济发展的趋势是什么?
  2. 俄罗斯新闻改革经历了哪几个阶段?
  3. 当代发展中国家新闻传播的特点是什么?
  4. 如何看待新闻在非西方国家的社会作用?

在当代世界,不仅西方国家采取了面向市场的改革,而且其他社会主义国家和民族主义国家也都开始了改革,甚至可以说这些国家的改革力度更大,变化更明显。自20世纪80年代以来,原社会主义国家几乎同时开始了改革开放的进程,在把政治优先改为经济优先的过程中,这些国家进行了政治民主化和经济市场化的改革试验。广大发展中国家也开始把政治发展与经济发展和社会发展相结合,在扩大开放中寻找民族的复兴之路。国内政治和经济的调整反映在国际方面,就是大大加快了国际化和全球一体化的步伐。

在这些国家,新闻传播业作为调整和改革的重要组成部分,也发生了很大的变化。首先,新闻传播体制发生了一些变化,政府管控下的媒体的商业化和市场化成为趋势。其次,新闻传播业得到了进一步发展,媒体的数量增加、实力增强,新闻报道的总量迅速增加。再次,在新闻服务于改革开放的同时,媒体的报道也开始从宣传型新闻向信息新闻过渡,政府与新闻媒介的关系也在调整之中。最后,这些国家在新闻传播的调整中既有成功的经验,也有失败的教训,改革和发展的道路依然曲折漫长,任务依然艰巨。

第一节　主要非西方国家的当代改革

我们把主要非西方国家分为苏联—俄罗斯及东欧国家和发展中国家两种类型,分别加以介绍。

一、苏联—俄罗斯及东欧国家的改革与调整

20世纪五六十年代,苏联和东欧国家一直在进行探索性改革。30年代开始形成的苏联社会主义的高度集权、以行政管理为主的计划经济体制,对苏联和其他社会主义国家的经济发展有过一定的积极作用,但由于模式僵化,也产生了许多弊端。70年代是世

界历史发展的转折年代,80 年代是改革的年代。其中社会主义国家的改革最为激烈和惊心动魄。

可以说,社会主义国家改革的根本目的是迅速提高生产力,提高人民群众的物质和文化生活水平,主要方向是:经济市场化——在坚持政府对经济进行宏观调控的同时逐步以市场方式配置资源;政治民主化——在坚持和改善共产党领导的同时更有效地调动各种政治力量,提高制度建设的水平;对世界的开放——在坚持经济自主的同时借助世界市场的力量,以本国独特的生产要素参与世界市场的资源配置。然而,由于各个国家的社会历史不同、改革的社会基础不同,以及领导人的水平、改革方案的制定、改革次序和时机的差异与国际因素的影响,各国产生了不同的改革结果。

20 世纪 80 年代是苏联和东欧国家的改革动荡期。在苏联,1985 ~ 1987 年戈尔巴乔夫提出了大规模的改革设想,但是在 1988 年 6 月苏共十九次代表会议后,苏联改革发生了急剧变化:在经济改革受阻的情况下,要求先进行政治改革,取消党的领导地位,仿效西方多党制,推行总统制。在苏共党内政治力量对决中,1991 年发生了"8 · 19"事件,苏联解体,苏共被解散,苏共领导的改革失败。80 年代,东欧国家政治持续动荡。由于东欧国家未能通过改革建立起符合本国国情的经济政治体制,没有把经济搞上去,加上长期以来存在的民主社会主义思潮的影响,以及西方国家的和平攻势和苏联对东欧政策的大幅度改变,东欧各社会主义国家在 80 年代末 90 年代初发生了剧变。

20 世纪 90 年代以后,俄罗斯与东欧国家所走的道路有所不同。

为西方国家所看好的自由市场的经济改革和西方式民主政治改革并没有立刻为东欧国家带来想象中的美好景象。据欧洲复兴开发银行的统计,1990 ~ 2001 年,中东欧地区包括波罗的海三国在内的 15 个国家经济的平均年增长率仅为 0.73%,而同期世界经济年平均增长率约为 2.5%。其中,发展最快的波兰、捷克、匈牙利和斯洛伐克年均经济增长率也只有1.95%。中东欧地区南部的国家,阿尔巴尼亚、斯洛文尼亚、罗马尼亚和保加利亚的同期年均增长率不足 1%。而波罗的海三国爱沙尼亚、拉脱维亚和立陶宛都未达到 1989 年的实际国内生产总值水平。在政治上,表面上的民主并没有解决深刻的社会矛盾。2002 年以后,东欧国家的情况开始有所好转,进入了相对稳定的发展阶段,西方式的多党议会制也慢慢成形。2004 年中东欧十国集体加入欧盟。随着全球化的不断深入、国际投资的不断增加、西欧不断向东欧转移传统产能、中国"一带一路"倡议与中东欧的跨区域对接,中东欧经济发展开始加快,增幅达到 4% ~5%,成为欧盟内部经济增长最快的地区。

俄罗斯在巨变之后的发展路程可以以世纪之交为界划分为两个阶段。在第一个阶段,俄罗斯全盘西化,但社会与经济的发展并不顺利。叶利钦从 1992 年开始推进所谓的"休克疗法",主要是经济私有化和市场化,政治民主化,外交上亲西方,"成为民主国家的一个成员"。但是这种选择使俄罗斯饱尝灾难性的后果。在"休克疗法"实行将近十年之后,甚至连俄罗斯的激进自由主义者都对改革后的体制状况进行了尖锐的批评。俄罗斯的经济形态被称为"等级制资本主义""官僚资本主义""寡头资本主义",等等。1998 年的严重经济危机促使俄罗斯政府改变原来的改革路径。在由此引发的政府危机中,普里马科夫被任命为政府总理,随后俄罗斯开始了适应本国国情的调整。在第二个阶段,2000 年普京上台后延续了这条路线。2000 ~ 2011 年,俄罗斯经济年增长率一直在 4% ~

7%之间,人均 GDP 从 2100 美元增加到12,900美元。总体来说,俄罗斯加强了政府的作用而不再采取完全自由放任的政策,在政治上强调"有管理的民主",在外交上强调"独立和全方位"。这次转变为俄罗斯带来了显而易见的好处,不仅经济开始复苏,国际地位也开始上升。从俄罗斯的改革实践来看,从"新自由主义"的路径切入得到的是一个"混合体制"的转型结局,这多少是一个富于戏剧性的结果。但结论是显而易见的:资本主义的政治模式和市场体制不是万能的,关注模式选择与本土环境的互动与相互适应才是改革和体制转型的关键。不过,最近几年,俄罗斯不断受到北约东扩的挤压,过于依靠能源的弊端也开始显现,经济增长的速度开始放缓,平均增速为 2% ~5% 。

二、发展中国家的改革与调整

发展中国家在"二战"后的历史可以以 20 世纪 80 年代为界分为两个阶段。在 80 年代以前,发展中国家在争取政治独立和经济独立方面取得了巨大成就,表现出以下特点:(1)国内的经济发展目标优于、重于政治及社会发展;(2)在经济发展中,国家的力量、政治的力量优于、重于市场的力量、经济的力量;(3)积极参与国际政治斗争吸引了新独立国家的主要注意力,国际目标优于、重于国内目标;(4)由于发展战略和国际环境的变化,民族主义国家的发展出现了严重分化。一些国家放弃片面的经济独立口号开始与世界市场结合,在从进口替代战略转向出口导向战略的同时,成为新兴的工业化国家。在改变国际经济秩序的斗争中,石油输出国迅速积累了巨额财富,而其他国家则雪上加霜,开始面临更加恶劣的国际贸易环境。

20 世纪 80 年代初到 90 年代初为发展中国家发展的停滞阶段。整个 80 年代,发展中国家年均经济增长率仅为 1.5% ,被称为"失去的十年",与发达国家已经缩小的差距又开始拉大。停滞的原因有整个世界经济发展停滞的制约,也有发展中国家自身的因素。在经济方面,债务危机严重、经济结构失调、缺乏市场活力和与世界市场脱轨成为阻碍经济发展的四个主要障碍。在政治方面,民族主义国家在国际舞台上积极参与国际事务,展开"反殖反帝反霸"斗争,但是在国内政治制度建设和社会发展上则陷于停顿。众多的民族主义国家或因家族统治、独裁统治,或因政治腐败,争权夺利,引起政局动荡,政变迭起,人民怨声载道,人心思变。

在严峻的现实面前,民族主义国家不得不进行新的抉择和调整。可以说,在 20 世纪 80 年代以前,民族主义国家体系内席卷而来的是民族解放与独立运动的洪流,而 80 年代以后涌现的则是经济改革调整与政治民主化、制度化的大潮。

20 世纪 80 年代以后发展中国家的经济调整表现在四个方面:(1)产业结构的调整。发展中国家从强调以发展工业为重点转向重视工业和农业相适应的发展,注意发展第三产业,促进产业多样化。(2)宏观经济政策的调整。发展中国家在深化经济体制改革中,减少国家对经济的直接干预和控制,重视经济杠杆作用,加强市场调节,努力将国家调控与市场调节结合起来。(3)微观经济制度的改革。国有企业实行大规模的私有化,减少国家对私营企业和外资企业的限制,培育市场型的经济基础,为有效的宏观调控提供有利条件。(4)实行对外开放政策,不断放开进出口的限制,降低关税,进入世界市场。发展中国家经过经济的改革与调整,取得了一些成效。其中东亚的一些国家和地区建立了外向型的市场经济体制和金融体制；拉美地区的一些国家初步完成了从国家干预的内向型发展模式向减少国家干预的外向型发展模式转变。不少发展中国家经过十多年的改革，独立自主发展经济的内部条件和外部条件大为改善。就经济发展的成就看，一些发展中国家的经济发展速度明显超过发达国家，在世界经济中的地位也有所提升。这一点，从发展中国家成员数量超过发达国家的 G20 峰会就可以看出。随着七国集团在世界经济中的比重不断下降，占据世界人口三分之二和世界经济 85% 的二十国集团在世界事务中的作用越来越突出了。有学者研究了 G20 国家 2000 ~ 2015 年综合国力的变化，发现其中 11 个南方国家整体上属于上升或崛起型，而 9 个北方国家（西方 8 国加上欧盟）属于下降或衰落型。2000 ~ 2015 年，11 个南方国家综合国力占世界的比重从 25.26% 提高到40.48%。2000 年，北方国家综合国力是南方国家的 2.17 倍，而到 2015 年，南方国家反而是北方国家的 1.13 倍。[①] 据国际货币基金组织的统计，2000 年，世界经济体中 GDP 超过万亿美元的国家有 7 个，发展中国家只有中国一个；2018 年，超过万亿的国家有 16 个，其中发展中国家有 7 个，在全球 GDP 排名前 30 的国家中，发展中国家占一半。

20 世纪 80 年代以后，在民族主义国家体系内涌现的另一历史潮流是政治民主化。发展中国家参与和丰富了世界的“第三次民主化”浪潮。[②]

民族主义国家的民主化浪潮是20 世纪 70 年代末 80 年代初从拉丁美洲首先开始的。随着 70 年代中期欧洲葡萄牙和西班牙权威主义政权的倒台，拉丁美洲的军人独裁政权也摇摇欲坠。拉丁美洲在 70 年代除了哥伦比亚、委内瑞拉两国外，其余全部是军人独裁统治。到 80 年代末，拉丁美洲除了智利和巴拉圭两国之外，已全部改为民主政体。90 年代，拉丁美洲基本上实现了民主化。80 年代以后，亚洲民族主义国家的政治民主化运动同样有声有色，菲律宾的马科斯、韩国的全斗焕、印尼的苏哈托政权先后倒台，泰国民主选举的文人政权上台引人瞩目。民主化浪潮也出现在长期以来伊斯兰教占绝对统治地位的中东地区，在经济自由化的同时，埃及、摩洛哥、阿尔及利亚、约旦、也门、科威特、黎巴嫩等国都开始了议会选举、新闻自由、开放党禁等政治自由化的尝试。政治民主化的浪潮还冲击到非洲，90 年代以后非洲出现了多党制取代一党制或禁党制、民选的文人政府取代军人政府的潮流。1992 年以后，绝大多数非洲国家建立了多党制。在政治自由化与民主化的浪潮中，民族主义国家原有的权威主义、独裁主义政权受到了越来越大的挑战。

进入 21 世纪以来，在西方政治文化的冲击下，特别是在美国的推动下，民族主义国家掀起了所谓的政治民主化的“第四波浪潮”。在以 2010 年的“突尼斯革命”为起点，席卷了北非和中东很多伊斯兰国家的运动中，多个独裁政权倒台，政府由选举产生。但这场潮流与第三次浪潮不同，成功的国家不多，一些国家不同程度地演变成军阀混战、寡头政治，有些国家还迅速堕落成衰败国家。

总结当代发展中国家的历史发展，可以得出以下几个结论：

第一，发展中国家的战后发展，体现出极大的不平衡和体制的多样性。就经济发展来看，仅经济发展规模和水平就可以分为四种不同类型：一是高收入低发展国家，包括中

---

① 胡鞍钢，王洪川. 南北格局与和平崛起：二十国集团综合国力研究[J]. 现代国际关系，2017(11).

② 丛日云. 当代世界的民主化浪潮[M]. 天津：天津人民出版社，1999：55-56.

东和其他地区约20个石油输出国;二是新兴工业化国家和地区,主要是亚洲和拉丁美洲的十几个国家和地区,这些国家基本实现了工业化,收入处于中上等水平;三是中低收入国家和地区,这种类型的国家占发展中国家的大多数,它们大多处在由农业国向工业国迈进的过程中;四是最不发达国家,主要分布在非洲、南亚和中美洲,有40多个国家,这些国家经济结构单一,基础设施落后,人口增长过快,政局不稳定。就经济和政治体制来看,总的说来,发展中国家的经济体制处于国家主导向市场主导方向过渡阶段,政治体制处于由权威主义向政治民主过渡阶段。经过这样的过渡,1975年世界上的民选政府只有30个国家,2005年这样的国家达到了119个。但是政治发展不平衡和多样性在发展中国家同样存在。

第二,发展中国家的战后发展必须坚持独立自主与对外开放相结合,坚持追求经济发展速度与可持续发展相结合,坚持政治经济改革和社会稳定相结合,关键是坚持发展战略与本国国情相结合。

第三,发展中国家面临的问题,主要是所谓的"国家的脆弱性"问题。尽管许多国家拥有悠久的民族历史,但是形成国家,特别是形成现代国家的历史却比较短暂,许多还处于"国家形成"的时期,社会凝聚力松散,政府职能不健全。这也是与国家形成密切相关的政治理念——民族主义、传统宗教文化在这些国家大行其道的原因。但是在当代,特别是全球化的浪潮席卷世界之时,发展中国家面临着制度化的考验。国家机器不是经济和社会发展的阻力,而是经济发展的发动机。正如世界银行发布的《变革世界中的政府》(1997)所说,国家在法律、宏观政策、社会协调、公共设施和保护环境等方面的作用是无可替代的。① 关键是国家功能的转换,从政治扩大到经济、文化、社会,从统治到治理和服务,从而形成真正意义上的当代国家。

经过了20世纪80年代的改革和调整,发展中国家的发展再现生机。在政治经济体制不断变革的同时,90年代以后,东亚经济继续高速增长,非洲经济走出泥潭,改变了人口增长速度超过经济增长速度的现象,拉美经济也走出阴影,开始中速增长。作为一个整体,发展中国家在世界经济中所占的比重从70年代初的13%上升到90年代初的20%、21世纪初的29%、2018年的39.7%。但是相对于发展中国家的数目、人口数量和领土面积来说,这个比例还是很低。发展中国家的人口占世界人口的86%,2018年人均GDP为5260美元,发达国家的人均GDP为4.7万美元,是发展中国家的9倍。同时,发展中国家的债务压力、人口压力、资源环境压力、信息技术被"边缘化"的压力也越来越大,制度建设也面临着稳定与创新的矛盾。可以说,发展中国家的发展道路依然任重而道远。

第二节　苏联—俄罗斯新闻传播的调整与转型

苏联的新闻传播业实行的是高度集中统一的新闻体制,这种体制也可以称为国有国营的体制、党报体制或宣传型体制,其显著特点就是新闻传播业与政府和执政党的高度

① 中国现代国际关系研究所,第三世界研究中心. 当代第三世界透视[M]. 北京:时事出版社,2001:19.

一致。报刊、广播、电视被看作党和政府的宣传及政治工具,而对传播媒介的管理又是党和政府的一项重要职能。

这种单一体制的利弊十分明显。其利有二:(1)国有国营媒体的节目品位高、内容严肃,几乎没有刺激性内容;(2)配合政治和社会运动,媒体的政治作用能得到最大限度的发挥。其弊端主要表现在:(1)过分强调政治和宣传不利于媒介的其他功能,如娱乐功能、信息传播乃至经济功能的发挥;(2)管理过严,不利于媒体从业人员积极性的发挥;(3)内容过分严肃单调,不能满足受众需求,导致受众流失;(4)只有一种声音不利于政治监督和民主。

苏联—俄罗斯新闻传播的变化与其在20世纪80年代以后的历史发展相一致,可以分为从改革开始到1991年苏联解体的开放时期、1992年到1998年的自由主义与混乱时期和20世纪末至今的调控与相对稳定时期。

苏联的新闻改革是从1985年戈尔巴乔夫上台及其实行改革开始的。这一时期的特点就是开放。他提出"公开性原则"是新闻改革的基础。戈尔巴乔夫声称"汽车不是驶向掌握方向盘的人想去的地方""国家正处于危机前的状态",[①]因此必须进行改革。"改革就是革命",改革的方向是民主化,"民主越多,社会主义就越多",而民主的关键是公开性。他声称,"我们需要公开性就像需要空气一样",要"让公开性大放光明"。[②] 在公开性原则的基础上,苏联政府废除了延续数十年的新闻检查制度,新闻媒介的透明度由此大大增强。但由于完全放开新闻传播管控,社会出现了舆论失控的局面,思想活跃变成了思想混乱,苏联的改革走入了歧途。

从1991年苏联解体到1998年政策调整是苏联新闻改革的第二个时期。苏联的遗产主要由其最大的共和国俄罗斯继承,叶利钦担任俄罗斯的领导人。这一时期,俄罗斯新闻改革的主要特点是从完全开放到相对稳定,以商业化、私有化为主的多样化并存。20世纪90年代前期,俄罗斯的新闻出版处于混乱状态。苏共解体后,原有的媒体纷纷改换门庭,俄罗斯报刊在归属形式上出现了地方化和多样化的格局。1991年12月,俄罗斯颁布《大众传播法》,以新闻自由为原则,要求境内的所有媒体重新登记,原有的传播格局被打破。首先,对那些从国家财政预算中得到补贴的、具有全国性影响的新闻机构,如俄罗斯通讯社—塔斯社、奥斯坦基诺电视台、《俄罗斯报》等,政府仍通过行政手段予以控制。其次,由计划经济转入市场经济之后,政府取消了对大部分媒体的财政资助,让它们自负盈亏、自谋生路,大部分媒体被推向了市场,媒体的私有化进程加快。同时政府通过一定的财政补贴,有选择地扶持那些同情或支持政府立场的报刊。最后,在行政手段、经济手段并用的同时,俄罗斯政府颁布了一系列相应的法规,强化了法制手段。据统计,1991～1995年,俄罗斯联邦议会制定了400多个关于信息的立法,还成立了俄罗斯信息政策委员会等20多个专门机构。[③] 由此可见,俄罗斯政府对新闻业的干预形式发生了变化:由单一的行政手段变为行政、经济、法律等多种手段的干预和管理。

这一时期,俄罗斯的媒体私有化浪潮汹涌,除了俄罗斯通讯社—塔斯社、俄罗斯新闻

---

① 戈尔巴乔夫.改革与新思维[M].苏群,译.北京:新华出版社,1987:19-20.

② 戈尔巴乔夫.改革与新思维[M].苏群,译.北京:新华出版社,1987:92,88.

③ 高纯德.信息化与政府信息资源管理[M].北京:中国计划出版社,2002:247.

社和俄罗斯国家电视广播公司等少数主要媒体外,其他传媒机构几乎都实行了私有化或股份制,形成了国有、政党、社会团体、私人和寡头控制等多种所有制并存,百家纷争的局面。其媒体的发展也经历了一个马鞍形的曲折过程。1992 年俄罗斯境内有 600 多种报纸和 400 多种期刊,实行"休克疗法"后,由于物价飞涨,报刊成本大幅提高,1993 年近一半媒体消亡。但是随后政党、金融寡头乃至国际资本开始介入俄罗斯新闻业。1993 年俄罗斯的第一个商业电视台"独立电视台"开始播出节目,同时由美国特纳公司投资与俄方合办的"电视六台"也登台亮相。[①] 20 世纪 90 年代中期,俄罗斯媒体进入了一个快速发展时期,几年内俄罗斯的报纸达到 800 多家,杂志 4000 多家,电视的发展更快,几年内电视公司的数量增加了十倍。通过对车臣战争的报道,电视的影响开始超过报刊,成了俄罗斯的主导性媒体。不过在媒体提供更多内容、节目日益丰富的同时,在媒体的控制方面,政党和私人资本的势力不断扩大,甚至出现了金融寡头背后操纵,政党、商业资本和传媒相互利用的局面。例如金融寡头别列佐夫斯基以控股的方式控制了电视六台、"莫斯科回声"广播电台和《独立报》《每日商报》《政权》杂志等媒体。另一寡头古辛斯基控制了独立电视台。俄罗斯的新闻业从百家纷争、群雄并起变成了诸侯争霸,私人寡头在媒体市场上呼风唤雨。

1998 年的政策调整是向有控制的自由主义转移,政府开始加大对媒体的控制和影响。2000 年普京上台后坚持这一路线,媒体发展从而进入了第三个阶段。1998 年 5 月,叶利钦签署了"关于完善国营电子媒体的工作"的总统令,规定把所有中央和地方的国营广播电视公司、新闻社和电视技术中心统一纳入俄罗斯国家电视广播公司的管理之下。普京上台后继续对寡头统治的媒体开刀。例如古辛斯基控制的独立电视台言论激烈,经常攻击政府,2001 年政府开始清查其经济问题,后来又迫使控制人出让股份,对电视台进行了改组。俄罗斯最高法院同样以经济原因关闭了电视六台。政府夺回了传媒控制权,形成了控制主要媒体,影响大多数媒体的局面,无序的"新闻自由"步入了"政府可控民主"的状态。

俄罗斯新闻体制的转型是其政治体制和社会转型的一部分。如同俄罗斯政治上是"有管理的民主"、经济上是"混合体制"一样,俄罗斯的媒体也出现了多种结构、多种经济成分并存的局面。一方面,政府控制着主要媒体;另一方面,其他所有制媒体也大量存在。一方面,俄罗斯坚持"政治民主、新闻自由";另一方面,政府又通过主流媒体设置新闻议程,通过信息控制和新闻发布来获得舆论主导权。[②]

目前,传统媒体依然在俄罗斯占有重要地位。2014 年的统计数据显示,俄罗斯一共注册了 26,932 家报纸和 31,979 家杂志,其中较为知名的报刊有《消息报》《论据与事实》《生意人报》《俄罗斯报》《独立报》等。除了俄语报纸以外,还有一些比较受欢迎的英文报纸,如《莫斯科时报》。俄罗斯是东欧各国中电视发展水平最高的国家。俄罗斯的电视市场分为全国电视及地区区域性电视,全国电视中的"三大台":"第一频道""俄罗斯 1 台""独立电视台"吸引了大部分的受众,此外还有"今日俄罗斯"这样具有国际影响的电

---

① 程曼丽. 外国新闻传播史导论[M]. 上海:复旦大学出版社,2004:267.

② 俄罗斯政府在 2002 年的莫斯科人质事件中所采取的措施就充分体现了这一点,见徐琴媛. 中外新闻发布制度比较研究[M]. 北京:中国传媒大学出版社,2004:144-149.

视台。俄罗斯主要的广播电台有三家:俄罗斯广播电台、莫斯科回声和“灯塔”广播电台。俄罗斯三大通讯社为俄罗斯通讯社—塔斯社、俄罗斯新闻社、国际文传电讯社,其中前者位于国际通讯社的前列。就传播体制而言,俄罗斯是政府控制下的多元传播体制,有些媒体并非政府独立控制,也有民间资本参加。例如俄罗斯通讯社—塔斯社是国家控制,国际文传电讯社属于民间私人资本所有。除了国家所有或者国家控制的广播电视台外,私营广播电视台也有上千个,不过主要是地方性媒体。各种完全市场化的报刊也不计其数。不过,2014 年普京签署法令,规定外籍人士不能在俄罗斯再办媒体;2016 年,俄罗斯规定外资在俄罗斯媒体中所占的最高份额不能超过 20%。

俄罗斯的网络媒体发展也很快,2019 年,俄罗斯的网民数量达到 1.1 亿,网络普及率达到 84%,在世界大国中处于较高水平。俄罗斯大部分传统媒体已经逐步实现了与网络媒体的互动,主要传统媒体有自己的门户网站,电视业也在积极向数字化转型。俄罗斯有一些知名网站,如新闻网站 Lenta.ru、社交网站 VK、搜索网站 Yandex 等。据称,社交网站 VK 有 12 个语言版本,注册用户超过 1 亿人,其中有许多国际用户。此外,国外社交网站如 Facebook、Twitter、YouTube 等也在俄罗斯盛行。值得注意的是,随着互联网在社会生活中的作用越来越大,尤其是社交媒体开始“重塑”政治传播,2012 年以来,普京政府开始对互联网的政策进行调整,在立法方面,制定了“网络黑名单法”“反盗版法”“封闭极端主义网站法”“知名博主新规则法”“个人数据保护法”“反恐一揽子法案”,等等,同时采用行政施压和资本控制的方式,对互联网的管理从放任转向了约束。

第三节　东欧国家的新闻传播变革与独联体的动荡

一、东欧国家的新闻传播变革

因为发生了剧烈的革命,东欧国家的新闻传播不是调整而是变革,其发展可以以 20 世纪 80 年代初、90 年代初以及 21 世纪初为界限,分成三个历史阶段。

东欧国家在 80 年代出现了新闻改革的浪潮,主要的特点是自由化和开放。主要的历史轨迹是从放松对新闻的限制和揭弊报道开始,到制定新闻自由的立法,在扩大新闻机构自主权的同时,不断向社会开放原来集中统一的新闻体制,而媒体也成了 80 年代政治动荡中反对派的主要工具。特别是 80 年代中期,苏联提出公开化原则以后,东欧的新闻改革开始加速。

波兰是东欧国家中最早出现政治动荡和新闻改革的国家。1980 年波兰的反对派团结工会领导了全国性的罢工,同时利用工会的报刊《周报》等制造舆论。而波兰执政的统一工人党不断放开对舆论的控制,允许公开讨论 1980 年的危机。1984 年波兰还制定了一部自由的新闻法,规定任何个人和组织都可以申请办报,各种报刊都可以自行决定报道方针。于是各种类型的报刊,包括私人报刊纷纷出现,统一的党报体系被打破了。[①] 80 年代中期以后,媒体成了政治运动的主要工具,报刊的主要内容就是表达对统一工人党

---

① 张允若,高宁远.外国新闻事业史新编[M].成都:四川人民出版社,2001:251.

执政的不满,结果在1989年的大选中,执政党下台了。

如果说波兰是由反对派从外部推翻了统一工人党的领导,那么匈牙利的变化则是从内部开始的。1984年匈牙利在实行经济体制改革的同时放开了对新闻的控制,1986年制定的新闻法规定"每个人都有权通过新闻途径发表不违反宪法的观点和作品"①。1988年匈牙利共产党开始讨论政治多元化与多党制问题,媒体上出现了对历史事件的翻案之风,报刊和广播电视的新闻报道完全放开,终于导致1989年修改宪法,改变了匈牙利的发展方向。

东欧其他国家的变革也有各自的历史特点。例如捷克因为历史上遭受苏联入侵,所以是以反苏开始其历史变革的;民主德国是以统一而完成历史巨变的;罗马尼亚是因为齐奥塞斯库的强硬统治导致了流血事件;而保加利亚作为紧跟苏联的"第十六个加盟共和国",改革完全受苏联影响。媒体在这些变革中发挥了重要作用,媒体报道的内容有的重在对苏联的攻击(如捷克),有的是对西方生活方式的赞扬(如民主德国),有的是对社会弊病的揭露(如保加利亚),无论是哪种方式,执政党都成了被攻击的对象。因为放开了控制,"美国之音""自由欧洲广播电台"等西方媒体也开始推波助澜。这一切导致了1989年年底到1990年东欧国家的巨变。

20世纪90年代,东欧国家处于动荡时期,在政治上经历了一段极右之后,左翼在90年代中期卷土重来,多种政治力量并存,经济发展缓慢。90年代东欧国家的新闻变革主要表现在私有化、商业化和企业化方面,形成了以私有和股份制企业为主,多种体制并存的新闻体制;在新闻报道的观念上,也从宣传型向西方猎奇型新闻报道转变,西方的资本对东欧国家媒体的逐渐渗透和控制十分明显。

东欧国家媒体的私有化贯穿整个90年代。捷克、波兰和匈牙利在90年代初进一步制定了关于新闻自由的法律,除报刊之外又开放了广播电视。如捷克议会1991年通过的新广播法明确规定允许广播私有化;波兰在私营电台电视台已经大量存在的情况下,1992年通过广播电视法规定了公私并存的体制;匈牙利1993年也通过了类似的法案;罗马尼亚开始向私营广播电视台发放许可证,同时国家电视台也可以由私人经营;1999年保加利亚在东欧国家中最后一个向私人开放了广播电视领域。私有化的结果是私人或股份制媒体成为东欧国家的主流媒体。报纸大多数是由私人控股的独立报纸,如在波兰发行量最大的《选举报》,1989年创办时就是股份制公司,而《共和国报》由政府机关报改成了私人性质的独立报纸。东欧最大的电视台也基本是私营媒体,如匈牙利的纳普电视台、多瑙电视台,捷克的诺瓦电视台、首播电视台,都是该国最大的私营台,占70%左右的电视市场。② 东欧国家原有的国家级电视台尽管依然存在,但是体制僵化,节目枯燥无味,难以吸引受众。东欧国家政府主要用间接手段控制舆论。西方跨国媒体公司也开始在东欧市场上"攻城略地"。尽管东欧国家对外资的进入有一定的限制,但是这些限制逐渐被打破,东欧国家最有活力的电视、广播和报刊背后,都有外资活动的身影,有的还达到了控股的程度。

苏联解体后,1991年12月原苏联的11个加盟共和国——俄罗斯、乌克兰、白俄罗

① 张允若,高宁远.外国新闻事业史新编[M].成都:四川人民出版社,2001:251.
② 李良荣.当代世界新闻事业[M].北京:中国人民大学出版社,2002:41.

斯、乌兹别克、哈萨克斯坦、吉尔吉斯斯坦等成立了独立国家联合体,这是一种非常松散的国家联盟形式,各国的主权实际上完全独立。独联体国家在20世纪90年代经历了与东欧大致相同的道路,在新闻传播方面彻底改变了苏联时期的国营和党报体系,走上了私有化、商业化之路。目前的媒体体制是政府拨款和私营两种,但私有企业是媒体主流,外资也开始进入媒体业。例如在乌克兰,20多家电视台中只有国家一台、二台为国家所控制,其他影响较大的国际电视台、现代电视台、基辅电视台、"新频道"电视台等都是私营股份制电视台。国家二台每天播出的12个小时节目中,有8个小时出租给了私营电视公司。白俄罗斯700多家报纸和800多种杂志的纸媒中,由国家所有的不到三分之一。在90多家电视台中,私人所有的占三分之二左右。在哈萨克斯坦,非国有媒体占媒体总数的80%以上。

总而言之,绝大多数东欧媒体随着社会制度的变化而发生了深刻的改变,之前苏联严苛的自上而下的管理体制已经基本消失,经济因素的作用明显增强。媒介体制方面的改变主要表现在从国家控制的媒体到商业化媒体、从政治媒体到娱乐消遣的市民媒体、从传统媒体到新媒体的转型。目前,东欧国家媒体呈现出多元化的所有制、多样化的管理体制、多结构的媒体格局,包括政府经营、政党经营、集体经营和私人经营,等等。管理方面主要表现为多样化的调控管理方式,包括行政、经济、法律等多种手段并用。不过,在私有化、市场化、国际化程度和政府的控制能力方面,不同的国家有很大差别。

21世纪以来,东欧国家媒体开始进入相对稳定的发展阶段,并且开始了数字化和网络化的发展。例如在白俄罗斯,电视的数字化转型基本完成,网站超过了10万家。在乌克兰,有5000多份定期出版物,其中《乌克兰共青团真理报》《事实与评论报》《基辅导报》等发行量超过100万份;有数百个电视频道,其中乌克兰国家电视一台、二台、"1+1"电视台、"新频道"电视台等影响巨大。在哈萨克斯坦,有2000多家报刊、63家电视台、42家广播电台、146家有线电视运营商和十几家通讯社,许多媒体都建立了自己的网站。俄罗斯的社交媒体VK、美国的Twitter和Facebook在哈萨克斯坦也拥有广泛的受众。2014年,整个东欧国家的网络普及率超过50%,略高于世界平均水平;2017年,网络普及率超过70%。

二、独联体的动荡与媒体作用

"独联体"是俄罗斯为了抵抗美国的扩张,保留自己的影响力而成立的一个松散的国际组织。然而21世纪以来,欧洲政治就是欧盟不断扩大、北约不断东扩和俄罗斯的力量不断受到挤压的过程。随着土库曼斯坦、格鲁吉亚、乌克兰等国家的退出,独联体逐渐名存实亡。在这个过程中,西方媒体起到了推波助澜的作用。

进入21世纪之后,从2003年到2005年,独联体国家的"颜色革命"成了国际政治中的热门话题,而新闻传播的作用也是其中值得我们注意的。

所谓颜色革命,起初是指在苏联范围内旨在推翻苏联解体后建立的由苏联权力人物领导的政权,开展摆脱传统俄罗斯影响、基于西方价值观、更加亲西方政权的"革命"。后来扩展到更大范围,泛指美欧国家支持旨在推翻某国传统政权,以西方价值观为旗帜建立亲美欧政权的"政权更迭",如中东和北非地区的政治动荡。在当代世界政治中,"颜色革命”因其性质恶劣和危害极大而变得臭名昭著,引起许多国家的高度警惕与防范。[①]

从2003年开始,“颜色革命”像一个幽灵在欧亚大陆的独联体国家跳来跳去。在不到两年的时间内就席卷了三个独联体国家。首先是2003年11月在斯大林的故乡格鲁吉亚发生了“玫瑰革命”。反对派手持玫瑰,通过街头政治否决了选举结果。2004年11月斯拉夫文明的摇篮乌克兰又爆发了“橙色革命”。反对派领导人尤先科指责选举存在舞弊行为,发起了大规模的抗议示威活动,结果在重新选举中上台,橙色的栗子花是基辅市花,所以该事件被称为“橙色革命”。2005年年初,中亚的吉尔吉斯斯坦发生了因议会选举引发的政局动荡,总统阿卡耶夫被迫下台。因为其首都比什凯克的市花是黄色的迎春花,所以吉尔吉斯斯坦事变被称为“黄色革命”。

学者们总结了“颜色革命”产生的许多原因,例如这些国家广泛存在的社会矛盾、经济停滞、种族矛盾和政治腐败等,还有以美国为首的西方为达到其政治与战略目的,大搞政权更迭,以打压战略对手、扶植亲美势力上台、收割地缘政治与经济利益。其手段之一就是利用媒体和舆论。西方国家“从国内外发动全方位的媒体攻势,抹黑现政权,形成‘颜色革命’势在必得的舆论氛围”。长期以来,美国传媒一方面向有关国家输出美国式的“自由民主”价值观,以动摇其意识形态和文化根基;另一方面利用所掌握的强大舆论机器,在国际上丑化别国形象,为其“改造”这些国家扫清舆论障碍。[②] 独联体国家的媒介私有化和西方化为美国等西方国家的舆论战争提供了条件,独联体国家政府控制的媒体根本无法与之竞争。美国先是利用传媒对现政府的经济发展、社会弊端等进行大肆抨击;当所谓“革命形势”出现后,马上对西方支持的反对派予以广泛的舆论支持;而一旦“事件”发生,媒体便迅速将消息传遍世界,借此推动“多米诺骨牌”。由此,我们再一次看到了传播媒介在社会变化中的作用。

“颜色革命”中的媒体效应不仅体现在独联体国家,从突尼斯到也门、埃及、巴林、利比亚、叙利亚等国相继爆发的反对现政府的民众示威中,背后也始终有电视媒体的“镜头”和社交媒体的“口水”,这同样值得我们总结。其实,在这一系列所谓“革命”中,最大的特点就是始终贯彻着美国“软实力”的输出。无论是传统媒体还是新媒体,美国都占据着媒体的高地,通过意识形态渗透、传播“伪民意”和“后真相”新闻,制造气氛,操弄对立,甚至直接参与运动来影响他国政局。这一点,人们可以从2014年的乌克兰内乱与克里米亚事件,以及2019年泽连斯基上台和2022年俄乌冲突等一系列事件中看出端倪。

第四节　发展中国家新闻传播的调整与发展

与当代发展中国家的社会发展一样,其新闻传播领域也出现了一些新现象。我们可以总结出以下几个特点:首先,当代发展中国家的传播媒介发展迅速,报刊和广播电视的增长速度前所未有,网络媒体也在快速发展中。其次,在推行市场经济的过程中,发展中国家的媒介体制也出现了多元化,独立媒体的数量增多,商业化趋势增强,媒体的社会作

① 曲星.颜色革命之祸[EB/OL](2014-10-05)[2021-08-03]. https://baike.baidu.com/item/%E9%A2%9C%E8%89%B2%E9%9D%A9%E5%91%BD/519230?fr=aladdin#reference-[2]-27567-wrap

② 张西明.美国发动“颜色革命”的十大手法[J].中国社会科学院院报,2005(5).

用也趋于多样化。再次，尽管发展速度很快，但发展中国家与发达国家之间的传播差距依然明显，而且由于发展中国家内部发展不平衡，信息穷国与信息富国之间出现了越来越深的“数字鸿沟”。同时，对外开放政策也导致跨国媒体公司向发展中国家的媒介市场渗透。最后，发展中国家在探讨自己的新闻传播道路时，共同面临着政府管理与市场体系之间的关系、对外开放和民族文化保护之间的关系这两个基本问题，新闻改革的道路依然漫长。

一、发展中国家的传媒发展

在当代，发展中国家的新闻传播发展可以以世纪之交为界，分为两个阶段。

20 世纪 80 年代到 2000 年，是发展中国家媒体的快速发展阶段。例如发展中国家的日报数量从 1970 的 2681 种增长为 1997 年的 4419 种，增长近一倍；千人报纸数从 29 份增长为 60 份，增长了 1 倍。收音机千人拥有量从 90 台增长到 245 台，电视机从千人 10 台增长到千人 157 台，分别增长近 2 倍和 15 倍。[①]

不同媒体在不同的发展中国家都有了较大的发展。就报业而言，在 1985 ~ 1995 年西方国家报刊发行量下降的同时，亚洲和拉丁美洲的报刊发行量却在上升，其中巴西上升了 22.68%，哥伦比亚上升了 5.81%，马来西亚上升了 4.68%，新加坡上升了5.67%，土耳其上升了 63.91%，印度上升了 28.51%。[②] 1995 年，美国的报刊广告仅仅增加了 5%，而在上升幅度最大的发展中国家马来西亚、巴西、印度和南非，则分别增加了 120%、131%、97% 和 97%，[③]与当代西方国家报刊萎缩形成了鲜明对比。在一些发展中国家，报刊依然是主要的传播媒介。例如在印度，1999 年注册报刊有 4 万多种，其中日报 5000 多种，全国报刊的年发行量高达 1.3 亿份，1993 年印度报纸发行量增长率只有 6.2%，到 2000 年这个数字达到了创纪录的20.2%。巴基斯坦也有报刊 1000 多家。再如在阿根廷，有报纸 2000 多种，日平均发行量超过 175 万份，巴西的日报也有 500 多种。在南非，有 17 种全国性的日报，发行量 117 万份，还有 200 多种地方性报纸。尽管从千人报刊拥有量来说，发展中国家还有很大的上升空间，但是由于发展中国家文盲较多、贫困人口多、城市化水平低，报刊的发展受到了限制，竞争也日趋激烈。

广播也是发展中国家的重要媒体，由于其技术含量不高、成本低、传播广，不受文化和收听条件的限制，在当代发展很快。在南美洲，广播是最重要的媒介，一共有 6000 ~ 8000 家广播电台，各国的广播覆盖率为 65% ~99% 不等。虽然有电视的冲击，但广播的发展依然生机勃勃，在南美占 20% 的广告份额。[④] 其他地区的广播也呈上升的发展趋势。例如在南非，除传统的南非广播公司有很大的发展外，民营广播电台也从 20 世纪 80 年代末的 19 家发展到 2000 年的 120 多家。[⑤] 尽管与发达国家相比，发展中国家的广播还比

---

① 参阅本书第八章和第十三章表格。

② 马赫兹. 世界传播概览——媒体与新技术的挑战[M]. 师淑云，程小林，郭春林，等译. 北京：中国对外翻译出版公司，1999：174.

③ 马赫兹. 世界传播概览——媒体与新技术的挑战[M]. 师淑云，程小林，郭春林，等译. 北京：中国对外翻译出版公司，1999：175.

④ 李良荣. 当代世界新闻事业[M]. 北京：中国人民大学出版社，2002：32.

⑤ 郭亚夫，殷俊. 外国新闻传播史纲[M]. 成都：四川大学出版社，2004：405.

较落后,但是也开始了网络化(指建立节目、广告的联合经营机制)、专业化的努力。值得注意的是,发展中国家还积极参与国际广播。例如在阿拉伯世界,除了原来的传播大国埃及的“阿拉伯之声”电台外,沙特阿拉伯在70年代末也建立了以非洲和阿拉伯世界为传播目标的电台,非洲的尼日利亚电台以5种语言每周向全非洲播出322小时的节目。①

电视是当代发展中国家增长最快的传播媒介。电视是一种高技术和昂贵的媒介,所以在发展中国家起步较晚,当20世纪五六十年代西方国家电视进入发展高峰的时候,在发展中国家,电视还是少数人家的奢侈品,许多国家甚至没有电视。大体说来,电视在发展中国家是从70年代开始起步的,那时千人平均拥有的电视机不到10台。80年代进入了快速发展期,90年代进入了高速发展期,千人拥有的电视机达到了150台以上。不过,发展中国家的电视发展非常不平衡。到21世纪初,拉丁美洲电视业羽翼渐丰,电视的到达率②为80%以上,电视家庭用户超过8000万;亚洲电视业蓄势待发,电视的到达率超过55%;而非洲则处于刚刚起步阶段,电视的达到率不到30%,依然有大部分人看不到电视。就电视的形态而言,尽管无线电视依然是发展中国家电视的主要形态,但是有线电视和卫星电视已经开始蓬勃发展。在一些电视业先进的国家,甚至出现了电视的网络化和数字化,少数国家进入了国际电视的行列。

进入21世纪以来,发展中国家的媒体依然呈现出强劲的发展势头,主要表现在传统媒体依然顺势发展、互联网的快速发展和媒介融合三个方面。

就报刊而言,全球的日报总数大约为一万多种,发行量5亿多份,而其中50%以上都在发展中国家,中国、印度、阿根廷、巴西、南非这样的报业大国,增长速度远远高于发达国家。2006~2010年,全球报纸广告收入下降了24%,其中北美下降41%,西欧下降20%,而拉美则上升了24%,亚太、中东也有所增长。③ 近年来,尽管传统媒体的广告收入有所下降,但是在部分发展中国家依然呈现上升的态势,而且传统媒体开始向数字化、网络化、国际化方向发展。电视在2010年以前一直保持着4%~5%的收入增长,发展中国家的增长速度更快,特别是亚洲和拉美的一些国家。2014年全球的电视频道有2万多个,其中发展中国家有1万多个。

更值得注意的是发展中国家的网络媒体发展,尽管起步晚,但发展速度快。2003年全球网民有6亿多人,发展中国家的网民只占其中的1/3;2008年全球网民超过16亿,发展中国家的网民就占了一半;2014年全球网民数首次超过30亿人,2/3的网民在发展中国家,2021年世界网民数量超过49亿,其中3/4的网民在发展中国家。不过在发达国家的网络普及率超过85%的同时,发展中国家的平均网络普及率只有40%左右,在世界上还无法上网的近30亿人中,90%生活在发展中国家。

在互联网高速发展的同时,一些媒体较发达的发展中国家,开始了媒介融合的进程。例如印度报业托拉斯从2003年开始通过互联网实时发布新闻,2010年《印度教徒报》正式推出了自己的网站。在墨西哥,《改革报》2000年推出了网络版,目前改革新闻集团旗下的三大网站reforma. com、mural. com和El Norte. com,已进入点击量最高、影响力最广

① 马赫兹. 世界传播概览——媒体与新技术的挑战[M]. 师淑云,程小林,郭春林,等译. 北京:中国对外翻译出版公司,1999:208.

② 到达率为不同的个人(或家庭)在特定期间中暴露于媒体广告排期表下的人数,一般以百分数表示。

③ 胡正荣. 全球传媒产业发展报告(2011年)[M]. 北京:社会科学文献出版社,2011:6.

的西语新闻网站之列。同时,《改革报》的所有内容都通过新闻客户端实时发布,旗下共有十余种新闻资讯类客户端供用户选择。在巴西,环球电视网的综合网站环球网是公司新媒体战略的重要组成部分,环球电视网将大量经典节目搬上互联网,新节目也实时在网站上更新。目前,环球网已经发展成为葡语世界最大的综合性新闻资讯网站。在越来越多的发展中国家,社交媒体逐渐成为主要的新闻来源。

二、发展中国家的传播体制变革

发展中国家媒体发展的一个重要原因就是传播体制的变革。就传播体制而言,大体分为三种类型:国有、公有和私有。与政治体制一样,发展中国家的媒体一直都是以多种形式存在的。在发展中国家,有以国有化为主体的传播体制,例如埃及与中东的一些国家;有以公有制为主体的传播体制,例如南非、印度等国;也有以私有制为主体的传播体制,例如巴西、墨西哥等。总体上说,无论哪种体制,发展中国家在当代都开始了更大的自由化、私有化、商业化和对外开放。与发展中国家的政策调整相一致,这种趋势在 20 世纪 90 年代以后表现得更为明显。

非洲长期以来实行以国有化为特点的所谓"非洲社会主义",但是 80 年代以后也开始了媒体的逐步开放。"1990 年代初在非洲开始的民主化进程导致一些国家出现了私人独立办报刊的现象。尽管这些报刊规模比较小,读者很有限,但非常注重参与民主进程的讨论。""1997 年,大约有 100 家私人办的报刊。大多为日报,并多以城市居民为读者群。"[①]在埃及,电视长期以来就是国家垄断,但是 2001 年出现了第一家私人电视台(梦想电视台),埃及甚至还在开罗建立了所谓的"媒体自由区",吸引各国媒体入驻。非洲的传媒体制可以分为北部非洲和南部非洲两个部分,这两个部分都出现了商业化、市场化、集团化和国际化的趋势。中东地区的媒体开放同样引人注目。在沙特,政府一直对媒体进行严格的控制。但是 21 世纪以来,沙特也出现了私人媒体,例如拥有《利雅得报》《利雅得日报》《利雅得周刊》和《利雅得月刊》的利雅得报业集团就是一家著名的私人新闻企业。在东南亚,马来西亚在 20 世纪 80 年代就出现了第一家私营电视台——第三电视台(第一、第二台均是国有电视台),1995 年又连续批准了三家私营电视台。在新加坡,1995 年电视对外开放,美国的 CNN 和 CNBC 及新闻集团的 StarTV 先后进入新加坡。在泰国,90 年代以来的媒体私有化进程极为迅猛,1993 年以后所有印刷媒体都转由私人经营,1997 年第一家私营电视台 ITV 也出现了。[②] 尽管亚洲各国情况千差万别,但是媒体的市场化与政府管理和调控方式的变化是主要的趋势。

如果说国营、公营与私营是体制上的两极,在亚太和非洲是二者并存,前者为优,那么在拉美就是二者并存,后者为强。拉美地区报刊的私有化本来就比较明显,20 世纪八九十年代以后,在"非国有化"的浪潮中,拉美广播电视的私有化进程开始加快。"在拉美很多国家,国营电视在市场上都处于一种无足轻重的地位。"例如阿根廷的五家全国性电视台中,只有一家是国营的,巴西的 250 家电视台中,私营的有 230 家,而墨西哥的 500 多

① 马赫兹.世界传播概览——媒体与新技术的挑战[M].师淑云,程小林,郭春林,等译.北京:中国对外翻译出版公司,1999:175-176.

② 李良荣.当代世界新闻事业[M].北京:中国人民大学出版社,2002:55.

家电视台中,只有两个是国营性质。[①] 拉美的媒体私有化还表现为媒介的集中化,在这一媒介相对发达的地区产生了仅次于发达国家的媒体巨头。例如在巴西,传媒巨头环球集团收取电视广告收入的80%,占巴西全部广告收入的60%,同时它还控制了巴西最大的报纸《环球》报、新闻广告公司、音像出版发行公司和各种广播电台,向拉美和世界其他国家提供节目。[②] 在许多国家从垄断(政府垄断)走向市场竞争的同时,部分拉美国家却从竞争回到垄断(市场垄断)。

在媒体自由化的进程中,也许印度具有一定的代表性。在印度,报刊一直是私人所有的,而作为英国的殖民地,印度的广播电视体制是模仿 BBC 的公营制建立起来的。印度独立后,表面上的公营实际上是由政府控制的。20 世纪 80 年代以后,印度广播电视中的私有化进程开始出现。1988 年印度最大的传播新闻和娱乐节目的私人企业新德里电视台(NDTV)成立。1990 年印度通过了广播公司法,正式允许私人进入广播电视领域。1992 年另一家大型私营电视企业 Zee TV 成立。该公司拥有 10 个电视频道,租用卫星开展国际电视业务,90 年代末其广告收入与印度国家电视台不相上下。90 年代印度还实行了天空开放政策,有条件地允许国际电视机构进入印度市场。竞争带来了活力。1996 年印度的电视用户是3650 万,2001 年达到了 7000 万,电视收入也比 1995 年翻了一番。[③] 2002 年印度开始对外资开放报刊市场(但是新闻类报刊外资占股不能超过 26%),目前印度的报业数量全球第一,同时印度还是世界第三大电视市场,拥有 18 家电视台,电视网覆盖全国人口的 90% 以上。21 世纪以来,印度电视一直保持着较高的收入增长,2004 ~2009 年的年均综合增长率达到 12.6%。[④] 印度最大的三家通讯社印度报业托拉斯、印度联合通讯社和印度斯坦通讯社,分别是半官方、同业股份和私营机构,体现了目前印度的传播体制。虽然印度的网络普及率较低,但近年来增速很快,成了全球关注的新媒体市场。

发展中国家媒体政策的调整带来了显著的成果,在国际传播领域还出现了"半岛电视台"(AL Jazeera)这样的媒体奇迹,发展中国家第一次在国际新闻报道中响亮地发出了独特的声音。"半岛电视台"的原引申义是"汪洋中的自由之岛",它以敢言、独家的立场打破了西方国家对阿拉伯新闻的垄断,以轰动性和冲突性新闻理念吸引了世界受众,从 2001 年的"9 · 11"事件、阿富汗战争和 2003 年的伊拉克战争报道中脱颖而出,在西方媒体主导的传播全球化中成为发展中国家的一道独特风景线。并且,这并非是个别现象,正如我们在第十三章所谈到的,随着世界经济中的"他国崛起",在国际传播领域,发展中国家开始成为一种传媒新势力。1995 年印度开始开办国际电视;2005 年在委内瑞拉建立的新南方电视台成了拉美参与国际传播的代表。当然,还有中国的国际传播,我们将在后面单独介绍。这一切,构成了发展中国家媒介政策和体制变革的组成部分。

总的说来,发展中国家的传播体制介于市场化、商业化体制与公有化、国家化体制之间,不同的发展中国家的传播体制也有不同,这是与发展中国家的政治、经济体制密切相

---

① 陆地. 世界电视产业市场概论[M]. 北京:中国人民大学出版社,2003:219.

② 赫尔曼,麦克切斯尼. 全球媒体:全球资本主义的新传教士[M]. 甄春亮,李静,王彦,等译. 天津:天津人民出版社,2001:207.

③ 陆地. 世界电视产业市场概论[M]. 北京:中国人民大学出版社,2003:182.

④ 胡正荣. 全球传媒产业发展报告(2011 年)[M]. 北京:社会科学文献出版社,2011:17.

关的。但无论是哪种体制，国家在传播的发展中都起了相当大的作用，这是发展中国家的“国家脆弱性”所决定的。① 当代新闻改革的关键，是如何处理政府控制与市场体系之间的矛盾。在保证社会稳定和进步的同时，国家完成从对新闻的直接统治到引导和管理、服务的转变。我们看到，在许多发展中国家，新闻传播领域已经出现了市场垄断带来的弊端；一些互联网发展比较快的国家，也开始受到自由开放网络的负面影响，发展中国家的新闻传播管理之路，依然任重而道远。

三、传播差距和媒体作用问题

尽管发展中国家的新闻传播在当代获得了前所未有的发展，但是传播差距依然存在，甚至有不断扩大的趋势。

与发达国家相比，发展中国家的新闻传播仍然比较落后。20 世纪末，发达国家的千人拥有报纸数、收音机数和电视机数分别是发展中国家的 4 倍、4 倍和 3 倍。发展中国家内部的发展也非常不平衡。最不发达国家和地区如撒哈拉沙漠以南的非洲、南亚、西亚的经济不发达，新闻传播也比较落后。其千人媒介拥有量比一般的发展中国家的人均水平还要低很多。经过 21 世纪以来的发展，发展中国家尽管在传统媒体方面与发达国家的差距有所缩小，但是在新媒体方面差距巨大。目前，在发达国家网络普及率高达 85% 的同时，发展中国家的网络普及率只有 40% 左右。在世界排名靠前的新媒体公司中，除了中国外，几乎看不到发展中国家的身影。

发达国家与发展中国家的传播差距不仅体现在媒体方面，也体现在传播经济方面。例如在整个世界的电视广告市场上，2002 年的世界电视广告收入为 1405.12 亿美元，其中北美为 592.49 亿美元，欧洲为 299.4 亿美元，欧美国家合计就占 63.5%；亚太地区为 370.94 亿美元，包括日本和中国在内也只占 26.3%；拉美国家为 123.98 亿美元，只占 9%；非洲和中东更少，只有 18.3 亿美元，占 1.3%。② 在世界传媒市场上，2013 年全球娱乐和传媒产业达 1.69 万亿美元，其中发达国家总体超过 60%，而其中美国就占 40% 以上，发展中国家总体不超过 40%。2019 年全球娱乐和传媒产业超过 2 万亿美元，尽管拉美和亚太地区的发展速度较快，但是与发达国家相比，整体所占的比重并没有多少变化。世界传媒经济有三大主要板块：北美、西欧和东亚，其中北美的实力最强。如果勾画出世界的媒体地图，那么北美就是高地，欧洲是高原，亚太是丘陵地带，拉美是平原，非洲则是盆地。

可以说，发展中国家的媒体发展与其经济与社会发展相一致，与其在世界经济中的地位有关。例如，尽管发展中国家的国家数量和人口占世界 80%，但只占世界经济总量的 40%，传媒的地位与此大体相当。从 1950 年到 1985 年，发展中国家的总体城市化水平从 17.3% 提高到 31.7%，一直以高于发达国家的速度发展着，目前的城市化率达到 45%，但依然无法与发达国家 80% 的城市化率相比。

传播发展的不平衡，不仅存在于发达国家与发展中国家之间，也表现在发展中国家内部。在亚洲一些国家进入新媒体时代的同时，拉美地区基本上处于电视时代，非洲还

---

① “国家的脆弱性”是指一些发展中国家独立时间不长，还处于“国家形成”的过程中，国家能力不强。

② 陆地. 世界电视产业市场概论[M]. 北京：中国人民大学出版社，2003：17.

处于广播时代。网络新媒体的发展差别巨大。例如,在2020年亚洲的网络普及率达到55.1%的时候,非洲只有39.3%。在2020年中国的网络普及率达到70.4%的时候,印度只有50%左右。在拉美地区,媒体实力的差别明显,形成了“由三个层级构成的国家传播实力梯队,传播实力最强的巴西、墨西哥和委内瑞拉构成第一层级,阿根廷、智利、哥伦比亚和秘鲁为第二层级,玻利维亚、厄瓜多尔、巴拉圭和乌拉圭为第三层级。”①在此基础上,新闻信息和媒介产品由高层级向低层级流动,围绕第一层级的国家构成地区的媒介中心。在亚洲,既有媒体十分发达的东亚,媒体相对发达的中东、南亚及东南亚的部分国家,还有媒体十分落后的国家,因此被称为媒体的“丘陵地带”。显然,传媒的发展与经济的发展和政治体制有关。在2019年世界人均收入排名前30位的西方国家中,人均收入超过3万美元。与此同时,在世界人均收入排名后30名的欠发达国家中,人均收入不到1000美元。这些落后的国家成了地地道道的信息穷国。

在发展中国家,媒体开始在政治、经济和社会发展中发挥巨大的作用。一般说来,发展中国家的新闻传播长期是政治宣传型,政治作用本来就很突出,在当代,其政治作用进一步凸显。在国家政治民主化的进程中,媒体开放和政治变革形成了相互促进的关系。在这方面,菲律宾和印度尼西亚具有代表性,在推翻马科斯和苏哈托的独裁统治中,这两个国家的媒体都发挥了重要作用。在这两个统治者下台后,这两个国家的媒体自由与开放度也大大提高。在信息和娱乐功能不断增强的同时,发展中国家的媒体实力也在不断提升,越来越多的媒体公司和媒体集团进入世界媒体的前列,同时成为本国经济中的重要组成部分。在文化方面,发展中国家的媒体不仅构成了文化产业的主力军,同时也是民族文化发展和保护的主力军。不过,在媒体开放和功能提升的过程中,发展中国家也面临着诸多问题,比如媒体政治作用的发挥、媒体产业化之后资本的无序扩张、西方国家的资本和文化渗透,等等。应该说,如果完全开放,发展中国家受政府保护的媒体很难与市场化的跨国公司竞争,在开放成为大趋势的前提下,如何培育本国的媒体市场,做大、做强本国传媒企业,如何在开放和保护之间保持一种必要的张力,更有效地发挥政府在政策指导上的作用,是发展中国家面临的新难题。

小 结

本章主要论述了苏联—俄罗斯及东欧国家和发展中国家在当代的新闻传播发展。

在当代,这两类非西方国家都进行了改革和调整,经历了社会转型。其主要的方向大致相同,即经济上的市场化、政治上的民主化和对世界的开放。不过由于各国的国情不同、任务不同、政策实施的程度不同,出现了复杂的历史景观。我们大致可以将其分为渐变型和急变型、曲折型和平坦型、深变型和浅变型、西方化型和本土化型、有效和无效型等不同模式,读者可以根据自己的了解,安排不同的国家对号入座。

在改革和调整的潮流中,新闻传播自然也不能脱离社会而存在。在反映和报道改革与调整信息的同时,新闻体制本身也在变革之中。同样,新闻传播的改革之路主要是媒体独立、市场化和开放,不同的国家经历了不同的发展道路。改革的结果是这些非西方

---

① FOX, WAISBORD. Latin Politics, Global Media[M]. Texas: University of Texas Press, 2002:18.

国家都出现了新闻传播的混合体制和初步的市场化。

应该说,新闻体制的改革与调整为非西方国家的新闻传播带来了生机和活力,新闻传播的功能进一步扩大了。但是严重的问题依然存在。在东欧国家,西方化与本土化的矛盾突出;在发展中国家,传播差距巨大。发展中国家面临着如何处理市场开放与本国文化保护、政府控制与媒体独立及市场化的关系等共同问题。

【思考讨论题】

1. 俄罗斯在20世纪90年代以后的政治与媒介改革之路是如何发展的?
2. 如何看待东欧国家的新闻改革?
3. 当代发展中国家新闻传播的发展表现在哪些方面?
4. 发展中国家新闻传播体制的改革的主要方向是什么?存在的问题是什么?
5. 如何看待新闻在发展中国家社会转型中的作用?

第十六章　中国新闻传播业的改革与发展

- **关键问题:**

1. 中国新闻改革的背景是什么?
2. 中国新闻传播发展取得了哪些成就、存在哪些问题?
3. 如何看待中国的国际传播?
4. 海外华人媒体的发展有哪些新特点?

中国的改革开放和经济社会发展是当代世界的重大事件,"改革开放至今,中国 GDP 的增幅几乎达到了 700%,在世界经济史上,还找不到任何别的国家可以在这么短的时间内取得如此大的经济成就"①。在 21 世纪第三个十年开始的时候,我们可以进一步说,中国的改革开放和持续发展不仅从根本上改变了中国的面貌,而且是和平崛起,给世界带来了深刻的正向影响,在世界历史上十分罕见,甚至可以说独一无二。

20 世纪 80 年代以来,当代中国新闻传播的改革与发展也是世界新闻传播史上的重大成就。在为社会发展服务的同时,中国的新闻传播业也经历了超常的发展,传统媒体和新兴媒体同时发力,在传媒基础、国内传播、国际传播和传媒经济等各个方面都取得了巨大的成就,中国已经成为世界排名第二的传播大国。可以说,在世界传播史上,也很难找到同样的例子。不过,与中国的经济和社会发展中存在问题一样,中国的新闻传播在管理体制、传播内容、传播经济、新闻法制和国际传播等方面同样存在问题,新闻传播的改革与发展之路依然艰巨而漫长。

在当代,我国的港、澳、台地区与海外华人媒体的发展也进入了一个新阶段,特别是随着香港、澳门的回归,中国国力不断增强,国际影响力不断扩大,必将给港、澳、台地区和海外华人媒体的发展带来更大的推动力。

第一节　中国新闻改革与发展的社会背景

在世纪之交,中国通过改革而和平崛起是这一时期世界历史上最重大的事件,也是中国新闻改革和新闻传播发展最基本的社会背景。

概括说来,中国 40 多年的改革实践大致可以分为五个时期:一是酝酿时期,从 1978

---

① 雷鼎鸣. 全球经济一体化给中国带来了什么[J]. 财经,2003(7).

年到1982年。从1978年年底的政治转向、1979年的中国共产党十一届三中全会到1982年9月的党的十二大，通过拨乱反正和真理标准问题的讨论确立了改革开放的方针，从思想上、政策上完成了历史性的转折。二是全面推进时期，从1982年到20世纪90年代初。这一时期开始了城市经济体制改革的试点和农村包产到户的改革，作为开放政策的试验建立了经济特区，在提出民主与法制的同时开始了政治体制改革，在外交政策方面实行全方位的外交，并提出了"一国两制"的构想。1987年召开的中国共产党十三大提出了社会主义初级阶段的理论。这一时期，中国的改革在取得巨大成绩的同时也经历了一些波折，特别是在80年代末90年代初受到了世界经济政治变动的影响。三是快速发展时期，从1992年年初邓小平的南方谈话和同年召开的党的十四大到21世纪初。这一时期中国的改革开放开始加速，在90年代世界经济恢复的同时中国的国民经济出现了高速增长，不仅初步实现了小康目标，而且在东南亚经济危机中对世界经济恢复作出贡献。四是融入世界时期，从2001年到2012年。这一时期从中国"入世"、申奥成功和2002年11月中国共产党十六大提出全面建设小康社会的口号开始。在全面融入世界的同时，中国改革开放进入了一个稳健发展的新时期，对世界的影响与日俱增。五是"双百目标"的确认和深化改革时期，从2012年起至今。2012年11月中国共产党十八大召开之后，陆续提出了"五位一体"的总体布局，即建设经济、政治、文化、社会、生态文明全面发展的中国特色社会主义国家；提出了"四个全面"的战略布局，即全面建成小康社会、全面深化改革、全面依法治国、全面从严治党；提出了"两个一百年"奋斗目标，即在中国共产党成立100年时全面建成小康社会，在新中国成立100年时建成富强民主文明和谐美丽的社会主义现代化强国。改革进入了克难攻坚的新阶段。这一时期，随着中国国力的不断增强、对外开放的不断扩大，"一带一路"倡议和"人类命运共同体"概念的提出，中国的国际地位上升到一个新的高度。

改革开放40多年来，我们可以从经济发展成就、对外开放程度、经济和社会结构的变化、社会治理和政治改革等方面，看到发生在中国的翻天覆地的变化。

1978年改革开放以来，中国取得了巨大的经济发展成就。1978～2005年，中国国内生产总值年均增长达到9.4%。2005～2010年的增速更是高达10%以上，2012～2015年增速有所回落，也依然保持在7%左右。在追求高质量发展的过程中，2016～2019年中国经济增速保持在6%以上。按不变价格计算，国内生产总值1979～2018年的年均增速是9.4%，远超同期世界经济2.9%左右的年均增速。中国的国内生产总值也在不断提升，1978年中国的国内生产总值为3645亿元，2005年达到182,321亿元，2021年为114.37万亿元。中国经济总量在世界上的排名迅速攀升，从改革开放之初的世界第15位、1988年的第10位、2000年的第6位、2006年的第4位到2010年超过日本排第2位。2021年，中国的国内生产总值约为17.73万亿美元，而同期美国约为23万亿美元，中国相当于美国的77%。与此同时，中国企业也开始发展壮大，在《财富》杂志2000年评出的世界企业500强中，只有9家中国企业上榜，而2015年中国上榜企业达到106家，居世界第二，2020年中国上榜企业达到133家，第一次超过美国企业（121家），居世界首位。

中国经济在迅速地融入世界。从1978年到2005年，中国国际贸易年均增长16.7%，贸易规模增长了56倍，进出口额由1978年的206.4亿美元增长到2005年的14,221亿美元。2021年中国国际贸易达到6.05万亿美元。同时，中国大规模地向世界开放市场。从1978年到2003年,中国实际利用各类外资达7000亿美元,其中外商直接投资达4900亿美元。21世纪以来,中国引进外资的规模进一步扩大,特别是最近几年,每年达到千亿量级,2015年中国吸引的外资达1356亿美元,2018年为1390亿美元,成为仅次于美国吸引外资排名全球第二的国家。中国吸收的外商投资来自世界上180多个国家和地区,2019年在中国运营的外资企业达到90多万家,外商累计投资超过2.1万亿美元。世界500强公司中的490家都在华设立了分公司和研发中心。外商投资企业创造了中国近1/2的对外贸易、1/4的工业产值、1/7的城镇就业和1/5的税收收入。中国资本和企业也开始走出去,特别是进入21世纪以来,中国的对外投资以每年10%以上的速度发展,2014年突破千亿美元,2016年达到1961.5亿美元,成为世界上第二大对外投资国。到2019年年底,中国超过2.75万家境内投资者在全球188个国家和地区直接投资企业达4.4万家,全球80%以上的国家和地区都有中国的投资。

随着经济的发展加速和融入世界的程度加深,中国在世界上的影响也不断扩大。在1997年亚洲金融危机中,人民币没有贬值,为亚洲经济的迅速复苏作出了重要的贡献。在世纪之交世界经济低迷时,只有中国的经济一枝独秀,成为世界经济的亮点。正如时任联合国秘书长安南所说:"中国经济的影响无处不在。"在2008年的美国次贷危机和欧债危机之后,中国在国际经济中的地位更加突出了。2013~2016年,中国对世界经济增量的贡献率超过30%,中国已经成为世界经济发展的重要引擎、经济全球化的主要推动者。在2020年新冠肺炎疫情中,中国是世界主要经济体中唯一正增长的国家。

改革开放以来,中国的经济和社会结构发生了巨大的变化。在所有制结构方面,中国经济形成了国有、集体、股份制、民营、个体、外资企业并存的多种经济体制,近百家央企、40多万家地方国企、90多万家外企、2300多万家中小微企业和1亿左右的个体经营者,构成了中国多元的市场主体,市场经济活跃。在经济结构方面,第一产业就业人数在经济中的比重不断下降,第二产业稳定发展,第三产业迅速增长。1978年三大产业占国民生产总值的比重分别是28%、48%、24%,1998年的比重是18%、49%、33%,2018年是4.4%、38.9%、56.6%,第三产业产值超过了第二产业。经济结构的变化符合现代经济的增长趋势。财富的增长、经济结构的变化还引发了中国社会阶层的变化,中国出现了一个庞大的中产阶层,尽管关于这个阶层的定义和数量说法不一,但是这个占中国人口20%~30%的人口已经成为世界瞩目的新消费力量。

在改革开放中,中国还经历了前所未有的城市化和教育的扩张,1999年中国城市已经达到666个,比1980年增长了三倍。进入21世纪以来,中国的各类城市快速发展,根据国家统计局提供的数据,1978年只有不到18%的人口居住在城市,2015年中国的城镇化率上升为56.1%,2021年城镇化率达到63.89%,有90,199万城镇常住人口,形成了一线到五线的梯度城市结构。据教育部统计,2001年,我国各级各类学校数达到135万所,在校学生3.2亿人,平均每4个中国人中就有一个人是学生。如今,高等学校和专业技术学校的扩张令人瞩目,根据教育部发布的《2021年全国教育事业统计主要结果》,2021年,中国共有各级各类学校52.93万所,在校生2.91亿人,专任教师1844.37万人,形成了幼儿园、小学初中的义务教育、高中和职业教育、普通高校、民办学校和特殊教育学校的完整体系,其中高等学校3012所,在校学生4430万人,高等教育毛入学率达到57.8%。中国已成为世界上教育规模最大的国家。

中国的改革开放也体现在社会管理和政治体制方面。在从传统社会向现代社会的巨大转变中，在一个多元且快速变化的社会中，社会治理创新是一个巨大的课题。从基本的公共服务体系、社会保障体系，社会安全体系，到社会沟通、协调、仲裁等体制的建立，中国进行了大量的探索。在政治体制改革方面，随着舆论监督、政治民主、决策透明、反腐倡廉的不断推进和法制法规的不断完善，政府的行政管理能力在不断提高。在市场经济的发展过程中，政府的宏观调控水平也在不断提高。

当然，中国的改革开放也存在不少问题。例如经济发展不平衡的问题，主要表现在东、中、西部的地区差和社会不同阶层的贫富差。1978 年，东、中、西部的人均 GDP 分别是463 元、310 元和250 元，2005 年这三个数字成了23,303 元、11,108 元和8720 元，东部是西部的两倍多。2021 年，全国人均可支配收入为35,128 元，排名前三的上海、北京、浙江分别是78,027、75,002 和57,541 元，而排名最后三名的西藏、贵州、甘肃只有24,950、23,996 和22,066 元①。就贫富差距来看，中国的收入分配差距十分突出，20 世纪 90 年代中期的收入平均值的基尼系数就达到 0.434，②超过国际公认的 0.4 警戒线，2008 年达到了创纪录的 0.4914，近些年尽管略有下降，但是 2019 年基尼系数还有 0.465。尽管经过多年的努力，中国脱贫攻坚战取得了全面胜利，但还有防止返贫和乡村振兴的任务。再如经济发展中的生产方式问题，我国的经济快速增长，是建立在能源消耗大、利用率低和破坏环境的基础上的，环境危机和能源危机严重，面临着生产方式转变、经济结构调整和高质量发展的巨大任务。此外，还有经济发展中的自主技术创新问题，就业和社会保障问题，城市化中的交通、教育、卫生医疗、社会治安等问题，经济体制改革中的国有资产保值增值，政治体制改革中的反腐败和政治民主问题，在对外战略方面的国家统一、中国国际地位的定位和国际战略等问题。这些问题只能在改革的实践中加以解决。实际上，建立“和谐社会”“节约型社会”“创新型社会”，明确“五位一体”的总体布局、“四个全面”的战略布局，也是在对这些问题深刻认识的基础上提出来的。

上述的一切，无论是成绩还是问题，都是我国新闻传播发展的社会基础。

第二节　中国新闻改革的历程、成就与问题

对中国的新闻传播业改革，我们可以从理论、政策和体制变革，新闻传播业的发展和新闻传播业的社会功能及存在的问题等几个方面去认识。

一、新闻的指导思想、新闻政策和体制的变化

新闻传播的发展首先体现在对新闻的认识和新闻指导方针的变化上。我们用“舆论引导”四个字为主线，可以看出改革开放 40 多年来，新闻指导思想经历了制造舆论、舆论

---

① 31 省份 2021 年居民人均可支配收入数据出炉 上海北京均超 7 万元[EB/OL].(2022-01-20)[2022-04-29].https://baijiahao.baidu.com/s?id=1722450875414943015&wfr=spider&for=pc.

② 基尼系数，是意大利经济学家基尼根据人口与收入分配的比例关系提出来的。收入均等化基尼系数是 0，收入绝对不平均(一个人掌握所有收入)是 1。国际公认的标准：0.3 是理想状态，0.3～0.4 是合理状态，超过 0.4 是不合理状态，超过 0.5 是危险状态。

宣传、舆论导向和舆论引导四个阶段。

“制造舆论”这一概念在马克思、恩格斯、列宁和毛泽东的著作中都有论述。例如毛泽东在1962年中共八届十中全会上的著名论断“凡是要推翻一个政权,总要先造成舆论”最为人们所熟知。而“舆论宣传”则是中国共产党在改革开放之初到20世纪90年代的认识。1978年5月开始的关于真理标准问题的讨论,揭开了思想解放的序幕。1979年3月,中宣部召开新闻工作座谈会,提出了党性与人民性一致的问题和新闻转向经济工作的问题。1979年《人民日报》上发表的两篇社论促进了上访问题的合理解决,邓小平结合此事谈到,“单单是报纸的舆论就可以发生这样大的影响”。他进一步指出:“我们的舆论工作也要跟上。每个地方、每个单位遇到任何问题,都应该主动向群众宣传和解释。”①1981年1月,中共中央颁布了《关于当前报刊新闻广播宣传方针的决定》,强调报刊和广播电视是党的舆论工具。1987年党的十三大提出要发挥舆论监督的作用,要求重大问题让人民知道、重大问题让人民讨论,抓紧制定新闻出版法,提出了新闻改革问题。90年代国际风云变幻,正面宣传和坚持党性的核心地位开始受到特别重视。这一时期,江泽民提出了舆论导向的问题。1994年1月,江泽民在全国宣传思想工作会议上指出:“舆论导向正确,人心凝聚、精神振奋;舆论导向失误,后果严重。”②1998年10月,朱镕基在中央电视台与《焦点访谈》栏目工作人员座谈后题字:“舆论监督、群众喉舌、政府镜鉴、改革尖兵。”强调了群众喉舌论。进入21世纪以后,提高舆论引导的水平又成了指导新闻工作的关键。2002年,胡锦涛在全国宣传部长会议上明确提出要“提高舆论引导的水平和效果”。同年党的十六大又提出了新闻宣传要“贴近实际、贴近生活、贴近群众”的“三贴近”原则,进一步向新闻报道的基本规律回归。2011年,中宣部等五部门开展新闻宣传部门的“走(基层)”“转(作风)”“改(文风)”活动,着力提升正确引导舆论、回应社会关切、服务百姓生活的能力。2013年8月19日,习近平在全国宣传思想工作会议上提出,宣传思想部门承担着十分重要的职责,“必须守土有责、守土负责、守土尽责”,“关键是要提高质量和水平,把握好时、度、效,增强吸引力和感染力”。2016年2月19日,习近平在党的新闻舆论工作座谈会上指出,“党的新闻舆论工作是党的一项重要工作,是治国理政、定国安邦的大事”,要“坚持党的领导,坚持正确政治方向,坚持以人民为中心的工作导向,尊重新闻传播规律,创新方法手段,切实提高党的新闻舆论传播力、引导力、影响力、公信力”。这次会议的名称从新闻宣传改为新闻舆论工作座谈会,就是对舆论引导概念的肯定。“新闻政策是政党、政府对新闻事业规定的活动准则。”③从舆论宣传到舆论导向再到舆论引导,从“三贴近”到“走转改”,我们可以明显地看到新闻政策的变化轨迹。

在党和政府不断探索新闻指导原则的同时,学术界也在对中国的新闻传播理念进行探讨。20世纪80年代初学术界开始了对新闻定义的探讨。在这次探讨中,有关新闻与信息的关系和新闻价值的讨论引人注目。学术界提出增加新闻信息量的问题;新闻的价值开始从主观性到客观性的过渡,有学者指出新闻事实只有和社会需要结合才能产生最大的新闻价值。80年代中期以后,学术界又开始研究新闻与宣传、新闻与商品的双重性

---

① 邓小平.邓小平文选 第2卷[M].2版.北京:人民出版社,1994:228-229.

② 中共中央文献研究室.十四大以来重要文献选编 上册[M].北京:人民出版社,1996:653.

③ 姜椿芳,梅益.中国大百科全书·新闻出版[M].北京:中国大百科全书出版社,1990:419.

问题,认为新闻不等于宣传,二者有各自的特点,但是新闻并非与宣传无关,研究新闻与宣传的区别与联系对于新闻本质具有重要意义。[①] 新闻的商品性再次被人提到,学术界认为新闻具有两重性:宣传工具和商品。只有承认商品性才能转向受众的需求,提高新闻的质量,但新闻是特殊商品,具有引导社会舆论的功能,因此也承担着重大的社会义务。80 年代以后,国外传播观念的引进对我国的新闻业产生了重大影响。媒介、受众、传播渠道、传播者、传播效果、信息等新概念冲击了我们的传统观念。与此同时,学术界对新闻事业、新闻的社会功能也进行了探讨。在对新闻业的认识中,"阶级斗争的工具"逐渐转变为"阶级舆论的工具"和"社会的舆论工具"。新闻的社会功能由原来单一的政治功能扩大为发布信息、引导舆论、开展批评、沟通情况、传播知识、提供娱乐、刊登广告等多种功能。[②] 21 世纪以来,新闻传播学开始进入快速发展时期,在传播学不断被引入新闻学研究的背景下,关于新闻体制改革、媒体尤其是新媒体研究、传媒经济、新闻业务、传播效果、对外传播等课题的研究成果不断涌现。近年来,关于建立中国特色的新闻学也成了学术界一个重要的研究课题。这一时期,新闻传播学研究成了中国社会科学中的显学。从中国国家图书馆的入库藏书来看,关于新闻学的中文图书 1985 年之前只有几百本,1990 年也不到 1000 本,1995 年则达到 1500 本,2002 年又达到 3700 本。年入库书从 20 世纪 90 年代前期的平均 100 本增加到 21 世纪以后的平均 500 本。关于传播学的图书 90 年代以前不到 50 本,1995 年不到 100 本,2002 年则达到了 390 本。[③] 21 世纪之后更是井喷式爆发。2005 年以后达到了年入库超过上千本的量级,2015 年国家图书馆的新闻学馆藏图书已经超过 5 万种,传播学馆藏图书也超过了 4 万种。近年来,入库的相关图书数量还在快速增长。

在当代,我国的新闻传播体制也在经历着从事业单位到企业的重大变化。1978 年财政部批准了人民日报社等 8 家单位试行企业化管理的报告。1987 年国家科委首次把新闻事业和广播电视事业纳入中国信息商业化产业的队伍,国家第一次认可了新闻传播的产业属性。1992 年邓小平南方谈话发表之后,特别是中共十三大确定了建立社会主义市场经济体制之后,关于新闻事业的产业属性的讨论增加。[④] 新闻传播业逐步进入了市场化改革阶段。进入 21 世纪以后,随着我国文化体制改革的步伐加快,新闻传播体制的市场化程度明显提升。就媒体体制的发展趋势而言,我们看到了这样一条清晰的路线:事业单位、全额财政拨款(改革开放前)——事业单位、企业化管理(改革开放后)——独立自主、自负盈亏(20 世纪 80 年代中期)——媒体集团(20 世纪 90 年代中期)——公司化媒体(21 世纪以后)——媒体多元化和跨媒体集团。媒体逐步向民营资本和部分外资有序开放。目前,中国的平面媒体绝大多数都完成了企业化转型,广电媒体的转型也在进行中,至于网络及新媒体,本身就是市场经济的产物。当然,中国的媒体商业化与美国等西方国家的商业化是有区别的,主要表现在所有制不同,中国还是以国有企业为主;传播内容和节目制作只是部分按照市场需求,收视率不是唯一标准,在强调经济效益的同时也重视社会效益;竞争原则不仅仅是优胜劣汰,而且是共同生存。实践证明,市场经济是

---

① 邵培仁. 20 世纪中国新闻学与传播学 · 宣传学与舆论学卷[M]. 上海:复旦大学出版社,2002:138.

② 方汉奇. 中国新闻传播史[M]. 北京:中国人民大学出版社,2002:425-426.

③ 根据作者对中国国家图书馆藏书的网上调查。

④ 方汉奇. 中国新闻传播史[M]. 北京:中国人民大学出版社,2002:426.

资源配置的有效手段,新闻传播业的市场化有效促进了中国新闻业的发展。不过,过度工商业化带来的负面影响,同样需要我们高度警惕。

概而言之,我们可以用以下四点来概括中国的传媒政策:一是开放性与民主化,鼓励舆论监督、保证人民群众的四种权利(知情权、参与权、表达权和监督权),利用媒体推进政治民主化和社会体制改革;二是产业化与市场化,鼓励媒体机制变革,推动传媒的市场化,使之成为国民经济发展的重要支柱;三是现代化与多样化,推行行政、财政、法律、产业相关政策,推动包括新闻发布制度在内的多种管理模式,探索媒介管理的新方式;四是渐进性与探索性,采用渐进改革的方式,不断完善媒介管理制度。

二、新闻业的快速发展

改革开放以来,中国的新闻业获得了前所未有的发展,四大媒体的增长速度在世界范围内都不多见,通讯社发展也很快,媒介融合加速进行,新闻从业人员的队伍也在急速膨胀。

(一)平面媒体

这一时期,我国的平面媒体发展很快,先后经历了 20 世纪 80 年代的快速发展期,90 年代的整顿、专业化和市场化时期,21 世纪前十年的平稳发展期和最近几年的调整期四个阶段。

在报纸方面,1978 年全国只有 186 种报刊,总印数为 127.76 亿份。1987 年我国登记报纸为 1482 种,1992 年猛增为 2200 种。20 世纪 90 年代以后政府进行了整顿与调整,报纸开始进入了规范化发展阶段,一直维持在 2000 种左右。2020 年全国共出版报纸 1810 种,总印数 289.14 亿份①,分别是改革开放初期的 9.7 倍和 2.3 倍。在经历了 80 年代的晚报热、90 年代报纸专业化、90 年代后期的都市报和新型财经报纸热后,报业的结构也日趋合理,由单一的党报体系转变为党报、都市报、晚报、经济类、生活服务类、体育文化类、行业类和文摘类等门类齐全的报刊体系。2020 年中国的报业结构是:综合类占 61.43%,专业类占 31.55%,生活服务类占 1.41%,读者对象类占 4.80%,文摘类占 0.80%。报业经济的发展同样很快。“文革”时期报业不从事经济活动,也没有广告。1979 年 1 月 4 日,《天津日报》刊登了关于天津牙膏的广告;1 月 14 日,上海《文汇报》发表文章《为广告正名》。这是新时期最初的报纸广告和文章。此后报纸广告迅速发展,1983 年达到了 7000 万元,1990 年达到了6.7亿元。② 90 年代后随着报业的市场化,广告的增加更为迅猛,年平均增长幅度超过 30%。2000 年广告收入达到 146.47 亿元,2003 年达到 243.01 亿元,2010 年达到 381.8 亿元。在发行市场上,2009 年中国的报纸总定价是 351.7 亿元。报业的收入从以发行为主、发行与广告并重,向以广告为主转变。报业的日益强盛导致强势报纸和报业集团的出现。1996 年广州日报报业集团成立,到 2000 年年底,全国成立了 16 个报业集团,资产总额达 180 多亿。2004 年中国成为世界上最大

---

① 国家新闻出版署. 2020 年新闻出版产业分析报告[EB/OL]. (2021-12-20)[2022-03-21]. http:chinaxwcb. com/info/576485.

② 刘家林. 新编中外广告通史[M]. 广州:暨南大学出版社,2000:205,209.

的报业市场，据世界报业协会的统计，中国日报的期发行量占世界总量的22%，据世界之首。

在期刊方面，1978年我国有期刊930种，总印数7.62亿册，总印张22.74亿。90年代以后期刊业进入了快速发展阶段。到2020年，全国共出版期刊10,192种，总印数20.35亿册，总印张116.4亿。[①]期刊的种类不断丰富，主要有时政新闻类、财经类、文化类、体育类、生活类、时尚类、文摘类，等等。期刊的商业化、市场化属性越来越突出，广告从无到有。2000年期刊广告达到了11.33亿元，2010年超过40亿元。[②] 一些杂志还进入了世界期刊联盟（Federation Internationale de la Press Periodique，1925年成立的一个国际期刊行业组织，总部在伦敦）出版的《世界期刊概况》中50强的排名中。不过，在世界期刊中，中国期刊的影响并不大，还没有产生具有世界性影响的期刊。

21世纪以来的前十年，中国的报刊依然保持着强劲发展的势头。这在世界报业的增速下滑的情况下（1999～2003年全球报纸发行量仅增加4.75%）是不容易的，也加快了中国报刊追赶世界的步伐。中国报刊的强劲增长与中国是世界第一人口大国密切相关，也与中国社会经济的发展和传媒政策改变和体制改革密不可分。不过，中国报刊的发展依然存在明显问题：尽管我国拥有世界上最大的报业市场，但与报业发达国家相比，仍然属于市场竞争比较低的国家。每千人日报拥有量发达国家为250份，世界平均水平为96份，而我国只有63份，刚刚达到发展中国家的平均水平，远远落后于发达国家。[③]

值得注意的是，2005年以后我国报刊的增长开始放慢，在经历了全国性报纸、行业报、晚报的发行量下降之后，2010年以后，都市报的竞争也进入了白热化的阶段。电视、广播，特别是网络媒体的发展，使报刊的发行量和广告增速急剧下滑，报刊的发展进入了困难阶段。与2013年相比，2014年报业的广告收入下降了18.3%，发行量下降了30.5%[④]，报纸开始出现停刊潮，并且报纸的直接影响力开始下降。2014年"数字化转型"和"媒介融合"成为报业最热门的词语。2020年，受新冠肺炎疫情等因素严重冲击，报刊出版总印数分别较2019年降低9.0%和7.0%，实现营收分别降低6.4%和2.8%。作为传统媒体的报刊，还处于数字化转型的艰难调整期。

（二）广播业

广播一直是我国受众最多的媒体，改革开放以来也有了巨大的发展，经历了20世纪80年代的初步调整，90年代的专业化、数字化和21世纪以来移动化、地域化、窄播化的曲折发展过程。

1980年我国有广播电台近100座、发射台和转播台500座、调频台90多座，全国有两亿多台收音机、8000多万只广播喇叭，形成了覆盖全国的广播系统，在发展中国家名列前茅，也使广播保持着第一媒体的地位。[⑤] 20世纪80年代中期以后，电视超过广播成为

---

① 国家新闻出版署. 2020年新闻出版产业分析报告[EB/OL]. (2021-12-20)[2022-03-21]. http:Chinaxwcb. com/info/576485.

② 崔保国. 中国传媒产业发展报告(2011)[M]. 北京：社会科学文献出版社，2011：94.

③ 2006年世界日报发行前100名排名[J]. 新闻记者，2006(6).

④ 崔保国. 中国传媒产业发展报告(2015)[M]. 北京：社会科学文献出版社，2015：35，46.

⑤ 方汉奇. 中国新闻传播史[M]. 北京：中国人民大学出版社，2002：470.

中国受众规模最大的媒体,报刊也进入了快速发展的阶段,广播在与报刊、电视的竞争中开始调整自己的传播策略。1986 年广州珠江经济广播电台的出现,标志着广播开始从宣传型向信息服务型、从灌输式向双向交流式、从一体化向专业化过渡的开始。80 年代后期广泛出现的调频与卫星广播也为广播带来了活力。1992 年上海东方广播电台成立,标志着广播体制改革的进一步深入。90 年代以后,广播在内容、传播方式、体制和技术方面进行全面改革,主要的特点是增加信息量,采用现场报道,增加谈话、点播等互动性节目,向经济、新闻、音乐、交通等专业性方向发展,从模拟广播向数字化过渡等。中央人民广播电台、中国国际广播电台等中央媒体和珠江经济广播电台、上海人民广播电台等地方媒体都在改革中取得了较好的成效。2000 年我国有广播电台 299 座,其中中央和省级 37 座、地市级 260 座,还有 1304 个县级有线广播站,平均每天播出时间 16,752 小时。广播的发展也体现在经营方面。1979 年 3 月 5 日,上海人民广播电台率先恢复了"文革"中被中断的广播广告。1999 年广播广告的营业额达到了 12.5 亿元。①

21 世纪以来,随着新技术的运用、社会节奏的加快,人们在路上的时间不断增加(中国成为世界上最大的汽车市场,2010 年汽车产量超过 1800 万辆,2020 年超过 2500 万辆),广播的伴侣性特点得以充分体现,广播的受众在回流。广播成了广告增长最快和效益最好媒体之一。2003 年广播的广告收入达到 25.57 亿元。② 2010 年中国有各级广播电台 234 座,广播频率 2704 套,广播人口的综合覆盖率超过 95%,广播电台也开始从事业单位向企业转变,广播广告的收入超过 90 亿元。2010 年政府开始推进电信网、广播电视网和互联网的三网融合发展。在广播的内容方面,交通、新闻、音乐占据 80% 以上的份额,广播出现了移动化、地域化、窄播化的特点。近年来,广播也受到了新媒体的冲击,发展速度开始放缓,不过广播已经开始加快数字化的转型,到 2020 年,尽管广播传统的收听端总量出现萎缩,但是融媒体云端的收听量却大幅上涨,全年云端的累计点击量达到 115.04 亿人次。

(三)电视业

电视是我国 20 世纪 80 年代以后出现的强势媒体,80 年代中期成为第一媒体,90 年代以后到 21 世纪的前十年是电视的黄金发展时期,2010 年后电视进入了转型发展期。

我国电视体制的发展经历了一个曲折的过程。1978 年 5 月 1 日,原北京电视台更名为中央电视台,电视事业开始了现代化的进程。1980 年第十次全国广播会议提出在 20 世纪末建成完整的电视宣传网,我国开始大办电视,特别是在 1983 年第十一次全国广播会议提出中央、省、市、县四级办电视、四级混合覆盖的事业发展方针之后,电视台数量达到创纪录的 3000 多座,为世界之最。90 年代中期,随着地、县电视台的撤销,电视与广播台合并,增加发射及转播台,电视从无线向有线和卫星电视过渡,我国的电视体系有了很大变化。2000 年我国电视台的数量减少为 352 座,电视发射台和转播台达到 47,306 座,卫星上行站 31 座,卫星接收站 278,792 座。③ 2020 年电视节目制作时长 328.24 万小时,

---

① 陈培爱. 中外广告史[M]. 北京:中国物价出版社,2001:92.

② 国家广播电影电视总局,中国广播电视年鉴编辑委员会. 中国广播电视年鉴(2004)[M]. 北京:中国广播电视年鉴社,2004:159.

③ 方汉奇. 中国新闻传播史[M]. 北京:中国人民大学出版社,2002:484.

播出时长 1988.31 万小时。新闻类节目覆盖 86.02% 的电视受众，在所有类型节目中最高，每天户均观看 46.2 分钟。①

与此同时，电视的内容也在变化。1979 年 9 月 1 日，中央电视台首次在《新闻联播》中播出国际新闻，1980 年实现了国际新闻的卫星传送。1984 年中央电视台增加白天的综合节目，开办午间新闻，上海台开始改录播为直播。1985 年中央电视台开办晚间新闻，1987 年开办经济新闻，1989 年增加体育新闻。20 世纪 90 年代以后电视进入了高速发展时期。以中央电视台为例，1993 年央视开始节目栏目化的改革，同时增加新闻量，电视从宣传视角开始向平民化视角过渡。央视一套的新闻播出时间从 4 次增加到 13 次，同年开播的大型杂志类节目《东方时空》，不仅开发了以前被忽视的早期黄金时间，而且创造了一种新的叙事语言。1994 年央视推出的《焦点访谈》，深化了电视的舆论监督功能。1995 年央视推出《新闻 30 分》，增加了新闻信息量。1996 年央视将《新闻联播》的录播改为直播，又推出了深度报道节目《新闻调查》。1997 年被称为"直播年"，央视直播 72 小时的香港回归在电视史上前所未有。在频道专业化的过程中，从 80 年代初的一套到 90 年代的 8 套再到 2020 年的 19 套，央视年播出时长达到 18 万个小时。《新闻联播》的收视率一直在电视节目中遥遥领先，是央视的创收黄金库。2003 年央视广告收入超过 100 亿，其中 40% 来自这里。地方台的改革自 90 年代中后期湖南台《快乐大本营》《玫瑰之约》等栏目推出后开始加快，在经历了 90 年代的上星运动之后，地方卫视也形成了全国覆盖。北京台的亲民节目、上海台的国际视角、湖南台的先锋和娱乐、广东台的国际体育、江苏台的社会节目、安徽台的电视剧等都办出了自己的特色。2000 年国家广电总局提出了广播、电视、电影三位一体，无线、有线、教育三台合并，省、地、县三级贯通的广播电视集团化方案。2001 年北京广播影视集团成为我国第一个广电集团。进入 21 世纪之后，我国的电视开始对外开放，先后批准了 30 多个境外电视频道在我国有限落地。目前，我国电视行业已经形成中央电视台、省级卫视、省级地面台、都市台和境外电视台的五级态势，在电视市场的形成过程中，行政区划已经被市场的重新划分所取代。

我国电视广告的增长极为迅猛，既反映了电视的强势媒体特征，也体现了电视的市场化步伐。1979 年 1 月 28 日，上海电视台播出了新时期的第一条电视广告，电视广告因其独特的宣传效果很快就受到了广告商的欢迎。1983 年至 2001 年，我国电视广告年平均增长率达到 51.7%。1990 年电视广告收入达到 5.6 亿元②。此后电视广告开始飞速发展，1994 年达到 44.76 亿元，开始超过报纸成为第一广告载体，2003 年达到了 255.04 亿元。③

21 世纪以来，电视市场的竞争尤其是全国电视市场的竞争进入白热化阶段。央视及省级卫视在新闻、综艺、电视剧、体育等收视的热门领域竞争激烈，2010 年中国生产了1.4 万集电视剧，位居世界第一。电视台的市场化程度不断提高，集团化、多元化经营成为常态。2010 年电视的广告收入达到 679.8 亿元，2016 年达到 1004.87 亿元。

---

① 中华全国新闻工作者协会. 中国新闻事业发展报告[EB/OL].(2022-05-16)[2022-07-04]. http：www.zgjx.cn/2022-05/16/c_B10592108.htm.

② 刘家林. 新编中外广告通史[M]. 广州：暨南大学出版社，2000：205，209.

③ 国家广播电影电视总局，中国广播电视年鉴编辑委员会. 中国广播电视年鉴(2004)[M]. 北京：中国广播电视年鉴社，2004：159.

值得注意的是,与报纸、广播一样,电视也受到了新媒体的冲击,发展速度开始减缓。尤其是移动互联网普及之后。电视广告增长速度从20世纪90年代的年均50%下降到21世纪前十年的不到20%和近年的不到10%。由于无法与观众互动、投放精准度低且难以追踪,电视广告市场逐渐让位给互联网。观众收看电视的时长也不断被互联网挤占。尤其是短视频兴起之后,电视受到了更大的冲击。2020年全国电视观众人均收看时间是每天117分钟,其中收看直播的时间是94分钟,而网民人均上网时间是240分钟,其中收看网络视频、短视频和网络直播的时间是70分钟,[①]可见网络对电视的冲击巨大。

(四)通讯社

这一时期,我国的通讯社也获得了快速发展,新华社和中国新闻社是我国的两个国家级通讯社,新华社还初步达到了建立世界性通讯社的目标。

新华社在很长一段时间里是国内通讯社。1955年毛泽东提出了"新华社要把地球管起来"的要求。"文革"前,新华社的海外分社发展到50多个,1982年又达到80多个。1983年新华社提出了建立世界性通讯社的目标,"内外并重,既要面向10亿中国人民,也要面向全世界40亿人民"。经过十多年的发展,1998年新华社宣告这一目标已经基本实现。[②] 主要的依据是:(1)新华社已经拥有了一个庞大而完整的采编与发布体系,在国内外建立了130多个分社,以7种文字日均发稿1200条,超过150万字;(2)新华社拥有一个遍及国内外的新闻用户网,从1983年的100家发展到1998年的5000多家,2001年的12,500家,其中海外4015家,分布在137个国家和地区;(3)新华社拥有以卫星通信和计算机为主的通信技术网络,具备现代化的信息采集与发布能力;(4)拥有一支素质高、有国际竞争力的专业队伍。目前,新华社有1.2万名员工,在海内外有230多个分支机构,拥有4000多人的记者队伍,每天用12种语言24小时向世界各类用户提供全媒体新闻产品。[③] 此外,新华社还拥有《参考消息》《新华每日电讯》等20多种报刊、一个出版社,拥有新华网、视频、微博、微信、App客户端等各类新媒体形式。近年来,新华社战略转型不断加快,由以传统新闻产品生产为主向现代多媒体新闻信息业态拓展,由面向媒体为主向直接面向终端受众拓展,由立足国内为主向参与国际竞争拓展,大力加强国际传播能力建设,初步建成融通讯社业务、报刊业务、电视业务、网络业务、金融信息业务、新媒体业务和多媒体数据库业务等为一体的全媒体机构。

中国新闻社是1952年成立的主要服务于海外华侨的国家级通讯社,"文革"期间曾并入新华社,改革开放后再次恢复,随后快速发展。目前,中新社有员工近两千人,建有多渠道、多层次、多功能的新闻信息发布体系,每天24小时不间断向世界各地播发文字、图片、视频、图表等各类新闻信息产品,用户遍及一百多个国家和地区,形成了涵盖海外主要华人媒体的全媒体客户网络,同时还拥有《中国新闻周刊》等平面媒体、中国新闻网及其他网络媒体形式。被定位于民间通讯社的中新社,在海外华人媒体中拥有很高的声誉。

---

① 崔保国.中国传媒产业发展报告(2021)[M].北京:社会科学文献出版社,2021:55.

② 马胜荣.走向世界——新华社国际报道70年[M].北京:新华出版社,2001:35-36.

③ 新华社11条外文发稿线路全部实现融媒体发稿 "网上通讯社"建设取得突破性进展[EB/OL].(2020-08-18)[2021-09-14].https://baijiahao.baidu.com/s?id=1675343801315014669&wfr=spider&for=pc.

（五）网络媒体及媒介融合

网络媒体是我国在20世纪90年代中期以后出现的新媒体，可以说是与世界网络媒体几乎同步出现的。目前，我国已经成为世界网络大国，截至2021年12月，中国网民数达到10.32亿，网络普及率达到73%[①]，超过世界平均水平（65%）。在短短数十年的发展历史中，我国的网络媒体发展经历了初步发展、快速发展及媒介融合发展三个阶段，

首先是传统媒体电子版和网络媒体的初步发展阶段。1995年国内第一份上网的中文电子刊物《神州学人》出现，第一家正式上网的报纸是《中国贸易报》。1996年《人民日报》《经济日报》《金融时报》《广州日报》《新民晚报》等30多家媒体开始推出网络版。1997年以后进入了门户建设和快速发展阶段。1997年人民网、新华网、中央电视台网站等媒体网站开通，同年出现了民间门户网站网易。1998年新浪、搜狐等民间网站相继开通，1999中华网开通。1998年年底，我国只有273家报纸有网站，1999年年底达到近1000家，上网电台电视台也超过100家。[②] 2000年千龙、南方、东方等地方媒体联合网站开通，形成了中央、地方和商业网站并存的格局。这一时期，网络媒体逐渐成为新闻传播中的一支新力量。以1999年人民网创建的“强国论坛”为标志，网络开始在新闻传播中发挥独特的作用。

其次是21世纪的前十年，网络媒体进入了快速发展阶段。主要表现在：其一，网民和计算机数增加迅猛，二者在2000年的基础上增加到2005年的1.11亿人和4950万台。2010年的网民人数更是达到4.57亿人，网络普及率达到34.3%，手机网民也从无到有，达到了3.03亿。[③] 其二，网络媒体的管理日益规范，2000年9月，国务院颁布了《互联网信息服务管理办法》；同年11月，国务院新闻办公室和信息产业部发布了《互联网站从事登载新闻业务管理暂行办法》。此后，相关部门又发布了多项法令法规，如2005年9月，国务院新闻办公室和信息产业部发布了《互联网新闻信息服务管理规定》等。其三，网络媒体的经济实力不断增强。1997年3月出现第一条网络广告，在经历了世纪之交的低谷之后，网络广告出现高速发展的势头。1999年网络广告只占整个广告市场的0.1%，2002年达到0.5%，2004年增加到1.4%，2010年则达到了13.3%。广告收入（不含搜索广告）2003年突破10亿元，2006年达到了60.5亿元，2010年达到了321.2亿元。尽管这一时期网络广告在媒体市场上所占的比重不大，但是其高达70%的年增长率使其他媒体感受到威胁。其四，网络媒体在新闻报道方面也日趋成熟，网络媒体在“9·11”事件、伊拉克战争、神舟卫星发射成功、北京奥运会等国内外重大事件的报道中发挥的作用越来越大。

最后是从21世纪的第二个十年开始，是网络媒体规范化高速发展和媒介融合的时期。表现一是网络媒体的高速发展，2014年中国网民规模达到6.49亿，网络普及率达到47.9%，互联网广告收入突破2000亿元，首次超过传统媒体。[④] 2021年中国的网民规模

---

① CNNIC.第49次中国互联网络发展统计报告[EB/OL].(2022-02-25)[2022-07-04].http://www.100ec.cn/detail/bb08634.html.

② 蔡帼芬，徐琴媛，刘笑盈.全球化视野中的国际传播[M].北京：五洲传播出版社，2004：219.

③ 胡正荣.全球传媒产业发展报告(2011)[M].北京：社会科学文献出版社，2011：33.

④ 崔保国.中国传媒产业发展报告(2015)[M].北京：社会科学文献出版社，2015：8，11-12.

达到10.32亿,网络普及率达到73%,网络广告收入达到11,608亿元(包括营销市场规模)。几年时间,网民人数、网络普及率、网络广告收入都有大幅增长。二是对互联网的规范化管理。2011年5月,国家互联网信息办公室(中央网络安全和信息化委员会办公室)成立,2018年3月,中央网络安全和信息化委员会成立,网络管理步入了规范化的轨道。三是媒介融合。所谓媒介融合,是指在新的技术条件下,不同媒介形式的融通整合,即在信息采集、制作、传播的过程中进行全方位的合作,以发挥不同媒介的优势,最有效地传播信息,取得最大收益的过程。媒介融合包括业务形态和业务技能的融合、内容生产和营销及传播渠道的融合、媒体所有权的融合,等等。实际上,简单的媒介融合早在网络媒体发展的初期就开始了,传统媒体上网就是报网融合、台网融合的探索。2010年1月,国务院《关于印发三网融合总体方案的通知》和2010年6月《关于印发三网融合试点方案的通知》,将推进三网融合作为培育战略性新兴产业的重要任务,媒介融合上升为国家战略。2014年8月18日,中央深化改革领导小组通过了《关于推动传统媒体和新兴媒体融合发展的指导意见》,习近平发表讲话,提出"推动传统媒体和新兴媒体在内容、渠道、平台、经营、管理等方面的深度融合,着力打造一批形态多样、手段先进、具有竞争力的新型主流媒体,建成几家拥有强大实力和传播力、公信力、影响力的新型媒体集团,形成立体多样、融合发展的现代传播体系"。我国各类媒体,特别是主流媒体加快了媒介融合的进程。2014年甚至被称为"媒介融合元年",媒介融合作为国家战略进一步得到确认。尽管媒介融合面临着政策、管理、体制、人才等限制,但其发展的趋势难以阻挡。而且,面临着传播技术的快速发展和互联网公司进军传统媒体领域的"倒融合",传统媒体的媒介融合面临着"不进则退"的局面。近年来,传统媒体加快了进入新媒体领域的步伐。例如,新华社、人民日报等形成了自己的全媒体矩阵;央视、地方广电等也开设微信公众号、App等,阅读量、下载量成倍增长。中央广播电视总台打造的5G新媒体平台"央视频"在2019年11月20日上线后,仅仅一年多累计下载就超过2.7亿次,日活跃用户最高近千万;传统媒体还活跃在抖音、快手、头条号等平台,人民日报、央视新闻的短视频账号的粉丝量都已过亿。传统媒体进军互联网,在媒介融合中充当主力军的趋势正在形成。2021年网络媒体的广告收入比2010年大幅增加,其中很多收入是传统媒体转向新媒体所得。

(六)新闻队伍和新闻教育

在各类媒体快速发展的同时,我国的新闻教育和新闻传播队伍也得到了快速发展。

1978年新闻专业开始重新招生。1993年学新闻的在校生有5000人。1998年教育部公布《普通高等学校本科专业目录》,将"新闻学类"改成了"新闻传播学"。2000年新闻传播专业招生达到1万人,2003年超过5万人,初步形成了本科、硕士到博士的完整培养体系。2013年,我国有1080所大学设新闻传播学本科专业,在校本科生达23万,加上研究生、博士生接近30万。2018年在我国的2663所高等院校中有1132所开设了新闻传播学本科专业,新闻传播学真正成了显学。中国记协发布的《中国新闻事业发展报告(2022)》显示,全国新闻从业人员已经超过百万人,其中报纸从业者17.1万人,广播电视从业者101.1万人。另有统计,在互联网领域从事信息传播的工作人员也有上百万人。这支队伍构成了我国新闻传播的人才基础。

三、新闻的社会作用与功能

当代中国新闻传播事业的发展建立在社会发展的基础之上，与此同时，新闻传播事业在社会的政治、经济和社会发展方面也发挥了重要作用。我们可以把新闻传播的社会作用与功能概括为：信息提供与环境监测、社会动员与社会整合、公民教育与文化传承、提供娱乐与传媒经济四大功能。

一是信息提供和环境监测功能。在当代，人们每天都在接触各种各样的信息。报纸提供专业的文字新闻，杂志重视对新闻的深度挖掘，电视提供视觉图像的信息，广播提供听觉的信息，至于互联网及移动媒体，则提供着各种多媒体的信息。可以说，在信息社会，"信息无处不在、无所不及、无人不用"。中国进入信息时代，媒体是主要的推进器，承载着重要的功能。在提供信息的同时，媒体也发挥了环境监测的作用。1980 年 2 月，《人民日报》关于"渤海沉船"的报道被视为舆论监督的开始。80 年代中后期《中国青年报》《南方周末》《北京青年报》等关于社会问题的调查性报道引起了社会的关注。1994 年中央电视台在黄金时间播出《焦点访谈》标志着舆论监督的深化。1997 年中共十五大提出了完善民主监督机制的四条途径：党内监督、法律监督、群众监督和舆论监督。2007 年中共十七大又提出了保障人民群众的四项基本权利（知情权、参与权、表达权、监督权）。这一切，没有媒体的参与是不可能实现的。现在各类媒体都形成了舆论监督的体系，如政治方面的制度变革、反腐败，经济方面的市场规范、保护消费者权益、防范金融风险，社会文化方面的道德监督等，都能看到媒体的存在。随着互联网和社交媒体的发展，网络监督更成为媒体环境监测的一种重要形式，可以说，舆论监督无所不在。

二是社会动员和社会整合功能。所谓社会动员，就是社会成员在思想观念上冲破传统心理的束缚而获得新的社会化模式和行为模式的过程。所谓社会整合，是认同感上升和社会共同体形成的过程，也就是一个特定社会成员通过某种方式而凝聚在社会核心价值观周围，彼此结成紧密关系并在行为方式上基本保持一致。在社会动员方面，改革开放以来，中国一共有三次大的思想讨论，媒体都在其中发挥了重要的作用。第一次是 20 世纪 80 年代，媒体配合改革开放政策的出台，宣传"拨乱反正，解放思想"，提出了"实践是检验真理的唯一标准"。第二次是 20 世纪 90 年代，媒体积极参与建立中国特色的社会主义市场经济体制的探讨。第三次是进入 21 世纪之后，媒体在推动中国可持续发展、深化改革和融入世界方面助力甚多。在市场经济的建立过程中，媒体的作用主要表现在：积极参与市场化进程，推动我国市场经济的建立；配合解读国家宏观经济政策，把握国民经济发展方向；促进我国与世界经济接轨，参与全球化等三个方面。① 在社会整合方面，媒体的主要作用在于提供统一性的认识，保持社会成员之间的协调与认同感。例如主流媒体对社会道德和社会主流价值观的维护。可以说，国家现代化的高速运转需要强大的凝聚力。媒体的社会动员与社会整合功能在新时期"双百目标"提出之后，又一次得到了充分的体现。

三是公民教育和文化传承功能。当代中国存在着文化的多元化，包括改革开放文化、红色经典文化、传统文化、西方先进文化等多种文化类型，存在着主流文化、精英文

---

① 刘笑盈．经济学与经济新闻报道[M]．北京：中国传媒大学出版社，2006：27-28．

化、大众文化、传统文化、民间文化、边缘文化和新媒体文化等多种文化形态。这些文化的存在方式就是传播,而传播在很大程度上是由媒体完成的。所谓公民教育是指媒体承担了公民社会化的任务。所谓社会化是指从自然人演变成社会人的过程。在这方面,媒体也发挥着越来越大的作用。在当代,媒体的节目更加务实和亲切,例如中央电视台的《感动中国》节目已经成了家喻户晓的品牌;《大国工匠》系列节目让人们体会到"爱岗敬业"这个词的生动含义。另外,媒体大量的社会新闻、法制报道、文化新闻和科技新闻报道,也为社会进步作出了贡献。

四是提供娱乐和传媒经济功能。媒体在提供娱乐和生活服务方面发挥了不可或缺的作用。在当代,娱乐新闻、体育新闻、生活服务信息成为媒体的报道重点和受众的关注对象,极大地丰富了人民群众的社会生活。与此同时,新闻媒体本身也在迅速壮大,成为国民经济的重要部门。媒体广告从无到有,媒体的力量不断增强。2003 年,我国的广告总收入首次超过 1000 亿元,达到了 1078.68 亿元,其中报纸、电视、广播和杂志的广告总收入达 548 亿,占 50.8%。[①] 2005 年,我国传媒产业的总产值达到 3005 亿元,2010 达到 6219.5 亿元,2014 年又达到 11,361.8 亿元,[②]2020 年更是达到 25,229.7 亿元。[③] 传媒产业的增长速度超过我国 GDP 的增长速度,以新闻媒体为支柱的传媒产业已经成为国民经济的重要部门。

四、面临的问题与挑战

我国的新闻传播业在取得巨大成绩的同时,也面临许多问题。主要的问题如下:

一是管理体制问题。我国在媒体高速发展,媒体企业化、市场化和媒介技术、媒介环境不断变化的过程中,还存在着管理体制的探索和适应问题。传统的管理存在着"条块结合"的双重管理。"条"是行业从中央到地方的对口管理,有组织部、宣传部、新闻出版署、国家广播电视总局,还有负责网络管理的工信部乃至负责网络安全的公安部等多头领导的垂直管理;"块"是横向管理,存在着地方同级的党委和行政管理,同时还存在工商、税务等部门的市场化管理。在这种情况下,如何提高管理的法制化和规范化水平,如何提高管理的能力,如何在管理的同时提供服务,促进新闻传播业的健康发展,是一个巨大的考验。其实,2011 年成立的中央网信办和 2018 年成立的中央网络安全和信息化委员会,就是一种中国特色的探索,也是对这种考验的回应。如何把互联网这个"最大变量"变成"最大增量",建设网络强国,是新闻传播管理体制的重点,而新闻传播管理体制也是我国治理能力和治理体系现代化的重要组成部分。

二是新闻传播的内容问题。新闻媒体既是舆论工具、社会公器,又实行企业化经营。新闻既是信息产品又是商品,就不可避免地出现了一些弊端。尽管媒体坚持以正面宣传为主,但在激烈的市场竞争中,为了争夺受众和广告,新闻界也出现了商业化中常见的媚俗和庸俗化现象,甚至出现了虚假新闻、红包新闻、媒介审判和新闻敲诈。发行量、收视率、收听率和点击量成为媒体追求的唯一目标。在微观方面,事业单位企业化后也存在

---

① 据《中国广播电视年鉴(2004)》数字计算。

② 崔保国. 中国传媒产业发展报告(2015)[M]. 北京:社会科学文献出版社,2015:5.

③ 崔保国. 中国传媒产业发展报告(2021)[M]. 北京:社会科学文献出版社,2021:1.

许多问题，甚至出现恶意和不正当竞争。媒体环境的变化也影响到新闻的内容，比如网络时代求新、求快、极端化表达、情绪化表达、浅层化表达的特点，都对新闻的深度和专业性提出了挑战。新闻是社会的皮肤、社会的感应器，失去了真实、及时、深刻、专业的内容，新闻的功能就会受到影响。

三是新闻业的法制化与道德建设问题。新闻法是调节新闻界与其他社会阶层关系的重要手段，我国没有专门的新闻法，只有与新闻相关的政府信息公开条例、保密法、国家安全法，各种规范市场行为的反垄断法、反不正当竞争法，保护民众权益的知识产权法以及保护名誉权、隐私权等方面的法律，法律并不健全。比如新闻法制的三个方面：依法保证新闻采访权从而保证受众的知情权、依法限制滥用新闻自由侵犯他人权益、新闻界的自律，这三个方面都不完备。尽管《中国新闻工作者职业道德准则》《广播电视编辑记者职业道德准则》等文件规定了一些自律的原则，例如真实、公正、导向、廉洁、责任等等，但是违背这些原则的现象依然大量存在，缺乏有效的监督。

四是新闻从业人员的队伍建设问题。2000 年的一次调查显示，在我国 55 万新闻从业人员中，新闻专业毕业的只有 14.5%。其中从事经济报道的最多，占 19%；其次是文化教育记者，占 15%；而国际上最重视的时政记者只占 14%，国际新闻记者只占 6%。编辑记者的专业性不强。与新闻从业人员队伍的迅速扩张同时存在的，是职业道德的滑坡，这也导致了管理难度的加大。1997 年的一次调查显示，记者的平均年龄为 37.4 岁，有强烈的职业自豪感和忠诚度，67.6% 的人没有本单位以外的收入，54.9% 的人选择一直干到退休。而 2007 年的调查显示，记者的平均年龄降到 31 岁，职业满意度、忠诚度都在下降，只有 14% 的人选择一直干到退休。[①] 尽管我们进行了“三贴近”“走（基层）转（作风）改（文风）”等专项教育，但是从业人员的道德建设依然需要加强，也需要更加有效和规范的行业管理。尤其是在新闻传播队伍快速膨胀和网络媒体高速发展的今天，这更是一个严峻的任务和挑战。

总体来说，虽然我国的新闻传播业在基础设施和国内传播方面取得了巨大的成绩，但是在传媒经济和国际传播方面还比较弱。2004 年我国的传媒产业收入不到 3000 亿元，只占国民生产总值的 2.2% 左右，尽管 2021 年传媒产业的收入达到了 29,710.3 亿元[②]，依然只占我国 GDP 的 2.6%，与发达国家所占的 3% ~5% 的比例相比，有一定距离。在世界媒体实验室评选的世界媒体 500 强中，尽管中国的媒体公司数量不断上升，2015 年达到 65 家，仅次于美国居第二位（美国 95 家），但没有一家进入世界前十，而且入选媒体的平均收入（8.29 亿美元）远远低于美国（62.47 亿美元）。在 2019 年的世界媒体 500 强中，中国的媒体公司上升至 95 家，依然低于美国居第二位（美国 114 家），只有一家进入了前十（腾讯），而且中国入选公司的平均营收（13.84 亿美元）还是远远低于美国（73.62亿美元）。尽管中国的传媒产业产值在高速发展，但在全球娱乐和传媒产业中所占的比例依然不高，与中国经济大国的地位并不相称。而且我国媒体的国际化水平普遍较低，在国际传播和文化软实力的输出方面存在很多短板。这一切表明，我国新闻媒体的发展还有很大的提升空间。

---

① 张洪超，王佳. 一份指导中国新闻职业道德建设的纲领性文件[J]. 新闻记者，2010(1).

② 崔保国，赵梅，丁迈. 中国传媒产业发展报告(2022)[M]. 北京：社会科学文献出版社，2022：3.

第三节　中国的国际新闻传播

当代中国的国际新闻传播,也是新闻传播业的重要组成部分,而且随着中国国力的提升、国际地位的提高和参与国际事务程度的加深,其重要性越来越突出。

一、国际新闻传播发展的阶段

国际新闻传播,包括国际新闻报道、对外新闻传播和全球新闻三个部分,也就是我们常说的"让中国了解世界""向世界说明中国"和"让世界了解世界"三句口号。[①] 改革开放以来,我国国际新闻传播大致经历了20世纪80年代的初步发展、90年代的曲折发展、21世纪前十年的快速发展和新时期以来的提质升级发展四个阶段。

20世纪80年代是国际新闻传播的初步发展期。中国的各类媒体都加大"让中国了解世界"的国际新闻报道量,例如央视在1979年把国际新闻固定在《新闻联播》中,1980年开办《国际见闻》栏目,1984年播出《今日世界》。新华社也在增加驻外分社和驻外记者的数量。更大的变化还在于国际传播思想观念方面,过去的对外宣传转变为"让世界了解中国"。具体方法是:一方面,扩大对外宣传的对象;另一方面,对外国媒体开放。1981年中国制定了第一个关于外国新闻机构在华常驻记者的规定,1983年开始设立新闻发言人制度。这一时期,中国表现出接触外部世界并让世界了解中国的热情。

20世纪90年代是国际新闻传播的曲折发展期。由于1989年政治风波和冷战的结束,中国在国际上处于困难时期。对此,一方面,中国加强了国际报道量,央视提出了建立世界大台,新华社提出了建立世界性通讯社的目标;另一方面,经过"融冰、架桥、突围"[②],对外报道也开始了从宣传到传播的转变,国际传播的概念开始落地。平面媒体、通讯社、国际广播、国际电视和国际互联网构成了中国对外传播体系的完整体系。这一时期,中国学术界还开创了"国家形象"传播的概念,随后发展成为一个蔚为大观的学术研究领域。

21世纪以来是中国全面融入世界的时期,也是中国国际新闻传播的快速发展期。2003年有关伊拉克战争的报道,是这一时期中国国际报道的典型例证。CCTV-4采用现场直播、卫星连线、专家访谈、新闻综述等方式直播了408个小时,首播战事新闻2100条,电视字幕15,000条,为中国电视史上对于一个单一事件的最大规模报道。在对外传播方面,"让世界了解中国"改为"向世界说明中国,构筑和谐世界"的理念。2004年中国国际广播电台提出了"构建现代国际广播体系"的战略,到2009年,已经从广播发展为拥有音、视、网、报、刊和新媒体手段的全业务、多语种的媒体集群。2004年央视提出"走出去"战略,2006年提出"打造国际一流媒体和全球化战略"目标,形成了6个语种的全球覆盖。2005年新华社提出,要加快建设更加强大的世界通讯社步伐,增强国际竞争力和影响力。新华社通过新华网、新华电视和多媒体数据库丰富了传播手段。尤其是在2008

---

① 刘笑盈. 国际新闻学:本体、方法和功能[M]. 北京:中国广播电视出版社,2010:46.

② 曾建徽. 融冰·架桥·突围——曾建徽论对外宣传[M]. 北京:五洲出版社,2006:序言.

年中国与世界接触的程度加深之后，建设一流媒体成为对外传播的核心，主流媒体开始了打造国际一流媒体的进程。这一时期，全球新闻的形态初见端倪，例如央视九套在2000年创立时的宣传词是“让世界了解中国，让中国走向世界”（英语为 Window on China），2004年改成了“全球的触角、中国的眼光、世界的窗口”（Your Window on China and World）。中国在越来越开放的同时，也越来越成为世界的新闻中心。这一时期，学术界还开创了文化软实力研究、世界一流媒体研究、话语权和话语体系研究等新的研究领域。

2012年之后，随着“两个一百年”奋斗目标和“一带一路”倡议的提出，我国的国际新闻传播进入了提质升级的新发展时期。2013年，习近平总书记在全国宣传思想工作会议上提出：“要精心做好对外宣传工作，创新对外宣传方式，着力打造融通中外的新概念、新范畴、新表述，讲好中国故事，传播好中国声音。”中国媒体开始越来越多地参与国际新闻的全球性竞争。在争取话语权的过程中，中国媒体的表现也越来越突出。如果说在2014年马航 MH370 事件中，中国媒体的国际报道还远远落后于西方媒体的话，[①]那么在2021年8月30日的美国阿富汗撤军中，中国媒体就完全占据了主动权。在这次报道中，有1599家境外电视台引用了中央广播电视总台的报道，其中 G7 国家媒体有1159家，占比高达75%，中央广播电视总台跨媒体平台的总触达人次为73.33亿。近年来，中国主流媒体开始更多地参与新媒体的海外竞争。例如新华社陆续开通了日、美、英、法等十余条全球互联网采编专线，向世界用户提供全媒体的新闻产品。中国日报的移动新闻客户端全球累计下载量超过3000万人次。主流媒体还积极布局海外社交媒体平台，2021年中国国际电视台和新华社在 Twitter 上的粉丝量分别为1300万和1200万。新兴社交媒体 TikTok 在海外的本地化运营也非常成功，2021年其全球下载总量达25亿次，在全球社交媒体应用中名列前五，并以超过8.5亿的年度下载量，成为2020年下载次数最多的社交媒体应用。[②] 这一时期，话语体系与话语权的研究成为学术界研究的重点，关于国家形象、世界一流媒体、文化软实力等概念的研究也更加丰富了。

总之，随着中国在世界经济中所占的比重不断上升、中国的国际地位不断提升、参与国际事务的程度不断加深，中国的国际传播越来越主动，体系越来越庞大，任务也越来越艰巨了。

二、存在的问题和面临的任务

概括说来，中国国际传播存在的问题和面临的任务，就是如何在复杂多变的国际环境中提高中国媒体的国际传播能力，提升中国的国家形象，向世界提供更多的公共产品。

在传播方面，中国在不知不觉中已经迅速成长。2004年，清华大学国情问题专家胡鞍刚发布了一个报告称“中国是一个迅速崛起的传媒大国”[③]。在信息社会，传媒是国家在国际舞台扩大影响力的有力工具。作为一种重要的软实力，传媒在综合国力竞争中的地位和作用越来越突出。该报告第一次提出了“传媒实力”（Power of Media）的概念、构成及指标体系，并对世界一些主要国家的传媒实力进行了量化计算和分析。该报告认

---

① 刘笑盈，刘雯，康秋洁. 从马航“失联”客机报道看国际新闻的新竞争[J]. 新闻战线，2014(4).

② 崔保国. 中国传媒产业发展报告(2021)[M]. 北京：社会科学文献出版社，2021：373，375.

③ 胡鞍钢，张晓群. 中国传媒迅速崛起的实证分析[J]. 战略与管理，2004(3).

为,传媒实力是“一个国家传媒体系渗透力和影响力的总和”。其主要研究结论是:中国传媒业在过去20多年时间里实现了快速发展,传媒实力已超过日本等发达国家,并迅速缩小了与美国的差距,中国正成为一个迅速崛起的传媒大国。该报告以美国为基数,计算出美国的传媒实力远远高于世界其他国家,中国相当于美国的47%,其他国家依次是日本(39%)、英国(27%)、印度(27%)、俄罗斯(13%)、法国(13%)。中国在传媒实力较强的14个国家中排名第二。

尽管中国的传媒实力增长很快,但结构非常不平衡。在反映传媒实力的传播基础、国内传播、国际传播和传媒经济四个指标体系中,中国的国内传播(日报、收音机、电视机和互联网用户数)实力最强,相当于美国的89%;传播基础实力(包括电话、移动电话、邮局和互联网主机数)也相对较强,相当于美国的56%;但在国际传播(国际图书出口、广播语言数、全球电视受众和互联网站数)和传媒经济方面(广告额和电影票房)实力较弱,远远落后于美国等发达国家,分别只相当于美国的14%和6.5%。国际传播能力低于英国、德国、日本、意大利,只略高于法国、俄罗斯、西班牙,在14个国家中排第6位;传播经济低于日本、印度、德国、英国、法国,也是排第6位。

中国虽是一个经济发展较快的传媒大国,但在国际传播和传媒经济方面实力弱小,这是一个矛盾。特别是中国在国际传播格局中的力量太弱,这是中国在国际舆论上十分被动的主要原因。这一方面表现为国际媒体对中国市场的觊觎,另一方面表现为文化和意识形态的斗争激烈。在前一个方面,尽管我们通过文化主权的壁垒阻挡着境外媒体的进入,但是对中国市场的觊觎使许多境外媒体蠢蠢欲动。实际上,如果我们希望自己的媒体走出去,不开放自己的市场是不可能的。目前已经有32个境外电视频道在国内落地,许多境外媒体在非新闻领域进入了国内市场。随着中国加入WTO,新的多元化传播格局已经形成,西方媒体的跨国境传播已经开始向我们的日常社会生活渗透。在后一个方面,我们也面临着传播领域的国际斗争。例如出于对美国国家利益的考虑,美国媒体炮制出“中国威胁论”“中国经济崩溃论”等反华舆论,刻意丑化中国形象。现实要求我们迅速提高自己的传播经济水平和国际传播能力,做大做强国内媒体,打造世界一流媒体,建立与我国经济发展相匹配的传播体系。

尽管经过近十几年的发展,中国在国际新闻传播领域的情况与之前相比已经大为改善,国际传播中的“他国崛起”也使得原来“西强东弱”的传播格局有所松动,传播多元化的格局开始形成,但尽快加强我国国际传播能力的任务依然十分艰巨。2021年5月31日,习近平总书记在十九届中央政治局第三十次集体学习时强调:“要加快构建中国话语和中国叙事体系,用中国理论阐释中国实践,用中国实践升华中国理论,打造融通中外的新概念、新范畴、新表述,更加充分、更加鲜明地展现中国故事及其背后的思想力量和精神力量。”“要注重把握好基调,既开放自信也谦逊谦和,努力塑造可信、可爱、可敬的中国形象。”①在讲话中,习近平总书记提出了我国国际传播的“五力”问题,即“着力提高国际传播影响力、中华文化感召力、中国形象亲和力、中国话语说服力、国际舆论引导力”。讲话既反映了我国提升国际传播水平的迫切性,也提出了国际传播的具体任务。

---

① 习近平在中央政治局第三十次集体学习时强调 加强和改进国际传播工作 展示真实全面立体的中国[N].人民日报,2021-06-02(1).

从理论上说,国际传播的主要功能是树立中国在国际舞台上良好的国家形象。[①] 尽管一个国家的国家形象是有许多因素决定的,但在很大程度上与传播有关。国家的传播能力可以推进国家形象的建设。我们常说媒介有创造"拟态环境"的功能,媒体的"拟态环境"是现实环境和理想环境之间的一个中间环境,现在这种拟态环境的影响越来越大,媒体的作用也越来越大。国家形象的传播实际包括三个方面:一是国外媒体对中国真实状况的直接采写和报道;二是国内媒体的报道被国际媒体转载或评论;三是国内媒体的对外报道。应该说,这三个方面我国都在改进。在第一个方面,除了中国的不断发展和开放引起世界的关注之外,我国的传播体制、新闻政策的改进也至关重要。近年来,我们强调的新闻发言人制度、信息公开制度是非常好的尝试。就第二个方面而言,在我国新闻改革中,不断贴近现实的报道、不断提高的报道水平使得我们的报道越来越受到国际舆论的重视。第三个方面需要改进的地方更多。尽管我们提出了打造国际一流媒体的目标,一些媒体提出了国际化战略和办全球性媒体的口号并付诸实践,中国国际地位提升也为中国全球性媒体的出现准备了物质基础,但是我们还没有达到引导国际舆论的目标。我们期待在媒体的国际化、市场化和完成国际传播转向的基础上,中国拥有真正掌握国际话语权和世界性新闻议程设置能力的全球性媒体出现。

中国国际传播能力的不足对中国作为一个世界大国的崛起产生了不利影响。当然导致国际传播落后的原因有很多,例如:观念上以宣传代替新闻和信息,对受众缺乏了解;体制僵化,民间和国际力量调动不够;内容不够丰富,产品的现代意识不足;技术不够先进,创新能力不强;管理不够灵活;缺乏国际传播人才;具有自主性的"融通中外"的话语体系欠缺,等等。我们的任务,是做好受众调查,把握好正面宣传和事件传播,讲好物质、制度、价值层面的故事,讲好传统中国、现代中国、全球中国的故事,构筑中国形象传播的独特话语体系,进一步加强渠道和平台建设,使中国形象传播议题化、精准化和策略化,并调动多种传播力量、扩大传播主体。[②]

其实,中国的国际传播不仅需要报道中国,还需要报道世界。我们的对外传播需要从"向世界说明中国"到"向世界说明世界"转向,就是在讲好中国故事的同时,讲好世界故事。这种转向符合中国自身的需求,在与世界的深度融合产生摩擦时期,我们需要从更高的视野、更广的角度进行对外传播。这种转向也符合世界舆论场的发展需求,在当前西方社会普遍陷于舆论分化、方向迷茫的"后真相""后秩序"时代,报道世界不仅是我们大国外宣战略的需求,也是国际舆论场填补空缺的需要。向世界说明世界,实际上表明不是我们想去适应一个什么样的世界,而是我们想要一个什么样的世界的问题。当代全球传播舆论场中的"国籍"特征依然十分明显,商业化因素、政治化因素的干扰非常严

---

① 我国学者认为国家形象,"是国际社会公众对一个国家相对稳定的总体评价",(杨伟芬.渗透与互动——广播电视与国际关系[M].北京:北京广播学院出版社,2000:25.)是"一个主权国家和民族在世界舞台上所展示的形状相貌及国际环境中的舆论反映"。(李寿源.国际关系与中国外交——大众传播的独特风景线[M].北京:北京广播学院出版社,2000:305.)尽管国家形象实际上是由一个国家的地理环境、内外政策、发展状况、民族文化特色、精神风貌等多种因素构成的,但是对外国大多数民众来说,他们很大程度是通过国际新闻报道得以感知的。在国际关系中,一个国家的形象非常重要,因为它直接影响到世界人民的人心向背,可以被称为"软力量",而国际新闻传播是一个国家树立形象的重要工具。

② 刘笑盈.在深度磨合的全球化时代如何塑造中国形象[J].对外传播,2021(3).

重,因此,中国需要更多地参与,提供更多元、公正的世界公共产品。①

第四节 港、澳、台及海外华人媒体的新闻传播

当代中国港、澳、台地区与海外华人媒体也有较大的发展,对此,我们可以分为两个部分来认识。

一、港、澳、台的媒体发展

作为一个国际化的区域中心,只有700多万人的香港也是国际资讯中心,其新闻传播在20世纪80年代以后随着内地的崛起而迅速发展。

报业是香港具有历史传统的媒体,1992年发展到最高峰。当时香港有阅报能力的人达500万,而阅报人数达350万,在世界阅报率中名列前茅。香港当时发行量较大的报纸有《东方日报》(178万)、《天天日报》(67万)、《明报》(43万)、《南华早报》(29万)、《新报》(23万)、《星岛日报》(18万)等,传媒从业人员共计七千余人。② 20世纪90年代以后,香港报业仍有发展,2003年香港注册的报纸杂志共841份,其中每天出版的中文报纸26份,报纸总发行量200万份,平均千人拥有报纸380份,③依然居于世界前列。不过21世纪以来,香港报业的发展日渐困难,报业广告出现明显的下滑。2014年调查显示,香港人对新闻界的评分是6.18分,刚刚及格,其中公信力排名前三的是《南华早报》《经济日报》《明报》。④ 报业的另一个表现,就是免费报纸发行量在不断扩大,例如《香港晨报》《都市日报》等。

香港长期以来只有一家政府电台(香港电台)和一家商业电台(丽的呼声)。1991年第二家商业电台——新城电台开始播音,从此形成三家电台的竞争格局。三家电台以13个频率和3种语言(粤语、英语、普通话)全天播出,并且开始了专业化的进程(例如新城电台开设了新闻、音乐等不同频率)。

20世纪90年代香港的电视开始迅速发展。在两家无线电视台激烈竞争的同时,1991年卫星电视开播,1993年有线电视开播。1997年香港回归后广播电视全面开放,到2002年,香港拥有2家无线(开路、免费)电视台(无线电视和亚洲电视)、5家本地有线(闭路、收费)电视台(香港优先发展电视公司等)和12家非本地电视机构(包括美亚、银河、特纳国际、阳光文化等),一些跨地区的媒体利用香港的优势迅速成长。例如1997年开播的凤凰卫视,在1999年中国驻南联盟使馆被美军所炸的报道中一举成名,2001年的"9·11"事件和2003年的伊拉克战争报道使其影响继续扩大,发展成为有影响的华人媒体。凤凰卫视是一家多媒体跨国机构,除拥有七大电视传媒外(中文台、资讯台、欧洲台、美洲台、澳洲版、香港台和电影台),还致力于开展多元化的业务,包括广播、期刊、新媒体、户外电视以及教育业务。其中凤凰卫视中文台、资讯台、欧洲台和美洲台覆盖了亚

---

① 刘笑盈.中国对外传播:从报道中国到报道世界[J].对外传播,2018(11).

② 方汉奇.中国新闻传播史[M].北京:中国人民大学出版社,2002:517.

③ 程曼丽.外国新闻传播史导论[M].上海:复旦大学出版社,2004:308.

④ 崔保国.中国传媒产业发展报告(2015)[M].北京:社会科学文献出版社,2015:422.

太、欧洲、北美和拉丁美洲等150多个国家和地区,实现了由区域性电视传媒向国际化跨国电视传媒的飞越。

凤凰卫视不过是香港传媒发展的一个缩影,作为紧靠内地的国际化城市,许多国际性媒体都在香港有业务基地,许多国际知名通讯社在香港也有分社,香港的国际化带动了媒体的国际化发展,而媒体的国际化又进一步巩固了香港的国际化地位,两者相得益彰。

香港的网络媒体发展得也很快。2002年香港网民就有275万,计算机126万台,主要媒体都有自己的网站。2008年网民达到365万,网络普及率超过68%。香港是网络开放程度较高的地区。

在1979年中葡建交后,澳门的新闻传播也进入了一个新的发展时期。目前澳门有8家中文报纸和6家葡文报纸,发行量大的有《澳门日报》《华侨报》《大众报》等,其中《澳门日报》号称发行8万份,这在只有50万人的澳门是了不起的成绩。澳门有两家广播电台,分别是澳门电台和绿邨电台。1982年澳门广播电台改组为澳门广播电视公司(澳广视),澳门的电视事业开始发展。1984年澳广视的电视台开播,1988年改为民营公司。2000年澳门有线电视和澳门卫星电视亚洲台开播,开创了电视的新局面。2004年开播的澳亚卫视是获准在中国内地落地的境外媒体之一。目前在澳门,澳广视、澳亚卫视和莲花电视三足鼎立。不过,由于历史原因,澳门人依旧有收看香港传媒的传统。

台湾的"报禁"在1987年解除之后,媒体得到了突飞猛进的发展。就报纸杂志而言,1987年台湾只有31家报纸和2700多种杂志,报禁解除3个月内就出现了33家新办报纸。1997年,台湾的报纸达到334家,正常出版发行的有76家,杂志也达到5600种。[①]影响较大的报纸有《中国时报》《联合报》等,杂志中的《时报周刊》《商业周刊》《今周刊》等也具有很大影响。近年来,台湾的报刊开始向教育、社区、网络发展,进行数字化转型。

解除报禁之后,台湾的广播电视也得到迅速发展,广播电台从1988年的33家发展为1998年145家。三大电视台(台视、中视、华视)的垄断也被打破,1994年第四家电视台——全民电视台开始播出。1995年台湾开放了有线电视频道,有线与卫星电视迅速发展,电视频道达到了100多个,电视媒体很快成了强势媒体。在有线电视台中,东森、和信、木乔等传播集团开始崛起,在76个有线电视频道中,这三家就占了55个。[②] 1991年香港卫视通过亚洲卫星一号开始向亚洲38个国家和地区播放,台湾的收视用户达120万。近年来,台湾的有线电视开始快速增长,2014年台湾的有线电视普及率达到80%。

进入21世纪之后,台湾的传媒市场几乎全面开放,政策的开放带来了各类传媒数量的增长,以及更大的报道空间和更多元的新闻信息。2000年台湾开放了大陆媒体的驻台采访,新华社、人民日报社、中央电视台和中央人民广播电台四家媒体进入了台湾。[③] 台湾的互联网媒体发展迅速。2007年,台湾的网民数达到1523万,网络普及率为66.9%;2019年网民数超过2000万,普及率达到85%。目前,台湾民众处于资讯爆炸的时代,国际的、洲际的、区域性的、岛内的各种媒体交叉渗透,覆盖着整个台湾。

---

① 方汉奇.中国新闻传播史[M].北京:中国人民大学出版社,2002:502,505.

② 方汉奇.中国新闻传播史[M].北京:中国人民大学出版社,2002:511.

③ 程曼丽.外国新闻传播史导论[M].上海:复旦大学出版社,2004:310.

二、海外华人媒体的发展

17世纪初,海外华人只有十几万,19世纪中期大约有150万,20世纪中期大约有1300万,20世纪末大约有4000万,目前已经超过6000万,分布在198个国家与地区。其中东南亚是华人移民的传统地区,占华人总数的73%左右,美洲占13%,欧洲占5%以上,其余在澳大利亚和非洲。当代华人新移民的70%选择了发达国家,美国、加拿大、澳大利亚、日本、韩国和欧洲部分国家,成为当代华人移民的新目的地。

19世纪中期,海外华人媒体就出现了。到20世纪中期,在美国、东南亚等华人集中的地方,出现了一批以报刊为代表的华人媒体。由于20世纪50年代,大多数海外华侨选择了所在国国籍而成为外籍华人,海外华人媒体在20世纪50~70年代开始了本地化进程。但是华人媒体毕竟与中国的国家发展密切相关,80年代以后随着新华侨人数的不断增长、中国国际地位的上升、中国媒体的迅速发展,海外华人媒体也迎来了新的发展时期。目前,海外60多个国家有华人媒体,华文报刊超过了1000家,包括报刊、广播、电视、网络新媒体在内的华人媒体的覆盖人口已经超过一亿人。①

当代海外华人媒体发展的主要表现有以下几个方面:

第一,华人媒体分布的地区扩大,不同地区的华人媒体都有增长,除了传统的报刊外,华人也开始向广播电视和新媒体进军。“世界上有海水的地方就有华人,有华人的地方就有华人媒体。”除了传统的华人媒体重镇东南亚和北美之外,欧洲成了华人媒体的又一个中心。欧洲的华侨华人超过了200万,华文媒体有近百家。西欧有3家主要华文日报:《欧洲时报》《欧洲日报》和《星岛日报》(欧洲版)。华文周报、月刊有20多家,电视有凤凰卫视欧洲台和香港无线欧洲台等。较有影响的华文网络媒体也有多家。东欧地区的华人媒体有近20家,既有《每日观察》这类日报,也有《中华时报》《欧亚新闻报》等周报。俄罗斯也有6家华文报刊。在北美洲,大量新移民的到来促进了华人媒体的发展。目前,美国的华人超过了500万,加拿大的华人也超过了170万。美国华文报业发达,同业之间竞争激烈,有《世界日报》《星岛日报》《侨报》《自由时报》等7家日报,四五十家周报,如《美洲时报》等,还有全日播出的华语电台、电视台,华文互联网站也在迅速拓展。加拿大有各类华文报刊50多种、电台10多家、电视台6家、互联网站60多家。欧洲和北美成为华人媒体的新基地,几乎占据了华人媒体的半壁江山。

拥有四分之三海外华人的东南亚,是华人媒体的传统集中地区。在新加坡,新加坡报业控股有限公司是最大的出版机构,出版《联合早报》《联合晚报》等4份华文报纸,2001年又新创《大拇指》周刊。4份报纸和1份周刊日,期发行量达40万,2000年又创办了中文电视“优”频道。在马来西亚,现有华文报纸18家,是海外拥有华文日报最多的国家,其中南洋报业集团属下的《南洋商报》和朝日报业集团的《星洲日报》《光华日报》,是主要的华文报。马来西亚还有63种华文期刊,华语广播电视也逐渐得到发展,6套广播节目中有4套华语广播,还有3个华语电视频道。印尼华人已达1000万,有《世界日报》《印度尼西亚商报》《和平日报》《新生日报》等11家华文报纸,还有《群岛月刊》《南风》等

---

① 廖萌.“一带一路”背景下海外华文媒体转型升级研究[J].八桂侨刊,2018(3).

多种华文杂志,2000 年和 2001 年还分别出现了用华语播出的电视台与电台。泰国有《星暹日报》《世界日报》等 6 家华文日报和 1 家周报《曼谷时报》,还有《时代论坛》《现代泰国导报》等华文期刊。菲律宾有 4 家华文报纸:《商报》《世界日报》《联合日报》《菲华日报》。同时,华文电视福华有线每天用闽南话、广州话和普通话播出节目。越南有华文报纸《西贡解放日报》《越南经济新闻》等;缅甸有《缅甸华报》;柬埔寨有《华商日报》《柬华日报》和《柬埔寨星洲日报》等。

华人媒体在澳大利亚、新西兰、日本,南美和非洲等国也得到了发展。例如澳大利亚有《星岛日报》《澳洲新报》等 5 家华文日报,有周报 15 家、杂志 7 家、电台 3 家、电视台 2 家、中文网站上百个。新西兰有数个华语广播电台频率,近年来还出现了华文报刊如《东方时报》。在日本,2003 年共有华文报纸 31 家、华文杂志 4 家、电视台 5 家。南美洲的巴西有《南美侨报》和《美洲华报》2 家相当规模的报纸。阿根廷有《新大陆周刊》等 5 家华文周刊。秘鲁有《公言报》等 6 家华文报纸。巴拿马有《拉美快报》和《拉美侨声报》等新办的华文报纸。非洲的华文媒体集中在南非,有《侨声》《华侨新闻报》《南非华人报》,华语电台"侨声广播"。毛里求斯也有的《镜报》等华文报刊。由此可见,华人媒体已经遍及世界,取得了前所未有的历史发展。

第二,华人媒体在积极应对新媒体的挑战中获得发展。这一趋势主要表现在"报网结合""数字电视"和网络媒体的发展方面。目前,世界各地有一定规模的华文报刊都开办了网络版。如在美国,《星岛日报》办有"星岛环球网",《世界日报》办有"世界日报网",《侨报》办有"侨报网",等等。报纸的网络版成为主报的一个有机组成部分。与此同时,一大批周报也纷纷推出网络版,并加以重点发展。在欧洲,华人媒体纷纷开始了媒介融合。如《欧洲时报》初步打造成为集纸媒、网媒、移动客户端、公众微信号、微博、微视频等于一体的发布平台。另外,世界上 50 多家华语电视台大都有自己的网站。北美地区网络电视的异军突起值得我们关注,其中以总部设在纽约的麒麟电视为例,该电视利用 IPTV 技术,成功将中国大陆(内地)30 多个卫星电视的全天候节目实现了"直播",港、澳、台多家电视台的电视剧、专题片等也都进入了该台的播出系统,获得了一定的影响力。拉美的华人媒体也开始办网站,涉及音视频和新媒体业务。新媒体在吸引新华侨、二代及三代华侨方面作用突出。

第三,华人媒体与中国的形势密切联系、同步发展。当代华人媒体的发展与中国的对外开放密切相关,大量的华人媒体在 20 世纪 90 年代以后,特别是中国加入 WTO 后出现就是证明。一方面,华人媒体中关于中国的消息日益增多,这在 20 世纪 90 年代以后出现的新华人媒体中尤其明显;另一方面,新移民也促进了当地华人媒体的发展。例如在澳大利亚、新西兰和日本,许多华人媒体都是由新移民所办、为新移民服务的。在经历了 20 世纪 50 ~ 70 年代华人媒体的本土化改造之后,华人媒体"再中国化"了。华人媒体与中国媒体的合作不断加强。例如中央电视台在 2006 年,2008 年和 2012 年连续召开三次中央电视台海外华语电视媒体协作会,每次都吸引了数十家海外电视机构的数百名代表参加,就选题、节目合作、互派记者、互播节目及战略合作进行探讨。近年来,广东、福建、浙江部分报社、电台、电视台与东南亚华人媒体签订交流协议,向其提供地方经济发展和文化建设的信息,甚至免费制作反映地方乡情的版面。2016 年,《海丝商报》在福建创刊,并同步推出《海丝商报》(菲律宾版)、《石狮日报》(菲律宾版)等,这些都密切了华人媒体与中国的联系。

第四,华人媒体开始横向联合,谋求做大做强。在当代华人媒体的发展中,相互配合与横向联系成为重要特征。如 2001 年美国《国际日报》斥资创办了《国际日报》(印度尼西亚版),在印尼采取与香港《文汇报》(东南亚版)、《人民日报》(海外版)组合发行的办法。在报纸内容方面,《国际日报》(印度尼西亚版)侧重印尼本地新闻和美国新闻,《文汇报》(东南亚版)、《人民日报》(海外版)则提供大量权威的中国新闻。这个组合深受印尼包括本地主流阶层在内的广大读者的欢迎,报纸在报摊天天一售而空,这在海外华文报章中是少见的。《国际日报》(印度尼西亚版)期发行量稳居印尼华文报纸的首位,而香港《文汇报》(东南亚版)、《人民日报》(海外版)在印尼的发行量同样在增长。不少的海外华人媒体都希望与中国媒体联合,形成发展的合力。可以说,华人媒体的集团化、多媒体化和全球拓展的趋势已经十分明显。

第五,华人媒体的影响不断扩大,出现了由社会媒体向主流媒体发展的趋势,正处于一个前所未有发展机遇期。这一方面的主要代表是新加坡和马来西亚,新加坡的新加坡报业控股有限公司和马来西亚的南洋报业集团都成了当地媒体中的佼佼者。在马来西亚,华人只占总人口 28%,而 18 家华文报的日销售量甚至超过马来文报和英文报。华人媒体普遍放弃了做社区报纸的路线而开始关注重大事件。台湾联合报系在美国出版的《世界日报》是 2000 年唯一能采访小布什和戈尔两位总统候选人的社区报纸。① 华人媒体正在走出“唐人街”。尽管目前在世界上依然是英文媒体的强势天下,但是中国的崛起也给华人媒体带来了前所未有的历史发展机遇。例如在非洲,2009 年在博茨瓦纳创办的《非洲华侨周报》,在短短十几年的时间里,就发展成为拥有报纸、电台、电视台、网站、客户端、官方微博、微信等形式,使用中文、英语、斯瓦希里语、茨瓦纳语等多语种,在非洲多国具有影响力的华文传媒集团。2016 年,非洲华文传媒集团还与人民日报海外网合作,搭建了非洲新闻网。

尽管海外华人媒体的发展取得了很大的成就,但是依然面临着专业人才严重匮乏、原创内容缺乏、市场竞争激烈、转型升级困难等问题。② 而且,中国的发展、面临的国际环境也影响着华人媒体的发展。不过,目前世界海外华人超过了 6000 万,仅最近十多年间,海外留学、劳务和商务移民就达到上千万人,世界上出现了学汉语的热潮。据国家汉办统计,除中国外,世界上有 100 多个国家的 2500 所大学和越来越多的中小学开设了汉语课程,全球学汉语的人数已经超过 1 亿,而且还在高速增长。可以预期,海外华人媒体将有更大的发展空间,可以在服务当地华人、推广中国文化、促进中国与媒体所在国之间的相互了解、帮助中国和平崛起的过程中发挥更大的作用。

小　结

本章主要探讨了当代中国新闻传播的发展。

在当代中国改革开放取得巨大成就,成功实现社会转型的同时,中国的新闻传播面

---

① 程曼丽. 外国新闻传播史导论[M]. 上海:复旦大学出版社,2004:317.

② 廖萌. “一带一路”背景下海外华文媒体转型升级研究[J]. 八桂侨刊,2018(3).

临着前所未有的发展机遇，并且也得到了前所未有的发展。

当代中国新闻传播的发展首先表现在对新闻的认识和新闻体制的变化上，长期以来的宣传型新闻正在向新闻宣传型过渡，制造舆论开始让位于更尊重新闻规律的舆论引导。随着对新闻的信息特征、新闻的双重性功能认识的深化，新闻政治功能以外的社会、经济和文化娱乐功能等也得到开发。新闻体制从事业型向企业型和市场化过渡，新闻的相对独立性在提高，新闻资源的配置更为合理，为新闻传播的发展打开了广阔的天地。

当代中国新闻传播的发展还表现在新闻媒体的膨胀和媒体结构的变化上。传统的报业在当代有了长足进展，报刊数量、总印数都有大幅增加，而且由单一的党报体系转变为党报、都市报、晚报、经济类、生活服务类、体育文化类、行业类和文摘类等门类齐全的报刊体系。广播曾经是我国的第一媒体，在调整和体制改革中也开始向专业化、服务型和数字化的方向发展。电视在20世纪80年代中期受众规模便超过广播，90年代中期广告收入超过报纸，成了我国的第一媒体。电视在观念方面的平民性、在发展方面的专业化、在技术方面的不断更新，使之名副其实地坐上了强势媒体的位置。网络是我国当代发展最快的媒体，从1995年出现以来，受众规模有了惊人的增长，在新闻报道方面成为一支新的生力军。我国四大媒体在几十年间几乎同时得到惊人的发展，这在世界传播史上是不多见的。不过在传播体系日益成熟的同时，媒体也出现了分化的趋势，其中报业发展困难、电视发展放慢、广播发展平稳而网络及新媒体快速崛起是一个重要的特征。媒介融合的加速进行，特别值得我们注意。

当代中国新闻传播在社会功能方面的转化也值得研究。首先，新闻媒体成为传媒和信息产业的重要组成部分。其次，新闻传媒在政策宣传、社会主流意识的维护、舆论监督、向市场经济的转型、提供文化娱乐和生活服务等各个方面都发挥了重要作用。

当然，我国的新闻传播同样存在问题，在新闻体制改革、传媒与社会的结合、传媒经济和国际传播发展等方面还有艰巨的任务和漫长的道路。中国已经成为世界传媒大国，但还不是世界传媒强国。

中国的国际传播经过20世纪80年代的起步、90年代的曲折发展、21世纪前十年的快速发展和新时期以来的提质升级发展四个阶段，也越来越主动，越来越庞大，但是任务也越来越艰巨了。

本章还介绍了中国港、澳、台地区和海外华人媒体的发展。港、澳、台成为当代世界新闻资讯最发达的几个地区，海外华人媒体也面临着巨大的发展机遇。

【思考讨论题】

1. 我国新闻改革的背景是什么？
2. 应该如何看待新闻传播中的舆论监督功能？
3. 如何看待中国新闻改革的成就？
4. 中国的新闻传播业还存在哪些问题？
5. 搞好中国的对外传播应该注意哪些方面？
6. 海外华人媒体的发展有哪些新变化？

结语:回顾与总结

在完成了对人类五千年的信息传递和五百年新闻传播的简单历史回顾之后,我们可以做一个简要的总结和展望了。

当代新闻传播的基本状况、其发展的历史轨迹和未来的发展趋势是我们要探讨的三个方面内容。

当代新闻传播已经发展成了一个庞大的部门,成为社会体系的组成部分。从历史宏观的角度来看,新闻传播的发展与社会历史的发展息息相关;从新闻的微观角度来看,无论是传播内容、传播媒介、传播体制还是新闻的社会作用,都有一个不断变化、逐渐成长的过程。我们的任务,就是正确地描绘出这种变化的历史轨迹。

一切历史都是当代史,历史既是过去与现代的连接,也是从现在观察未来的唯一角度,我们学习历史的目的,正是从要历史中找到理解未来的钥匙。

一、当今世界的新闻传播

当今世界的新闻传播已经发展成了一个蔚为壮观的庞大体系,我们可以从世界新闻界 2003 年对伊拉克战争的新闻报道以及随后的各类重大事件报道中窥见一斑。

美伊战争是 21 世纪以来的第一场媒体大战与国际话语权之争。500 多名随军记者进行"嵌入式"采访,前线记者达 2000 多人,加上后方人员,共十多万人参与其中。各种媒体包括纸质的平面媒体、音频的广播、视频的电视以及正在成熟的互联网媒体,都投入了巨幅版面、画面和全方位的时间段进行报道,受众的范围空前扩大。这场战争是首次完全由电视直播的战争。通过 CNN、BBC、FOX 和半岛电视台,全球受众真真切切地"看"到了从航空母舰上飞腾冲天的导弹、巴格达耀眼的炮火和燃烧的建筑物,亲耳"听"到了刺耳的防空警报声。这场战争也是人们首次可以"参与"的战争,战争一打响,世界上数亿网民就直扑各大网站查看消息、发表意见。新闻的发展使战争成了我们身边发生的事情,如果我们愿意,几乎可以接收到无穷无尽的各种信息,可以了解整个事件的各种细节,我们已经成了被新闻包围的"信息人"。在这场战争中,美国政府的战时新闻管控达到了一个新的水平,几乎所有的美国媒体都"被国旗所包裹"①,而半岛电视台的异军突起、中国中央电视台的初露锋芒,也让人印象深刻。

随后既是世界媒体的快速发展期,也是全球性事件的多发期。无论是 2004 年的印

---

① 张局岩. 权力的声音:美国的媒体与战争[M]. 北京:生活 · 读书 · 三联书店,2004:23.

度洋海啸、2005 年的巴黎骚乱、2008 年的美国金融危机还是同年的中国汶川地震和北京奥运会;无论是 2011 年的日本"3 · 12"地震与核泄漏,2012 年的巴以冲突,2013 年的美国棱镜门,2014 年的马航 MH370 失踪、非洲埃博拉疫情,还是 2015 年的伊朗核危机协议、中国纪念世界反法西斯战争胜利 70 周年的阅兵;无论是 2016 年的英国脱欧、特朗普当选,2018 年的法国"黄背心"运动、中美贸易摩擦,还是 2020 年以来的世界新冠肺炎疫情、2022 年的俄乌冲突,世界媒体铺天盖地的报道使我们仿佛身临其境。

有人称当代人类是"信息人",因为信息覆盖了所有人群,每个人都是信息的接收者和发送者。"信息人"的出现是以新闻媒体的发展为基础的,在当代,由于传播技术的发展,主要是电子通信技术(电话、电缆传输、卫星传送、网络化)、电子数据处理技术(计算机、多媒体技术、数字化革命)和传统传播方式(电影、电视、录音、录像等)的革命,世界的新闻传播环境正在发生变化。① 各种新闻媒体,包括"近代的"报刊、"现代的"广播电视、"当代的"网络媒体和"眼前的"新媒体,正在不断的改变中形成包围我们的新闻体系。新闻不仅是"可知""可听""可看"的,而且是"可参与"的事务。

人类经过了八次信息革命,才有了今天的传播景观。前三次革命给了我们信息传播中的三种基本工具:图画、声音语言和文字,第四至第六次革命倒过来给了我们以文字为主的报刊、以声音为主的广播和以画面为主的电视三大新闻媒介,第七和第八次革命是所有传播在技术上的升华,是多媒体的综合传播,人真正成了传播的主体。于是我们有了近代的报刊、现代的广播电视和当代的网络及新媒体。

表 1 信息的传播历程:八次信息革命

阶段	载体名称	内容特点	定义
第一次信息革命	原始壁画	图画	媒介革命
第二次信息革命	口语传播	声音语言	
第三次信息革命	文字传播	可共享的符号	
第四次信息革命	印刷与纸媒传播	大规模可复制符号	传播方式革命
第五次信息革命	无线电与广播	声音符号	
第六次信息革命	电视传播	声画为主的符号	
第七次信息革命	互联网	多媒体、远距离	传受关系革命
第八次信息革命	移动互联网	在场传播	

报纸是最早出现的大众媒体。自报纸成为大众媒体以来,从外部看经历了三次冲击:20 世纪 30 年代广播的冲击、五六十年代电视的冲击和世纪之交网络媒体的冲击。从内部看存在着故事模式与信息模式的争斗。今天报纸依然是我们的主要新闻来源之一。据统计,当前全球报纸的数量大约有 6 万种,总发行量 6 亿到 8 亿份,覆盖人口将近 30 亿。在这些报纸中,日报有 8 千种以上,发行量 5 亿多份,其中欧洲约占 30%,北美洲占

① 马赫兹. 世界传播概览——媒体与新技术的挑战[M]. 师淑云,程小林,郭春林,等译. 北京:中国对外翻译出版公司,1999:158-293.

20%,其他地方占50%,也就是说,发展中国家在世界报纸市场上的总量约占一半。其中发行报纸较多的国家,如印度有3500种,俄罗斯有近3000种,中国有2000多种,美国有1800种,英国有1200种,南非有700种,墨西哥有400种,德国有375种,巴西有300种,法国有250种,埃及有240种,智利有225种,韩国有150种,日本有120种,加拿大有100种。报纸较少的国家也有几种到几十种不等。在世界报纸中,英文版报纸占总数的四分之一。除英文报纸外,发行量最大的是中文报纸,而后是德文和西班牙文报纸。当今世界上最有影响力的十家报纸是《纽约时报》《华盛顿邮报》《华尔街日报》《今日美国》《金字塔报》《泰晤士报》《真理报》《图片报》《世界报》《读卖新闻》,①其实还有《人民日报》。

报纸从20世纪80年代以来经历了广播电视和网络媒体的冲击,出现了成本上升和发行量下降的情况。西方报业的应对措施是联合与兼并、走国际化路线和采用新技术(报纸在生产和发行方面都进入了计算机时代。如采用新的数字技术远程印刷,通过图文传真,《纽约时报》的版面在3分钟内就可以传到香港,销售也由计算机控制)。在内容方面,报纸的商业化、娱乐化、本地化和生活化十分明显。尽管新闻仍是报纸的主角,但由于其他媒体的冲击,报纸开始走深度报道和杂志化的路线。西方报纸一般的版面是60~100版,新闻占1/3或1/4,其他是生活、时尚、商业等专版或广告。一般说来,报纸是准确消息源和深度新闻的主要提供者,在"9·11"事件之后,美国人看完电视再直扑报摊就说明了这一点。"12日那天,在全美,平时不大读报的人都会买一份报纸,目不转睛地阅读。"当天报纸的发行量普遍大幅上升。"如果没有报纸,新闻世界就会像一辆雅致的敞篷汽车,但是没有引擎。"②总的说来,报纸的处境开始变化,不再是唯一的新闻来源。然而所谓"西方不亮东方亮"。20世纪90年代,发达国家每千人拥有报纸319份,其他地方是千人33份。③ 这一数据在21世纪以来一直在变化,西方国家的人均报纸拥有量逐渐下滑,目前的千人拥有量下滑到不足200份,处境日益艰难,而发展中国家的报纸千人拥有量上升到60多份,并且还在增长之中。世界平均报纸的千人拥有量是90份左右。据世界报业协会公布的数据,2014年全球报纸印刷版发行量比前一年增长6.4%,亚洲报纸发行量较前一年增长9.8%,中东和非洲增长1.2%,拉美增长0.6%;而北美则下降1.3%,欧洲下降4.5%,大洋洲下降5.3%。近年来,报纸受新媒体的冲击越来越大,除少数国家外,大多数国家的报纸下滑速度加快,"过去的5年间,全球报纸出版业收入以年平均7.6%的速度不断下滑"④。报纸也在向电子化出版和媒介融合转型。不过,报纸不是纸,而是报道的事业,文字是"思想的货币"(马克思语),报纸的存在方式可能会发生变化,但以深度报道为主的、具有长期专业传统的报纸,不会消亡。

广播是以有声语言形式为主的第二种大众新闻媒体。广播是20世纪20年代出现的,自产生以后经历了三四十年代的黄金发展时期,五六十年代又得到了进一步的发展,七八十年代广播在电视的冲击下,开始了专业化和窄播化的策略调整。在网络媒体兴起后,广播在世纪之交的数字化改造中平稳发展。可以说,广泛应用新的传播技术、卫星广

---

① 李良荣.当代世界新闻事业[M].北京:中国人民大学出版社,2002:115.

② 小唐尼,凯泽.美国人和他们的新闻[M].党生翠,金梅,郭青,译.沈阳:辽宁教育出版社,2003:75,77.

③ 马赫兹.世界传播概览——媒体与新技术的挑战[M].师淑云,程小林,郭春林,等译.北京:中国对外翻译出版公司,1999:172.

④ 崔保国,徐立军,丁迈.中国传媒产业发展报告(2021)[M].北京:社会科学文献出版社,2021:68.

播和网络广播的发展,是广播再次获得生机的重要基础,汽车的增长也为广播的复兴提供了条件。全球广播电台的数量很难统计,因为很多国家存在不登记的私人电台,估计全球的电台有数万甚至数十万家。世界上大的广播网有美国的 ABC、NBC、CBS、VOA,英国的 BBC,法国国际台、新闻台,德国德意志电台 DLF,全俄国家广播公司,日本 NHK,中国的中央人民广播电台、国际广播电台等。在广播出现的初期,新闻曾经是内容的重点。广播除新闻外本来就有广播剧、音乐、交通、气象、体育、财经等,现在更是专业化了,有专门的新闻、音乐、气象和交通台,在综合频道和其他频道中也有新闻。总的说来,广播的新闻功能在下降,但是由于其快速、现场感和广播的伴随性特征,广播新闻依然不可缺少。在全球每天几十万个频道中播出的上百万小时节目中,新闻所占的比重大约为 10%。在不同的地区,广播发挥的作用也不同。在许多发展中国家,广播依然是人们获取信息的主要途径,例如在加勒比海地区和非洲许多地区,广播依然具有重要作用。在城市中,随着人们"在路上"的时间增加,广播特有的伴随性特征使其有了更大的发展空间。2013 年全球广播业的总收入是 445 亿美元,2018 年约为 507 亿美元,年增长率为 2% ~3%。虽然广播在整个媒体结构中所占比例不大,但广播依然是重要的新闻媒体。

电视的出现改变了新闻。有人说摄影报道改变了新闻本身的定义,原因是"新闻越来越多地变成了那些可以展示的东西"①。实际上,真正改变新闻的是电视,电视不仅把新闻变成了展示,而且变成了"正在发生的"故事。20 世纪 30 年代出现的电视在五六十年代进入了快速发展时期,七八十年代进入了卫星电视、有线电视年代,90 年代后又开始了网络电视、数字电视的发展过程。电视由于其特点很快成为强势媒体。2000 年全球的电视机数量超过了 15 亿台,图 1 显示了这一时期全球电视台的数量与各洲分布。②

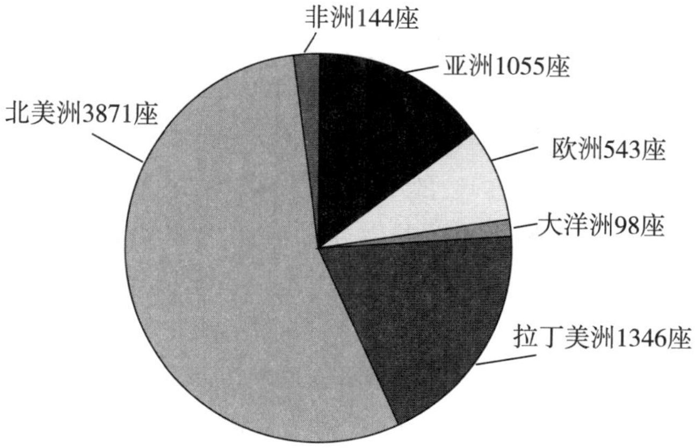

图 1 各大洲电视台数量

在当代,发展中国家的电视台和电视机数增长幅度很大。西方国家虽然电视台数增加不多,但是频道数量迅速增加,如欧洲的电视频道从 20 世纪 80 年代的 120 个增加到

① 多米尼克. 大众传播动力学:数字时代的媒介[M]. 蔡骐,译. 北京:中国人民大学出版社,2004:87.

② 数据来源:《世界知识年鉴 2003/2004》。该数据根据 232 个国家和地区的电视台拥有量统计。由于各国统计标准不一,因此各座电视台的规模、大小相去甚远。比如,以色列的 5 座电视台包含 50 多个频道,纳米比亚的 1 座电视台只有 1 个频道,美国的 3370 座电视台中包含 1467 座地方(社区)电视台。

2000 年的 400 多个。世界上著名的电视台有美国的 NBC、ABC、CBS、CNN、FOX,英国的 BBC、日本的 NHK,法国电视一台,俄罗斯公共电视台 ORT,德国公共广播联盟(德广联 ARD),意大利广播电视公司 RAI,卢森堡广播电视公司 RTL 等。[①] 这个名单上还应该有中国中央电视台。世界电视台播出的时间无法计算,世界大台一般的年播出量都达到了几十万小时。电视的播出内容有新闻、综艺娱乐、电视剧、体育、财经、教育、文艺、广告等,其中新闻、电视剧、综艺娱乐和体育节目一般是收视率较高的节目。发达国家人均每天收看电视时间高达 3 小时以上。我们同样无法准确计算电视播出的新闻时间所占的比例,估计为 10% ~15%。但电视是大多数人获取新闻的主要渠道,而且由于画面体现的信息内容远远超过文字和语言,所以电视发挥的新闻传播作用也许比我们想象的还要大。尤其是在国际电视出现之后,电视是受众了解国际形势的最重要的直观窗口,也是国际传播竞争的重要舞台。

如今,尽管受到新媒体的冲击,但电视的传播作用依旧突出,电视依然是处于发展中的媒体。据全球最大的卫星电视运营商 SES 估计,2014 年全球电视频道有 2 万多个,而 2024 年,全球范围内将有多达 38,500 个电视频道。

网络媒体虽是 20 世纪 90 年代才出现的,但发展很快。2003 年全球使用计算机的用户达 6 亿人、接入网络的主机有 3 亿台。2014 年全球网民超过了 30 亿,中国网民达到了 6.49 亿。从 2009 年到 2014 年,发展中国家的网民数增加了一倍,2/3 的网民在发展中国家。截至 2021 年 3 月 31 日,全球互联网渗透率达到 65.6%,其中,欧美国家达到 90% 左右,亚太地区达到 63.8%,非洲地区仅为 43.2%。2021 年全球网民达到了 49 亿,中国的网民达到了 10.32 亿,网络普及率达到 73%。1995 年全球网站只有 1.8 万家,2000 年达到了 2000 万家,2005 年达到了 6000 万家,2011 年达到了 5.5 亿家,2014 年甚至突破了 10 亿家。其中有新闻网站数千万家,许多是互联网公司所办的,还有就是报纸、广播和电视台等传统媒体所办的。世界网络媒体的发展有几点值得注意:(1)网络上有海量信息,一般规模的网站每天提供的信息有数千条,还有方便的链接和庞大的资料库,正因为网络的发展,才出现了真正的信息海啸,改变了信息的存在方式。(2)网络传播力量差别巨大,美国的力量强,网上的语言 82% 是英语,前 100 家浏览量最大的网站绝大多数在美国。不过随着发展中国家网民的增加,尤其是中国互联网的快速崛起,网络"西强东弱"的局面正在改变。(3)网络的功能排列依次是沟通、娱乐、资料库和浏览新闻,不过新闻的重要性在不断提升。(4)由于缺少原创新闻,网络新闻的可信度不高。不过随着传统媒体向网络媒体的渗透,这种情况也在改变。(5)以通信和计算机网络技术为基础,出现了论坛、BBS、博客、微博、微信、App 等新的媒体形式,社交媒体、自媒体也开始成为新闻的参与者,正在改变新闻的环境。

作为新闻的公分母,通讯社虽然受到媒介集团的联合冲击,但仍然是世界新闻的主要提供者。在世界数百家通讯社中,可以分为世界通讯社、国际通讯社、地区和国家通讯社等不同层次。处在第一层的是世界五大通讯社:美联社、合众国际社、路透社、法新社和塔斯社。"这五家通讯社之所以成为全球性的新闻机构,主要在于它们具有向世界各

---

① 李良荣.当代世界新闻事业[M].北京:中国人民大学出版社,2002:104.

地报道几乎发生在世界每个角落里的新闻的能力。”①德国的德新社和日本的共同社也在向世界性通讯社迈进。处在第二层的有意大利的安莎社、西班牙的埃菲社和埃及的中东社。以上是世界十大通讯社。② 当然,排在前面的还应该有中国的新华社。其中,前四家西方通讯社就提供了世界新闻报道的 80%。以美联社为例,该社在全球的订户有近 2 万家(其中国内 7700 家),遍布世界 115 个国家与地区,每天用 6 种语言提供近百万字的新闻,海量的图片、照片、广播电视声音和视频及网上服务。全球每天有 15 亿人接触到美联社的新闻。随着新闻环境的变化和媒介的不断融合,通讯社不仅是媒体的消息工厂,也开始向综合的媒体集团过渡,直接为用户提供多媒体产品。

上述的新闻媒体构成了今天包围我们的新闻环境,也构成了当今信息社会最重要的组成部分。从政治角度讲,媒体不仅对国内政治发展具有重要作用,而且是国家软实力的重要组成部分。从经济角度讲,2004 年全球娱乐与传媒产业的产值已经超过 1 万亿美元,2014 年的产值超过 1.6 万亿美元,2019 年超过 2 万亿美元。在发达国家,媒体产业的产值大约占 GDP 的 5%,是重要的国民生产部门。不过,新闻媒体更重要的意义还是在信息传递方面,我们很难想象,如果没有新闻,世界将会怎样?

那么,今天的新闻是如何从昨天走过来的呢?

二、新闻传播的历史发展

在本书的开始,我们划分了新闻本身的结构及其外延结构的四个关键要素。

新闻本身的四个关键要素:面向社会的大众媒介、具有社会性价值的事实、事实的时新性与准确性诉求、报道与传播。新闻并不是孤立存在的,在新闻的外延结构中,也有四个要素:新闻传播的社会体系、新闻传播的内容和方式、新闻传播媒介、新闻传播功能。实际上,上述各项要素可以合并。前者的后三项和后者的第二项可以合并为新闻事实及对事实的报道。前者的第一项和后者的第三项可以合并为新闻媒介及媒介的特点。后者的一、四项可以合并为新闻体系及社会功能。这样三个相互区别而又相互联系的不同领域基本可以反映新闻的面貌。我们的历史回顾可以沿着这三条不同的线索进行。

(一)新闻本体:新闻事实及报道的选择

新闻事实及对事实的报道是新闻的本体部分,考虑新闻是什么的问题,也是报道什么和如何报道的问题。在长达五千年的信息传递和五百多年的新闻传播过程中,对新闻事实的认定和报道方式有一个演变过程。在新闻、新闻媒介产生之前的古代社会,新闻并没有成为专门的事实诉求,而是与文学、传说、故事、日常社会生活和政治统治信息纠缠在一起,传播的方式主要有民间传播和政府发布两种。正是在民间传播日益组织化和专业化的基础上,以专业的传播媒介——近代报刊的产生为标志,才产生了新闻这种新兴的社会事物。因为报刊是面向社会的,所以对新闻事实的选择必然要考虑其社会价值;因为报刊是定期更新、“白纸黑字”的连续出版物,所以新闻必然会带上时新性和准确性的要求。在这些追求不断实现的过程中,新闻从一般事实变成了新闻事实,而在经过

---

① 哈森.世界新闻多棱镜[M].张苏,苏丹,译.北京:新华出版社,2000:58.

② 李良荣.当代世界新闻事业[M].北京:中国人民大学出版社,2002:95.

了报刊的专业性报道之后,新闻事实才变成新闻作品,新闻便产生了。

新闻产生之后,对新闻本体的认识和报道方式始终是人们不断探讨的问题。在参与社会的过程中,新闻报道的选择和报道方式也在不断变化。早在17世纪末,在新闻业比较发达的德国就有学者提出了新闻的异常性、重要性、新鲜性和接近性等朴素的观念。18世纪末,新闻报道从观点说教和故事新闻开始向信息模式过渡。不过,在报刊新闻出现的初期,尽管人们逐渐认识到新闻的价值问题,但新闻价值主要还是由生产者决定的;尽管人们在新闻中不断增加具有社会价值的报道对象,但是国际和国内政治仍然是主要的报道内容;尽管人们尝试运用报道来代替评论,但是高高在上的说教和争辩依然充斥在报刊之中,这一切都是政党报刊的特征。

在独立报刊和大众报刊的出现之后,这一切发生了变化。独立报刊的产生,是把新闻的对象从受众变成了公众,新闻成了公共产品,而大众报刊又把公众变成了新闻消费者,新闻又成了商品。由此,新闻的价值、报道对象和报道方式都发生了变化。对新闻的价值探讨再次出现。在追求新闻本质含义的过程中,及时性、真实性成了新闻最重要的特点,而新闻的重大性、贴近性、客观性、反常性及趣味性成为新闻价值体系中不断开发的部分,新闻价值也开始了由生产者决定向消费者决定的转变过程。这一时期,新闻报道的范围不断扩大,逐渐深入到社会的各个领域,形成了时政、财经、社会、军事、体育、科技、文化、娱乐等多个门类和国际、国内和地方等多个层次。新闻报道的方式也在初步专业化的基础上,出现了客观报道和深度报道的趋势。实际上,如果仔细观察,就可以发现这一时期形成了独立报刊和大众报刊两种潜在的不同倾向:前者强调重大性和客观性,寓贴近性和反常性于重大性和客观性之中;后者强调反常性和贴近性,在开发出新闻的娱乐性特征的同时,将重大性换成了显著性和轰动效应。从表面上看,二者都将新闻价值由观念决定变成了由事实决定,新闻的客观性与准确性成了价值的基础,二者也都迎合了受众的需求,但二者之间还是有区别的:前者把受众看作公众,对新闻的价值追求更多以社会利益为基础,对新闻真实性的追求更多强调本质的真实性;而后者把受众看作消费者,对新闻的价值追求更多以商业利益为目标,新闻真实性中细节的放大和求新求异成了惯用的方式。在报道方式方面,客观报道和深度解释也成了表现不同新闻理念的舞台。在这两种力量的博弈和推动下,人们对新闻本体的认识不断深入,报道方式也在不断发展,广播电视和网络媒体的出现只是改变了新闻的表现形式,并没有从根本上改变新闻的基本特征。

我们说,新闻的价值是由新闻事实所决定的,从一般事实上升为新闻事实体现了新闻的客观价值,从新闻事实上升为新闻作品(文本)又体现了对新闻价值的认定和报道方式的变化。如果倒过来,从微观的新闻文本的角度分析,其价值体系有三层含义:最基本的价值是"事态信息",最基本功能是信息告知,满足接受主体的"知事"需求;其内层的价值是"情态信息",在发掘事件背后当事人情感的同时,满足接受主体的"知情"需求;其深层的价值是"意态信息",指蕴藏在新闻事实中的潜在观念和道理,体现在新闻文本与传播的契合,满足接受主体的"知理"需求。① 无论知事、知情还是知理,其价值的认定应该在传播者和接受者的互动中,其价值的基础应该在对社会本质的把握中,其价值的

① 杨保军.论新闻价值实现的层次性[J].国际新闻界,2002(6).

实现也应该在对社会的推动过程中。从微观的角度说,“新闻价值是经过记者长期实践的总结并由人赋予新闻的”,新闻是社会的产物,记者也不能抛弃其社会性。从宏观的角度讲,社会发展最终构成了新闻价值及实现的基础。例如我们看到,19 世纪末西方媒体选择了煽情主义的新闻,而非西方国家媒体选择了鼓吹民族主义,难道这其中就没有内在的联系？难道这不值得我们去深入思考吗?

新闻的生命和灵魂是真实、客观和公正,新闻存在的基础是规范、服务对象是社会公众。然而,新闻的真实、客观和公正从来都不会自动实现,来自政治、商业和新闻界自身的干扰始终存在,只不过在当代,政治力量的使用更加巧妙,市场力量的作用更加强大,而且,随着新闻选择和报道中“人”的因素日益突出,新闻的主观性更加凸显。但无论如何,新闻是什么的问题终将讨论下去,只有正确地认知,才能回归真正的新闻。

(二)新闻媒介和新闻媒体

媒介和媒体在英语中是一个词(Media),实际上二者之间还是有区别的:媒介是信息载体的介质,媒体是管理媒介的专业性社会组织。例如我们可以说报刊、广播、电视、网络是媒介,而报社、电台、电视台、网站是媒体。或者我们可以说,所谓媒体,就是拥有传媒媒介并得到社会认可、专业从事信息传播的社会组织。媒体是新闻的载体,也是我们需要关注和研究的重要领域。

新闻媒体的历史发展经历了四种形态——报刊、广播、电视和网络媒体,也可以根据媒体的性质将它们分为纸(平面)媒体(报纸杂志)、电子媒体(广播电视)和数字媒体。尽管现在所谓的新媒体,例如 MSN、BBS、博客、微博、微信、短视频等不断出现,但是由于其组织系统并不完善,是否可以被列入新闻媒体的范畴还存在争议,有人将其统称为社交媒体、个人媒体或自媒体。

美国著名国际新闻专家威廉·哈森认为:“当今世界新闻播发体系的历史,很大程度上就是一部世界性通讯社的发迹史,以及它们对各种技术创新进行应用的历史。”①推而广之,人类新闻传播的发展史,也是新闻媒介和媒体的发展史,是媒体运用最新传播技术的发展史。在前新闻时期,人类创造了多种多样的信息传递方式,其中最基本的传播方式是图画、语言和文字,而这三种基本的传播方式,最终又倒过来形成了三种不同的大众新闻媒体。

报纸是以文字形式体现的第一种大众新闻媒体,19 世纪末 20 世纪初,报纸在西方国家发展到历史上的第一个高峰。尽管受到广播的冲击,到 20 世纪五六十年代,报纸在西方国家还是迎来了发展的第二个高峰,不过自那之后,报纸就开始缓慢地下滑。广播是以有声语言形式体现的第二种大众新闻媒体,在西方国家,20 世纪三四十年代是其发展的第一个高峰,在经历了五六十年代电子管过渡到晶体管的发展之后,又得到了一定的发展,七八十年代在电视的冲击下开始了专业化和窄播化的调整,在世纪之交的数字化改造中继续平稳发展。电视是以活动图像形式体现的第三种大众新闻媒体,20 世纪五六十年代是无线电视的发展期、七八十年代是有线和卫星电视的发展期,90 年代以后开始了与数字技术的结合。在三种大众新闻媒体先后经历了发展高峰之后,以多种传播手段

---

① 哈森.世界新闻多棱镜[M].张苏,苏丹,译.北京:新华出版社,2000:66.

集合为特点的网络媒体开始崛起。非西方国家也先后经历了四种媒体形式的出现和发展,所不同的是由于起步晚、社会历史的不同和后发优势,出现了一些不同的特征,例如广播的发展更为明显,发展的阶段更加紧凑,21 世纪以来出现了多种媒体一起发展的景观,但这也造成每一种媒体的发展都不是那么充分。

在新闻媒体的发展中,第一媒体之争是我们需要注意的一个问题。人们往往按照媒体的受众规模来判断何为第一媒体,实际的标准并非如此简单,我们认为至少应该有以下几个标准:媒体接触率、①媒体使用时间、媒体经济实力、新闻报道能力、议程设置能力和社会影响力。从这些标准来看,报纸、广播、电视都曾是第一媒体,至于网络新媒体在这几项指标中,正处于一个明显的上升时期。我们还可以用"传播的偏向"这一概念来认识第一媒体。加拿大传播学者哈德罗·伊尼斯认为,不同时期的任何文明都有其偏向性的媒介,或者偏向时间,或者偏向空间,而且"或许可以假定,一种媒介经过长期使用之后,可能会在一定程度上决定它传播的知识的特征。"②第一媒体的影响由此可见。

在新闻媒体的发展中,我们还看到一个从分散扩大到集中整合、再到分散扩大、再到集中整合的逻辑上升过程。可以说,大众报刊的出现是对党派报刊新闻垄断的革命,而随后是报刊的垄断,广播的出现是对报刊垄断的再次革命;电视扩大了信息传播的范围,但是也形成了传播垄断;网络媒体又一次开始了新闻传播扩大化的革命。在一次又一次的变革中,新闻的传播控制者在不断变化着,新闻的传播范围也在不断扩大。

在对媒体的观察中,不仅有媒体的形态问题,还有媒体的体制和地区分布问题。自从媒体产生以来,就分为公有制和私有制两大部分,以及随后发展起来的,介于两者之间的股份制、社会所有制、公私合营制等多种形态。一般来说,西方国家的平面媒体以私有制为主,广播电视则是公私并行的双轨制,公有和社会所有同时存在,而非西方国家则是国有、公营所占的比重更大。可以说,当代世界的媒体体制是混合所有制,只不过在混合经济中谁占的比重更多而已。目前,媒体的企业化、商业化成为一种主要的趋势,本身就带有很强的资本特征的新媒体的崛起,更加剧了这一趋势。

就媒体的地区分布问题而言,我们可以用地理概念来描述当代世界的媒体。欧洲是传统媒体汇聚、最为发达的地区,各类媒体都比较发达,发展也比较平稳,是世界媒体的高原;北美洲媒体相比欧洲起步晚一些,但发展快,无论是报刊、广播、电视还是新媒体,都很突出,是世界媒体的高峰;拉丁美洲的媒体有一定的发展历史,近年来发展较快,进入了电视时代和网络时代,是世界媒体的平原;亚太地区的媒体因国家不同,情况最为复杂,发展有快有慢,特点是各类媒体同时发力,报刊、广播、电视、新媒体都在发展,不过发展的形态各异,不同国家之间差异巨大,是世界媒体的丘陵地带;非洲的媒体发展依然落后,广播是主要的媒体,但其他媒体的发展速度也在提升,是世界媒体的低地,也是世界传媒集团竞争的最后领地。总而言之,欧美还是世界媒体的高地,但其他地区形成了奋

---

① 媒体接触率是指每天在一定时间内接触某种媒体的人数在调查总样本人数中所占的比例。例如中国市场与媒体研究(CMMS)曾向国内 30 个主要城市的 10 万名消费者展开连续研究,数据显示:2001 ~2004 年,国内的网络媒体接触率呈现出显著的增长势头,4 年中接触率增长高达 11.9%;而传统媒体接触率总体显示出下降的趋势。报纸和电视媒体的接触率下降较为缓慢,而杂志和广播媒体的接触率下降非常明显,分别为 7.6% 和 5.2%。网络媒体的增长率超过其他媒体。

② 伊尼斯. 传播的偏向[M]. 何道宽,译. 北京:中国人民大学出版社,2003:28.

起直追的竞争态势。尤其是亚太地区，成了媒体发展最快的地区。

麦克卢汉认为“媒介即信息”，是媒介改变了信息的存在状态。我们看到，尽管新闻的信息传播本质没有变，但是其传播效果和社会功能的确发生了很大变化。正是媒体的发展，才使我们生活在今天无所不包的新闻世界中。

（三）新闻体系与社会功能

按前面概论中给出的新闻的功能性定义：“所谓新闻，实际上是通过大众媒介传播最新信息而调整人们社会关系的一种特殊活动。”[①]新闻的主要功能是调整人们的社会关系，而其实现功能的手段，是传播最新的信息。在这一过程中，新闻体系也得以建立并最终成为社会的有机组成部分之一。

体系是行为主体在一定价值取向的基础上建立起来，调整活动参与者相互关系的、具有一定约束力和规范性的组织系统。新闻体系包括其内部体系和与社会的外部关系。前者包括不同的媒体构成，专业性组织的建立、媒体制度、运转机制和经营管理；后者包括媒体的独立性、与社会的不同角度的融合。就前者而言，我们看到了新闻体系的不断完善和壮大；就后者而言，体系的建立和发展过程也是其功能性特征不断发挥作用的过程。

在西方新闻的历史上，体系的建立和功能发挥大致可以分为四个阶段。一是体系创立前在政治方面的强作用。从报刊开始出现到19世纪中期，这时的媒体以政治新闻为主，由于政府不健全，媒体充当了舆论领袖的作用，而且这种作用也随着媒体的发展不断加强。二是体系建立和与体制融合时期的强作用。从19世纪中期到20世纪初，这时相对独立和自由的传播体制开始建立，政府还没有能力对媒体实施干预，媒介实现了大众化且基本独立运行，媒体成了政治上的“第四势力”。三是政府控制下的弱作用。从20世纪初到80年代，尽管媒体的身躯在不断扩大，但政府通过公共关系或强制管理，使媒体成了政治的工具。四是商业化时期与社会互动。20世纪80年代以后相对独立的大众媒体，经济实力不断增强，已经成为文化和政治中的重要力量，成为信息的主要载体。在多种力量都试图影响和利用新闻媒体的过程中，媒体开始发挥自己的力量。

概括说来，媒体主要是通过传播最新信息来实现其社会存在价值的。具体而言，当今新闻的作用也体现在政治、经济、文化和社会各个方面。

“新闻媒体已经变成了政治冲突的主要竞技场。”“新闻媒体的竞争也是现代政治冲突的主要因素。”[②]媒体的政治功能主要体现在议程设置、传播政治信息、展示国家形象、政治社会化、政治决策、政治监督等方面。“议程设置”是传播学中非常重要的理论。在社会生活中，新闻的传播能起到“议程设置”的作用，即新闻媒体报道频率较高、力度较大的事件，往往会成为社会关注的焦点，影响大众和决策者的思考和行为，由“议程设置”体现“舆论导向”。CNN的总裁曾声称：“我们的镜头到哪里，安理会就要讨论哪里。”新闻不仅是民众了解国内外形势和了解舆论的主要渠道，而且可以直接影响政治形势。媒体可以展示国家形象、监督政府，提供政治决策的依据，在人们的政治社会化过程中发挥重

---

① 见本书的概论。

② 沃尔夫斯菲尔德. 媒介与政治冲突：来自中东的新闻[M]. 剑桥：剑桥大学出版社，1997：2.

要作用。

在新闻媒体出现之初,媒体的经济作用就非常突出。其作用首先表现在提供经济信息上。从地方和国内的经济交流到国际经济的发展都是如此。路透社从一开始就把自己定位于一个经济信息提供者的角色。“新闻的国际流动直接关系到传统经济的变革,特别是国际贸易和投资。”[①]如果没有新闻,经济的发展是不可想象的。在市场化体系中,媒体成为建立市场经济体系和鼓吹消费主义的工具。媒体广告的出现是伴随着新闻媒体一起成长的。新闻本身的双重性特征又使其成了赢利的工具,在媒介商业化和产业化的过程中,新闻媒体已经成长为一个重要的经济部门和赚钱的行业。

新闻媒体的文化作用主要集中在传承文化、维护价值观和提供娱乐方面。但在这一方面,也存在着激烈的矛盾与冲突,文化民族主义和文化帝国主义就是明显的例子。新闻可以增加人们之间的相互了解,但是新闻中的定型观念(Stereotype)和文化霸权又形成了新的隔阂和误解。新闻报道是文化变革的助推器,但主流媒体也是社会主流价值观的维护者。新闻可以为科技和文化的发展提供帮助。在当代,新闻还是提供娱乐、满足人们好奇心的重要工具。

新闻不断发展的过程也是社会不断变迁的过程,在从传统社会向现代社会和“后”现代社会的转型过程中,新闻发挥了其他任何社会部门无法发挥的作用。在社会不断分裂的过程中,新闻的社会整合作用无法替代。

可以说,当今世界如果没有新闻,现代政治将无法进行,人们将回到中世纪的教会时期,世界的生产会停顿,回到自然经济的时代,文化将无法承接而只能依靠个人的冥思苦想,社会发展也将停止,这一切都是无法想象的。

上述新闻本体、新闻媒介和社会作用三方面的发展,是新闻发展至今并形成庞大体系的历史轨迹,而其背后的推动力,是社会对新闻的需要,是新闻与社会的结合。

三、新闻传播存在的问题与发展趋势

历史不仅是站在现在看过去,也是站在现在去认识未来。对现在的了解蕴涵着对未来的把握,这才是历史的真谛。严格地说,未来是不可规定的,但未来是可以认识的,对未来认识的基础就是对过去的回顾和对现在的把握。那么,什么是新闻的未来发展趋势呢?

在谈到新闻的未来时,我们不仅要看到新闻的发展,还必须看到现在新闻存在的问题。

美国两位新闻学教授曾经写过一本书《媒介论争:19个重大问题的正反方辩论》,这本书多次再版。书中用正方和反方辩论的方式谈到了新闻存在的19个论争题目,其中包括新闻自由是否完全实现?媒介与政府的关系是否对立?媒体集中是否有利于公众利益?媒体商业化与公众利益是否矛盾?公众的知情权是否真的存在?媒体是否有政治偏见?媒体是反映民意还是引导民意?技术革命是否在摧毁新闻?决定新闻的是编辑还是市场?新闻的客观性是否可以实现?新闻是否是一门职业?等等。[②] 从书中来

① 阿利亚.新闻革命[M].纽约:圣马丁出版公司,1997:23.

② 丹尼斯,梅里尔.媒介论争:19个重大问题的正反方辩论[M].王纬,等译.北京:北京广播学院出版社,2004.

看,几乎所有关于新闻的问题都存在疑问,而且两位学者还只是从新闻的微观角度来讨论问题。

从宏观的角度来说,新闻的问题主要集中在新闻本体、新闻媒介和新闻功能三个方面,其发展趋势也存在于这三个方面之中。

什么是新闻?这个问题自新闻出现以来就一直存在。尽管我们似乎已经解决了新闻的价值问题,但是随着新闻报道中主观性的日益突出,这个问题又成了问题。真实性在挑战客观性。一方面,随着媒介的进步,我们看到的新闻越来越丰富;另一方面,新闻中的标准越来越多,新闻也越来越具有主观性。所谓"报道的越多,知道的越少"。电视的现场感并不一定"眼见为实",这使我们迷惑,不应忘记,这种现场往往是规定的现场和主观意志决定的现场。新闻的及时性似乎也失去了意义,人们可以同时得到各种资讯。在伊拉克战争中,新华社是第一个发出战争消息的媒体,但仅仅比美联社快了10秒钟。我们被各种各样的信息所包围,受众的注意力成了稀缺的资源。在这样的新闻环境中,报道的角度和解释就成了争夺注意力的关键。不可避免,新闻的主观性大大增强了。如何保证新闻不仅仅是细节真实而且是本质真实,成了对未来新闻媒体的最大考验。网络及新媒体的出现正在改变新闻的状态,新闻的要素在不断增加。"后真相"一词的产生,其实就反映了人们对新闻的疑惑,新闻的价值由谁决定?由哪些要素决定?什么是新闻的问题似乎越来越难以把握了。

在新技术的冲击下,媒体在迅速分化。人们在谈论报纸的未来消亡、电视的衰落,但对网络媒体的赞扬尚在耳边回响,各种新媒体又开始陆续登场。那么,新闻媒体的未来发展将去往何方?目前,报纸正在通过数字化、网络化自救,网络报纸、手机报纸、可以听的报纸、从报纸中下载视频节目等层出不穷。电视的读报节目风靡一时,电视与受众的互动从场内蔓延到场外,微信、微博成了配合电视互动的有效手段。广播也在与网络接缘,不断延长的播出渠道和互动链接,正在以更多的方式争取受众,传统的收听端更多地被融媒体云端取代。媒体的相互打通标志着全媒体时代的到来。但在这个时代,有几个因素是我们必须考虑的:人类长期以来以文字、声音和图像为基本手段的传播特性如何保存?媒体在数字化、网络化和时空压缩的同时,是不是丧失了原有的深度与思考?信息的增加是不是有可能导致信息垃圾的增加,如何降低寻找有效信息的成本?如何使媒体的发展促进新闻而不是破坏新闻?这些都是我们未来将面临的考验。有人认为,互联网的肆意横行和商业化正在毁掉传统的新闻业。有人认为,报刊是二维媒体,广播电视是三维媒体,互联网是四维乃至高维媒体,提供了时间可以任意穿越和转向的多维空间,以后的平台型媒体将成为主流,这种高维媒体是不能用传统媒体的运作和管理方式去运作和管理的。[①] 那么这种高维媒体与新闻的结合到底会产生什么后果,也促使我们思考。

实际上,新媒体的产生已经很大程度上改变了新闻的要素,形成了"新形态"新闻,或者说新闻的"新传播"。就事实来说,"新形态"新闻的特点是体量巨大、无所不包和瞬息万变;就新闻的传播渠道和报道方式来说,"新形态"新闻的特点是渠道多样、传播下沉、传播主体增多、热点转移快,生产环境在发生根本性的变化;就受众或新闻的功能来说,"新形态"新闻的特点是功能多样,出现了信息想知尽知、欲知尽知的情况,而且人人可以

① 喻国明.互联网是一种高维媒介:兼论平台型媒体是未来媒体发展的主流模式[J].新闻与写作,2015(2).

参与信息生产。更关键的是,在“新形态”新闻的影响下,新闻的文本、生产环境和接受环境开始打通,或者我们可以说,新闻的事实、媒体、受众三种关系之间开始缠绕和互动,形成了边界模糊的“新”新闻形态。①

我们用“高维媒体”的概念来形容网络及新媒体,其最大的特点就是“人”取代了以往以“机构”为基本单位的传播格局。在网络及新媒体中,媒体的传播维度大大增加,传统的时空结构也随之变化,“点对点”的人际传播成为主流,“人人、时时、处处传播”成为常见的现象。在这种传播模式中,传播主体、内容、渠道和反馈构成了由复杂的传播链条织成的庞大的传播网,而且是开放状态,由此呈现出“多主体、多渠道、多内容、多受众”的高维形态。我们还可以用“汇聚式”新闻、“流量新闻”或者“云”传播来概括这种“新形态”新闻。正如《信息简史》的作者詹姆斯·格雷克所说:“所有的信息、所有的信息容量,都悬浮在我们的头上,看不见摸不着,却又极其真实;没有定型,魅如鬼魅;总在我们身边,却又居无定所。”②流动性、碎片化、极端化成为其显著特征。在新闻传统的内容、渠道、受众三要素之外,“新形态”新闻又加上了关系、情感、场景等要素,而且这些要素的特点也在不断变化。内容要素中的多元、深度和广度,渠道要素中的互动、融合渗透与平台化,使受众成了可以传受互换的积极受众;关系要素中的强弱关系转化,情感要素中的情绪、价值、关心角度的趋同或敌对,场景要素中的入场、在场和离场,③都影响和改变着新闻传播。

新闻媒体自产生以来已经发挥了重要作用,但商业化的冲击、社会分化、技术进展、媒体分化和传播环境的改变,正在消解和重塑这些作用。传统新闻体制中采写与编辑分开、新闻与评论分开、编辑与经营分开的传统两分法,新闻的客观性、专业性、独立性正在经受商业化的冲击。商业社会开发的是人的各种欲望,它要把社会的人变成单个的消费者,社会的发展趋于“碎片化”了。社会的碎片化意味着原来的大众媒体的效果降低和小众媒体、个人媒体的地位上升,④这就在某种意义上消解了媒体原有的社会功能。媒体的发展是一个分分合合的过程。其实,分分合合不仅体现在新闻方面,也体现在社会方面。社会越来越公有化,也越来越个体化。一方面,在不断扩展的社会机体面前,个人越来越渺小,越来越难以脱离政治、法律、经济、文化价值观念及媒体传播的影响;另一方面,个体意识的不断觉醒,公共意识的不断提高,名誉权、隐私权、知情权、参与权的不断完善,也在提升着个体的社会地位与价值。那么,如何在分的过程中保持媒体的作用,以什么样的方式完成这一次的媒体整合?媒体的社会作用是媒体存在的基本理由,在当代社会如何保持和加强这种作用,也成了对新闻传播的新挑战。

尽管媒体和新闻传播在未来发展方面显示出很多的困惑和难题,新闻要素的变化也呈现出新的趋势,但是作为社会的晴雨表、感应器和风向标,新闻的作用是无法取代的,提供客观、公正、真实的信息是社会刚需,而且在一个变动越来越多、越来越迅速的社会,这种作用只会越来越重要。这也是我们学新闻、做新闻、看新闻、用新闻的根本原因。

---

① 刘笑盈.新形态新闻与超边际选择[J].青年记者,2018(3).

② 格雷克.信息简史[M].高博,译.人民邮电出版社,2013:388.

③ 刘笑盈,董超.关于当代媒体发展的十三个解释[J].新闻战线,2019(17).

④ 黄升民,杨雪睿.碎片化:品牌传播与大众传媒新趋势[J].现代传播,2005(6).

主要参考书目

1. 李良荣. 当代世界新闻事业[M]. 北京:中国人民大学出版社,2002.
2. 李良荣,林晖,谢静. 当代西方新闻媒体[M]. 上海:复旦大学出版社,2003.
3. 戴元光. 20 世纪中国新闻学传播学[M]. 上海:复旦大学出版社, 2002.
4. 郑保卫. 当代新闻理论[M]. 北京:新华出版社, 2003.
5. 刘建明. 当代新闻学原理[M]. 北京:清华大学出版社,2002.
6. 郭庆光. 传播学教程[M]. 北京:中国人民大学出版社,1999.
7. 周伟. 历史草稿"头条新闻"[M]. 北京:光明日报出版社, 2002.
8. 阿尔贝,泰鲁. 世界新闻简史[M]. 许崇山,果永毅,李峰,译. 北京:中国新闻出版社,1985.
9. 埃默里 M. ,埃默里 E. 美国新闻史:大众传播媒介解释史[M]. 展江,殷文,译. 北京:新华出版社,2001.
10. 张昆. 简明世界新闻通史[M]. 武汉:武汉大学出版社,1994.
11. 陈力丹. 世界新闻传播史[M]. 上海:上海交通大学出版社, 2002.
12. 哈森. 世界新闻多棱镜[M]. 张苏,苏丹,译. 北京:新华出版社,2000.
13. 郑超然,程曼丽,王泰玄. 外国新闻传播史[M]. 北京:中国人民大学出版社, 2002.
14. 李磊. 外国新闻史教程[M]. 北京:中国广播电视出版社, 2001.
15. 郭亚夫,殷俊. 外国新闻传播史纲[M]. 成都:四川大学出版社,2004.
16. 张允若,高宁远. 外国新闻事业史新编[M]. 成都:四川人民出版社,2002.
17. 程曼丽. 外国新闻传播史导论[M]. 上海:复旦大学出版社,2004.
18. 内川芳美,新井直之. 日本新闻事业史[M]. 张国良,译. 北京:新华出版社,1986.
19. 佐藤卓己. 现代传媒史[M]. 诸葛蔚东,译. 北京:北京大学出版社,2004.
20. 卡瑞,辛顿. 英国新闻史[M]. 栾轶玫,译. 北京:清华大学出版社,2005.
21. 项翔. 近代西欧印刷媒介研究[M]. 北京:华东师范大学出版社,2001.
22. 雷跃捷. 网络新闻传播概论[M]. 北京:北京广播学院出版社,2001.
23. 廖卫民,赵民. 互联网媒体与网络新闻业务[M]. 上海:复旦大学出版社,2001.
24. 黄剑华,孙藜. 新闻——明天的历史[M]. 上海:上海交通大学出版社,2003.
25. 杨保军. 新闻价值论[M]. 北京:中国人民大学出版社, 2003.
26. 徐耀魁. 西方新闻理论评析[M]. 北京:新华出版社,2004.
27. 黄瑚. 新闻伦理学[M]. 北京:新华出版社,2001.
28. 张国良. 新闻媒介与社会[M]. 上海:上海人民出版社,2001.
29. 张昆. 大众媒介的政治社会化功能[M]. 武汉:武汉大学出版社,2003.
30. 方汉奇. 中国新闻传播史[M]. 北京:中国人民大学出版社,2002.
31. 李建新. 中国新闻教育史论[M]. 北京:新华出版社,2003.
32. 黄瑚. 中国新闻事业发展史[M]. 上海:复旦大学出版社, 2001.
33. 郎劲松. 中国新闻政策体系研究[M]. 北京:新华出版社,2003.

34. 丁淦林. 中国新闻事业史新编[M]. 成都:四川人民出版社,2003.
35. 顾潜. 中西方新闻传播[M]. 上海:复旦大学出版社, 2003.
36. 童兵. 比较新闻传播学[M]. 北京:中国人民大学出版社, 2002.
37. 戴元光. 传播学通论[M]. 上海:上海交通大学出版社, 2000.
38. 郭可. 当代对外传播[M]. 上海:复旦大学出版社,2003.
39. 冷冶夫. 21 世纪的电视传播理念[M]. 北京:长征出版社, 2002.
40. 郭镇之. 电视传播史[M]. 北京:北京师范大学出版社,2000.
41. 福特纳. 国际传播:全球都市的历史、冲突及控制[M]. 刘利群,译. 北京:华夏出版社,2000.
42 霍恩伯格. 西方新闻界的竞争[M]. 魏国强,陈进军,周力非,等译. 北京:新华出版社,1985.
43. 阿特休尔. 权力的媒介[M]. 黄煜,译. 北京:华夏出版社,1989.
44. 赫尔曼,麦克切斯尼. 全球媒体:全球资本主义的新传教士[M]. 甄春亮,李静,王彦,等译. 天津:天津人民出版社,2001.
45. 多米尼克. 大众传播动力学[M]. 蔡骐,译. 北京:中国人民大学出版社,2004.
46. 蔡帼芬. 国际新闻与跨文化传播[M]. 北京:北京广播学院出版社,2003.
47. 蔡帼芬,徐琴媛,刘笑盈. 全球化视野中的国际传播[M]. 北京:五洲传播出版社,2004.
48. 伽摩利珀. 全球传播[M]. 尹宏毅,译. 北京:清华大学出版社,2003.
49. 吴廷俊. 科技发展与传播革命[M]. 北京:华中科技大学出版社,2001.
50. 马特拉. 世界传播与文化霸权[M]. 陈卫星,译. 北京:中央编译出版社,2001.
51. 刘家林. 新编中外广告通史[M]. 广州:暨南大学出版社,2000.
52. 陈培爱. 中外广告史[M]. 北京:中国物价出版社,2001.
53. 徐琴媛. 中外新闻发布制度比较[M]. 北京:中国传媒大学出版社,2004.
54. 麦克卢汉. 理解媒介——论人的延伸[M]. 何道宽,译. 北京:商务印书馆,2001.
55. 拉斯韦尔. 世界大战中的宣传技巧[M]. 展江,译. 北京:中国人民大学出版社,2003.
56. 马赫兹. 世界传播概览——媒体与新技术的挑战[M]. 师淑云,程小林,郭春林,等译. 北京:中国对外翻译出版公司,1999.
57. 尚克尔曼. 透视 BBC 与 CNN[M]. 彭泰权,译. 北京:清华大学出版社,2004.
58. 陆地. 世界电视产业市场概论[M]. 北京:中国人民大学出版社,2003.
59. 新闻自由委员会. 一个自由而负责的新闻界[M]. 展江,王征,王涛,译. 北京:中国人民大学出版社,2004.
60. 伊尼斯. 传播的偏向[M]. 何道宽,译. 北京:中国人民大学出版社,2003.
61. 张巨岩. 权力的声音:美国媒体与战争[M]. 北京:生活 · 读书 · 新知三联书店,2004.
62. 里德. 新闻的力量:路透社史[M]. 牛津:牛津大学出版社,1999.
63. 史蒂文森. 认识媒介文化[M]. 王文斌,译. 北京:商务印书馆,2001.
64. 波斯特. 第二媒介时代[M]. 范静晔,译. 南京:南京大学出版社,2005.
65. 芮必峰,姜红. 新闻报道方式论[M]. 合肥:安徽大学出版社,2001.
66. 杜俊飞,胡翼青. 深度报道原理[M]. 北京:新华出版社,2001.
67. 程道才. 西方新闻写作概述[M]. 北京:新华出版社,2004.
68. 张宸. 当代西方新闻报道规范:采编标准及案例精编[M]. 上海:复旦大学出版社,2008.
69. 黄旦. 传者图像:新闻专业主义的建构与消解[M]. 上海:复旦大学出版社,2005.
70. 塔奇曼. 做新闻[M]. 麻争旗,刘笑盈,徐杨,译. 北京:华夏出版社,2008.
71. 马克切斯尼. 富媒体、穷民主:不确定时代的传播政治[M]. 谢岳,译. 北京:新华出版社,2004.
72. 席勒. 大众传播与美帝国[M]. 刘晓红,译. 上海:上海译文出版社,2013.
73. 汤林森. 文化帝国主义[M]. 冯建三,译. 上海:上海人民出版社,1999.

74. 班尼特. 新闻:政治的幻象[M]. 杨晓红,王家全,译. 北京:当代中国出版社,2005.
75. 舒德森. 发掘新闻:美国报业的社会史[M]. 陈昌凤,常江,译. 北京大学出版社,2009.
76. 小唐尼,凯泽. 美国人和他们的新闻[M]. 党生翠,金梅,郭青,译. 北京:中信出版社,2003.
77. 卡瑞,辛顿. 英国新闻史[M]. 栾轶玫,译. 北京:清华大学出版社,2005.
78. 胡正荣. 全球传媒产业发展报告(2011)[M]. 北京:社会科学文献出版社,2011.
79. 崔保国. 中国传媒产业发展报告(2011)[M]. 北京:社会科学文献出版社,2011.
80. 崔保国. 中国传媒产业发展报告(2015)[M]. 北京:社会科学文献出版社,2015.
81. 崔保国. 中国传媒产业发展报告(2021)[M]. 北京:社会科学文献出版社,2021.

后　记

在本书出版的第 15 个年头,我又开始为本书第四次写后记了。

可以说,这本书伴随我在中国传媒大学(原北京广播学院)教学几乎所有的历程。还记得第一次在为本书写后记的时候我写道:"本书的写作开始于 2005 年的深秋,结束于 2006 年的初夏,或者换一个说法,我在从美国的飓风、法国的骚乱、巴基斯坦的地震中开始写下了第一行字,而当我写下本书的最后一段话时,电视机里解说员已经开始声嘶力竭地解说世界杯了。在半年多的世界变幻中,我确经历了数千年的人类信息传递史和数百年的新闻史,多少个凌晨闻鸡起舞,与历史人物和历史事件再次相遇,其中的复杂心情,既令人激动又令人感慨。"实际上,本书的写作准备开始于 2001 年,那是我刚刚调到北京广播学院的日子,所接手的第一门课就是中外新闻史。从那时起,我就在寻找合适的教材,由于一直没有找到,编写一本简明扼要而把中外新闻的历史合在一起的书,就一直是我的一个愿望,每次新学期开课时也常常被学生所催促。2007 年,愿望终于实现,本书的第一版问世了。

新闻史的编写是十分困难的,头绪多、线索乱,还要把中外新闻的发展放在一起,即使写成事件的堆积也不是一件容易的事情,如果想写得清清楚楚而且观点和评价切合实际,那更几乎是一种奢望。不过,本书的出版还是带来了意想不到的效果,受到了一定程度的欢迎,所以,在本书出版 5 年之后的 2012 年,有了第二版,也有了第二版的后记。我在后记中再次写道:"新闻是认识这个变动世界的窗口,而认识世界是人类存在的理由,需要我们一起努力探索。"尽管当时根据新闻学和新闻业的最新发展,增加了一些观点和材料,尽可能地进一步完善了本书,但在当代世界,新闻的发展实在是太快了。于是,五年一个频率,在这之后又有了 2017 年第三版和这次的第四版。

如果说第一次写作是在美国飓风、法国骚乱、伦敦地铁爆炸、巴基斯坦地震中完成的,那么这第四次修改是在世界陷入新冠肺炎疫情和俄乌冲突中进行的,不同的重大事件和新闻一直伴随着我们,看起来一切都变了,但是实际上什么都没有变，人与自然、人类之间所有的问题以及如何理解和报道，将始终伴随着我们。

本书得以多次再版，我需要感谢许多人。首先是我曾经教过的学生们和本书的各位读者，正是你们的支持，才使本书有了长久的生命力。其次是我在书中引用的书和文章的作者们，正是他们的努力才使我省去了大量的工作。另外是我所在单位——中国传媒大学的领导和同事，对我的写作工作给予了积极支持。最后特别要感谢本书的出版单位、中国传媒大学出版社的领导，尤其是本书的责任编辑阳金洲女士对本书的贡献。

这一版中，我除了对新闻史的古代、近代和现代部分进行修订外，主要还是在第三版的基础上，对新闻的当代发展，即本书的第四部分进行了修订和完善，增加了许多新的材料和新的说法，以帮助读者更好地认识当代新闻、当代新闻业。不过我还是要说，尽管经过多次修订，我的心情依然惴惴不安。我希望本书能对学新闻的人和渴望了解新闻历史的读者有所帮助，但是否能达到目的，只能由读者来检验。

刘笑盈

2022 年 5 月于北京朝阳区定福庄